西部文化产业的
知识产权研究

谭曼 著

中国社会科学出版社

图书在版编目（CIP）数据

西部文化产业的知识产权研究／谭曼著.—北京：中国社会科学出版社，2022.3
ISBN 978－7－5203－9857－2

Ⅰ.①西… Ⅱ.①谭… Ⅲ.①文化产业—知识产权—研究—西北地区②文化产业—知识产权—研究—西南地区 Ⅳ.①D923.404

中国版本图书馆 CIP 数据核字（2022）第 039988 号

出 版 人	赵剑英
责任编辑	孔继萍
责任校对	冯英爽
责任印制	郝美娜

出　　版	中国社会科学出版社
社　　址	北京鼓楼西大街甲 158 号
邮　　编	100720
网　　址	http://www.csspw.cn
发 行 部	010－84083685
门 市 部	010－84029450
经　　销	新华书店及其他书店
印刷装订	北京君升印刷有限公司
版　　次	2022 年 3 月第 1 版
印　　次	2022 年 3 月第 1 次印刷
开　　本	710×1000　1/16
印　　张	22.5
字　　数	365 千字
定　　价	128.00 元

凡购买中国社会科学出版社图书，如有质量问题请与本社营销中心联系调换
电话：010－84083683
版权所有　侵权必究

序　言

随着新一代科学技术革命的兴起，科技领域技术更新换代越发频繁，5G 技术、人工智能、区块链、大数据等高科技在这场技术变革中孕育而生，同时技术也趋向协调融合发展，多种高科技共同筑起现代互联网、物联网大厦。高科技的发展也为各个领域的创新发展开拓出了新的道路，高科技与文化产业的融合发展成为文化产业未来创新发展的重要方向，文化艺术的表达形式或将会产生颠覆性的变革，因此，高科技与文化产业的融合发展不可忽视。另外，随着我国对外开放的持续扩大，而与文化有关的国际贸易也随着扩大，虽然我国国际文化贸易总量持续扩大，但也存在结构性贸易逆差的情况，面对持久性文化贸易逆差的局面，我国文化产业的创新发展是实现"走出去"的重要动力，也是缓解文化贸易逆差的重要方式。把握高科技在文化产业的创新发展不仅是带动文化产业的升级发展，也是促进经济发展的重要部分。

我国正在制定《知识产权强国战略（2021—2035）》，由知识产权大国转向知识产权强国战略发展的变化，反映了社会发展的需求。在知识产权强国战略中，提升我国知识产权国际竞争力是重要发展方向之一。而在当前的知识产权国际竞争中，高科技的竞争尤为激烈，其本质是占领知识产权领域的制高点，取得经济发展的红利，体现出知识产权的重要性。文化软实力作为综合国力重要的组成部分是实现中华民族伟大复兴不可忽视的力量，在文化产业中所涵盖的知识产权更是数量庞大，加强文化产业的知识产权战略布局对提升我国文化软实力，增强综合国力具有积极意义。

西部地区作为我国文化产业及其资源发展的重要地区，也与较多"一带一路"沿线相关国家及地区有着更密切的实际联系，且我国西部地区文化资源丰富,发展西部文化产业不仅能够推动文化繁荣,对提升西部地区经济发展也能起到推动作用,而发展文化产业根本的举措需要对文化产业中相关法律权利进行保护。在文化产业的发展过程中涉及大量的知识产权,保护西部文化产业的知识产权是国家科技创新过程中发展西部文化产业的根本之道。

本书从高科技在文化产业中的应用出发,对西部文化产业发展影响进行了考察,系统分析西部文化产业的发展现状,以及在创新型国家建设过程中如何对西部文化产业进行发展,对发展的必要性及可行性进行分析,探讨西部文化产业的知识产权战略。

随着新一轮科技革命的发展,新技术对文化产业发展带来的机遇与挑战值得探讨。西部文化产业的发展也在不断与新兴技术进行融合,一方面在于实现对西部文化资源的保护,另一方面在于创新文化产业发展模式。推动创新型国家建设过程中西部文化产业的发展与新兴技术相互结合,是确保在文化产业发展进步过程中有市场竞争力的基本举措。因此,创新型国家建设过程中高科技在文化产业中应用及发展的知识产权战略尤为必要。

希望我国西部地区能够借助创新驱动发展平台迎接机遇、抓住机遇、接受挑战、战胜挑战,实现西部经济发展的繁荣,同时希望通过研究能够为西部文化产业的发展奉献一丝价值及力量。

目 录

第一章　经济全球化的变革与文化产业的机遇和挑战 ………… (1)
　　第一节　经济全球化的变革 ……………………………………… (1)
　　第二节　文化产业发展的机遇 …………………………………… (4)
　　第三节　文化产业发展的挑战 …………………………………… (6)

第二章　文化产业的特征及其影响因素 ………………………… (12)
　　第一节　文化产业及其相关概念 ………………………………… (12)
　　第二节　文化产业发展现状 ……………………………………… (26)
　　第三节　影响文化产业发展之因素 ……………………………… (30)
　　第四节　"一带一路"倡议下的文化产业 ……………………… (33)

第三章　科技创新对西部文化产业发展的影响 ………………… (38)
　　第一节　科技创新为西部文化产业发展带来的机遇 …………… (38)
　　第二节　高科技应用创新为西部文化产业发展带来的挑战 …… (44)

第四章　我国西部文化产业的资源特色及其结构分析 ………… (48)
　　第一节　西部文化产业的资源特色 ……………………………… (48)
　　第二节　西部文化产业的结构分析 ……………………………… (56)
　　第三节　西部文化产业发展现状 ………………………………… (62)
　　第四节　西部文化产业新格局 …………………………………… (77)

第五章　西部文化产业知识产权保护的必要性 ………………… (90)
　　第一节　西部文化产业的特殊性 ………………………………… (91)

第二节　西部文化产业知识产权保护的困境 …………………（93）
　　第三节　西部文化产业知识产权保护的基础 …………………（96）
　　第四节　西部文化产业知识产权保护的优势与发展方向 ………（98）

第六章　西部文化产业知识产权保护的可行性 ………………（109）
　　第一节　西部文化资源优势 ……………………………………（109）
　　第二节　西部知识产权保护制度和政策优势 …………………（113）

第七章　西部文化产业的创新促进战略 ………………………（116）
　　第一节　西部文化产业创新优势 ………………………………（116）
　　第二节　西部文化产业的创新路径 ……………………………（125）
　　第三节　西部文化产业"官产学"协同创新模式的构建 ……（131）

第八章　西部文化产业品牌战略 ………………………………（144）
　　第一节　西部文化产业品牌战略的地位 ………………………（144）
　　第二节　西部文化产业实施品牌战略的可行性及其路径 ……（150）
　　第三节　西部文化产业品牌战略实践考察 ……………………（157）
　　第四节　西部文化产业品牌战略的发展建议 …………………（164）
　　第五节　把握商标延伸注册对西部文化产业品牌战略的影响 ……（171）

第九章　西部文化产业知识产权许可战略 ……………………（181）
　　第一节　license 与 license 合同 ………………………………（181）
　　第二节　默示许可及其对文化企业知识产权战略影响 ………（186）
　　第三节　西部文化产业知识产权许可与证券化 ………………（198）

第十章　西部文化产业知识产权保护战略 ……………………（211）
　　第一节　西部文化产业知识产权保护现状 ……………………（211）
　　第二节　知识产权保护的宣传普及 ……………………………（216）
　　第三节　西部文化产业知识产权的行政保护 …………………（225）
　　第四节　西部文化产业知识产权侵权损害赔偿及其判定 ……（244）

第十一章　5G、人工智能、区块链高科技技术的发展与现状 (254)
- 第一节　5G 的发展及其现状 (254)
- 第二节　人工智能的发展及其现状 (258)
- 第三节　区块链技术的发展及其现状 (263)

第十二章　高科技在文化产业中的应用 (271)
- 第一节　5G 技术在文化产业中的应用 (272)
- 第二节　人工智能在文化产业的应用 (278)
- 第三节　区块链技术在文化产业的应用 (280)

第十三章　高科技在文化产业的影响 (291)
- 第一节　5G 对文化产业的影响 (291)
- 第二节　人工智能对文化产业的影响 (296)
- 第三节　区块链技术对文化产业的影响 (303)

第十四章　高科技应用背景下西部文化产业的知识产权战略 (308)
- 第一节　文化产业知识产权创新发展战略 (309)
- 第二节　文化产业知识产权管理战略 (311)
- 第三节　文化产业知识产权保护战略 (314)

第十五章　未来与展望：文化产业的发展与高科技 (317)
- 第一节　高科技与文化产业融合的发展方向 (317)
- 第二节　法治的思考：挑战与变革 (321)
- 第三节　高科技的应用与文化产业的知识产权 (325)

结　语 (330)

参考文献 (337)

第一章

经济全球化的变革与文化产业的机遇和挑战

第一节 经济全球化的变革

一 经济全球化与国际格局的变化

21世纪以来,科学技术不断进步,极大促进了生产效率的提升,为人类创造了空前丰富的物质与精神财富。由于科技与经济的双重助力,世界逐渐形成一个联系紧密的社会经济空间,资本、商品、信息等要素在全球范围内自由流动,各经济体之间相互依赖程度加深。在经济全球化的浪潮下,中国经济维持了几十年的高速增长,尽管充斥着各种"中国经济崩溃论",但不可否认的是,无论是在全球经济快速发展期间还是在金融危机的背景下,中国已经逐渐成长为促进世界经济增长的重要推动力,在贡献经济增长时也改变了世界经济格局。中国经济的崛起大大增加了东亚地区经济总量,目前世界经济分布逐渐平衡,形成"北美""欧盟""东亚"三极的格局。一方面,世界逐渐由发达国家与欠发达国家组成的二元结构转变为由发达国家、新兴国家与欠发达国家组成的三元结构。另一方面,世界范围内的贫富差距不断扩大,落后地区贫困问题依然存在,"几家欢喜几家愁"的局面并没有改变。以中国为代表的新兴国家在全球经济中发挥着纽带作用,如何在三元结构体系中促进全球经济可持续发展是今后世界面临的新挑战[①]。

[①] 刘卫东、田锦尘、欧晓理:《"一带一路"战略研究》,商务印书馆2017年版,第19—23页。

与此同时，传统经济强国为了在新的经济秩序下掌握绝对主动权，以美国为代表的一些西方国家试图通过签订一些协定来冲击旧的经济秩序，掌握贸易投资相关规则，这导致发展中国家的风险和隐患不断增加，经济发展面临严峻挑战。就中国周边国家而言，受科技水平与资金所限，区域经济发展与世界发达地区相比有较大差距，基础设施相对落后、工业化发展尚在初级阶段，这种世界经济发展的不平衡在一定程度上造成了危机。在这样的国际环境下，各国都在谋求经济转型，积极寻找新的经济增长点与国际合作模式。于是，在世界经济持续低迷与中国周边发展中国家急需发展的各种矛盾交织下，中国顺应经济全球化的发展，提出"一带一路"倡议，提出科技创新的发展理念，倡导各个国家秉持民主的理念，构建平等的政治经济新秩序，各国之间加强合作，共同面对挑战，共享发展成果，力图让全球化的成果造福于更多国家。

二 我国发展模式转变的需要

自从党的十一届三中全会做出改革开放的决定，中国就在开放与改革中不断探索前进，在全球经济一体化提供发展的大环境下，中国自身不断努力、艰苦奋斗，经济一直保持高速增长，取得了举世瞩目的成就。[①]虽然我国经济发展成果显著，我国人均GDP已属于中等经济体，但经济的快速发展带来的弊端逐渐显现，这些弊病将成为制约我国经济发展的重要因素，成功跨越"中等收入陷阱"是我国今后要面临的严峻问题。

首先，我国东西部经济发展不均衡问题凸显。过去的几十年，我国东部地区在政策的支持下经济迅速发展，尤其是沿海地区，借助地缘优势，与国际市场衔接比较成功，加之技术支持与资金支持集中，随着改革开放的深入推进，市场化程度较高。对比之下，我国西部地区交通闭塞，发展的基础依旧薄弱，经济发展水平一直处于相对落后的水平，与东部地区人均GDP等各种指标差距过大。总而言之，促进区域协调发展将是我国近期面临的新挑战。

其次，东部经济发展遭遇瓶颈期。东部地区能够保持较长时间的高

---

① 王伟舟、王亚宁：《中国如何跨越中等收入陷阱》，《现代商业》2019年第36期。

速发展，主要离不开政策与资源的支持。然而，政策的效应是有限的，达到充分应用后就很难再创造出新绩效。因此，突破政策瓶颈就要不断创新出符合市场发展规律的新政策，这种制度上的创新需要投入时间与成本，过程比较艰难。在资源方面，东部地区既有的资源特别是土地资源很难支撑其进一步发展，海外资源在"中国威胁论"的影响下受到限制，国内资源的互通就显得尤为重要。

除此之外，在产业方面，我国的传统行业以及高科技产业均出现了不同程度的产能过剩。[1] 尤其西部地区产能利用率较低，长时间处于严重的产能过剩状态，扩大周边国家的需求，能够增加企业产出，进而提高企业的产能利用率，对我国存在产能过剩的行业有一定的缓解作用。作为世界货物贸易大国，新时期对"走出去"提出了新要求，我国需要深层次、多领域提升经济开放水平，与"走出去"相结合。通过开放促进改革，继续发展与周边国家以及西方国家的贸易往来，拓宽外部需求，加强合作，尽快融入全球经济体系。借助世界市场，进一步推动供给侧结构性改革，最大限度满足经济发展的需要。

如今中国特色社会主义进入新时代，生产力的发展仍受到一些因素的制约，这就要求我们不断探索适应自身发展的新模式，积极适应国际新形势，提高对外开放水平，推动国内外各种要素自由而有序地流动，实现资源优化配置。

三　丝路历史的启示

骆驼与马车驮着中国古代文明的碎片，从古都西安出发，一路向西，延伸跨越亚欧大陆的古代"丝绸之路"。商人们长途跋涉把黄河流域和长江流域的文化传播到丝路沿线。古代"丝绸之路"连通中西的商品贸易往来，也联结中西的文化交流与互尊互信。古代"丝绸之路"主要有四条，源于黄河流域和长江流域，跨越沙漠形成陆上丝绸之路，翻越高山形成西南丝绸之路，穿越高原形成草原丝绸之路，渡越海洋形成海上丝

---

[1] 范德成、方璘、宋志龙：《"一带一路"出口与中国制造业产能利用率》，《统计与决策》2020年第5期。

绸之路。其中以陆上丝绸之路和"海上丝绸之路"最为著名。[①] 陆上丝绸之路的发展受到社会经济发展状况、我国与周边国家关系的实时影响，使得陆上丝绸之路的发展状况不断发生变化；而海上丝绸之路受政治影响较小，并且更加安全、稳定，随着指南针等先进航海技术的应用，使得海上丝绸之路发展迅猛，因此在历史上最终取代陆上丝绸之路的地位，成为连贯东西方贸易的主要通道。古代"丝绸之路"与"海上丝绸之路"曾经是最为重要的亚欧经济贸易通道，这条通道凝聚了沿线国家共同的历史记忆与文化符号，为促进东西方的文化与思想交流做出了卓越的贡献。

历史的发展往往是螺旋式上升的，现今的中国又逐渐形成了相似于历史上曾长期存在的、拥有广大人口与市场的繁盛时代，中国已成为国际社会不可忽视的人口、经济、文化的巨大复合体。古代"丝绸之路"的文化遗产为现今这一倡议的发展带来了巨大影响，将古中国与西方紧密联系起来，产生了历史与现实的交融，以古代"丝绸之路"的脉络为主线，通过借助"丝绸之路"这一相互联系的历史符号，与丝绸之路沿线国家加深经贸合作伙伴关系，促进区域内共同发展，形成政治互信、经济协同、文化互鉴的责任共同体和命运共同体。

第二节 文化产业发展的机遇

2009 年《文化产业振兴规划》与 2016 年《"十三五"国家战略性新兴产业发展规划》的出台，都表明了文化产业已经成为国民经济重要战略性的产业，无疑将会对文化产业带来新的发展机遇。国家统计局发布的统计数据显示，文化及相关产业每年的增加值在我国 GDP 中的比重呈逐年上涨趋势（见图 1—1）。

在"十四五"规划中，提出推动文化高质量发展的总体要求，对于文化产业而言，未来将会迎来更多的发展机遇。此外，我国文化部与很多国家都签订了文化合作计划、文化合作项目、文化合作协议等，为我

---

① 张祖群：《"古代丝绸之路"的当代地缘政治、经济升级版——基于"一带一路"的文献研究》，《云南地理环境研究》2015 年第 4 期。

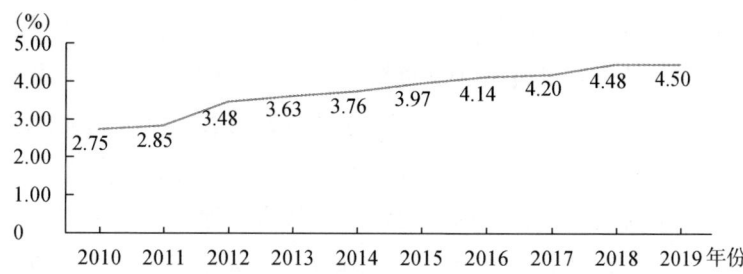

图 1-1　我国文化及相关产业增加值占 GDP 比重

国文化企业"走出去"提供了源源不断的动力，同时也为国外文化产业机构入驻我国文化产业市场提供了一些路径。

近年来，通过加快国内企业发展、引进先进装备和实现"走出去"，我国经济有了一定幅度的增长，消耗了国内部分工业的产能过剩，为我国经济发展提供了更广阔的发展前景。就我国专利授予情况而言：2013年，国家知识产权局共受理发明专利申请 82.5 万件，同比增长 26.3%；2014 年增长 12.5%；2015 年增长 18.7%；2016 年增长 21.5%；2017 年增长 14.2%（见图 1-2）。

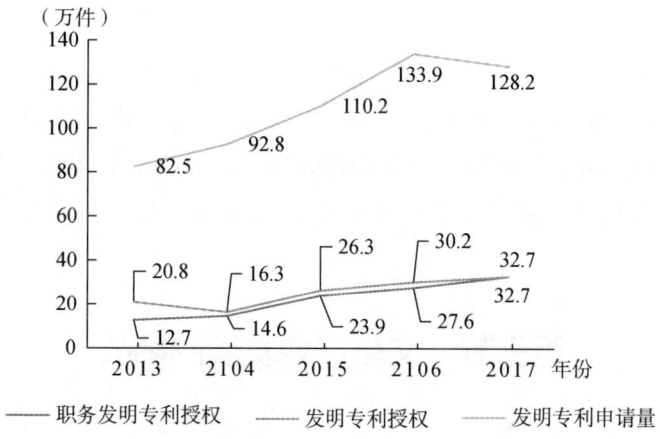

图 1-2　2013—2017 年我国专利申请量、授予量及职务发明专利授予量①

---

① 数据来源：根据国家知识产权局网站公布数据制作。

从国家知识产权局统计的数据来看，我国专利申请量自 2013 年以来有较大幅度的增长，我国经济发展方式的转变为探索新的发展资源与发展领域，实现经济发展转型提供重要支持，而文化产业作为国家战略层面实施的支柱性产业，日益成为经济发展转型的着力点。文化产业作为新领域的重要资源更具有丰富性和多元性，更易进行价值整合，文化产业在国家经济建设和创新型国家建设中的战略和地位不可忽视。从知识产权局统计的数据来看，近年来，我国逐渐提高对于文化产业的衍生产品的保护程度，为我国文化产业"走出去"提供了广阔的机遇与前景。国家统计局公布数据显示，近年来，文化产业版权输出也呈现总体上升趋势（见图 1-3）。

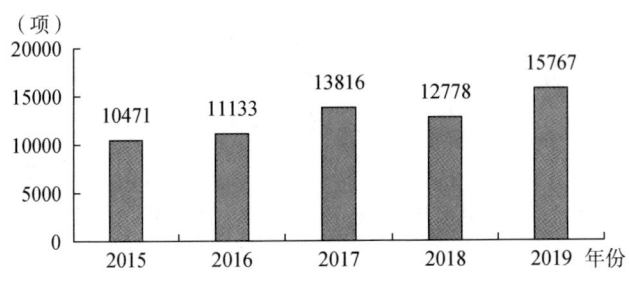

图 1-3 文化产业输出版权总数

近几年，我国对外出口连续呈现增加态势，出口结构也不断优化，文化产业占比也有了显著增长，这对我国经济结构的转型升级具有巨大的促进作用。国家对于知识产权管理的投入，形成了对文化产业发展的保护，也为我国文化产业进一步打通国际市场、参与国际竞争奠定了基础。

第三节　文化产业发展的挑战

一　政治风险的挑战

我国与很多国家之间因政治经济体制、社会发展阶段、地理条件、文化及历史等状况的不同，在推进科技创新和创新型国家建设的过程中不可避免地面临诸多的风险。具体表现在：一些国家由于担心自身文化产业发展遭到冲击，为保护其本国的文化产业不受影响，很有可能对我国文化产业的进入设置障碍。此外，部分地区存在着地方极端势力、恐怖主义势力，文化产业拓展没有安全、稳定的保障。目前，我国文化出口发展主要面临的挑战包括政治风险和非政治风险两类，具体如图1-4所示。

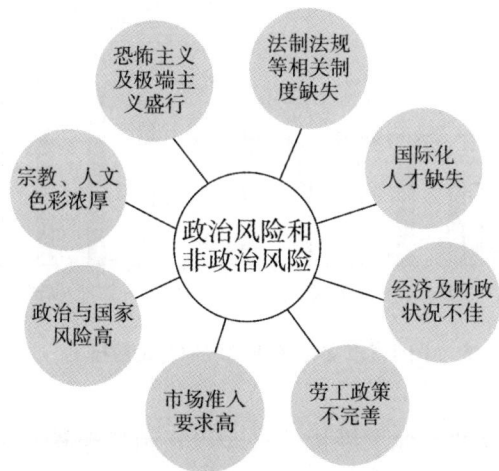

图1-4 文化"走出去"发展主要面临风险

此外，一些国家社会发展的不稳定也导致其整体的经济情况较差，进行经济建设较为困难，更难以产生剩余进行文化消费。① 我国相关企业在相关国家进行投资时，由于缺乏对其政治、文化、习惯的了解，导致企业与当地民众文化交流存在障碍，这是导致我国文化产业向外发展的挑战之一。因此，在推进文化"走出去"的进程中，我国不仅要注重在资金和技术方面的支持，更要做好前期的沟通工作，以应对复杂的投资环境和多样的政治风险。②

---

① 蔡尚伟、车南林：《"一带一路"上的文化产业挑战及对中国文化产业发展的建议》，《西南民族大学学报》（人文社会科学版）2016年第4期。

② 田惠敏：《我国海外投资问题与风险管理》，《红旗文稿》2011年第15期。

二 文化产业区域发展失衡的挑战

我国文化产业的发展现状还面临着很多问题。从中国人民大学公布的中国省市文化产业的发展指数（2019）① 中的综合指数、生产力、驱动力、影响力，可以看出我国文化产业发展面临着东强西弱的现实困境（见图1-5）。

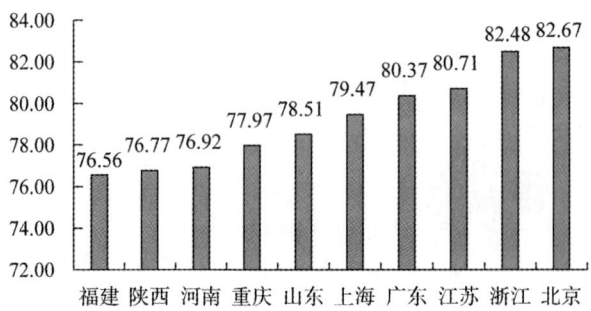

图1-5 中国省市文化产业发展综合指数排名（2019）

从中国省市文化产业发展指数（2019）结果来看，综合指数排名与去年相比整体变化浮动较小，在综合指数排名前十的省市中，除陕西、重庆以外，其余省市都位于东部地区（见图1-6）。

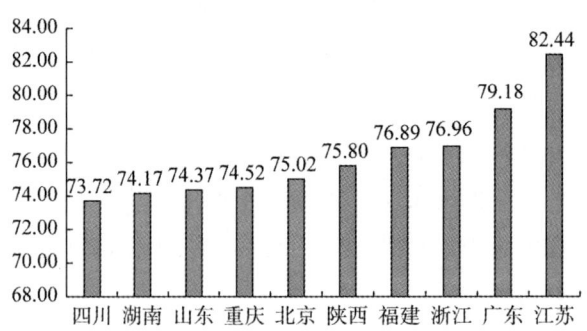

图1-6 中国省市文化产业生产力指数排名（2019）

---

① 中国省市文化产业发展指数数据均根据中国人民大学文化产业研究院发布数据制作，http://cncci.ruc.edu.cn/cyzs/cyzsjs/index.htm，2020年6月28日。

从中国省市文化产业发展指数（2019）结果来看，生产力指数排名与去年相比有一定幅度的变动，前十名的省市中，西部地区四川、重庆进入排名。从增速来看，江苏、广东、浙江、福建、陕西的得分分列生产力增长率前五名（见图1-7）。

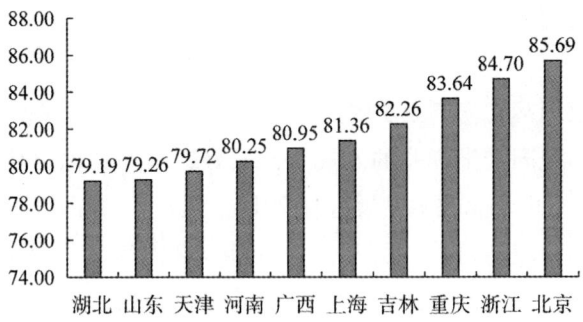

图1-7 中国省市文化产业驱动力指数排名（2019）

从中国省市文化产业发展指数（2019）结果来看，驱动力指数2019年的排名与2018年排名变化较小，西部地区只有重庆、广西进入排名。从增速来看，北京、浙江、重庆、吉林、上海分列增长率前五位（见图1-8）。

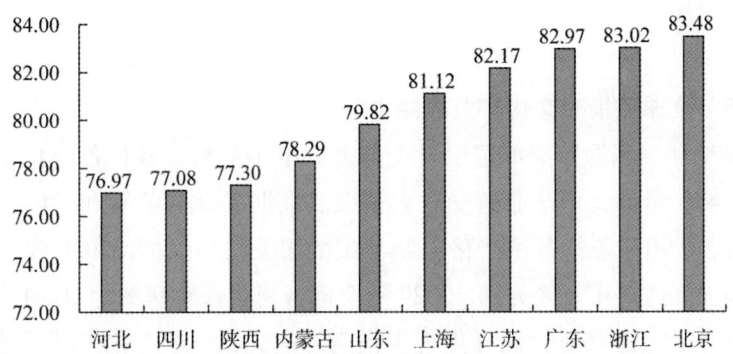

图1-8 中国省市文化产业影响力指数排名（2019）

从中国省市文化产业发展指数（2019）结果来看，就影响力指数而言，北京、浙江、广东、江苏、上海等前五的省市影响力较高，与2018

年指数排名变化较小，西部地区省市文化发展影响力相差较大。

无论是文化综合指数，还是产业生产力、驱动力、影响力指数，全国前十的省市多集中于东部地区，我国文化产业面临着东强西弱的现实困境。我国文化产业一直存在产业布局不规范、结构不合理等问题，产品核心竞争力不强、创新动力不足的问题也亟待解决，这些问题在西部地区表现更加明显。

三　对接国际文化产业发展的困境

近年来，我国文化产业的发展势头较好，对外文化贸易的规模不断扩大。《国有文化企业改革发展报告2019》显示，截至2018年年底，国有文化企业的数量达到1.7万户。虽然近年来我国参与国际文化贸易的文化企业数量逐年增多，但文化产业的贸易出口仍处于起步阶段，文化出口比重较低、文化贸易拓展的深度和广度不足，相较于国内其他产业，国际贸易的份额仍然具有较大的差距。例如，我国虽然在历史上与丝路沿线国家颇具渊源，但是还是存在一定的文化距离，而且我国核心文化产品的出口所占比重仍然较低。我国文化产业在国际合作体系中处于低端水平，文化贸易外向程度低、文化市场的内容开放度总体不够，同时存在创造力不足、投融资不足等问题。这些文化发展上的差距是阻碍我国文化产业走出去的一大障碍，从而严重影响我国文化产业与国际文化产业的对接。

四　全球疫情对文化产业的冲击

2020年，新冠肺炎疫情引发全球公共卫生危机，各行各业均受到了严重影响，全球文化产业遭受巨大损失。根据联合国贸易和发展会议发表的报告，由于疫情各国严格限制与旅游相关的出入境，2020年全球旅游业损失高达2.4万亿美元。2020年全球影视行业票房约为100亿美元，同比下降了大约75%，同样出现大幅度的损失，全球文化产品行业、文化服务行业均受到较大影响。2021年国家统计局发布的与2020年全国文化及相关产业增加值、旅游及相关产业增加值的数据显示，我国2020年文化及相关产业企业营业收入比上年增长2.2%，这也得益于我国更快速地控制疫情蔓延，企业复工复产有序进行。但全国国内游客人次比上年减少了52.1%，疫情对旅游业的影响可谓是巨大的。值得关注的是，2020年由于新冠肺炎疫情致使出行受限制，全球数字游戏市场呈现增长趋势。

在全球疫情的蔓延下，文化产业的发展受到严重阻碍，对传统文化行业产生深刻影响，例如因为疫情促进了网络在线教育更广泛的开展，促进文化供给的数字化发展，促进文化产业数字化转型，加深传统文化产业与高科技的深度融合等。新冠肺炎疫情导致了传统文化产业发展受阻，但同时也促进了传统文化产业的转型升级，或将能够孕育出文化产业新的表现形式。新冠肺炎疫情的暴发及蔓延给我们带来了新的思考方向，为受到严重冲击的全球文化产业转型提供了动力，高科技与文化产业的融合深度发展或将是文化产业的发展趋势之一。

第 二 章

文化产业的特征及其影响因素

随着科学技术水平不断发展,全球经济一体化的进程逐渐加快,文化产业作为21世纪的"朝阳产业",逐渐成为各国重要的经济支柱。我国一直重视文化产业的发展,2013年12月31日习近平总书记在中共中央政治局第十二次集体学习时强调"建设社会主义文化强国,着力提高国家文化软实力",促进文化产业的繁荣发展。文化产业发展要抓住这一机遇,有效整合我国丰富的文化资源,激发传统文化创新的活力,推动文化消费市场升级,将我国建设成为社会主义文化强国。

第一节 文化产业及其相关概念

一 文化产业的定义

(一)对文化产业概念的界定

文化产业是在全球化的背景下,伴随着社会结构的变化、产业链的调整以及科学技术的提高而发展起来的。文化以产业的形式迅猛发展主要得益于美国,而文化产业作为一种概念被提出和解读主要源自欧洲学者对于文化产业化现象的担忧和批判。文化产业是"文化"与"产业"的叠加,起初是用"文化工业",来源于《启蒙的辩证法》。后来阿多诺在《文化产业的再思考》中总结:"文化产业就是在传统文化融入新特质。"[1] 简单来说,文化产业可以概括为产业与文化的融合,是"文化经

---

[1] 姚文放:《法兰克福学派大众文化批判的"症候解读"》,《清华大学学报》(哲学社会科学版)2016年第4期。

济和经济文化的双向作用"①。然而，关于文化产业具体的概念，无论是在理论上还是在实践中，都存在许多不同的观点和看法。

针对"文化产业"的概念，联合国教科文组织认为"文化产业是按照工业标准生产、再生产、存储以及分配文化产品和服务的一系列活动"②。联合国教科文组织的定义主要从文化产业的生产特征和经济性质进行阐述，不否认文化产业具有一般产业的共性，如机械化复制、标准化生产等。

根据国家统计局的定义，文化产业是"为社会公众提供文化产品和文化相关产品的生产活动的集合"③，2012年7月出台的《文化及相关产业分类》指出文化及相关产业主要由文化产品的生产活动、文化产品生产的辅助生产活动、文化用品的生产活动和文化专用设备的生产活动构成。由此可见，在我国文化产业更加强调运用文化资源和产业链去生产具有社会效益的产品和服务，以促进社会主义文化繁荣兴盛。

从上述中我们总结，文化产业既要注重文化的开发与利用，同时又需要尊重产业共性和市场规律，所以文化产业一般指称"以物质、非物质和自然文化资源为素材，通过产业链的整合予以产值，创造经济效益的活动的集合"。

（二）关于文化产业概念的几种观点

"文化产业（Cultural Industry）"产生于20世纪，在为各个国家创造了不可估量的经济价值、成为经济发展新引擎之外，也成为众多学者的研究对象。学者们运用各种学科知识解释文化产业及相关现象，从而推动了文化产业理论的蓬勃发展。

1. 知识产权角度

澳大利亚著名经济学家戴维·思罗斯比（David Throsby）在研究产业概念时侧重于通过文化产业的基本特征形成定义基础。他将"文化"置

---

① 谢名家、刘景泉：《文化经济论——兼述文化产业国家战略》，广东人民出版社2009年版，第177页。
② 单世联、岑光波：《文化产业与文化创意产业理论研究》，《中原文化研究》2017年第2期。
③ 国家统计局：《文化及相关产业分类（2018）》，http://www.stats.gov.cn/statsinfo/auto2073/201805/t20180509_1598330.html，2020年6月23日。

于人类学和社会学的框架下进行解释，并结合实用方面的考虑，认为文化不仅是为某一群体所共有的信仰、传统、习俗和惯例，也是与人类生活中智力和道德方面相关的人类活动与活动成果。他同时认为在概念体系下的产业只是不同活动类别的标签，而活动类别主要围绕特定产品、生产者类型、区位等加以区分。在此基础之上，他借文化商品的分类阐述了文化产业的概念，认为文化产业即"在生产中加入创意，凝结知识产权并传递象征性意义的文化产品和服务"，并且认为"文化产业"实际上的确蕴含文化生产的经济潜力之意。①

2. 社会学角度

英国学者大卫·赫斯蒙德夫（David Hesmondhalgh）认为，如果将"文化"定义为"社会秩序得以传播和发展的统一系统"，那么文化产业可以解释为"与社会意义的生产最直接相关的机构"。大卫对文化产业的定义是基于他自己的同心圆理论：核心是具有文化活动意义的产业化生产模式，周边是具有较少文化体验的半产业化的生产模式。而且他提到使用"文化产业"概念，而不是使用"信息产业""创意产业"等概念，更能够从历史的角度探析文本与产业、文化与经济之间的联系。②

3. 经济学角度

英国学者尼古拉斯·加纳姆（Nicholas Carnham）在对文化产业进行定义时，将文化产业概念置于地方经济政策及计划之下，将文化产业阐述为"生产和传播文化产品和文化服务的社会结构"，并且认为这种社会结构"使用相同或类似生产组织模式"③。中国学者章建刚也从经济学角度出发揭示了文化产品具有经济与工具的双重属性，并且提出文化产业即"应用复制结束完成文化传播的商业活动的综合"。④

4. 其他角度

米亚基将文化产业阐述为能够运用现代科技进行系列再生产的文化，

---

① ［澳］戴维·思罗斯比：《经济学与文化》，王志标译，中国人民大学出版社2015年版，第121—122页。

② ［英］大卫·赫斯蒙德夫：《文化产业》（第三版），张菲娜译，中国人民大学出版社2016年版，第12—13页。

③ 林拓：《世界文化产业发展前沿报告》，社会科学文献出版社2004年版，第115页。

④ 章建刚：《文化经济学视野的搭建——通往经济学的文化政策研究》，社会科学文献出版社2014年版，第88—98页。

也就是可以将产值赋予文化，如电影、电视剧、录音带、录像带、杂志、书籍等。只有文化"内容"，而没有载体承载，如内化于心的文化内涵，不可能成为产品。① 英国学者贾斯汀·奥康纳（JustinO'Connor）提出文化产业的主要活动是经营符号性商品，而符号所代表与象征的文化价值是符号性商品的经济价值来源。② 胡惠林提出："文化产业是一个以精神产品的生产、交换和消费为主要特征的产业系统。"

上述的几种观点中，我们可以看出，对于文化产业的概念的界定，不仅需要用文化来解释文化产业，而且要用产业规律对文化产业的属性进行阐释。我们既需要从文化概念出发，强调文化产品的精神范畴，注重文化的内涵，又必须关注产业的市场需求，规范产业结构理论，深度挖掘产业潜力。

（三）文化"产业"

文化产业是一种满足人精神文化需求，以创造性为核心，具有文化价值，由市场化运作提供文化产品与文化服务的集合，具体包括以下五个环节：文化创意引入、文化产品和服务的生产、交换、消费和后期持续影响③。

在文化产业的整个链条中，文化创意引入是重要的环节。文化创意变成现实文化产品是一个较为漫长的过程，需要政策和技术的支持，以及大量资金投入，加之传统的观点都是以文化产品生产作为最初的环节，忽视了文化创意引入的重要性，这就造成了文化创意到文化产品的转化困境。忽视这一环节，文化产业的创造性这一核心就会逐渐丧失，大量的内容重复的文化产品充斥市场，不利于文化产业长期发展。在文化创意引入这一环节，比较成功的例子有大唐芙蓉园，它改变了传统的观光型产品"听故事拍照片"的模式，而是将唐朝历史文化融入园中，向游客全面展示唐朝建筑、饮食、民间风俗、诗歌、歌舞等特色文化，使游客身临其境，将游览、感受、学习、消费有机地融为一体。

---

① 单世联、岑光波：《文化产业与文化创意产业理论研究》，《中原文化研究》2017年第2期。
② 郭玉军、司文：《文化产业促进法视角下文化产业界定比较研究》，《武汉大学学报》（哲学社会科学版）2015年第6期。
③ 何淼、张鸿雁：《中国文化产业改革治理的创新突破点与行动逻辑——特色文化城市建构的产业转型视角》，《南京社会科学》2014年第8期。

另一个重要环节是营造文化产品的后期持续影响。这是文化产业区别于其他产业的显著特点——文化产品重在文化价值而非物质载体。文化产品迅速迭代，使维持后期持续影响的难度逐渐加大，但是新兴科技的发展，为维持后期持续影响提供了新的手段，例如数字技术和互联网技术。利用互联网维持这种影响最成功的案例是熊本县的熊本熊，它的人气极高，在短时间就赶超HelloKitty和哆啦A梦。熊本熊被县政府聘任，而后参与众多电视综艺节目、参演电视剧，并开通了社交账号与全球粉丝互动。值得我们注意的是熊本熊影响力塑造是整个产业链中非常重要的一环，社交网站上与粉丝互动、拥有大量表情包和丰富的周边产品持续不断地影响着消费者，使熊本熊的形象更加深入人心。

二 文化产业的分类与特征

（一）分类

1. 结构分类

根据2004年国家统计局公布的《文化及相关产业分类》，文化产业在结构上可以分为三个层次：核心层、外围层和产业层（见图2-1）。

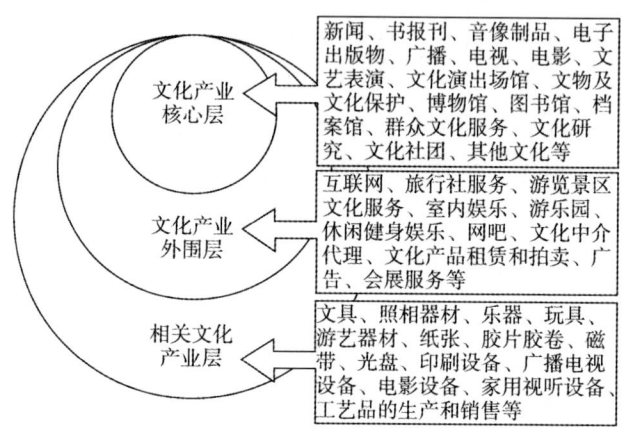

图2-1 文化产业结构图[①]

[①] 傅才武、宋丹娜：《文化市场演进与文化产业发展——当代中国文化产业发展的理论与实践研究》，湖北人民出版社2008年版，第89页。

但是随着我国文化体制的改革与进步，文化产业与越来越多的传统行业进行融合，不断涌现出新的文化业态，许多文化生产活动很难区分应该属于哪个层次。因此，在2012年的《文化及相关产业分类》中不再保留三个层次的划分。在2018年公布的《文化及相关产业分类》中，以文化相关度为标准，文化产业被分为文化核心领域和文化相关领域。

2. 产业分类

世界各国的经济文化发展阶段各异，对文化产业的划分也会出现明显的不同。各个国家、地区和国际组织根据本国或国际文化产业发展的实际情况和特点，对文化产业的命名方式、含义和分类有所不同。以下是不同国家和组织对文化产业进行的宏观产业划分。

表 2-1　　　　主要国家和组织文化产业划分表[①]

国家/组织	文化产业的内容和分类
联合国教科文组织	出版印刷业和著作文献、体育和游戏、音乐、文化遗产、表演艺术、视觉艺术、社会文化活动、视听媒体、音频媒体、环境和自然等10类
美国（版权产业）	核心文化艺术生产（美术教育、表演艺术、设计服务、教育服务、博物馆）、文化艺术辅助与文化生产（文化艺术辅助服务、信息服务、制造、建筑、批发及运输行业、零售行业）、其他产业
英国（创意产业）	广告和营销、建筑设计、工艺品、产品、图表和时尚设计、电影、电视、视频、广播和摄影、博物馆、艺术馆和图书馆、音乐、视觉艺术和表演艺术
西班牙	文化遗产、档案馆和图书馆、书籍、报刊、造型艺术、表演艺术，视听和多媒体，跨学科文化

---

① 主要资料来源：国家统计局社会科技和文化产业统计司、中宣部文化体制改革和发展办公室：《2019中国文化及相关产业统计年鉴》，中国统计出版社2019年版，第28页；联合国教科文组织：《文化统计框架——2009》，http://uis.unesco.org/sites/default/files/documents/unesco-framework-for-cultural-statistics-2009-en_0.pdf，2020年7月28日；[德]贝恩德·费瑟尔、迈克尔·松德尔曼：《德国文化和创意产业发展报告》，https://wenku.baidu.com/view/8691b197988fcc22bcd126ff705cc1754275f61.html，2020年7月28日；国家统计局：《文化及相关产业分类（2018）》，http://www.stats.gov.cn/statsinfo/auto2073/201805/t20180509_1598330.html，2020年7月28日。

续表

国家/组织	文化产业的内容和分类
加拿大（文化创意产业）	文化产品［遗址和图书馆、视觉和应用艺术、文学作品、现场表演、试听和交互媒体、录音、教育和培训、（治理、资金和专业支持）、多领域］、其他产品
澳大利亚（文化娱乐业）	音乐和表演艺术、电影、电视和广播、广告&市场营销、软件开发&交互内容、文学、印刷、出版媒体、设计&视觉艺术、建筑
日本（娱乐观光业）	包括创意产业制造业（纤维和服装、家具、皮革制品、餐具、玩具、首饰、工艺、文具）；创意产业服务业（软件和计算机服务、广告、出版、建筑、电视和收音机、音乐视频、电影、表演艺术、设计、艺术）
韩国	出版、漫画、音乐、游戏、电影、动画、广播、广告、知识信息、文化产业解决方案、人物形象
德国（文化创意产业）	文化产业（电影产业、广播产业、出版产业、音乐/视觉与表演艺术、新闻通讯、博物馆商店与艺术展览、文化商品销售、建筑事务所、设计产业）；创意产业（广告、软件及游戏开发）
法国	音像、现场表演、报刊、广告、文化遗产、建筑设计、视觉艺术、书记、文化教育
中国	文化投资运营、新闻信息服务、创意设计服务、文化装备生产、文化传播渠道、内容创作生产、文化娱乐休闲服务、文化辅助生产和中介服务、文化消费终端生产

从表2-1中可以发现，虽然各国具体分类有所不同，但是也有一些共性的特点：文化产业产出的产品不仅包括物质性的文化产品，还包括文化服务；除了公认的出版、广播、电视、电影、美术和音乐等，有的国家还将文化遗产古迹、自然遗产、电子游戏、互动娱乐软件等纳入文化产业的范围。大部分国家在界定分类时关注的是文化资源的转变阶段，即产业链的源头阶段，而美国关注的焦点在于文化产品的市场流通阶段。由此可以看出无论是文化产业的内容还是分类都与国家文化产业的历史背景和实际发展情况息息相关。

(二) 特征

1. 精神属性

文化产业与其他物质产业最本质的区别是文化产业具有精神属性。在理论中，文化产业是"向社会提供文化产品与文化服务的生产活动"，即在生产中涉及一定形式的文化创意并产生或传递某种象征意义[①]。在对概念的解读中，我们不难看出文化产业以文化创意为内容，传递文化的特殊意义，满足人的精神需求。在现实层面，文化产业提供的文化产品和文化服务都是将文化赋予了新的物质外壳形式。文化产品是将文化符号固定于物质形态，如文化旅游纪念品，而文化服务则是将文化内涵融入劳务形态之中，[②] 如文化表演丽江千古情。

2. 市场属性

文化产业实质上是经济与文化进行交融，着重文化产业链的扩展进而推进经济增长。文化产业重点关注与强调文化产品和文化服务中蕴含的文化价值，而不是物质载体，这是文化产业的精神侧面。在市场侧面，文化产业利用完整的产业链首先将文化作品转变为文化产品或文化服务，再转为文化商品，最后投入市场以换取经济利益。戴维·思罗斯比就认为"产业"一词在艺术和文化领域中的应用的确强调了生产、交易、分配和消费文化商品与文化服务的过程。[③]

3. 可持续发展性

在文化产业中，可持续发展性主要体现在三个方面。首先，与传统产业相比，文化产业是以文化资源为原料。文化资源的可重复利用性、多元性和差异性使得文化产业能够不断地创新，例如敦煌的飞天壁画不仅开发文化旅游展览，还可以授权给游戏出品商制定游戏皮肤。其次，文化产品与文化服务的需求正在不断增长。需要层次理论表明，人们第一第二性的基本需求被满足后，对文化和精神层次的需求会越来越强

---

① ［澳］戴维·思罗斯比：《经济学与文化》，王志标译，中国人民大学出版社2015年版，第4页。

② 张彩凤、苏红燕：《全球化与当代中国文化产业发展》，山东大学出版社2009年版，第21页。

③ ［澳］戴维·思罗斯比：《经济学与文化》，王志标译，中国人民大学出版社2015年版，第121页。

烈，相关数据也表明，在全国居民的消费支出中，文化娱乐板块所占比重逐年增加。此外，文化产业的可持续发展性促进了经济与社会的可持续发展。根据数据统计，文化产业带来的经济效益对我国国民经济的贡献占比越来越高，在提供高产值的同时对环境的污染却比其他行业少很多①。

4. 文化产业具有创新性

文化就是为一个国家或民族共同认可或遵循的行为方式和价值观念。在历史的实践中，文化随着时间而不断创新发展。但是文化产业的创新性不仅体现在文化本身的创新性，还体现在产业对于文化的创造性应用，将文化赋予新的物质形态，让古老的文化焕发出新的生机。② 在我国的文化产业实践中，很多知名的博物馆已经不仅是历史古迹的展览，还为文创作品划分单独的区域并致力于深入开发和完善经营。南京博物院运用现代数字技术将文化寓于设计之中，让人能够身临其境。敦煌研究所在打造"数字敦煌"的同时更是联合游戏出品商，跨界合作设计了游戏皮肤。文化产业的创新性使文化更加平民化，不断利用新的手段满足人们的精神需求。

5. 文化产业具有包容性

在文化产业的飞速发展中，文化产业的包容性开始逐步显现。③ 首先，在文化产业的理论研究方面，越来越多的学科突破自己的理论框架，尝试用不同的理论角度解释文化产业的概念及其现象，并发展出新的研究方向，例如文化经济学。其次，在文化产业的分类中，文化产业的范围不断扩大，越来越多的传统行业被囊括，最明显的表现是《文化及相关产业分类》已经经过两次修改，以增加文化产业的范围。而且文化产业与传统行业的融合正在获得越来越大的市场空间，而这种发展甚至会促进企业间合作方式创新，为经济学理论创新提供启迪④。再次，在文化产业的生产

---

① 董杰：《文化产业可持续发展举措研究——以青海为例》，《科技经济导刊》2020 年第 5 期。

② 齐骥：《文化产业促生经济增长新动力研究》，《山东大学学报》（哲学社会科学版）2017 年第 3 期。

③ 王健：《基于民族音乐文化产业化的美学问题研究》，《艺术评鉴》2019 年第 15 期。

④ 章建刚：《文化经济学视野的搭建——通往经济学的文化政策研究》，社会科学文献出版社 2004 年版，第 14 页。

环节，出现新兴的产业模式，由个性化定制取代了"标准化生产"，消费者不再是简单的购买对象，而可以作为产品的设计者参与其中。

三 文化产业的相关概念

（一）文化事业

1. 概念界定

文化事业的概念，如果从目标取向角度来界定，主要指为了满足人民的娱乐、休闲、求知、健身和审美等精神需求而提供场地、设施、经费以及各种服务的非营利性工作；从价值取向角度来界定，文化事业主要指为继承和发扬中华民族传统文化，吸收优秀外国文化，丰富和提高人民的道德素养、思想觉悟，同时优化社会行为规范与价值取向，并能够为人的全面发展和社会的全面进步提供精神动力和智力支持的文化建设活动；[①] 从内容来看，文化事业主要包括能够体现国家文化和社会公共利益的传媒行业、[②] 保护传统文化传承发展的公益类行业、[③] 文化基础设施、[④] 为文化发展提供基础环境的文化行政管理[⑤]四种类型。

2. 与文化产业的关系

从前文提及的文化产业的概念可以发现，文化产业与文化事业的根本区别在于公益性。消费者主要是通过市场渠道取得文化产业的产品。对于企业，提供产品的过程就是追求经济利益的过程，具有明显的营利性。相对而言，文化事业产品具有复杂的消费过程，一般是由政府向消费者免费提供，消费者无须支付费用，或者在政府的组织与协调下，消费者用低于产品实际成本的低价进行购买，具有非营利性，因为其主要目的是社会利益最大化。[⑥]

[①] 艾斐：《文化事业与文化产业的关系》，《人民日报》2004年5月11日。

[②] 如新闻通讯社、新闻类报刊、广播电台、电视台及网络新闻媒体等。

[③] 如文化普及教育、文化基础科技研发、文物保护、非物质文化遗产、民族文化、高雅艺术等。

[④] 如广播电视发射台、骨干网、卫星站、图书馆、博物馆、文化馆、档案馆、学术期刊出版社等。

[⑤] 如文化协会、基金会、文化行政机构等。

[⑥] 范志杰：《发展文化事业促进文化产业政策研究》，博士学位论文，财政部财政科学研究所，2013年，第35页。

二者的区别具体而言有以下几点：在职能方面，文化事业的基本职能是满足人民的基本文化需求，着眼于塑造民族精神、净化社会风气和培育社会主流价值观，这里主要体现的是文化建设的职能。所以，文化事业更侧重于强调责任，负责弘扬时代的主旋律，它不仅是国家政策和舆论导向的体现，对城乡居民来说，也是一种基础文化服务。而文化产业最主要的职能就是创造繁荣的文化市场。由于社会公众的生长环境、兴趣喜好、地域风俗等方面存在差异，对文化的需求自然呈现出复杂性与多样化的特点。然而这种需求的多样化不能通过文化事业提供的基础文化服务来解决，这时候就需要文化产业提供丰富多彩的文化产品和服务来与之对应。除了要兼顾一定的社会效益，文化产业主要追求的是企业的经济效益，文化企业主要依照文化市场的行业情况与文化产品消费者的不同需求来制定相应的企业战略，并根据战略进行生产、经营等活动。[①] 例如很多音像公司根据广场舞火爆这一市场的情况制作专供广场舞使用的音像制品，就是文化企业为了追求经济效益调整自己生产的现象。而典型的文化事业单位博物馆、图书馆，就不能按市场化运作，它们为公众提供的社会价值高，如果按照市场化经营，就无法保证人们最基础的文化需求。

在运营与调控机制方面，由于文化事业具有公益性特点，要负责提供基础公共文化服务并做好社会核心价值引导，一般不能纳入产业化轨道，须由政府来兴办并确保其正常运营，这就需要政府直接进行宏观调控，因此文化事业所需资金的主要来源是政府拨款与社会捐赠。此外，文化事业还拥有垄断性的行政资源配置。相比之下文化产业具有很强的经营性，进行完全的市场化运营，受到市场规律的制约。文化产业的股权结构包括国有、集体、私营、外资、混合所有制等，它需要通过市场来配置资源，依靠商业运作来创造利润，按照法人治理结构的要求自主决策、自主经营、自负盈亏。整体来看，政府不直接参与文化产业的生产和服务，主文化产业主要通过法律法规、国家政策、市场规律等方式进行间接调控。[②]

---

① 张秉福：《论文化事业与文化产业的互动发展》，《发行出版研究》2014 年第 10 期。
② 周正刚：《文化事业与文化产业关系辨正》，《东岳论丛》2010 年第 11 期。

文化产业与文化事业虽有区别却也联系紧密，二者都是在社会主义核心价值观的精神框架下发展起来的产物。文化事业在国家政策的制定与实施方面起着重要的引导作用，同时，对文化产业的发展起着导向作用。具体来说，文化产业可以鼓励社会公众投身公益事业，增强文化消费的积极性，满足人们的文化消费需求。可以说，文化产业在一定程度上是文化产品市场化的结果。由于文化事业着重于基础文化服务，文化产业多样性的特点对文化事业的基础建设起到一定的补充作用。① 理论上，按照营利性的标准划分出来的文化事业与文化产业，这种界定不是固定不变的，会随着社会经济水平的提高和人们对精神文化需求的转变进行调整。虽然从产业发展的规律来看，文化事业会不可避免地逐渐向文化产业进行转变，但二者之间的差异不会完全消失，公共利益一直存在，则文化事业就会随之一直存在。对于社会中的个体而言，随着社会发展水平的提高，物质需求得到满足之后，对精神文化的需求会日趋强烈，政府需要随之提高基础文化的保障水平，文化事业得到发展的同时，其中的一部分文化内容会转到文化事业的范畴，以此促进国家的基础文化保障水平的提高。② 曾经是文化事业单位的如报社、出版社、电视台、影剧院等，就建立了新的企业化的管理经营体制，按照市场经济的要求进行体制改革。

（二）创意产业和文化创意产业

1. 概念界定

不同国家的定义不同，如英国称之为"创意产业"，加拿大和中国台湾地区则是"文化创意产业"。创意产业被定义为信息时代下新媒体技术与传统的文化产业的有机结合。文化创意产业则被看作以创造力为核心对文化内容进行创造，最终形成对知识产权的运用与营销，促进社会整体环境提升的行业。

2. 与文化产业的关系

与"文化产业"相比，"文化创意产业"更突出"个人创意"和生

---

① 常凌翀：《文化产业的概念与分类》，《新闻与传播研究》2013 年第 12 期。
② 范志杰：《发展文化事业促进文化产业政策研究》，博士学位论文，财政部财政科学研究所，2013 年，第 51 页。

产内容,"文化产业"更强调文化产品和服务的生产和提供;"文化创意产业"与"创意产业"两个概念在内涵和外延上都很相似,差别是对于不同地区行业的分类标准不同,使用"文化创意产业"更强调产品的文化性,使用"创意产业"概念更侧重产业发展中创造性的价值作用。①

鉴于"文化创意产业"与"创意产业"差别不大,我们主要说明它们与"文化产业"的区别。首先,从产生的时期看,文化产业产生于第一次现代化,具有现代性。文化创意产业产生于第二次现代化,即以知识化、网络信息化为基础的后现代化。后现代化是西方学者根据社会发展和对未来的预测由社会发展理论中"现代化"发展出来的一种理论,认为是与现代性完全不同的社会形式,后现代的业态是分散的;传统机械复制的模式不再适用,而是数码复制;传播途径有别于电视报纸等传统大众传播,而网络传播,受众比较分散,需求具有多样化特点。这就导致二者产生了本质的区别。其次,文化产业更侧重于工业化。文化产业又被称为"文化工业",联合国教科文组织将文化产业界定为"按照工业标准生产、再生产、储存以及分配文化产品和服务的一系列活动",文化产业是以商业化的方式通过文化产品和服务追求经济价值的活动,属于工业经济。而文化创意产业对于创意的需求更大,主要是依靠创意生存、发展的,属于知识经济。最后,文化产业的标准是统一的,最好做到全球一致。例如全球的迪士尼乐园都遵循统一标准,还有好莱坞的奥斯卡奖、诺贝尔奖都是在树立西方标准。文化创意产业则不同,它追求地方风格和个性化。例如创意旅游项目,各地不同的地理环境、风土人情、文化传统等都是创意旅游吸引人的显著特点,如果走到哪里都千篇一律,创意旅游就失去了其赖以存在的价值。

文化产业与文化创意产业可以看作包含与被包含的关系,"文化创意产业"的外延更接近文化产业创造性的核心,也就是说文化创意产业就是将具有创造性的元素融入文化产品和文化服务中②。文化创意产业和文化产业的相同之处就是二者都提供文化产品与文化服务,并且无论受众

---

① 朱晓青:《文化创意产业的特点和发展条件探讨》,《新视野》2006年第3期。
② 胡鹏林、刘德道:《文化创意产业的起源、内涵与外延》,《济南大学学报》(社会科学版)2018年第2期。

集中或是分散，都要经历文化创意引入、文化产品和文化服务的生产、交换、消费和后期持续影响这五个环节，它传递的文化创意价值远远大于其物质载体。从动态角度上看，文化创意产业就是文化产业未来的发展方向，低附加值的文化产业也将被市场淘汰，而不断地创新才是文化产业发展的动力。

（三）传统文化

1. 概念界定

通常认为传统文化是在一定地域范围内经过长期演化汇集成的一种反映特定的民族特质和风貌，由当地居民世代传承发展的各种思想文化、观念形态等的总和。[①] 传统文化所包含的内容丰富，包括民族的历史、地理、艺术、传统习俗、生活方式、风土人情等。具体可以划分为三个层面，分别是日用文化、高雅文化和精神文化。日用文化指的是服饰、生活习惯、传统风俗、饮食、节庆和休闲娱乐；高雅文化包括美术、书法、文学、戏剧、音乐等艺术活动的创作和展示；精神文化是宗教、哲学和道德伦理，反映一个民族的思想和世界观。

2. 与文化产业的关系

传统文化属于文化的范畴，传统文化与文化产业可以看作内容和形式的关系。文化产业以市场化为运作方式，与传统文化的根本区别在于商业性。传统文化的传承和发展并不以获得经济效益为目的，它是一个国家或民族的精神和形象。文化产业实质上是借助商业运作，首先对文化创意引入，之后开始文化产品和文化服务的四个环节：生产、交换、消费和后期持续影响。而传统文化的传承并没有特定的模式，往往是以师父带徒弟口口相传的方式为主，并不太追求经济价值。传统文化并没有一定的载体，可以是无形的。文化产业价值的载体是一定的文化产品和文化服务，是可以感知的。传统文化归属于整个民族不能被个人据为己有，而在文化产业中可以树立个人品牌，注册商标、专利保护个人的利益。

传统文化与文化产业并不是割裂的、毫无关系的，而是具有一定联

---

① [美] 帕特里克·卡罗尔：《科学、文化与现代国家的形成》，刘萱、王以芳译，上海交通大学出版社2016年版，第5—7页。

系。一方面，传统文化可以成为文化产业资源的来源，传统文化中的歌舞等艺术形式经过编排和市场化运作就可以成为商业演出，创造经济效益。传统文化中的日用文化因为与大众的日常生活结合紧密，很容易形成产业。[1] 高雅文化经过一定的再创作和市场化，会成为具有较高经济价值和文化价值的文化产业类型。而精神文化就较难成为文化产业的直接素材，需要充分发挥创造力才能促成这种转化。另一方面，文化产业为传统文化的传承与发展提供新的平台。传统文化中以非物质文化遗产为例，它既是民族历史发展的见证，又是具有重要历史文化价值的文化资源，但是因为历史久远可能在市场没有那么大需求。[2] 如果由其自己发展，优秀人才和资金就会流失，这些非物质文化遗产可能就会湮灭在历史发展的长河中，这无疑是民族的一大损失。而将传统文化寓于文化产业当中，开发新的产业业态，就能够为其打开市场，发展新的文化受众，从而走出困局。

第二节　文化产业发展现状

一　理论的跨越

法兰克福学派的马克斯·霍克海默和西奥多·阿道尔诺在 1947 年首先使用"文化工业"这个概念，他们用此控诉大众文化隐含的商品化趋势，并表达对文化进行科技和现代资本主义的意识形态改造的不满[3]。他们视理想状态下的文化为文艺，认为文艺本身具有批判性，而对文化过程进行经济解读使文艺失去了其本身所具有的批判性和独特性。

与前者观点不同，部分学者跳出了前工业时期文化生产模式的束缚，对阿道尔诺和霍克海默的文化工业论进行修正。法兰克福学派的本雅明对"文化产业"显现出乐观的态度，承认其积极价值和历史意义[4]。米亚

---

[1] 冯丽君：《挖掘传统文化资源促进文化产业发展》，《经济研究导刊》2019 年第 23 期。

[2] 傅才武、岳楠：《论中国传统文化创新性发展的实现路径——以当代文化资本理论为视角》，《同济大学学报》（社会科学版）2018 年第 1 期。

[3] ［澳］戴维·思罗斯比：《经济学与文化》，王志标译，中国人民大学出版社 2015 年版，第 11 页。

[4] 苑捷：《当代西方文化产业理论研究概述》，《马克思主义与现实》2004 年第 1 期。

基也认为在文化生产中引入工业化和新技术的确导致了商品化趋势,但其同样也产生了新的产业趋势和创新①。

后工业社会的到来,使得文化与产业之间的合作更加紧密。经济全球化的推动、大型跨国公司的运作,使得社会对于文化产业的关注愈发密切。在对文化工业和社会结构变革的研究中,法国部分学者如莫林、米亚基逐渐接受"文化工业",并且将其转变为"文化产业"。他们认为文化生产的形式各有差异,"文化产业"更能包容文化产业的复杂程度。

二 实践的探索

(一)国外文化产业发展现状

我国文化产业起步较晚,发展水平不均,在世界经济全球化的情况下,我国应当充分借鉴国外文化产业发展的成功经验,选择适合我国文化产业全面发展的路径。

1. 美国

美国文化产业可谓世界霸主,以影视业为例,美国电影协会(MPAA)发布的全球电影市场数据报告表明,2018年美国电影的全球票房为411亿美元,其中海外票房292亿美元,占总票房收入的71%。② 好莱坞不仅一直垄断全球电影市场,而且对电影标准和电影发展趋势产生巨大影响,《阿凡达》之后3D技术成了大片的标配,种类丰富的周边产品衍生出相关的亚文化圈。《生活大爆炸》《权力的游戏》《纸牌屋》等制作精良的美剧不仅在美国受到狂热追捧,其热度也席卷全球。美国文化产业发展投资主体是多元化的,不仅有政府直接投资,还有各种公司、基金会和个人的捐助,另外对于外资的态度也很开放。美国还从世界各地吸引优秀文化艺术人才,重视文化产业理论的研究和人才培养。高质量、专业化的人才是美国文化产业不断推陈出新的制胜法宝。

2. 法国

法国一直都是欧洲的文化中心,是世界遗产大国,也具有名扬世界

---

① [英]大卫·赫斯蒙德夫:《文化产业(第三版)》,张菲娜译,中国人民大学出版社2016年版,第19页。

② 腾讯网:《解析2018美国电影协会报告全球银幕总数增长7%》,https://new.qq.com/omn/20190329/20190329A0U3VX.html,2020年6月28日。

的优良产品，法国文化产业发展将这两方面优势结合在一起。以法国的红酒旅游为例，红酒与历史文化遗产相联系，游客住在几百年历史的古堡里，学习整个红酒的酿造过程，品尝传统美食，参与体育活动，极大丰富了红酒旅游的历史文化内涵，这种新颖的旅游方式受到各国游客的喜爱。除了旅游业，法国还是图书生产、销售和出口大国，据统计法国共有大小出版社上万家，年均出版图书6万至7万部，出版业在法国文化产业中超过了影视和唱片业而居于首位。值得一提的是，法国政府出台相关政策大力保护和扶持民族文化，直接对抗外来文化入侵。

3. 日本

日本是亚洲文化产业最发达的国家。以日本发展最突出的动漫产业为例，动漫产业是日本的经济支柱，年产值230万亿日元。日本是世界最大的动漫产业创作输出国，世界60%的动漫作品来自日本。日本动漫的制作上采用由DVD商家、玩具商、出版社等组成的委员会模式，不仅分担较长的制作周期成本和风险，还有利于动漫产业集群的形成。题材选择上，日本动漫很多题材来源于融入了现代世界观的传统民族神话故事或经典小说，故事情节贴近现实，思想内涵深刻，这使得动漫不仅适合儿童，还能吸引成年人，为他们带来启发和思考。日本的产业价值链开发完整，每一项文化产品都能深度开发出大量周边产品，如动漫书籍、剧场版电影、玩偶、服装等，充分发挥了文化产品的辐射带动作用。

4. 韩国

韩国在遭受经济危机打击之后，从国家战略的高度确立了"文化立国"的发展战略。在2001年韩国出台《发展"韩流"文化产业的方案》，将韩国文化产业在世界范围内推广。韩国的影视剧、偶像艺人团体先流行起来，而后饮食服饰等文化被包装在影视剧和演艺节目之中。这种将韩国传统文化结合引入的先进文化产业生产模式的方法，使韩国的文化产业自成一体，在国际上形成很大影响，同时塑造了韩国的文化软实力。

5. 其他国家

除此之外，其他国家也逐渐重视文化产业发展，如加拿大、巴西、印度、澳大利亚等国，各国政府出台相关政策，创造有利于文化产业发展的环境，完善相关的法律法规，保障文化产业的持续发展，深入挖掘本地文化资源，增加产业链附加值，推动科技的发展，以带动整体经济向前发展。

（二）我国文化产业的发展现状

我国的文化行业最早在 20 世纪 80 年代开始带有产业性质，文化发展的主要途径仍为非营利性的"文化事业"。到 90 年代，文化企业涌现，文化产业的发展由流通业向制造业、服务业扩展。文化产业正式被纳入"十五"规划，在经济发展逐渐占据重要地位，开始成为国民经济的支柱产业之一。加入 WTO 之后，中国的文化产业开始面对国际市场，受到国际文化资本的挑战和价值观念的冲击。2003 年文化体制改革试点开始后出台了配套政策，对改革企业给予优惠，刺激了产业发展速度的提升。根据国家统计局的统计，2008 年以来，我国文化产业增加值从 7630 亿元增加到 2018 年的 38737 亿元，10 年增加值的绝对量增加了 31107 亿元。[1]特点是在 2008 年国际金融危机，总体经济增长降速之时，文化产业出现了超常的"逆势增长"，成为国民经济中罕见的亮点。看电影、看演唱会、逛动漫展、买文创产品等已经融入人们的日常生活，花在文化产业上的钱越来越多。从 2008 年起我国文化及相关产业增加值节节攀升，在 2010 年突破 1 万亿元，2013 年突破 2 万亿元，2016 年突破 3 万亿元，达到 30785 亿元，占当年 GDP 比重为 4.14%。[2]

"一带一路"倡议提出后，中国文化产业迎来新的发展契机。国家政策大力扶持，文化部在 2016 年年底发布《"一带一路"文化发展行动计划（2016—2020 年）》。"一带一路"倡议不仅创造了优越的国内环境以促进我国文化产业的蓬勃发展，还不断推动中国文化产业走出国门、占领国际市场份额。"一带一路"倡议下的 2017 年和 2018 年，文化产业及相关产业增加值占 GDP 的比重在不断攀升，已经逐渐成为我国经济发展的支柱性产业。

---

[1] 国家统计局社会科技和文化产业统计司、中宣部文化体制改革和发展办公室：《2019 中国文化及相关产业统计年鉴》，中国统计出版社 2019 年版，第 28 页。

[2] 曲晓燕：《推动文化产业创新发展——党的十八大以来文化部文化产业工作综述》，《中国文化报》2017 年 10 月 19 日。

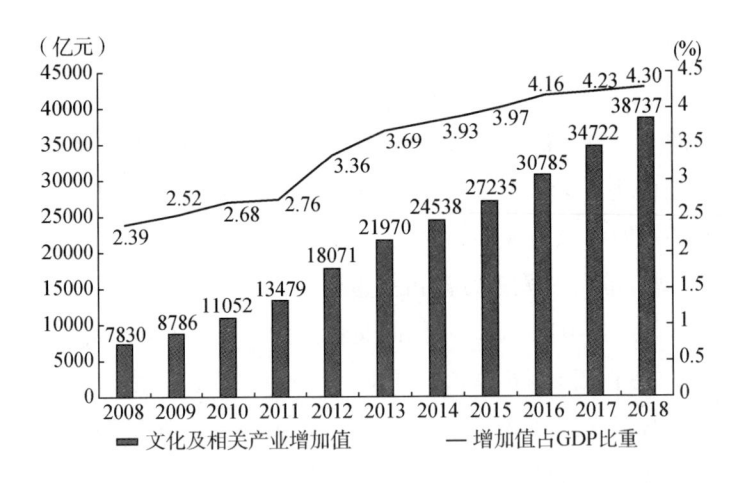

图 2-2 2008—2018 年文化及相关产业增加值及占 GDP 比重①

第三节 影响文化产业发展之因素

文化产业既有文化的属性，也有产业的属性，在双重属性的作用下，影响文化产业发展的因素比较丰富。从产业这一属性看，文化产业容易受资源、资本、市场、政策法规等方面影响；从文化属性看，文化产业的产出主要为知识产权、品牌价值等无形资产，主要受到人力资源、技术等方面的影响。具体来说，影响文化产业发展的因素主要有：

一 人力资源

一方面，中国正处在调整经济结构、转变发展方式的攻坚时期，尤其强调"要坚持中国特色自主创新道路、实施创新驱动发展战略"，吸引和培育高端人才是关键。特别是能够引领科技创新、推动产业发展的高科技人才，正在迅速增强中国经济和科技竞争力。② 另一方面，人力资源

---

① 国家统计局社会科技和文化产业统计司、中宣部文化体制改革和发展办公室：《2019 中国文化及相关产业统计年鉴》，中国统计出版社 2019 年版，第 28 页。

② 徐照林、朴忠恩、王竞楠：《"一带一路"建设与全球贸易及文化交流》，东南大学出版社 2016 年版，第 43 页。

在文化产业发展中的作用巨大。文化产业的核心可以看作"创造性劳动者的活动"①，有些国家的文化产业就定义为创意产业，以人的创意与工业结合，强调文化产业是"以脑力占优势、产出结果是知识产权"的产业。② 由此足见创造性在文化产业中的核心作用——文化资源要经过人的再创造，引入符合时代的新元素才能成为符合大众需求的文化产业。特别是以传统文化为基础的一些手工艺、非物质文化遗产都需要专业人才的传承和不断创新才会具有蓬勃的生命力。

二 区域文化资源

在经济学上，资源是经济发展的基本要素，丰富的资源在经过开发和挖掘之后融入市场的产业链，产生经济价值。同理，区域文化资源也是文化产业发展的基本要素。在以文化资源为主导的文化产业中，文化资源的开发与利用不断地影响着当地文化产业的发展水平。例如文化旅游重镇——乌镇，它将古村落深厚的文化底蕴、淳朴的民风和古色古香的建筑遗迹与发展经济效益相结合形成特色文化旅游产业，除了对文化遗址进行保护修缮以及出售纪念品，还将历史氛围延续开设特色民宿、民俗体验活动并传承当地民间工艺，形成一条完整的特色文化产业链。

三 政策

政府政策的支持是文化产业发展的推动力，政府政策的变迁也会影响文化产业的发展进程。由于文化产业前期投入大、培育时间长、倾向高收益的特点，很难将资本和专业人才分配到文化产业的发展上，这就需要政府"无形的手"发挥政策的支持和引导作用。以韩国为例，韩国文化产业的快速发展主要得益于韩国文化产业政策的大力支持。韩国将发展文化产业视为国家发展战略，提出"文化立国"战略，制定相应的产业政策，成立韩国文化观光部和文化产业振兴院，开发相关基础设施，

---

① [澳] 戴维·索罗斯比：《文化政策经济学》，易昕译，东北财经大学出版社2013年版，第105页。

② [英] 约翰·霍金斯著：《创意经济——如何点石成金》，洪庆福译，上海三联书店2006年版，第7页。

并为文化企业提供发展平台，以推动韩国文化产业的发展。从韩国政府的政策经验可见，各级政府都可以推出不同的措施进行刺激和巩固，进一步推动我国文化产业朝着科学化的方向发展。

四　完善的法律法规

文化产业发展需要完善的法律法规提供保障。文化产业要想保持健康可持续地发展，需要外部环境提供支持，而最基本最有力的支持就是完善的法律法规。文化产业发展中的一些问题仅依靠国家政策和市场机制是无法解决的，必须依靠完善的法律法规体系。比如，为产业运作提供核心保障的是合同法，而与文化产业核心密切相关的是知识产权法。知识产权可以保护文化产品创造者的权利，保护其"创意"的形式表达不会未经授权而使用，也保护其在遭受侵害时能够得到相应的救济。

五　资本

资本在文化产业的发展中起到支柱作用，能够有效地带动文化产业发展。由于文化产业具有获得经济效益的周期长、商业风险较高等特点，稳定的资金投入是非常必要的。文化企业获得融资的渠道狭窄，且成功获得投融资的概率小，有些主要靠政府拨款才能维持，这种情况不利于文化企业的发展。因此，要鼓励各种类型的社会资本投入文化产业，转变商业银行的信贷管理观念，拓展文化企业融资方式，给文化企业提供充足的资金支持，才能保护和传承文化资源、吸引专业人才进入文化产业，达到发展文化产业的目的。

六　技术

文化产业是知识密集型产业，从现代文化产业发展的进程上看，文化产业是高新科技与文化相融合的产物。技术发展不仅能提高文化产品生产的速度和质量，增加文化产品的附加值，还能拓展文化产业的业态，促进文化产业供给侧改革，比如互联网的应用产生了在线观看的网络电视、实时更新的新闻App和直播平台，这些"文化+互联网"产生出的新业态大大拓展了传统文化产业的表现形式和传播方式。正如戴维·思罗斯比所说，技术的快速更新，尤其是应用在视听产品中的技术，为文化产业的发展降低甚至消除了再生产和分销成本,并为文化产业提升为国际经济的重要组成部分提供了条件。①

七 消费

消费作为文化产业的市场目标,引导文化产业的升级和业态的创新,是促进文化产业发展的内生动力。随着大众物质生活水平的提高和文化素养的提升,社会需求结构和消费结构发生了巨大变化,居民在文化产业方面的实际支出和所占比例不断增加。"人们逐渐认识到消费在建构现代文化市场和健全文化产业发展体系中的地位,及其在内生机制上促使市场在结构优化和产业发展中的主导作用,在外在机制上推动立法对完善现代文化市场和产业健全发挥的促进作用。"② 比如,电影和动漫已经培养了比较稳定的消费群体,群体的消费需求衍生出如电影周边产品和动漫节等的新型文化消费方式。这样的文化消费形成了文化产业之间的良性互动与沟通,从而不断延长文化产业的消费链。

第四节 "一带一路"倡议下的文化产业

一 "一带一路"倡议与文化产业

随着媒介新技术的发展和应用,文化产品和文化服务得到广泛传播,艺术与人们之间的媒介障碍正在逐渐消失。在今天,文化全球化以文化"产业化"形态推行,以物质形态承载着精神形态与意识形态的文化产业在全球空间迅速发展。③ 世界各国都将文化产业作为发展核心,美国、日本、韩国、澳大利亚、意大利以及第三世界国家都将其作为战略重点,重点提升本国的文化产业竞争力。

在全球化背景下,2013年国家主席习近平在出国访问期间提出"丝绸之路经济带"与"21世纪海上丝绸之路"的倡议,2015年《推动共建

---

① [澳]戴维·索罗斯比:《文化政策经济学》,易昕译,东北财经大学出版社2013年版,第95页。
② 范玉刚:《文化消费对健全文化产业发展体系的促进作用》,《艺术百家》2016年第3期。
③ 曹海峰:《全球化、文化认同与民族文化产业的创新发展》,《兰州学刊》2017年第8期。

"一带一路"的愿景与行动》发布,标志着"一带一路"倡议进入全面发展的阶段。"一带一路"倡议以发展地区经济、促进国家间贸易往来为目的,但是"一带一路"沿线国家历史文化、宗教信仰不同,只有通过文化交流才能使各国之间相互信任、加深合作。发展文化产业是促进文化交流的基础,文化产业在"一带一路"建设中发挥着举足轻重的作用。

例如《吴哥王朝》是"一带一路"背景下我国首个在海外落地的文化演艺项目。这个项目的资金来源于中柬双方,演出的创作和编排也由中方负责。为了更好的舞美效果,中方公司还建造了柬埔寨最先进的吴哥王朝大剧院,并在周边配备大型水上乐园、自助餐厅、餐饮商业综合体和艺术展厅,力图打造以历史悠久的吴哥文明为主题的演艺旅游文化综合体。这一项目不仅带动了柬埔寨暹罗的旅游产业,还促进了当地就业,仅文艺演出一项就直接创造了400个就业岗位,原本没有稳定收入的人经过训练成为当地收入较高的专业演员。

"一带一路"沿线国家和地区有很多具有与柬埔寨吴哥窟相似的具有文化价值的世界级文化历史古迹,由于经济发展水平、技术等条件限制,还存在尚待发掘的巨大潜力。创造性地开发保护当地文化资源,利用中国的技术帮助它们走向世界,为当地人造福,正是"一带一路"倡议致力于实现的重要目标。

二 "一带一路"倡议对西部文化产业的影响

在"一带一路"的倡议下不断地完善文化产业的体系调整,西部地区特别是"丝绸之路经济带"周边的边疆,有了一个重大的区位转变——从文化开放的边缘地区转变为文化产业走出去的前沿。[①] 西部地区拥有得天独厚的自然风景资源、绚烂多彩的传统文化资源、独树一帜的餐饮文化以及相融相通的中外交流文化,是我国"一带一路"倡议下建设内通外联的"桥梁"。

"一带一路"的倡议正在与西部文化产业进行深度融合,这种融合不仅为西部文化产业的发展带来新的机遇,也为西部文化产业的创新提供

---

① 郝时远:《中国文化多样性与"一带一路"建设》,《今日民族》2016年第10期。

了契机。

（一）促进文化旅游业发展

西部地区文化旅游的特色在于民族风情和民俗，是利用传统文化资源最广泛，综合性及关联性最强的产业。在自然环境上，西部地区地质条件独特多样，又是许多河流发源地，形成了旖旎的自然风光。许多景点都闻名世界，如"世界屋脊"青藏高原、内蒙古大草原、甘肃鸣沙山、新疆吐鲁番、"塞上小江南"宁夏、四川九寨沟等。除此之外，西部地区还拥有绚丽多彩的人文旅游资源。西部少数民族众多，民俗民居、民族歌舞、民族服饰以及民族历史文化等，形成了西部地区特有的民族风情。这些丰富的自然资源和传统文化资源，使西部的旅游业具备了先天的优势条件。

为贯彻落实"一带一路"倡议，国家旅游局将2015年定为"丝绸之路旅游年"。"一带一路"倡议扭转了西部地区接待入境游客不断减少的趋势，是西部旅游业发展的新契机。青海民族文化旅游节、中国西藏文化周、丝绸之路（敦煌）国际文化博览会等旅游节、会展都为西部的旅游业带来源源不断的游客。

表2-2　　2000—2018年西部地区接待入境过夜游客人数①　　单位：万人次

地区	2000	2005	2010	2017	2018
陕西	71.28	92.84	212.17	383.74	437.14
甘肃	21.31	28.85	7.02	7.88	10.01
青海	3.26	3.52	4.67	7.02	6.92
宁夏	0.78	0.82	1.80	6.53	8.82
新疆	25.61	33.11	50.94	77.41	99.30

敦煌，一个千百年来东西文化交流的枢纽，如今成为丝绸之路经济带黄金段的重要文化支点，继续发挥着它融汇中外文化、促进商贸繁荣的重要作用。由敦煌文博会承办的"敦煌文博会"全称为丝绸之路（敦煌）国际文化博览会，是"一带一路"倡议下国家多部委和甘肃省主办

---

① 国家统计局：《中国统计年鉴（2019）》，http://www.stats.gov.cn/tjsj/ndsj/2019/indexch.htm，2020年8月28日。

的国际文化交流综合性博览会，宗旨在于"推动文化交流，共谋合作发展"，打造对外展示中华文化的窗口，搭建丝绸之路沿线国家文化合作、互利共赢的国际文化产业交流平台。首届敦煌文博会的与会丝路沿线国家就进一步加强文化交流达成共识，共同发布了《敦煌宣言》。目前，敦煌文博会已成功举办三届，为各国政府间的高层次对话提供了平台，扩大了民间文学艺术、广播影视等交流。在敦煌文博会的促进下，中国与沿线国家交流机制化水平不断提高，商贸合作的数量和水平登上一个新的台阶。敦煌文博会取得这样的成绩得益于"一带一路"倡议搭建的文化产业交流的国际平台。

（二）实现文化艺术业创新

西部拥有多姿多彩的民族文学艺术宝库，并且特色鲜明，风格独特，是表演行业的天然素材资源库。西部文化艺术业的创作者们从民间历史文化汲取养分与灵感，在已有传统作品的基础上改编、再创作，形成极具地域与特色的艺术与歌舞演出精品。如甘肃《敦煌》系列舞台剧，2016中国首部大型回族舞剧《月上贺兰》以及新疆、内蒙古、青海等地区的民族舞台剧。各省区剧院的民族歌舞剧、舞台剧、话剧常规演出颇具规模。尤其是"一带一路"倡议提出以来，新的民族歌舞剧不断被创作出来，中国歌剧舞剧院和呼和浩特民族演艺集团就连续两年联手创作舞剧《昭君》和民族舞剧《驼道》。《驼道》融合了蒙古族、哈萨克族以及汉族三个民族的故事，通过艺术的呈现表达了游牧民族与农耕民族的商贸往来留下的一段段讲诚守信、通情达义的佳话，一段段"驼道茶情"。

《丝路花雨》是中国1979年首演的一部大型民族舞剧，新版《丝路花雨》是以敦煌文化为底蕴，博采西部各地民间歌舞之长，以京剧的表现形式赋予原作舞剧新的内涵。舞剧讲述的是古丝绸之路上，一对淳朴善良的中国父女为了救助外国商人，发生的亲人悲欢离合、友人生死相助、中外人民患难与共感人至深的故事。《丝路花雨》在全球巡演，先后访问20多个国家和地区，受到了各国人民的喜爱，被誉为"中国舞剧之最""东方的《天鹅湖》""活的敦煌壁画"。在舞美和服装设计方面，《丝路花雨》将敦煌壁画中的元素和舞姿融入故事，将壁画美轮美奂的画面搬到现代舞台上。新版舞剧突出民族性，还融入了多国多民族特色，这种方式的传统文化传播犹如春风化雨，润物无声又沁人心脾。如今，

《丝路花雨》在敦煌大剧院进行常态化演出,成为敦煌文化旅游系列中的又一亮点。但是,伴随着"一带一路"倡议的建设发展,《丝路花雨》又迎来了新的创作生命。① 国际版的《丝路花雨》将融入"一带一路"的主题,② 实现新的排版升级。

(三) 推动文化餐饮业发展

饮食文化是指食物原料开发利用、食品制作和饮食消费过程中的技术、科学、艺术以及以饮食为基础的习俗、传统、思想和哲学。③ 西部的餐饮业是西部独特的饮食文化特点的最直接体现,饮食文化也是西部文化体系的重要构成。具有鲜明区域性和历史文化性的西部餐饮业,不仅满足了西部地区人们基本的饮食需求,也是一种独特的文化产业资源,有着广阔的市场发展潜力。

西部餐饮业以面食为主,多以小麦、马铃薯、青稞为主食,也有一些特色食物,如馓子、油香、牛头杂碎、酿皮、臊子面等。在食物的烹饪技法方面,煎、炸、炒、烤等技法均具有其特色,在食物原材料上,有枸杞、牛、羊、发菜、鸡、海鲜等。高端的食材与传统的烹饪方法创造出风味独特、色香味俱全的特色美食。

西部的饮食文化是我国文化体系的重要构成,在世界范围内也形成了一定的影响。饮食文化应该得到越来越多的重视,将饮食打造成文化特色的一部分,与旅游业进行有机的结合,以此增强地区吸引力,促进旅游业的进一步发展。另外,西部特色美食完全可以走出西部,形成独特的发展道路。"一带一路"倡议的提出,为西部的餐饮业带来广阔的发展前景,极富特色餐饮文化对国内其他地区有着强烈的吸引力,这样巨大的市场潜力,使餐饮业成为民族经济发展的一个重要的动力和效益增长点。

---

① 人民日报:《灵动的敦煌壁画炫酷的视觉盛宴"丝路花雨"传播友谊》,http://ydyl.people.com.cn/n1/2017/0913/c411837-29531943.html,2020年8月28日。

② 习近平:《在"一带一路"国际合作高峰论坛开幕式上的演讲》,新华社:https://www.yidaiyilu.gov.cn/xwzx/xgcdt/13208.htm,2020年6月23日。

③ 赵荣光、谢定源:《饮食文化概论》,中国轻工业出版社2004年版,第89页。

第三章

科技创新对西部文化产业发展的影响

第一节 科技创新为西部文化产业发展带来的机遇

西部凭借独特的地缘环境和区位优势成为"丝绸之路经济带"的核心区域,在新时代为西部文化产业的发展带来新的机遇。研究表明,随着消费时代的更新变化,科技创新成为促进文化消费的重要动力,科技创新对文化消费的拉动效应效果显著。① 科技创新或将成为西部文化产业发展的又一重要动力,西部文化产业的发展不仅在于促进传统文化产业的转型升级,更在于培养西部文化产业的文化新业态。"文化+科技"的融合发展已成为科技创新时代的重要趋势之一,因此,对于西部文化产业的发展来说具有深刻的变革意义。

一 扩大西部文化产业发展的区域优势

我国西部地区相较于其他地区,文化资源及历史文化遗留更为丰富,独特的文化习俗更为完整,② 也正是其所具有的独特优越条件形成了其文化产业发展的独特区域优势,科技创新或将推动该优势的进一步扩大。具体来说,西部文化产业与高科技进行深入融合或将使西部文化产业的文化资源进一步倍增,固有的独特文化资源与新兴技术的融合发展,所

---

① 顾江、王文姬:《科技创新、文化产业集聚对城镇居民文化消费的影响机制及效应》,《深圳大学学报》(人文社会科学版)2021年第4期。

② 董晓萍:《西部民族地区文化产业转型发展的思考》,《前沿》2019年第6期。

形成的创新文化产品在呈现西部地区固有文化特色的基础上,更能体现出科技感。科技创新或将能够实现西部文化产业的历史文化价值、艺术审美价值及经济效用价值的提升。

西部地处"一带一路"建设的核心区域,随着国家加强对西部地区的建设,西部文化产业得以发展,作为"一带一路"建设重要区域,西部地区与西部邻国在文化交流上更具优势,长久以来一直受地缘文化的影响,在文化发展上具有一定的交融性,对实现优秀传统文化"走出去"具有天然优势。科技创新带动西部文化产业的创新发展,将丰富西部文化产业的表现形式,促进文化繁荣发展,扩大西部文化产业发展的区域优势。

二 增加西部文化产业发展的资源优势

我国西部地区疆域辽阔,是悠久历史资源与丰富文化底蕴的集合地。西部的文化艺术在历史的更替中不断发展与沉淀,共同奠定了西部深厚的文化底蕴。西部地区文化资源丰富,民族文化独特,具有鲜明的地域特色和巨大的经济开发价值,文化资源禀赋优势明显。[①] 科技创新为文化资源的开发提供了新兴发展道路,对探索文化资源的经济价值、社会价值产生积极影响,利用资源优势或将能够促进、扩大西部文化产业的经济发展。

西部地区文化资源的多样性是其发展的源泉之一,使得文化产品内生于特定的文化,固有的发展模式下文化资源的转化率较低,文化资源丰富而能够带动西部地区经济发展的文化资源得不到有效的利用。科技创新或将能够带动西部文化产业的优化升级,将资源优势转变成经济发展的动力。将西部地区文化资源与科技进行深度融合,形成文化产业聚集效应,发挥资源优势带动产业发展。科技创新将进一步增加西部文化产业发展的资源优势,为西部文化产业发展助力。

三 提供西部文化产业发展的政策平台

近年来,我国一直重视科技创新,为科技创新提供更丰富的发展平台,也是为我国文化产业的转型升级探索更多可行之道,科技创新在文化产业中的各项政策中均在积极鼓励。在文化产业发展的政策平台上,

---

① 孟来果:《我国西部民族地区文化产业发展对策研究》,《学术交流》2013 年第 8 期。

借力于国家战略,将西部地区定位为文化产业集群发展中心。为做好文化产业的整体协调以及文化发展战略的统筹规划,建立和完善西部文化产业国内外合作机制,依托沿线丰富的文化资源完善西部文化产业。国务院发布《关于推进文化创意和设计服务与相关产业融合发展的若干意见》;① 文化部、财政部联合发布《藏羌彝文化走廊总体规划》《关于推动特色文化产业发展的指导意见》《丝绸之路文化产业战略规划》。②

在"一带一路"倡议实施以来,我国大力支持西部文化产业发展,提供西部地区文化产业专项资金,出台各项红利政策及税收优惠政策。比如,2016年9月,国务院批准了四川、重庆和陕西三个西部省市设立自由贸易试验区,改变了从前西部省市自由贸易试验区空缺的状况。③

陕西省进行了相应的落地配套政策,对文化产业试验区企业所得税实行"五免五减"、通过财政补贴引进高水平人才,形成文化产业试验区内文化资源、经济资源、产业终端集合体。

四川省加强文化资源开发建设的重点是建设内陆地区经济区,进一步实现西部大开发进程。西部地区发挥主观能动性,充分利用国家政策带来的机遇,扩大文化产业建设,加大政府投入力度,以建设文化产业园区的形式扶持以文化资源为核心竞争力的企业,通过政策倾斜、资金支持等多途径促进文化产业成为西部的核心产业。

四 拓宽西部文化产业对外交流渠道

文化部曾提出要以"文化先行"的方式建立"丝绸之路文化产业带",④ 以文化交流促进经济贸易交流,利用西部文化资源优势打通丝绸之路沿线经济贸易往来。我国西部连接中亚、南亚和西亚,汇聚了古希腊文化、波斯伊斯兰文化、古印度文化以及中华文化,从古至今都是中

---

① 张军:《民族特色文化产业发展与法制保障刍议》,第六届民族文化产业发展论坛论文集 2014 年版,第 185—195 页。

② 刘斌斌、谢沁虹:《论"一带一路"建设与西部文化产业的知识产权保护》,《兰州大学学报》(社会科学版) 2017 年第 6 期。

③ 戴金山:《建设具有成都特色的中国内陆自由贸易试验区》,http://sc.people.com.cn/n2/2016/0921/c345167-29038991.html,2019 年 12 月 30 日。

④ 张国祚:《坚持文化先行共建"一带一路"》,http://theory.people.com.cn/n1/2017/0616/c40531-29343276.html,2020 年 1 月 20 日。

西方文化交流的交汇之地，也是我国向西对外开放的重要窗口。国家战略的提出，塑造了我国向西对外开放的新格局，同时加快了西部对外开放的脚步。[1] 依托便利的交通运输通道，不仅推动了西部文化产业的发展，更为西部文化产业"走出去"提供了便利。陕西省建立丝绸之路文化艺术品国际交易平台，结合陕西自贸区现有的政策，参照上海自贸区已有的经验，[2] 在促进监管、把控风险的基础上，设立了文化产品交易的本外币内外互通的自由贸易账户。科技创新或将扩宽西部文化产业对外的交流渠道，丰富文化输出的多样性及可行性，为文化产业自身的创新及文化产业的交流发展助力。

五 促进西部"文化+"的新形态发展模式创新

近年来，西部文化产业不断进行结构创新，推动西部文化产业深度融合、产业间跨界融合创新、区域间一体化发展。西部文化产业综合性、关联性和渗透性较强，在经济融合、跨界发展上具有天然的发展优势。[3] 西部地区通过"文化+旅游""文化+金融""文化+农业""文化+互联网"等新形态发展模式，积极进行文化产业供给侧结构性改革，培育了新型文化业态，创造了西部新的文化增长点。

（一）"文化+旅游"的发展模式

陕西省铜川市积极把握文化旅游产业发展上升势头，把当地丰富的文化内涵注入旅游发展过程中，以文化引领加快旅游业发展。首先，铜川市从文化旅游景区入手，着力发展以红色文化为中心的"照金景区"、以中医药文化、养生文化为重点的"药王景区"、以弘扬传统文化为目标的"玉华宫景区"和"大香山景区"、以彰显耀瓷风韵为宗旨的"陈炉古镇景区"，[4] 同时，借助老工矿企业，比如耀县水泥厂、王石凹煤矿等，

---

[1] 张占斌：《中国经济新常态的趋势性特征及政策取向》，《国家行政学院学报》2015年第1期。

[2] 中国人民政治协商会议陕西省委员会官网：《推动"一带一路"建设行稳致远加快打造内陆改革开放高地——在陕全国人大代表、住陕全国政协委员建言高质量共建"一带一路"》，http://www.sxzx.gov.cn/zwgk/llyj/37055.html，2020年6月1日。

[3] 齐骥：《国家文化产业示范基地十年发展历程研究》，《中国文化产业评论》2014年第1期。

[4] 西部大开发：《全域旅游助推铜川经济转型》，《西部大开发》2016年第6期。

开发工业风特色旅游区。其次，注重省内文化资源共享。"西安—铜川城际铁路"的建设，推动铜川市建设一条兼具生态、观光、旅游等诸多功能的铜川市旅游最美铁路，[①] 实现旅游带全域升级，以此推动陕西省建立旅游城市联盟，积极与西安、延安、宝鸡等省内旅游城市联合搭建人文交流平台。

同时，加强域外互联互通，铜川市与"一带一路"沿线城市及国家通过签订旅游合作项目，实现了沿线城市、国家内无障碍旅游。沿线城市、国家之间互动、互游、互访，借助文化资源交流实现经济上的互惠共赢，加强了与丝绸之路沿线国家和地区的文化合作、贸易往来，实现了以文化资源交流带动经济发展。

(二)"文化+金融"的发展模式

西部地区以发展文化产业相关金融贸易，着力打造文化、金融、贸易的交流共享平台为目的，围绕政策沟通、设施互联、贸易畅通、资金融通、民心相通的发展方向，西部地区为实现与"丝绸之路经济带"沿线国家贸易互通，通过区域政策协同建立了专门融资平台，加强物流网络、人员交流、信息交互、资金流动等要素之间的协调性。比如，2014年国家层面出台了《关于深入推进文化金融合作的意见》，提出了"金融支持文化产业"的理念，[②] 支持建立"文化金融合作试验区"，寻求文化产业发展的新层次。陕西省是中华文明的重要发祥地，逐渐在政策引导下实行多领域试点，比如跨境文化衍生品贸易、文化艺术资源证券化、文创主题影视周边、文化产品保税等多项举措，均取得良好的效果。

(三)"文化+互联网"的发展模式

2016年，国家文物局和财政部、发改委、工信部、科技部五部委联合发布了《"互联网+中华文明"三年行动计划》，[③] 鼓励政府、企业、

---

① 铜川市政协官网：《主动融入"一带一路"推动铜川文化旅游迈入新时代》，http://www.sxtczx.gov.cn/html/dhfy/20180426/13285.html，2019年12月25日。

② 中华人民共和国文化和旅游部官网：《关于"深入推进文化金融合作的意见"解读》，https://www.mct.gov.cn/whzx/zcjd/201505/t20150521_801835.htm，2019年12月30日。

③ 文物局官网：《国家文物局、国家发展和改革委员会、科学技术部、工业和信息化部、财政部关于印发"互联网+中华文明"三年行动计划的通知》，http://www.gov.cn/xinwen/2016-12/06/content_5143875.htm，2019年1月26日。

学界等多方协作利用本土历史文化资源研发文化创意产品,推动"互联网+"模式下具有地方特色的文化历史教育、文博旅游、文化动漫游戏、文创周边产品等产业创新,结合互联网平台与地域性文物资源的优势,保护和传承人类文明。

我国西部拥有丰富的洞窟壁画、历史文物、山水名画等优质的传统文化资源。在数字化高度发展的今天,西部优秀的传统文化搭乘数字经济的快车,运用现代 VR、3D 动画等数字形式展示出来,借助科技手段实现"走出去"的发展目标,而且利用现代数字技术制作的文创产品将给学校教育、历史研究、文化产业发展提供丰富的素材。第四届世界互联网大会于 2017 年 12 月 3 日召开,在"互联网之光"博览会上将位于河西走廊的敦煌莫高窟(又称"千佛洞")石窟壁画群以空间化视角呈现给公众。以佛像、佛教历史、经变、志怪、图样纹饰为主要题材的壁画群绘制于洞窟内墙壁上、窟顶之上、神龛之内,同时,河西走廊作为西部主要交通枢纽,也不乏展现古往今来历史沿革的狩猎、耕作、纺织、交通等生活图景的作品。莫高窟的彩塑艺术和壁画艺术以佛教主题为重点,融入了我国宗教文化往来互鉴的历史积淀,为加强印度、中亚、西亚、新疆等地区与我国西部地区文化交流提供了丰富的历史文化资源。

图 3-1　榆林窟　第 3 窟　普贤菩萨　西夏

图 3-2　莫高窟　第 254 窟　萨埵太子本生　北魏
（在第四届世界互联网大会"互联网之光"博览会现场，国家文物局的展示的莫高窟图景）

此外，西部地区通过交通设施建设、能源开发、通信平台拓展等方式，多位一体加强"互联互通"，使得西部的文化企业运用电子商务等新形态，开展线上线下的国际营销模式。例如陕西省为推动县域经济发展，借助"互联网+"模式，通过电子商务推进特色农产品和本土特产加工业的发展，加快脱贫攻坚进程。

第二节　高科技应用创新为西部文化产业发展带来的挑战

科技创新应用时代的到来，为西部文化产业发展带来新的历史性机遇，同时又给其带来巨大挑战，主要表现在西部文化产业知识产权保护方面。作为"丝绸之路经济带"建设的核心区域，为推动西部文化产业进一步发展，西部地区重点推进地方性文化产业的知识产权保护立法、建文化资源集聚型创意产业园区、搭建知识产权信息数据平台等。然而，文化产业知识产权领域的法律保障，对区域文化产业提出了更高的要求，也面临着新的挑战。

一　强化西部地区知识产权意识

在进一步推进西部文化产业建设中，知识产权保护意识相对缺乏是重要的制约因素之一。西部地区强调经济发展，忽视了对文化产业知识产权的保护。西部各地方政府部门在知识产权保护方面重视程度不够，缺乏执行力，地方性文化主管部门也存在知识产权保护工作的认识局限性问题。文化主导型产业主体对其智力成果的保护意识较为薄弱，同时也存在侵犯知识产权的行为。另外，社会公众的知识产权保护意识也较为欠缺，对侵权文化产品、文字作品、音乐作品等缺乏正确的认识，缺乏对他人智力成果的尊重。

西部文化产业知识产权保护意识水平与政府、文化产业主体、社会公众存在正相关关系[1]。因而，应借助西部地区各地方政府及相关地方性职能部门有针对性地开展知识产权保护的宣传普及和法律培训，提升国家工作人员、事业单位工作人员、文化行业从业者借助知识产权制度多途径保护其智力成果的能力，进一步推进西部文化产业发展。

二 完善相关知识产权法律和政策

知识产权的法律保障和宏观政策的引导对西部文化产业发展至关重要。文化产业政策与市场、经济效益等经济学指标息息相关，是经济、科技、公共利益的共同体现，也是政府进行宏观调控的主要手段[2]。科技创新的发展对文化产业的法律制度也提出了新的要求，地方政府应当为历史文化资源的进一步开发提供完善的法律保障体系。鉴于我国当前阶段的基本国情，地方性特色的知识产权相关法规、政策需要纳入考虑范围。对于区域性知识产权保护标准，西部地区的地方政府部门应当以文化产业的发展规律为基本遵循，考虑西部文化产业的区域发展不平衡性，自上而下开展知识产权保护战略的制度创新，制定适宜的知识产权保护标准。

西部地区应当充分发挥地缘优势，妥善利用本土文化与域外文化融合的契机，进行制度创新，协调人才引进政策，以完善西部地区的知识

---

[1] 王凤荣、夏红玉、李雪：《中国文化产业政策变迁及其有效性实证研究——基于转型经济中的政府竞争视角》，《山东大学学报》（哲学社会科学版）2016年第3期。

[2] 易继明：《技术理性、社会发展与自由——科技法学导论》，北京科技大学出版社2005年版，第35—37页。

产权的保护。①

三 实施西部文化产业知识产权复合型人才培养战略

目前，我国西部知识产权复合型人才供给不足与当前西部文化产业高速发展状况不匹配。主要原因在于：第一，西部地区经济发展水平较低，经济发展缺乏动力，产业结构不合理；第二，西部地区缺乏高水平专业性师资，无法为西部文化产业知识产权保护培养高端知识产权复合型人才。②

以知识产权复合型人才培养为基础的知识产权制度是文化产业运行的重要保障。实施知识产权专业人才培养战略对西部文化创新有重要作用。同时，也是进一步推动西部文化产业可持续发展的必要保障。西部各地方政府，需要注重对知识产权复合型人才的培养，建立高水平的知识产权复合型人才队伍，打造重视知识产权复合型人才的社会环境。另外，实施西部文化产业知识产权专业人才培养战略。比如，在西部人才培养体系中加入知识产权领域专业人才培养机制和全局工作计划，适当开展知识产权复合型人才分析评议、资格认定试点；③借助联合培养、远程教育、专题培训等方式，拓展人才培养方式和渠道，进一步推动专业人才综合素质提升。④

四 平衡西部文化产业知识产权保护与发展的需求关系

由于目前和我国交流较多的国家和地区存在政治文化多元、信息不对等、法律体系差异，西部地区知识产权服务机构在海外知识产权维权援助机制、域外纠纷化解程序上存在缺失和衔接不畅等问题，其运营能

---

① 刘卫东、田锦尘、欧晓理：《"一带一路"战略研究》，商务印书馆2017年版，第244—273页。

② 庹继光：《西部文化产业发展中的要素禀赋应用》，《西南民族大学学报》（人文社会科学版）2014年第9期。

③ 国家知识产权局：《国家知识产权局关于加快提升知识产权服务机构分析评议能力的指导意见》，http：//www.sipo.gov.cn/ztzl/xyzscqgz/fwjgfxpynlts2/zcxx/1031906.htm，2020年1月11日。

④ 刘斌斌、谢沁虹：《论"一带一路"建设与西部文化产业的知识产权保护》，《兰州大学学报》（社会科学版）2017年第6期。

力不足以建立健全风险防范机制、综合服务系统。并且在西部地区与其他国家的交互过程中，受到专业机构知识产权资源利用能力的限制，仍然存在知识产权信息分析处理能力欠缺的问题。

因此，西部地区既要不断完善文化产业战略布局，也要加强知识产权的制度保障，防止片面国际化。在制定和修改相关知识产权法时，保证知识产权专有权人的个人利益与国际知识产权保护相对平衡。立足于民族利益保护，积极开拓海外知识产权市场。引进国际知识产权法，取其精华以推进传统文化产业的发展，平衡知识产权保护与社会公共利益。[①]

在文化产业的知识产权发展战略布局层面，西部地区应当以文化产业协同合作、知识产权战略互通为目标建立文化产业知识产权联盟，打造资源共享平台，为联盟成员提供文化产品、文化服务的研发通路，提高西部文化优势资源聚合度，进而提升西部文化产业的竞争力。

---

① ［日］日本知財学会知財学ゼミナール編集委員会：《知的財産イノベーション研究の展望》，白桃書房 2014 年版，第 157—159 页。

第四章

我国西部文化产业的资源特色及其结构分析

在西部地区的发展中，基于文化资源的多样性，使得文化产业也具有多样性特征，其复杂多样的特色文化资源是西部文化产业知识产权战略的基础，对西部文化产业的资源特色及其结构分析，为构建西部文化产业知识产权战略提供基础理论支撑，丰富理论研究。从文化资源的创新方面，研究西部文化产业的资源特色及结构也尤为重要。

第一节 西部文化产业的资源特色

一 西部地区的民族资源

我国西部主要分为西北和西南，共涵盖了12个省份。我国西部地区是少数民族主要聚居地，涵盖全国所有的5个省级民族自治区，分别为新疆维吾尔自治区、内蒙古自治区、广西壮族自治区、西藏自治区以及宁夏回族自治区。此外，截至2020年5月全国共有30个民族自治州，而西部地区也涵盖最多的民族自治州，共有27个自治州，分别为：新疆的克孜勒苏柯尔克孜自治州、昌吉回族自治州、巴音郭楞蒙古自治州、伊犁哈萨克自治州以及博尔塔拉蒙古自治州5个自治州；云南有楚雄彝族自治州、文山壮族苗族自治州、西双版纳傣族自治州、德宏傣族景颇族自治州、迪庆藏族自治州、怒江傈僳族自治州、大理白族自治州、红河哈尼族彝族自治州

8个民族自治州;① 四川有阿坝藏族羌族、甘孜藏族、凉山彝族自治州3个民族自治州;② 青海有海南藏族、海北藏族、黄南藏族、玉树藏族、果洛藏族和海西蒙古族藏族6个民族自治州;贵州有黔西南布依族苗族、黔东南苗族侗族、黔南布依族苗族3个自治州;甘肃有临夏回族自治州、甘南藏族两个自治州。如图4-1所示,云南具有最多的民族自治州,其次依序为青海、新疆、贵州、四川、甘肃等地,可见民族自治地区对于特色传统文化的孕育具有重要作用。

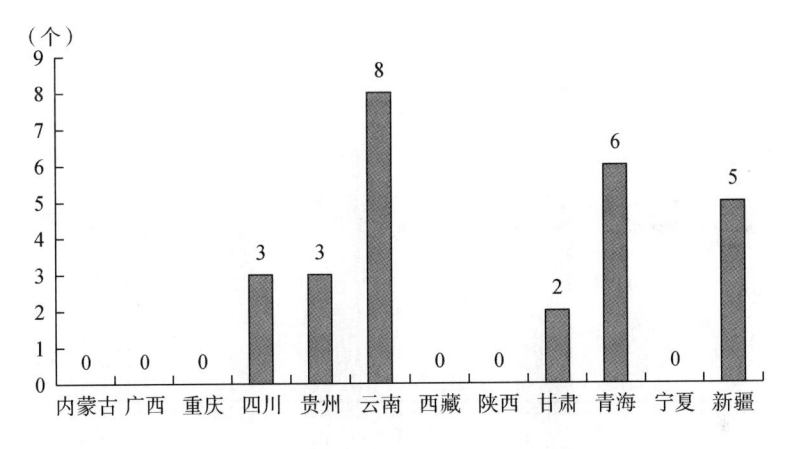

图4-1 西部地区民族自治州数量对比

西部地区分布着为数众多的少数民族聚居地,其中内蒙古自治区生活着除珞巴族以外的蒙古族、汉族、满族、回族、达斡尔族、鄂温克族、鄂伦春族、壮族、锡伯族、土家族、东乡族、苗族等55个民族;③ 广西是多民族聚居的自治区,世居民族有12个④,另有其他民族44个⑤,其

---

① 彭中礼:《改革开放四十年我国民族自治地方立法权行使研究——以云南8个自治州为例(1984—2017)》,《云南师范大学学报》(哲学社会科学版)2018年第5期。

② 覃朝晖:《成渝老工业基地可持续发展研究》,博士学位论文,中央民族大学,2011年,第44页。

③ 数据来源于内蒙古民族事务委员会官网,https://www.neac.gov.cn/seac/ztzl/201208/1067779.shtml,2020年6月23日。

④ 汉族、壮族、瑶族、苗族、仡佬族、侗族、回族、仫佬族、毛南族、京族、彝族、水族。

⑤ 满族、蒙古族、朝鲜族、白族、藏族、黎族、土家族等。

中壮族是广西人口最多的少数民族;① 青海是一个多民族地区,少数民族聚居区占全省总面积的98%,有5个世居少数民族;② 甘肃省民族聚居多,现有55个少数民族,全省少数民族人口是全省总人口的9.43%,世居少数民族有10个;③ 宁夏回族自治区分布着汉族、哈萨克族、回族、撒拉族、维吾尔族、东乡族和保安族等民族,回族人口约占自治区总人口的1/3,占全国回族人口的1/5。④ 此外,根据图4-2可知,民族自治地方少数民族人口数占民族自治地方总人口数的50%左右,多民族赋予该地区传统文化天然的多样性。

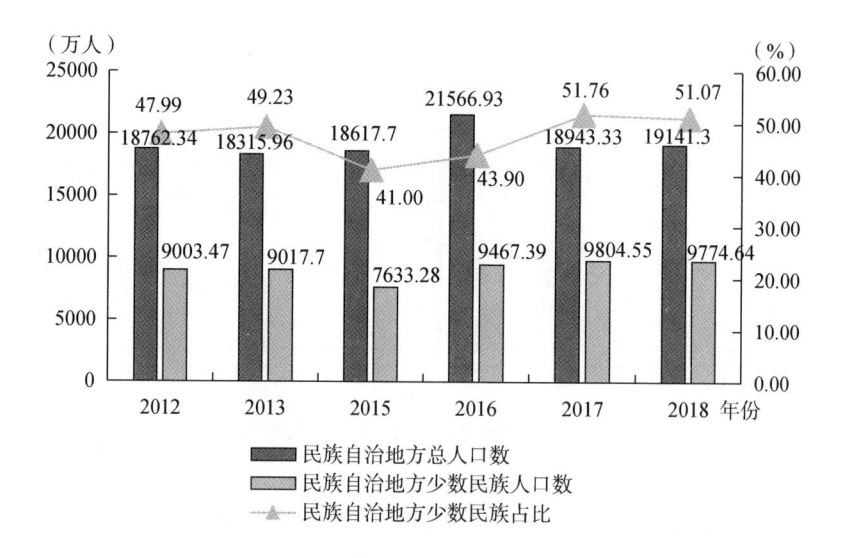

图4-2 民族自治地方的总人口数、少数民族人口数及其占比⑤

---

① 数据来源于广西壮族自治区人民政府门户网站,http://www.gxzf.gov.cn/mlgx/gxrw/ftrq/20150205-437671.shtml,2020年6月23日。
② 藏族、回族、土族、撒拉族、蒙古族。
③ 藏族、保安族、裕固族、回族、蒙古族、撒拉族、哈萨克族、东乡族、土族、满族。
④ 数据来源于宁夏回族自治区民族事务委员会,https://www.nxmzzj.gov.cn/,2020年6月23日。
⑤ 根据国家统计局的数据进行整理计算而成,http://data.stats.gov.cn/easyquery.htm?cn=C01&zb=A0101&sj=2019,2020年12月23日。

二 西部地区的文化旅游

在西部地区中，有西南民俗风情生态旅游大区（四川、重庆、贵州、云南、广西），西北大漠黄河丝路文化旅游大区（陕西、甘肃、新疆、宁夏，并包括内蒙古），青藏高原生态旅游大区（西藏、青海），包含12个省区。[①] 青海的可可西里，新疆的天池，云南的澄江帽天山化石地以及境内由金沙江、澜沧江、怒江形成的壮丽景观三江并流，张掖的丹霞地貌，四川的九寨沟国家级自然保护区以及大熊猫栖息地，这些美景被选入"世界遗产名录"。你可以见到云南地区的山清水秀，也可以看到新疆的大漠孤烟，也正因如此，这里成为人们远离城市喧嚣、寻找一方净土的家园。

当然，西部不仅拥有名山大川，还有丰富的文化资源，有许多古遗迹被列为"世界遗产名录"文化遗产，如敦煌的莫高窟，那里留存了历经千年的塑像、壁画以及经卷；陕西省境内的秦始皇陵及兵马俑，展现了帝王丧葬的宏大规模以及秦朝彩陶技艺的精湛；西藏的布达拉宫展现了西藏最为庞大和完整的古代宫殿城堡建筑群；云南省的丽江古城是以纳西族文化为主的具有悠久历史的古城，别具韵味；重庆市的大足石刻，展现了唐末、宋初时期的宗教摩崖石刻，栩栩如生的佛教、儒教、道教造像堪称石窟造像艺术的典范；四川成都的都江堰是历史最为悠久、以无坝引水为特征的大型水利工程，至今仍在使用。

三 西部地区的民族艺术

各民族在发展中都留有自身的特色与传统，其在民族歌舞、民族诗歌中融汇了本民族的民风、民俗及民族智慧，形成了丰富的非物质文化遗产，甘肃的河州花儿是西北高原上盛开的一朵艺术奇葩，它在回族、东乡族、保安族中流传较广，每年还有花儿会，松鸣岩的花儿会延续了数百年，是歌手们唱花儿的盛会，展现了西北人性格之中的刚直与

---

① 廖克：《中国西部开发战略的几点建议》，《地球信息科学》2001年第1期。

豪爽。①

陕西的皮影戏具有鲜明的地方传统文化特色，这是一种用蜡烛或酒精燃烧发出来的光或者其他光源来照射纸板或兽皮做成的人物剪影从而演绎故事的民间戏剧。表演时，艺人们在白色幕布后面，一边操纵戏曲人物的剪影，一边用当地流行的曲调或者方言唱述民间故事，同时配以击打乐器和弦乐渲染氛围。② 陕西还有我国特殊的戏剧种类——秦腔，又称乱弹，起源于古代陕西的民间歌舞，是我国西北最古老的剧种之一。秦腔根植于中国古代数朝政治、经济、文化中心的长安，经历代人民的创造与加工而逐渐形成，流行于西北多地，其中宝鸡的西府秦腔口音最为历史悠久。③

西藏地区有许多非常有特色的文学作品，其中《格萨尔王传》是一部极具代表性且流传于整个藏族聚居区的史诗，其概括了藏族历史发展的重大阶段和进程，描述了这片土地广阔的社会生活并同时塑造了数以百计的热舞形象。这部史诗是以藏族古代神话、传说、诗歌以及谚语等民间文学为基础进一步创作加工集成而来，代表了古代藏族文化的最高成就，被誉为当今东方的"荷马史诗"；此外，《格萨尔王传》史诗除了在西藏高原上流传，青海、四川、云南的藏族地区也有广泛的传播。④

青海的热贡艺术最为有名，热贡艺术主要包括绘画、雕塑、堆绣等。唐卡艺术是热贡艺术中数量最多、流传最广、最受藏族群众喜爱的艺术，它立幅较小，造型、设色、勾勒和用金都十分精致细密，而唐卡艺术最大的魅力在于艺人们虔诚的态度和热贡艺术品无以复加的绚丽和精致。在热贡艺术体系中，审美要求已退居第二，热贡艺术要求"一切工程符合藏律，一切壁画合经藏，开刀雕塑合密咒"，虔诚重于艺术的灵性，法度重于创造。

多姿多彩的民族艺术丰富了人们的生活，也彰显着我国博大精深的

---

① 赵宗福：《西北花儿的文化形态与文化传承——以青海花儿为例》，《西北民族研究》2011年第1期。

② 崔永平：《略论中国皮影戏艺术》，《文艺研究》1993年第3期。

③ 方嘉雯：《基于文化地理学视角的秦腔文化起源与扩散》，《人文地理》2013年第3期。

④ 仁增：《从"格萨尔王传"的发掘整理看藏族民间传统文化的发展》，《西藏研究》2000年第2期。

文化底蕴，西部地区的很多民族艺术被选入世界"非物质文化遗产名录"，如新疆维吾尔族的木卡姆艺术以及麦西热甫，蒙古族的长调民歌，藏族的《格萨尔》史诗及藏戏，贵州的侗族大歌，甘肃的花儿，新疆的《玛纳斯》史诗，蒙古族的呼麦，青海的热贡艺术，西安的皮影戏等。这些无一不记录着悠久的文化与深厚的文化积淀。

四 西部地区的节日与文化

节日文化能够最为直观地展现出地方风俗，展现出各民族对美好生活的向往及独特的欢庆手段。云南当地最富特色的节日要属泼水节，泼水节相当于傣族地区的新年，是一年当中最为重要的节日，也是云南地区参与人数最多、影响最大的节日。泼水节起源于印度，最初为婆罗门教的一种仪式，后被佛教所吸收，泼水节在每年的4月举行，为期3—7天。[1] 第一天，人们清早起来沐浴礼佛，之后才开展一系列的庆祝活动，用纯净的清水互相泼洒祈求洗去一年的不顺，迎来新一年的美好，在当地有种说法，被泼得越多的人得到的祝福也越多，节日期间，还要举行赛龙舟、斗鸡、放孔明灯等系列活动，相当于一次全民狂欢的节日。[2]

在西藏，藏历新年是西藏最盛大的节日，藏族人民在屋子正中摆放一个羊头，因为在藏语里羊头的发音和年首几乎一致，除夕夜里要吃用肉、奶渣等食品掺杂的面汤——古突。[3] 大年初一要背回新年的第一桶水，这桶水被认为是最吉祥、最纯洁的，它会给一家人带来新一年的好运气和好福气。燃灯节是为纪念佛教格鲁派创始人宗喀巴大师而设的节日，节日当天，格鲁派的寺庙和村寨的农村牧民在经堂里点上酥油灯，人们穿上盛装拥到寺院前，一边高诵六字真言，一边向佛磕头。达玛节意为跑马射箭，在春耕后择闲时举行，一般为5—7天，节日内容主要有

---

[1] 光映炯、张晓萍：《基于旅游人类学视角的民族节日传承与发展——以西双版纳傣族"泼水节"为例》，《中南民族大学学报》（人文社会科学版）2010年第1期。

[2] 吴凡、王亚琼、李竹清：《傣族泼水节的源与缘》，《黔南民族师范学院学报》2012年第1期。

[3] 张丽影：《西藏林芝藏族节日类非物质文化遗产研究综述》，《重庆文理学院学报》（社会科学版）2020年第3期。

赛马、赛牦牛、射箭、足球、篮球、拔河、负重等。①青海土族的传统节日较有特色，在每年的正月初十前后，生活在河湟谷地的青海人趁着春节浓烈的气氛，上演热闹的灶火表演；每年农历二月二、三月三会举行土族波波会，这是一项古老的原始活动；农历六月二十二会举行一年一度的拉伊会，周围数十里的观众，云集在树林里，纵酒放歌，无比惬意；农历七月开始，土族举行民族传统节日"纳顿"，这是世界上时间最长的狂欢节，从农历七月十二起历时两个多月，最后到九月十五结束。②

五 西部地区的民族手工艺

民族手工艺常常与旅游业结合在一起，不仅可以增加本民族人民的收入，还有助于游客了解当地的文化。甘肃地区手工艺中兰州刻葫芦、甘肃剪纸、陇东皮影、保安族腰刀较为有名。古时候，葫芦是一种盛器，因为与福禄谐音相似，深受人们喜爱，能工巧匠在葫芦上刻上独具特色的图案，成为兰州独特的特色；甘肃剪纸以庆阳和镇原两地最负盛名，剪纸内容较为丰富，有表达吉祥喜庆、消灾降福等的剪纸，亦有反映传统民俗的剪纸；陇东皮影主要用于舞台演出，陇东皮影深受陕西皮影弦板腔、碗碗腔等影响，但以演唱陇东道情为主；保安族最为著名的就是腰刀，每户保安人家都有自己的铁匠，而每位铁匠都有自己的特定图案，这成了保安族的一大特色。西藏手工艺也较为有名，其种类和品质较多，以材质来分，主要有织物类、木质类、金属类、土陶类，以用途来分，有服饰类、生活用品类、宗教用品类，邦典指的是妇女身上的围裙，是藏族女性服饰中用以区别婚姻状况的标志性饰物；西藏的经典手工艺品还有藏刀，主要分为长剑和腰刀，藏族男性常配腰刀，腰刀刀鞘上常刻有龙、凤、狮子、花卉等，有的还点缀着钻石、玛瑙等；③木碗是藏族人民最亲密的朋友，因其隔热性能好，深受人们喜爱，甚至会随身携带，木碗的使用也有男女之分，男性用的较大，女性用的较小；藏香是藏族

---

① 丁燕：《西藏江孜达玛节的流变和发展研究》，硕士学位论文，首都体育学院，2017年，第12页。

② 赵海平：《科学发展观视野下青海省土族文化产业发展研究》，硕士学位论文，青海大学，2011年，第16页。

③ 梁振：《西部地区民族文化产业研究》，硕士学位论文，中央民族大学，2005年，第36页。

群众朝佛、驱邪、举行宗教活动时必不可少的,选料讲究、纯手工制作的藏香香味醇厚。①

六 西部地区的民族体育活动

体育的特性是多方面、多维度、多层次的,而西部各民族各自具有鲜明民族特色的传统体育活动。少数民族的传统体育活动来源丰富,有源自生产生活的,而有的与文化风习、军事战争密切相关,这些具有竞技性、观赏性、娱乐性的体育活动是少数民族生活方式的重要组成部分。此外,少数民族之间习俗、思想存在较大差异,体育运动项目呈现多样化,对相同的运动项目,也存在不相同的内涵文化。宁夏回族有练舞强身的习俗,木球运动是回族青少年最为喜爱的体育运动之一,它是由农村青少年放牧时赶毛球、打篮子的嬉戏活动演变而来,具有浓厚的乡土气息。民族传统体育活动还有蒙古族的赛马或赛骆驼,壮族的抛绣球,藏族的高原登山、射箭、赛牦牛,哈萨克族的姑娘追,布依族的手花包等。

七 西部地区的服饰

衣着是被称为人类文明的"窗口"、民族标识的"印记",折射出人们生活的基本状况以及各族人民生活的不同样貌。各民族衣着具有其不同的特色,崇尚黑色的彝族服饰最有特色的是刺绣和银饰的运用,尤其是在头饰方面的区别更为明显,但多有包头或者戴帽的习惯。哈尼族的服饰因支系不同而各异,藏青色哈尼土布是他们的主要衣料,上衣、裤子、裙子都是用这种衣料制成,在襟檐、袖子处缀绣五彩花边和不同的胸佩而别具风情,银饰也是他们最喜欢的饰品。傣族因为生活在热带的江边,所以服饰非常简洁,但却充分显示了女性的身体美感,婀娜的傣族筒裙和短小干练的上衣勾勒着这个民族女性的柔美,而其中的一个分支,花腰傣族则赢得了云南最美民族的称号,其服饰是最大的亮点,尤

---

① 根秋登子、白玛英珍:《藏族手工艺及其开发前景》,《西南民族大学学报》(人文社会科学版) 2010 年第 4 期。

其是女性头顶的那顶竹篾帽更为她们加分和增色。① 回族的男子都喜爱戴白色的平顶帽或六棱形圆帽,有些圆帽上还配有精致的图案,而妇女常常披着盖头,老年妇女常披白色,洁白大方,中年妇女披黑色,庄重高雅,未婚女子常披绿色,清新秀丽;服饰方面,回族老汉常穿白色衬衫,外穿黑色马甲,老年妇女冬季围黑色或褐色头巾,青年妇女冬季常围红色、绿色、蓝色围巾。② 多姿多彩的服饰反映了各族人民多姿多彩的生活,而服饰的变迁亦显示出其在经济、文化等方面的变化,这也是西部地区独特的风俗特色。③

第二节　西部文化产业的结构分析

一　文化产业的结构属性

我国文化产业统计指标体系构建尚不健全且其归类较为杂乱,存在不同的分类标准,并且由于文化产业能够涵盖多个方面,本身较为复杂,使得对文化产业的界定相对来说较为模糊。④ 从国家层面来看,国家统计局曾在相关文件中解释了文化及相关产业的内涵,2012年7月出台的《文化及相关产业分类》指出文化及相关产业主要由文化产品的生产活动、文化产品生产的辅助生产活动、文化用品的生产活动和文化专用设备的生产活动构成。依据投入产出表,文化产品生产的主体部门包括信息、计算机服务及软件业、工业品制造行业、体育及娱乐业,生产部门则包括文化办公用机械制造业、批发和零售业、造纸、印刷及文教体育用品制造业、通信设备与计算机及其他电子设备制造业以及租赁与商务服务业。⑤ 文化及相关产业主要由三个领域构成,分别是文化服务业、制造业及零售业。从另一个角度也可分为资源、制造及创意型的文化产业。

---

① 刘婷:《休闲民俗与文化传承以哈尼族、彝族和傣族的艺术事象为例》,博士学位论文,云南大学,2015年,第84页。
② 王杨:《宁夏回族服饰设计研究》,硕士学位论文,陕西师范大学,2014年,第7页。
③ 梁振:《西部地区民族文化产业研究》,硕士学位论文,中央民族大学,2005年,第20—24页。
④ 米宏伟:《文化贸易全球化现状与特点》,《国际经济合作》2012年第12期。
⑤ 刘向东、石杰慎:《我国商业的产业关联分析及国际比较》,《中国软科学》2009年第4期。

而每一个类型的文化产业所代表的细化分类又各不相同。例如,资源型文化产业以旅游业为主;制造型文化产业以制造业为主;创意型文化产业以艺术、娱乐业为主。[1]

二 文化产业的结构分析

(一) 2018 年文化及相关产业增加值分析

2019 年,国家统计局官方网站发布了 2018 年文化及相关产业统计数据,根据表 4-1 的数据,2018 年全国文化及相关产业增加值为 41171 亿元。其中,文化核心领域的增加值高达 27522 亿元,构成占比 66.8%。文化相关产品的生产达 13649 亿元,构成占 33.2%。由此不难看出,在文化产业增加值方面,产品产值增加占到产业产值总体增加的大部分,文化产品推动了文化产业产值的增加。其他文化产品的生产对于文化产业的发展也具有举足轻重的作用,其对文化产业的带动和贡献不可忽视[2]。

表 4-1　　　　　　2018 年文化及相关产业增加值[3]

分类名称	增加值(亿元)	构成(%)
文化及相关产业	41171	100
第一部分　文化核心领域	27522	66.8
一、新闻信息服务	5606	13.6
二、内容创造生产	8662	21.0
三、创意设计服务	7176	17.4
四、文化传播渠道	3371	8.2
五、文化投资运营	388	0.9
六、文化娱乐休闲服务	2318	5.6

---

[1] 佘赛男:《四川省文化及相关产业内部结构的投入产出分析》,《经济研究导刊》2013 年第 8 期。

[2] 张玉玲:《中国文化产业增加值:站上 3 万亿元新台阶》,《四川戏剧》2017 年第 5 期。

[3] 国家统计局:《2018 年全国文化及相关产业增加值占 GDP 比重为 4.48%》,http://www.stats.gov.cn/statsinfo/auto2074/202001/t20200121_1724249.html,2020 年 6 月 27 日。

续表

分类名称	增加值（亿元）	构成（%）
第二部分　文化相关领域	13649	33.2
七、文化辅助生产和中介服务	6791	16.5
八、文化装备生产	1994	4.8
九、文化消费终端生产	4864	11.8

文化产业发展的态势应该在总量之外细分结构来进行分析，才能更加显而易见。根据表4-1，2018年度文化及相关产业中的9个行业营业收入均维持上升态势。目前文化创作生产方式以及消费形态在互联网、大数据等新型科技的应用下，呈现数字化、互联网化的发展趋势。其中，新兴文化产业以"互联网+文化"的新模式进行改革创新，开拓数字创意的新模型，并且能够激发文化产业良好的发展潜能。这样在实现文化产业结构优化升级的同时推进供给侧结构性改革，也有利于增强文化产业的创新活力，以满足群众日益增长的消费新需求，从而进一步促进文化产业的新时代发展。

（二）文化产业构成比重分析

分行业类别看，2019年度文化及相关产业中9个行业的营业收入均呈现正增长，其中增速超过10%的行业有3个，分别是：新闻信息服务营业收入6800亿元，比上年增长23.0%；创意设计服务营业收入12276亿元，同比增长11.3%；文化投资运营收入221亿元，同比增长13.8%。分产业类型看（见图4-4），2019年文化制造业实现营业收入36739亿元，比上年增长3.2%；文化批发和零售业14726亿元，同比增长4.4%；文化服务业35159亿元，同比增长12.4%；其中根据图4-3可知，文化制造业与文化服务业占比相当，分别为42%、41%，文化批发和零售业以17%占比最少。从文化领域看，文化核心领域[①]营业收入50471亿元，比上年增长9.8%；文化相关领域营业收入36153亿元，同比增长3.2%。

[①] 文化核心领域包括新闻信息服务、内容创作生产、创意设计服务、文化传播渠道、文化投资运营、文化娱乐休闲服务6个行业，文化相关领域包括文化辅助生产和中介服务、文化装备生产、文化消费终端生产3个行业。

分地理区域看,东部地区的营业收入为 63702 亿元,同比增长 6.1%,占 73.5%;中部地区的营业收入为 13620 亿元,同比增长 8.4%,占 15.7%;西部地区的营业收入为 8393 亿元,比上一年增长 11.8%,占 9.7%;东北地区营业收入 909 亿元,增长 1.5%,占 1.0%。① 2019 年,文化产业结构进一步优化升级,文化产业也能够越来越得到社会资本的青睐并且实现快速发展。

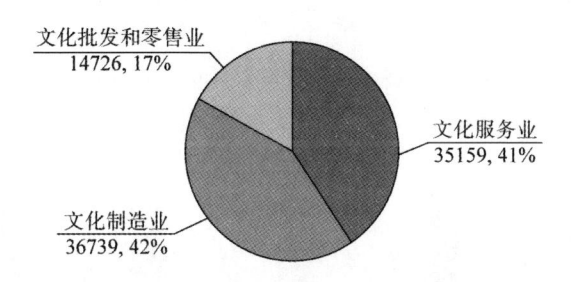

图 4-3　2019 年文化产业构成比重

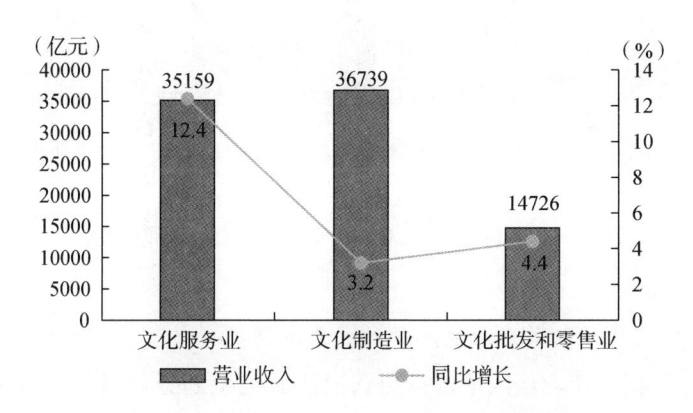

图 4-4　2019 年中国文化产业类型及其同比增长

三　文化产业法人单位及其从业人员情况

(一) 文化产业人员从业情况

根据国家统计局最新数据,在文化产业人才投入方面,文化文物从

---

① 国家统计局:《2019 年全国规模以上文化及相关产业企业营业收入增长 7.0%》,http://www.stats.gov.cn/tjsj/zxfb/202002/t20200214_1726365.html,2020 年 6 月 27 日。

业人员数 2014—2018 年基本持平，2014 年 2040199 人，2015 年 2294445 人，2016 年 2348021 人，2017 年 2482480 人，2018 年 2407827 人。公共图书馆从业人员数 2014—2018 年基本持平，2014 年 56071 人，2015 年 56422 人，2016 年 57208 人，2017 年 57564 人，2018 年 57602 人。群众文化服务业从业人员数基本上逐年上升，其中，2014 年约 170299 人，2015 年约 173499 人，2016 年约 182030 人，2017 年约 180911 人，2018 年约 185636 人。

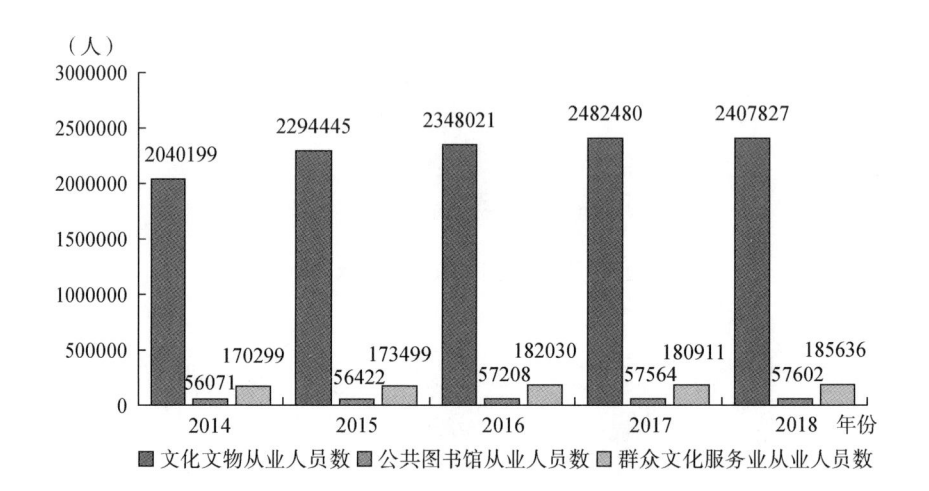

图 4-5　我国 2014—2018 年文化产业人员从业情况①

（二）文化及相关产业法人单位的基本情况

文化及相关产业法人单位按照登记注册类型划分可以分为内资企业、港澳台商投资企业、外商投资企业，其中内资企业包括国有企业、集体企业、股份合作企业、联营企业、有限责任公司、股份有限公司、私营公司以及其他企业。根据图 4-6，显然可见在 2018 年私营公司在文化及相关产业法人单位以 79.04% 占比最高，其他主要的依次是有限责任公司、其他内资公司、国有企业，分别占 10.87%、4.60%、3.12%。此外，若按照企业控股情况划分，可分为国有控股、集体控股、私人控股、

---

① 数据来源：根据《中国文化及相关产业统计年鉴 2019》的数据进行整理计算。

港澳台商控股、外商控股以及其他。根据图 4-7 可以看出，2018 年在文化及相关产业在控股情况方面，私人控股以 86.57%的比重占最高，其次依序为其他控股企业、国有控股企业。综合以上两组数据，可以得出文化产业的发展主要依靠的是私营企业，因此在宏观调控上应该大力扶持民间中小私营企业的发展，充分发挥民间的主观能动性，激发文化产业创造力。

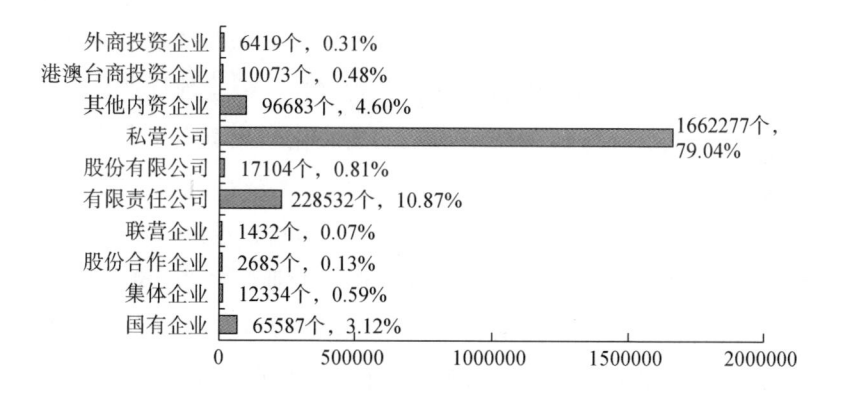

图 4-6　文化及相关产业法人单位按照登记注册情况
划分类型 (2018 年)①

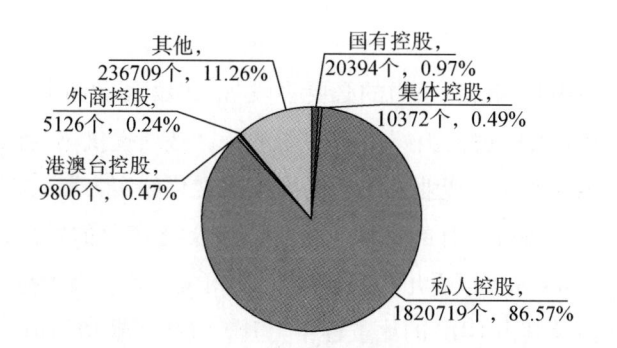

图 4-7　文化及相关产业法人单位按照控股情况
划分类型 (2018 年)②

---

① 数据来源：根据《中国文化及相关产业统计年鉴（2019）》的数据进行整理计算。
② 数据来源：根据《中国文化及相关产业统计年鉴（2019）》的数据进行整理计算。

第三节　西部文化产业发展现状

一　西部文化产业发展概况

西部地区是指位于我国西南和西北地区的城市群，主要的省份有重庆、四川、云南、贵州、西藏、陕西、甘肃、青海、宁夏、内蒙古、广西、新疆等12个省、市、自治区，包括回族、蒙古族、苗族、壮族、维吾尔族、满族、傣族、黎族等44个少数民族。在数千年的发展历程中，各民族孕育了各有特色、内容丰富、形式多样、璀璨灿烂的民族文化，这种独具一格的文化资源为西部地区发展文化产业奠定了坚实的基础，也是我国"文化强国"战略以及"文化自信"道路的重要依据[①]。

继国家实施西部大开发战略以来，西部的基础设施、经济生活、文化体育设施等各方面得到迅速发展与提升，特别是党的十九大以来，在中央政策的支持和地方各级党委政府与社会各界的共同努力下，西部文化产业的发展成果显著，[②] 逐步建立具有一定规模的特色文化产业体系，同时也促进了西部经济转型，完成了全面"脱贫攻坚"的任务，达到"全面小康"的目标指日可待。此外，西部文化产业的发展辐射多个领域，为该地区的产业升级和社会经济发展增添了活力。

文化产业的发展水平是"软实力"的重要体现，发展文化产业已经成为各国提高国际综合竞争力的必要手段[③]。2017年党的十九大报告也指出，"为了满足人民过上美好生活的新期待，必须提供丰富的精神食粮，要推动文化事业和文化产业发展，提高国家文化软实力"。文化产业的发展得到中央层面前所未有的重视，也标志着文化产业的发展进入一个战略高度。由图4-8可以看出，我国文化及相关产业发展稳健，文化及相关产业增加值及其占GDP的比重逐年上升，其中产业增加值由2008年的

---

① 边璐、陈培：《西部民族地区文化产业发展：现状与路径选择——以内蒙古为例》，《时代经贸》2018年第28期。

② 雷晓萍：《西部民族地区文化旅游产业发展的法律规制》，《中共山西省委党校学报》2012年第4期。

③ 潘荣成：《中国文化对外传播面临的问题及其对策——基于文化层次性的研究》，《理论月刊》2018第5期。

7630 亿元增长至 2018 年的 41171 亿元，增长值占 GDP 比重由 2008 年的 2.39% 增长至 2018 年的 4.48%。2019 年，全国规模以上文化及相关产业企业营业收入 86624 亿元，按可比口径计算，比上年增长 7.0%。[1] 2020 年年初虽然受新冠肺炎疫情的影响，但是，随着"复工复产"的具体实施，按照以上的增长态势，我国文化产业的发展将平稳健康增长，继而促进我国经济转型升级以及产业的可持续发展。

图 4-8 我国文化及相关产业的增加值及占 GDP 的比重[2]

西部地区紧跟党和国家新时代的步伐，在文化产业上取得了飞跃式的发展，文化产业的发展规模不断扩大，虽然相对于东部地区有所落后，但是后劲十足[3]。由表 4-2 可知西部地区的法人单位数、从业人员数以及资产总计等主要指标。从法人单位数量来看，西部地区 12 个省、直辖

---

[1] 数据来源：国家统计局《中华人民共和国 2019 年国民经济和社会发展统计公报》，http://www.stats.gov.cn/tjsj/zxfb/202002/t20200228_1728913.html，2020 年 8 月 20 日。

[2] 资料来源：2008-2017 年数来自《中国文化及相关产业统计年鉴 2019》；2018 最终核算数据来自国家统计局，http://www.stats.gov.cn/tjsj/zxfb/202001/t20200121_1724242.html，2020 年 8 月 20 日。

[3] 党东耀：《文化产业在西部地区的"后发优势"》，《中国社会科学报》2013 年 2 月 18 日。

市、自治区均出现高速增长，其中青海、西藏、贵州、云南、陕西增长率甚至超过40%，该地区占全国比重由2013年的15.0%提高至18.0%。以从业人员数量的角度来看，西部地区文化及相关产业的从业人员数由2013年的220.8万人增长到2018年的307.8万人，其中甘肃、内蒙古、广西出现了负增长，而贵州文化产业从业人员规模以年均增长率达20.46%领跑西部地区。此外，在资产规模上，西部地区文化及相关产业的资产规模紧跟经济脚步而迅速增长，其中新疆、西藏、贵州以资产规模年均增长率超过100%而表现最为突出，尤其在全国的比重中由2013年的10.5%提高至15.9%。以上数据反映了西部近年来的法人单位数、从业人员数、资产规模都呈献出不同程度的增长，也表现出该地区在"一带一路"倡议和西部大开发战略下实现了较快的发展与进步。

表4-2　　西部地区文化产业法人单位主要指标对比[①]

地区	法人单位数（万个）2013年	2018年	增长率（%）	从业人员数（万人）2013年	2018年	增长率（%）	资产总计（亿元）2013年	2018年	增长率（%）
甘肃	0.89	1.94	23.60	13.8	13.4	-0.58	346.3	1322.6	56.38
宁夏	0.28	0.53	17.86	4.1	4.6	2.44	165.5	362.4	23.79
青海	0.22	0.67	40.91	4.1	4.3	0.98	187.4	334.9	15.74
内蒙古	0.94	2.29	28.72	13.9	12.7	-1.73	558.9	1363	28.77
西藏	0.08	0.31	57.50	1.7	3.3	18.82	41.2	487	216.41
新疆	0.73	1.76	28.22	10.1	11.4	2.57	248.0	1688.9	116.20
四川	2.63	7.41	36.35	48.8	72.3	9.63	2653.0	8398.9	43.32
重庆	2.11	6.05	37.35	32.2	55.8	14.66	1792.5	5962.5	46.53
云南	1.42	4.35	41.27	21.6	31.4	9.07	1052.2	3628.1	48.96
贵州	0.99	3.28	46.26	13.1	26.5	20.46	701.6	4985.7	122.12
广西	1.75	4.07	26.51	29.5	29.2	-0.20	808.8	1989.0	29.18
陕西	1.71	5.19	40.70	27.9	42.9	10.75	1476.8	5376.4	52.81
西部总计	13.75	37.85	35.05	220.8	307.8	7.88	10032.2	35899.4	51.57
全国	91.85	210.31	25.79	1760.0	2055.9	3.36	95422.1	225785.8	27.32
西部占比（%）	15.0	18.0	—	12.5	15.0	—	10.5	15.9	—

[①] 数据来源：国家统计局网站。

二 西部文化产业发展个案实证分析——以甘肃、青海为例

（一）甘肃文化产业发展的实证分析

1. 甘肃文化产业发展基本状况

表 4-3　　　　　　　　　甘肃省文化产业基本情况①

年份	2011	2012	2013	2014	2015	2016	2017
文化产业增加值（亿元）	62.03	78.19	105.18	116.49	124.24	146.05	163.60
法人单位增加值（亿元）	52.2	65.8	93.75	98.14	99.36	117.19	131.15
文化产业增加值占GDP的比重（%）	1.24	1.38	1.66	1.70	1.83	2.03	2.19
文化产业法人单位机构数（家）	3887	4730	8860	10088	11025	12135	12815
从业人员（万人）	9.65	11.43	17.93	18.99	20.25	22.77	24.69

根据甘肃省统计局公布的数据，甘肃省文化产业增加值逐年增长，增速不断加快。法人单位增加值也呈快速增长模式，其中 2013 年增长最为明显。文化产业占甘肃省 GDP 比重平稳上升，虽然速度缓慢，但一直呈增长态势。文化产业法人单位机构数逐年上升，和法人单位增加值相契合的是，文化产业法人单位机构增加数于 2013 年增速明显。甘肃省文化产业地方从业人员也迅猛发展，从 2011 年 9.65 万人增加到了 2017 年的 24.69 万人。以下将甘肃省文化产业基本情况进行单项图表分析：

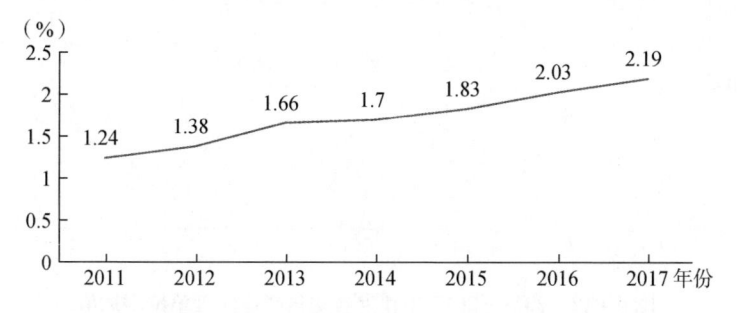

图 4-9　2011—2017 年甘肃省文化产业增加值占 GDP 的比重

---

① 数据来源：根据甘肃省统计局 2019 年年鉴资料汇总。

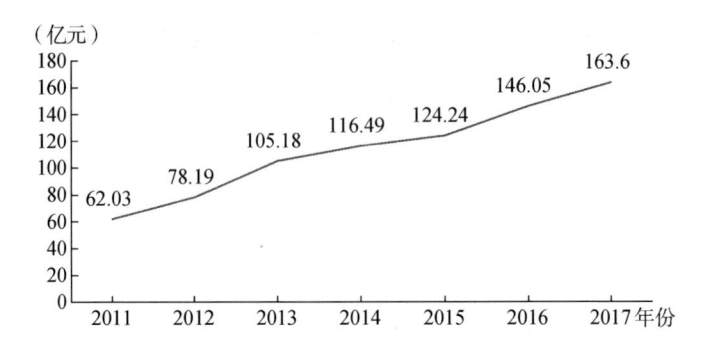

图 4-10　2011—2017 年甘肃省文化产业增加值

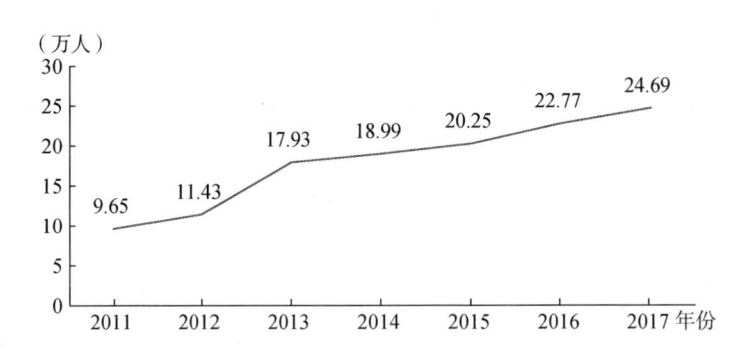

图 4-11　2011—2017 年甘肃省文化产业从业人数

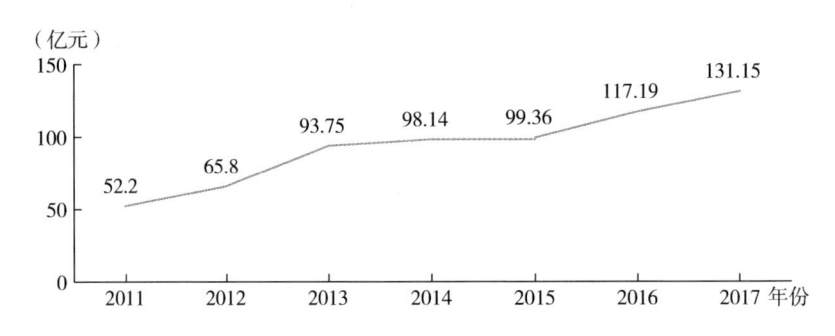

图 4-12　2011—2017 年甘肃省文化产业法人单位增加值

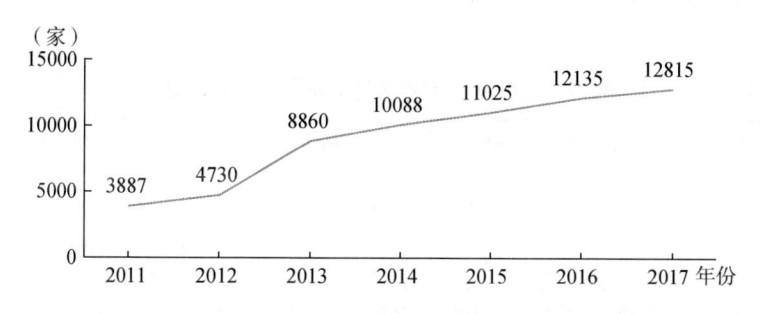

图 4-13　2011—2017 年甘肃省文化产业法人单位机构数

根据上述折线图可以明显看出，甘肃省文化产业呈动态发展。2011—2017 年文化产业增加值占 GDP 的比重逐年上升，上升速度在 2013 年有所放缓，2011 年占 1.24%，2012 年占 1.38%，2013 年占 1.66%，2014 年占 1.7%，2015 年占 1.83%，2016 年占 2.03%，2017 年占 2.19%。就对应文化产业增加值来说，2011—2015 年增加值逐年上升，2016 年文化产业增加值达到顶峰，2016 年之后呈现逐年下降的趋势。就文化产业从业人数而言，甘肃省文化产业从业人数逐年增多，2011—2013 增长最为迅速，2013 年之后增速放缓，但仍然平稳上升，至 2017 年从业人数达 24.69 万人。除了从业人数增长，文化产业法人单位机构数和法人单位增加值也在不断攀升，法人机构从 2011 年的 3887 家增长到了 2017 年的 12815 家，其中 2012—2013 年增速最为明显，从 4730 家增加到了 8860 家，2011—2012 年以及 2013—2017 年增速相当，都比较平缓。法人单位增加值变化比率和法人单位增速大致呈正比例关系，二者相互影响。

除上述因素外，甘肃省文化产业的发展离不开文化事业的推动，文化事业的发展带动着文化产业的前进。[1] 文化产业和文化事业相辅相成、相互推进，文化产业与文化事业通过这种相互影响的模式形成了文化的特有的联系方式，使得文化既存在于社会的精神发展，同时也对社会的经济发展产生着一定的影响。[2] 就甘肃文化事业的发展状况而言，甘肃省

---

[1] 王伯英：《发展甘肃文化产业应处理好四大关系》，《发展》2012 年第 10 期。
[2] 刘雪露：《制约文化产业发展的问题研究》，《中国国情国力》2018 年第 4 期。

统计局公布的官方数据如表4-4所示。

表4-4　　2010—2018年甘肃省文化事业发展基本情况①

项目	2010年	2011年	2012年	2013年	2014年	2015年	2016年	2017年	2018年
文化事业机构数	4903	5097	4567	5014	5175	5434	5752	6371	6332
文化部门	1987	2068	2057	2204	2180	2210	2219	2235	2254
其他部门	2916	3029	2510	2810	2995	3224	3533	4136	4078
文化事业人员数	32645	36556	35877	44982	45037	47838	47868	50834	48170
文化部门	15374	17275	19822	24523	25395	26141	26291	25660	24574
其他部门	17271	19281	16055	20459	19642	21679	21577	25174	23596
文化部门事业单位数	1987	2063	2033	2107	2180	2142	2152	2205	2237
文化馆、艺术馆	102	103	103	103	103	103	103	103	103
公共图书馆	94	100	103	103	103	103	103	103	103
博物馆	102	145	149	143	147	150	152	204	215
艺术表演场馆	27	24	25	22	22	24	48	45	44
艺术表演团体	82	84	103	124	190	191	227	286	361

根据表4-4可以看出，文化事业机构数从2010年的4903个发展到2018年的6332个，在该过程中，2010—2011年呈上升趋势，但2011—2012年呈下降趋势，自2013—2017年整体呈平稳上升趋势，但是2017—2018年又呈现下降的趋势。文化事业人员数呈上升趋势，但在2012年有所下降，在2015—2018年文化事业人员数出现了起伏波动，其发展趋势和文化事业机构数发展相类似。文化部门事业单位数和文化事业人员数发展趋势相同，在2012年都有所下降。总体而言，甘肃省文化事业发展中，虽然波动发展，但是总体呈上升态势。

---

① 数据来源：甘肃省统计局。

2. 甘肃省文化产业财政投入状况分析

表4-5　　　　　2011—2018年甘肃省财政支出情况①　　　　单位：万元

项目	2011年	2012年	2013年	2014年	2015年	2016年	2017年	2018年
一般公共预算支出	17912432	20595638	23096230	25414935	29583117	31500340	33044417	37722330
一般公共服务	1749150	2295005	2785954	3004798	2720127	2907866	3072341	3390512
文化	105427	135454	231197	152194	168672	224085	225766	239223
体育	38618	43157	40331	69916	82846	86702	70851	100904
广播影视	80506	152550	131962	90967	146735	131140	164041	180792
文化体育与传媒	330710	498667	597636	495976	627640	638423	645903	725158

根据表4-5所示甘肃省统计局公布的数据，2011—2018年甘肃省财政支出方面，一般性公共预算支出逐年上升，从2011年的17912432万元增长到了2018年的37722330万元。文化方面财政支出从2011年的105427万元增长至2018年的239223万元，体育方面财政支出从2011年的38618万元增长到了2018年的100904万元，广播影视从2011年的80506万元增长至2018年180792万元，体育文化与传媒从2011年的330710万元增长至2018年的725158万元。对上述数据进行三维图示分析，得出图4-14。

根据图4-14所示，甘肃省对于文化产业总投入仅在2014年出现下降，总体呈上升趋势，在文化产业投入中，文化体育与传媒投入最多，占文化产业投入的大部分。此外，国家统计局发布的2020年及2021年中国统计年鉴数据显示，甘肃省2019年在文化体育与传媒领域中的财政支出为84.85亿元，2020年增加到88.43亿元。结合上述图表可知，甘肃省对文化产业的财政投入总体呈现逐年上涨趋势。

3. 甘肃省现有文化产业资源的SWOT分析

（1）甘肃省文化产业资源的优势（S）：甘肃省的文化和旅游产业十

---

① 数据来源：《甘肃统计年鉴（2019）》。

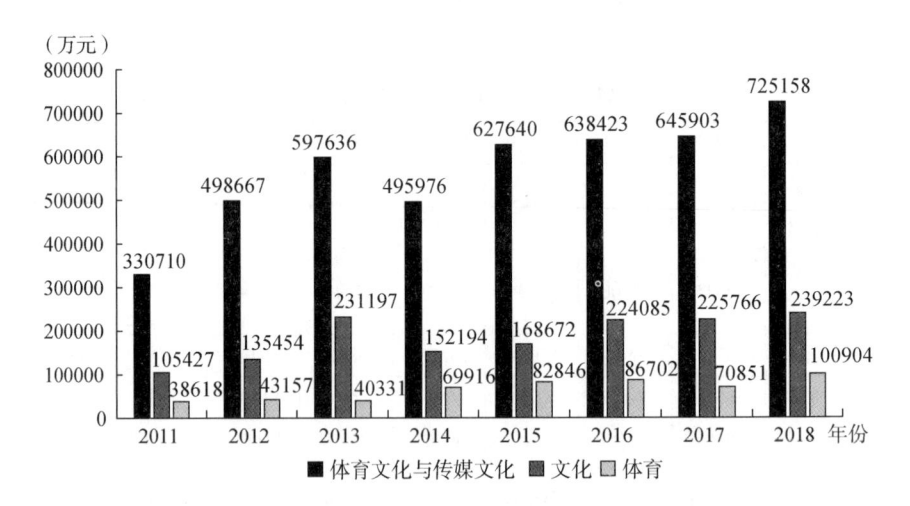

图 4-14 2011—2018 年甘肃省文化产业投入情况

分丰富。2017 年，甘肃省被评为 2017 年亚洲最佳旅行目的地的榜首。在旅游业方面，甘肃省有世界文化遗产莫高窟，还有 3 个国家级的风景名胜区等。位于中国古丝绸之路上的甘肃省，既有连绵不绝的雪山也有美轮美奂的丹霞地貌。一提到甘肃、敦煌让人不由得产生一种神秘感。这足以证明甘肃省的旅游资源在我国甚至在亚洲地区都是著名的。在文化方面，因为有着神秘的敦煌文化，甘肃省给人一种莫名的文化向往，一种发自内心的"文化朝圣"。而且，甘肃省作为中国少数民族的聚集区之一，还有许许多多的少数民族文化。在古丝绸之路的影响下，甘肃还继承了丝绸之路文化。综合来看，甘肃省的文化与旅游并不是单一的，而是在历史长河的不断洗礼下，形成了多层次、多方面的文化和旅游资源。[①]

（2）甘肃省文化产业资源的劣势（W）：甘肃省虽然有着十分丰富的文化和旅游资源，但是在资源的开发上存在着极其的不合理，在以往旅游业的发展中，总是以莫高窟为中心，主要的资源也是向其倾斜，导致其他的旅游景点比如麦积山石窟等知名度并不是很高。而且，现阶段甘

---

① 谭伊茗、王国兴：《基于 SWOT 分析的甘肃文化产业发展研究》，《甘肃高师学报》2012 年第 5 期。

肃省的旅游业面临着旅游资源开发单一、横向发展不够充分等难题。甘肃省的地貌与地形虽然成就了独一无二的地理特点，但是这种狭长多山的地貌使得交通不便，限制了甘肃省旅游行业的发展，而且在旅游景点的保护上也存在一些不足，许多景点都有年久失修的现象存在。[1]

（3）甘肃省文化产业面临的机遇（O）：首先，甘肃省是"一带一路"经济带的黄金段，文化产业又是经济发展的重要支柱性产业，大力发展甘肃省的文化产业，与党的大政方针相契合。其次，政府高度重视旅游业的发展。随着文化产业发展战略的深入推进，旅游资源在甘肃省的发展中占据着重要地位，发展旅游业能带动经济的活跃，政府对旅游业的高度重视，为文化产业的发展提供了强有力的支持和保障。再次，甘肃省从2003年开始逐渐重视本省的文化产业的发展，并以"兰洽会"为基础和平台，加以融合具有甘肃特色的文化项目，比如甘肃省的民间艺术、神秘的敦煌文化以及享誉中外的《读者》期刊等。通过这些方式集中地开展具有甘肃地区特色的文化项目，并带动其他文化产业的发展，建设具有甘肃特色的文化大省。

（4）甘肃省文化产业面临的威胁（T）：甘肃省的文化资源极其丰富，但是开发不足，在宣传和传承上较为短缺，导致现在很多古老的文化特色，比如说"花儿"，对其传承与研究越来越少，省级文化特色未能得到完整保留。甘肃在国家贸易等的发展既是机遇也带来了一定的风险，尤其是以金融业为基础的数字经济所带来的投资风险，这些都是在发展中需要注意的方面。在发展的同时也一定要注重与本省的经济实际相结合。甘肃经济发展速度原本比较缓慢，如果一味强调企业"走出去"，向国外投资和转移产业，产能过剩以及基础设施建设的欠缺，有可能会产生本省投资的挤出效应和产业的"空洞化"。[2]

4. 甘肃省行业创新发展分析

文化产业很大程度上表现为文化创意的丰富和文化产品的创新，对于极具创意的文化产品、工艺品的法律保护，是文化产业发展环境的一

---

[1] 薛磊：《基于SWOT分析的甘肃民族文化产业发展研究》，《中国包装》2017年第8期。
[2] 高雅：《甘肃省以文化产业发展促区域经济的机遇与挑战》，《甘肃高师学报》2012年第6期。

大有力保障。最为明显的就是对文化创意产业和创新领域以及手工艺制品的知识产权领域的保护。[1] 在我国的知识产权领域保护中，专利权的保护占据着重要的地位，专利环境的好坏足以印证出文化产业创新创意行业发展的现状。[2] 根据国家统计局公布的数据，对于2014—2018年的专利发展做出了分析：其中，国内专利申请授权量逐年上升，国内实用新型专利申请授权量增速最快，授权量最多；国内发明专利申请授权量增长速度较慢，年均增长100件左右，但是，2012—2016年相对而言，2012—2014年授权量增长速度相对较为缓慢，而2015年、2016年国内发明专利增长速度相对较为迅速；国内外观设计专利的申请量2012—2014年相对较少，2012年授权614件，2015年和2016年均维持于747件，2015年和2016年专利申请授权量增速最为明显，授权年均增长500多件。甘肃省2014—2018年专利申请授权量如图4-15所示。

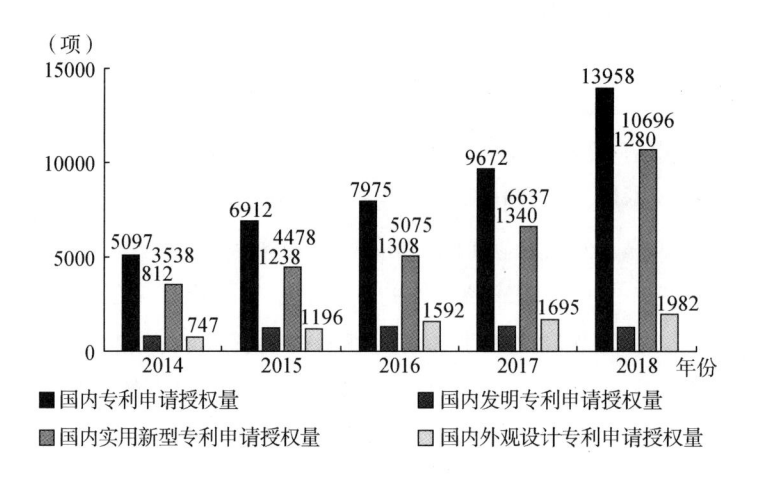

图4-15 2014—2018年甘肃省专利申请授权量[3]

---

[1] 彭茂祥、徐勇：《基于专利数据的我国文化及相关产业创新态势分析》，《中国发明与专利》2016年第7期。

[2] 苏世彬、陈玉琼、王许可：《我国专利行政执法概况及其强度聚类分析》，《情报探索》2018年第10期。

[3] 数据来源：国家统计局。

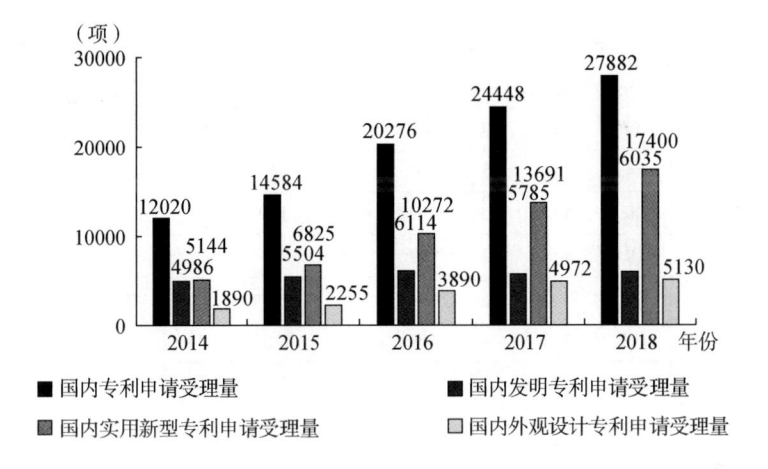

图 4-16　2014—2018 年甘肃省专利申请受理量①

结合表格比较，专利申请受理量逐年增长，增幅不断上升，无论是国内专利申请总量，抑或是发明、实用新型、外观设计专利的申请数量，均呈逐年上升趋势。如此发展态势，虽然从某一层面能展现出创新产品所有人权利保护观念正在不断得到加强和完善。但是由于最后真正获取专利授权的较少，也从侧面揭示了专利质量的不足和缺陷之所在，提升创新产品质量刻不容缓。

（二）青海省文化产业发展实证分析

1. 青海省的文化产业人数和机构数

表 4-6　　　　2014—2018 年青海文化产业机构数和人员数②

年份	2014		2015		2016		2017		2018	
指标	机构数	人员数	机构数	人员数	机构数	人员数	机构数	人员数	机构数	人员数
总计	554	2748	556	3024	555	3185	555	3162	554	3310
艺术事业	27	576	28	583	27	538	25	513	23	494
艺术表演团体	13	528	12	497	12	478	12	471	12	467

---

① 数据来源：国家统计局。
② 数据来源：青海省统计局。

续表

年份	2014		2015		2016		2017		2018	
指标	机构数	人员数	机构数	人员数	机构数	人员数	机构数	人员数	机构数	人员数
图书馆	49	370	49	411	49	425	49	483	51	520
文物事业	54	322	55	415	55	444	53	413	54	498
文物机构	30	48	30	97	30	109	29	109	29	120
文物保护机构	29	40	29	49	29	65	28	62	28	72
博物馆	22	228	23	262	23	281	23	294	24	366
群众文化事业	413	1062	414	1197	414	1157	415	1173	416	1201
艺术教育事业	1	89	1	96	1	93	1	145	1	145
其他文化事业	10	329	9	322	9	528	12	435	9	452

根据表4-6所示，青海省统计局公布的数据显示，2014—2018年青海省文化产业的机构数和人员数总体变化较小，文化产业的机构数和人员数相较于其他的省份数量低，在这五年间青海省的文化事业发展较为缓慢。

2. 青海省文化产业发展SWOT分析

(1) 优势分析（S）：青海省位于中国的西北边陲，有着十分丰富的旅游资源，每年来到青海旅游的游客络绎不绝，尤其是每年的七八月份，因为青海地区的海拔高气温低，所以，青海成为不可多得的避暑胜地。青海省近几年开始大力发展旅游业。首先，大力开展青洽会、清食展、藏毯展等具有地域特色的文化旅游活动，加强青海旅游形象建设。其次，加强本省的旅游文化的对外宣传，将青海湖和茶卡盐湖作为旅游名片，通过微信公众号和抖音短视频的形式，吸引外来游客。在大力发展旅游业的同时，继续探索旅游业与文化产业的结合，形成旅游与文化的相互交融。此外，青海省还实施了塔尔寺藏文化创意园、城南文化产业项目、贵德黄河生态文化旅游基地、互助土族纳顿文化旅游等项目。①

(2) 劣势和威胁分析（W&T）：青海省因坐落于中国的西北地区，本身的文化辐射区相对较短，离开西北地区，青海省的文化影响力远远

---

① 甘晓莹：《青海省文化产业发展报告》，《新西部》2018年第19期。

低于中国的中部和东部地区。西北地区的交通和基础建设相对于中东部地区处于落后阶段，所以文化产业的建设和输出动力不足。青海省的产业结构中，还是以重工业为主，文化产业在本省中的存在度不是很高，虽然有一些特色的文化产业，但是这些文化产业相对分散，并没有形成完整的产业集体化。[①]

（3）机遇分析（O）：近些年，青海省越来越重视文化产业的发展，陆续出台了《关于促进青海文化与旅游融合发展的若干意见》《关于金融支持文化旅游产业加快发展的意见》等相关政策，2016年青海省政府出台《关于加快发展文化产业的意见》，强调本省的文化产业与旅游产业的深度融合，以文化推动旅游，以旅游带动文化输出，加大在文化产业上的财政支出。而且，随着科技创新的发展，青海省可以利用国家政策及创新发展所带来的优势，推动本省的文化产业的建设和文化输出。[②]

3. 青海文化产业各行业发展分析

青海省的产业结构比较的单一，重工业占到整个产业总值的80%以上，青海省的第一产业在2014—2018年来一直处于下降的状态，第二产业的增长速度近几年也逐渐缓慢，青海省的产业发展不足，现阶段应该抓住科技创新与应用的机遇，发展青海的文化产业。

（1）青海省旅游业发展现状分析

旅游和文化是相辅相成的，旅游业的发展可以带动当地文化产业的输出，青海的旅游业发达，著名的旅游景点比比皆是，比如闻名中外的青海湖。大力开发和利用本地的特色景区形成了独具特色的旅游文化。

根据图4-17分析，青海省的国际旅游外汇收入在2016年达到了峰值，但是在2016年之后，青海省的国际旅游外汇收入每年都处于下降的趋势，2017年的国际旅游外汇收入是38.29百万美元，到了2018年又下降至36.13百万美元，甚至低于2015年的数值。这说明青海省这两年的旅游业出现了倒退的迹象，旅游业的倒退对于文化产业的发展也会带来

[①] 罗赟敏：《青海省旅游与文化产业发展现状及融合关系研究》，《青海师范大学学报》（哲学社会科学版）2018年第6期。

[②] 杨芳芳：《试论"一带一路"战略下青海民族文化发展的机遇、挑战和对策》，《内蒙古科技与经济》2019年第9期。

不利的影响。

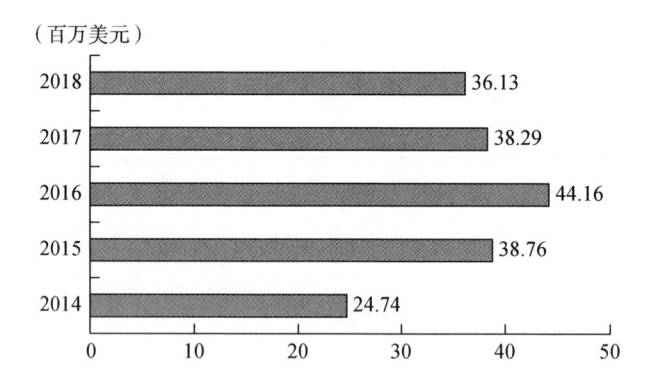

图 4-17　2014—2018 年青海省国际旅游外汇收入情况统计①

（2）青海省广播行业发展分析

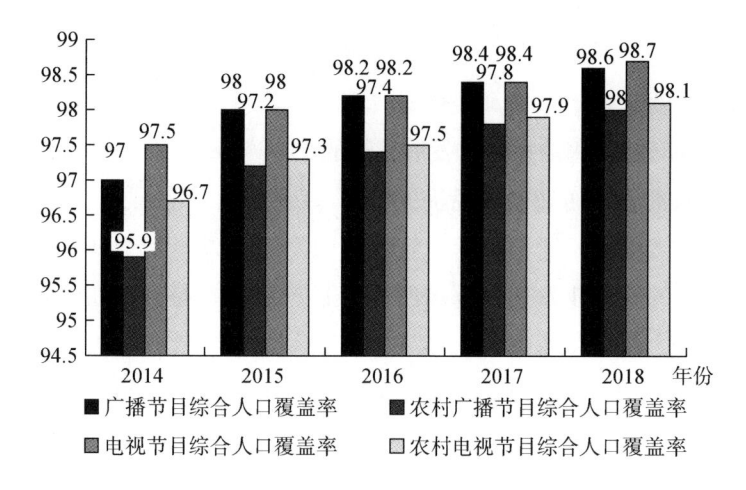

图 4-18　2014—2018 年青海省广播电视节目覆盖情况

广播和电视在一定程度上可以加快当地文化的传播，根据图 4-18 可知，青海省的广播行业在 2014—2018 年的发展中一直是处于稳步向前的状态，农村地区的广播节目人口覆盖率从 2014 年的 95.9% 增长到 2018

---

① 数据来源：国家统计局。

年的98%。农村地区的电视节目覆盖率从 2014 年的 96.7% 增长到 2018 年的 98.1%，文化产业的发展使得农村地区的文化产业也得到了同步发展。

（3）青海省出版行业发展分析

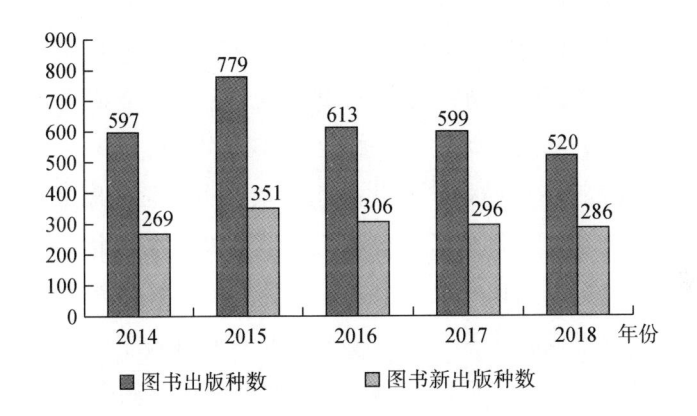

图 4-19　2014—2018 年青海省图书出版业发展态势[①]

根据国家统计局的数据，青海省的图书出版的种数在 2015 年达到峰值，但是 2015 年之后每年出版的图书都呈现出下降的趋势，2018 年的图书出版的种数甚至是这五年来最低的，对比图 4-17 可以发现，青海省的旅游业和图书出版业在 2016 年之后都呈现出了逐年下降的趋势，说明青海省 2014—2018 年的文化产业并没有得到大力发展。

第四节　西部文化产业新格局

一　新的机遇与挑战

（一）特色文化产业发展迎来新机遇

1. 构建文化产业发展新平台

过去受制于思想观念和历史传统，西部地区过分强调文化产业发展

[①] 数据来源：国家统计局。

的事业属性和文化产品的意识形态属性。[1] 西部地区地广人稀、资源分布不均,加之缺乏有力的发展战略,民族特色文化产业在国际市场竞争中步履维艰。[2] 西部文化产业占据着"天时、地利、人和"的三重优势:"天时"即对内而言,国家设立专项积金、划拨财政支出大力扶持西部文化产业发展。对外而言,深化国际交流协商,达成多项文化产业合作协议;"地利"即西部地区是"丝绸之路经济带"开展的主力军和中转枢纽,其具有显著的区位优势;"人和"即文化产品的市场适应性强,沿途广泛的认同与民心基础推动文化交往走向更深层次。[3]

另外,全球经济格局处于分化重组阶段,中美贸易摩擦不断升级,给中国的文化产业发展带来了一定危机,但危机中也孕育了机遇。2018年美国以中国侵犯其知识产权为由挑起贸易战,而版权贸易作为文化产业链条上的重要组成部分。[4] 中美贸易摩擦的存在促使中国对版权贸易的重视程度不断提高,营造良好的版权出口贸易环境,从而促进我国改善文化逆差现象,在合作互动中不断健全西部文化产业体系,深入开发西部丰富的文化资源,使文化形式"百花齐放",提高国家文化产业合作水平与贸易水平[5]。

随着西部建设的深入推进为我国西部的文化企业构建了一个更广阔的发展平台,为文化企业参与中外合作与竞争提供更多的机会,拓宽了发展空间。西部文化产业需要抓住发展新机遇,以"丝绸之路经济带"为新起点,以文化产业发展平台为契合点,以开放带动发展,将政策动力与西部地区的内生潜力有机结合,带动西部文化产业的繁荣。[6]

---

[1] 张弘、刘杨:《浅析西部地区文化产业跨越式发展的路径》,《传承》2012年第20期。

[2] 李炎、林艺:《差异性竞争:西部地区文化产业发展的模式研究》,《民族艺术研究》2004年第5期。

[3] 赖春、赵燕:《"一带一路"背景下西部文化产业发展机遇探析》,《全国商情》(经济理论研究)2015年第16期。

[4] 王丽:《版权贸易与文化产业发展之间的关系研究——基于中美两国的经验数据考察》,《价格月刊》2019年第9期。

[5] 车南林、蔡尚伟、唐耕砚:《中美贸易摩擦对中国与"一带一路"沿线国家文化产业的影响与对策》,《文化产业研究》2019年第3期。

[6] 刘斌斌:《"一带一路"建设中法律服务的必要性及其路径研究》,《西北民族大学学报》(哲学社会科学版)2020年第1期。

2. 消费需求升级，驱动文化产业发展

消费升级引领产业升级，在产业新体系的构建中，文化需求成为支柱力量。[1] 随着我国居民收入水平日益提升，人们的消费需求逐渐上升到精神层次，对精神文化产品的需求旺盛。同时，国际文化产业发展迅速，国内文化产业的市场份额不断扩大。我国西部拥有丰富多彩的特色文化，其中民族特色鲜明，并且包含大量原生态文化元素，符合人们对返璞归真的生活方式的探索与精神追求，由消费升级产生的市场驱动力为西部地区传承民族文化、促进文化产业发展创造了不可多得的优势。另外，互联网已发展成为人们各类文化消费的重要途径，互联网与文化的有机结合刺激了人们的文化消费意愿，文化需求也得到进一步提高，文化消费市场越发繁荣，对文化产业的发展形成良性驱动[2]。

3. 新科技为文化产业创新提供新动能

目前大数据、区块链、VR、人工智能、5G 等新一代信息技术不断更新，打破了文化产业行业壁垒，数字文化产业迈入新时代，这将为文化产业的表现形式、结构内容、发展模式等提供新思路，也为我国文化产业内容、渠道、用户的数字化提供活力源泉。例如在大数据的加持下，深入挖掘行业先机，拓宽文化产业发展渠道；利用知识付费，如微信公众号订阅、知乎付费问答等途径为网民提供更高效便捷的文化服务；利用区块链技术保障文化产业的投融资顺利进行，为文化产业创意加强版权保护，减少我国文化产业侵权以及违规现象的发生，促进文化产品权益资产化、货币化、证券化。研究发现，科技尤其是信息技术与文化的融合能显著促进本地区文化产业升级[3]。新技术的介入是文化产业发展的重要力量，西部地区应充分利用技术平台，将信息技术与文化产业深入融合，提升西部地区文化产品与服务的数字化，在改造传统文化产业的基础上催生出新产品、新服务、新的商业模式，引领传统文化产业与时俱进，不断进行文化产品创新，提升文化产品附加值，不断拓展西部文

---

[1] 潘锡泉：《消费升级引领产业升级：作用机理及操作取向》，《当代经济理》2019 年第 3 期。

[2] 洪莹：《探究互联网+跨界融合促进文化产业多元发展——评"互联网+文化产业跨界融合多样化研究"》，《山西财经大学学报》2020 年第 8 期。

[3] 孙国锋、唐丹丹：《文化科技融合、空间关联与文化产业结构升级》，《南京审计大学学报》2019 年第 5 期。

化产业的发展规模①。

(二) 西部文化产业发展面临的挑战

西部丰富的文化资源为其文化产业的发展提供了得天独厚的条件，各地积极探索特色文化产业发展的新途径。开发文化资源使西部文化产业得到稳步发展，并成为该地区新的经济增长点。但整体上西部的市场经济水平较低，经济基础决定了文化产业发展受多方面掣肘。一方面，西部地区文化产业起步晚，发展具有一定的滞后性；另一方面，其管理体制与模式大多借鉴东部地区与国外发达国家，但尚未进行适宜的本土化衔接，缺少与本区域本阶段发展相适应的创新性。②

另外，西部地区文化的发展势必会对其文化资源的结构进行重组和变异。西部地区的文化特点之一为原始性、原生态，在文化与科技的深入融合中，技术对文化的调整可能对当地文化造成浸染，甚至对其原始性进行破坏。③ 因此，如何在新技术与原始文化的融合过程中保持传统文化的特性与再生，是西部文化产业发展的一大挑战④。

二 文化积淀与历史基础

西部地区辽阔无垠，独特的地理位置孕育出多元复杂、特色鲜明的区域文化，深厚的文化底蕴奠定了文化产业发展的基础。

(一) 丰富的文化资源

1. 自然文化资源

西部地理环境复杂多样，有山地、盆地、沙漠，也有草原、瀑布和河流。该地区名山众多，闻名世界的有珠穆朗玛峰、太白山、峨眉山、火焰山、玉龙雪山等，除了极具欣赏价值和探险价值，还具有相当的地质研究价值，山川本身还凝结着自然文化，具有神秘色彩。西部的湖泊

---

① 姚庆荣、海平：《西部欠发达地区文化和科技融合创新发展现状、问题及对策——以甘肃省为例》，《改革与战略》2015年第5期。

② 张俊英：《民族地区旅游产业与文化产业融合发展现状及对策——以青海互助县为例》，《大连民族大学学报》2017年第2期。

③ 吴晓萍、何彪：《民族地区旅游开发与民族社区的可持续发展》，《贵州民族学院学报》（哲学社会科学版）2000年第1期。

④ 余吉安、徐琳、殷凯：《传统文化产品的智能化：文化与现代科技的融合》，《中国科技论坛》2020年第2期。

资源十分丰富，主要分布在青藏高原和新疆内陆，著名的有西藏的纳木错、羊卓雍措，云南的滇池、洱海、泸沽湖，新疆的天山天池、喀纳斯湖，青海的青海湖、茶卡盐湖等。此外，还有极具观赏价值与研究价值的丹霞地貌文化、大峡谷文化等。西部富有独特魅力的自然文化资源是文化产业发展的重要基石。[①]

2. 民族文化资源

我国少数民族大多分布在西部地区，在长期的生产生活实践中创造了丰富多彩的传统文化。西部地区文化资源富集，特色鲜明的民风民俗、民族歌舞、民族工艺、民族建筑、文献资源、神话传说等，纯真古朴又富有多样性与创造力，各种文化类型相互交织，多元复杂，构成了西部的独特风景。另外，西部文化资源具有原生性的特点，虽经历漫长的历史沉淀，但始终保有原生形态，在传播与扩张中依旧保持着蓬勃的生命力。这些特色鲜明富有生命力的传统文化资源为文化产业的发展提供了坚实的基础。

(二) 坚实的历史基础

历史文化资源凝结着人类祖先所创造的文化产品的精华，西部历史文化有着百万年的历史。尤其在唐朝以前，西部地区创造了具有较高文化价值和经济价值的历史文化资源，对中国文化发展影响较大，并且影响力波及周边多国，成为世界文化中心。著名的"丝绸之路"东起长安西至原东罗马帝国首都，穿越欧亚大陆上，形成了中西贸易通道，成为重要的人类文化运河。类似的还有唐蕃古道、茶马古道等，这些重要的通道不仅为贸易提供了便利，也传播了东巴文化、西夏文化、金文化、吐蕃文化、黑汗文化等。此外，西部地区拥有众多极具历史价值的古建筑、古城遗址、古军事工程遗址等，这些都形成了西部特有的文化资源，是特色文化产业持续建设并取得全方位成果的最为根本的历史基础，为西部文化产业的发展提供了独特的优势。

---

① 雷兴长、李俊霞、刘新田：《西部文化资源产业可持续发展研究》，甘肃民族出版社2020年版，第163—165页。

三 政策的支持和导向

(一) 国家战略助推西部文化产业发展

从宏观层面来讲,在国家战略顶层设计规划中,纳入了文化产业的现代化建设,且把西部地区的改革与发展置于最前沿。一些相关的合作框架、协议等,都为西部特色文化产业的发展夯实可靠的基础,尤其表现在国务院部委同很多国家就文化合作达成并签订了合作计划、协议,这为特色文化产业走出去提供了有力的支持与保障。

2014 年,文化部、财政部在《关于推动特色文化产业发展的指导意见》中提出诸项相关配套措施,为文化产业的发展提供有力支撑。与此同时,1000 亿元人民币专项基金的投入为"一带一路"倡议的文化产业注入了繁荣发展的强心剂,融资难不再成为文化发展的突出问题。同年,亚洲基础设施投资银行在北京签约成立,旨在探寻"一带一路"发展进程中投资机遇并提供对应的服务以满足融资需求。2015 年国家修改了外商投资产业目录,通过拓宽投资渠道和市场空间来释放外商在中国文化产业的投资活力,投资范围包括了文化类的经营产业。《文化部"一带一路"文化发展行动计划(2016—2020)》中明确五个重点领域,为沿线地区的特色文化项目提供因地制宜的对应支持,这五个重点领域分别为文化旅游、创意设计、演艺娱乐、数字文化、工艺美术。同年 11 月,中国与中东欧六国签署了"一带一路"政府间谅解备忘录。[①] 国内同样为"一带一路"背景下民族地区特色文化产业的大发展大繁荣加大政策扶持,党的十八大以来深入推进的供给侧改革促进了西部文化遗迹、工艺的发展和现代技术、人才的流动,带动文化生产结构优化升级。2017 年,《一带一路文化发展行动计划》明确文化产业发展不能脱离互联网、文化科技装备等现代技术,利用高新技术为"一带一路"文化遗产保驾护航。

同时,中国文化产业整体发展形势大好,国家陆续出台一系列政策支持文化产业的发展。2018 年在国务院办公厅印发的《知识产权对外转让有关工作办法(试行)》中规定了知识产权对外转让的审查机制,同年

[①] 霍文慧、姜莉:《"一带一路"战略下我国文化产业发展探析》,《商业经济》2017 年第 5 期。

4月国家统计局颁布了新修订的《文化及相关产业分类（2018）》为深化文化体制改革提供有力的统计保障。《2019年政府工作报告》中明确指出要加强互联网内容建设，繁荣文艺创作，推动文化事业和文化产业改革发展。

（二）各地积极探索文化产业发展增长极

从微观层面来讲，具体到西部文化产业的发展现状和前景来说，在国家政策和科技创新带动下，我国西北五省的特色文化产业实现稳健发展。[1] 西部文化产业发展区域依赖性较强，需要政府的大力培养和各地的合作。2014年，陕西、甘肃、宁夏、青海、新疆五省区文化厅联合签署了《丝绸之路经济带西北五省区文化发展战略联盟框架协议》，各方在文艺创作、精品展演、文化产业发展、人才培养等方面达成跨区域沟通与合作的共识，进一步拓宽协作的领域，以"丝绸之路经济带"为纽带把西北与西南民族地区实现全面对接，打造区域性的文化产业链条，形成西部地区整体文化产业共赢发展的态势。

近年来，自古以来边缘化的新疆转型建设成内外双重开放的核心区，其包容开放的环境能够对周围地区产生虹吸效应，以实惠政策的落实吸引大量资金、技术、人才等优势资源。[2] 借助国家政策的"东风"，新疆逐渐升级为"丝绸之路经济带"上文化驱动的核心位置，国家对新疆特色文化产业投入更多的关注并给予足够的政策支持，提供了文化产业专项扶持资金以助力新疆文化产业整合、创新，辅之具体优惠政策帮助新疆文化产业的可持续发展。古丝绸之路的起点，陕西拥有著名非物质文化遗产茯茶，陕西政府出台政策引导并扶持茯茶文化产业。茯茶的发源地泾阳依靠政府的政策关注和优惠建立了以"茯茶小镇"为龙头的特色产业集群，具体主要以茯茶文化为依托，不断推动其产业本身的规模化、专业化和社会化，实现其产业结构的优化升级。[3] 陕西、甘肃、宁夏、青

---

[1] 赵当如、陈为：《我国西部文化创意产业发展影响因素研究——基于空间面板计量模型的实证分析》，《经济研究导刊》2018年第9期。

[2] 李凤亮、宇文曼倩：《"一带一路"对文化产业发展的影响及对策》，《同济大学学报》（社会科学版）2016年第5期。

[3] 曲兴卫：《一带一路视角下陕西茯茶文化产业融合发展探究》，《财会学习》2017年第14期。

海等都是蕴含丰富特色旅游资源的著名旅游地区，旅游业的兴起是中国文化产业走向世界的必要一环，倡导的"合作共赢""互联互通"的核心理念对文化旅游产业产生了不可否认的促进作用。2015 年、2016 年、2017 年接连被国家旅游局定为"丝绸之路旅游年"，现有的"境外旅游交易会""旅游部长会议"等多边机制为提升西部旅游业影响力和号召力、拓宽西部旅游市场提供了宣传手段，尤其注重向"一带一路"沿线国家和地区的客商推广特色文化商品并加强相互之间的贸易互通。①

四 "一带一路"倡议提供的平台与条件

（一）"一带一路"为西部地区提供地缘优势

西北五省地理位置偏僻，仅靠国家扶持难以真正激发文化产业潜在价值、撬动文化产业发展。根据《愿景与行动》安排的战略蓝图，新疆是"丝绸之路经济带"上重要文化科教中心和"丝绸之路经济带"核心区，西安是内陆改革开放新高地，甘肃、青海、宁夏是内陆开放型经济试验区。"丝绸之路经济带"的棋局将西北五省置于对外开放的核心位置，且与哈萨克斯坦、吉尔吉斯斯坦、乌兹别克斯坦、塔吉克斯坦等国家山水相连、陆路相通，地缘的亲近激发了中亚、西亚等国家同我国交往合作的认同感，地理位置从阻碍文化产业发展的绊脚石变为便捷文化商品流通的有利条件。②

西部地区由于地形地势的原因，导致该地区的基础设施很薄弱。而"丝绸之路经济带"的"互联互通"首先需要发达的道路连通作基础，因此需要帮助西部地区逐渐建立成熟配套的基础设施，交通升级成为重点实施项目，物流通道的打通保障西部文化产业贸易往来，立体化交通网络建设雏形已经初见成效，全球化的战略视野使产业逐步接轨国际，以上皆为西部文化的沟通与交流、文化产业的发展与合作奠定了必要基础和提供了便利通道③。除了响应道路联通的基础设施建设，为沿线国家打

---

① 杨芳芳：《试论"一带一路"战略下青海民族文化发展的机遇、挑战和对策》，《内蒙古科技与经济》2019 年第 9 期。
② 张燕：《丝绸之路经济带物质文化遗产的保护与利用》，《西部学刊》2019 年第 23 期。
③ 李娟、王琴梅：《丝绸之路经济带核心区物流业全要素生产率及其区域差异》，《统计与决策》2019 年第 20 期。

破与我国的物理隔阂以外,考虑到互联网大数据时代的背景,我国还提出"推进跨境光缆等通信干线网络建设,提高国际通信互联互通水平,畅通信息丝绸之路",[①] 为文化产业打通线上线下国际营销道路。

"一带一路"倡议之前,新疆作为闭塞的内陆省份文化产业缺乏对外交流的机会和条件,但新疆连通中亚、南亚和西亚,在"一带一路"倡议下地理劣势转化为地缘战略优势,升级为"一带一路"建设的核心区和我国向西开放的关键窗口,并且还即将跃居为亚欧文化交流融合的中心。[②] 国家建立喀什经济特区并加快边境口岸开放脚步,保障文化贸易通道顺畅,促成新疆文化经济的解放与转型,给新疆的文化产业向外辐射发展提供了前所未有的机遇,加快了新疆对外开放的脚步。"一带一路"倡议规划把宁夏纳入其中并成为重要支点之一。宁夏的战略意义不再局限于西部开放的窗口之一,银川的自身规划也冲破宁夏首府的束缚,而是按照对"丝绸之路经济带"国家开放的"桥头堡"来规划,"桥头堡"和"战略支点"将会是宁夏文化发展走向国际化规划的新起点。[③] 从中国疆域整体来看,青海省坐落于西北边陲之地,地理坐标比较偏僻。但是,综观"丝绸之路经济带"的布局安排,青海则作为连接内地与新疆的交通枢纽和中转站,是中亚与中国经济带上的交通重镇。特别是自兰州起始经西宁至新疆的北线兰新铁路已经竣工,无论是人才输送还是货物运输,与新疆、甘肃的交流合作都更加便捷,贯通铁路意味着节省了人力、时间成本,带动周边特色文化产业集约,传统文化产业顺利"走出去",同时新兴技术、人才、商业模式能够深入青海腹地发挥作用。除此以外,国道、省道公路、以高铁为代表的铁路、直飞港澳、东南亚、中亚的航班为开发"丝绸之路"旅游线提供了境内外交通支撑,特色文化旅游蓬勃开展,青海的地理劣势通过"一带一路"的带动转化成地理优势。

(二)"一带一路"为开拓推广西部文化资源提供消费市场

"一带一路"打破传统运作模式,探索全新视野下的思维方式、发展

[①] 侯为贵:《畅通信息丝绸之路》,《求是》2015年第1期。
[②] 闫婷:《"一带一路"战略下新疆文化产业发展的机遇和挑战》,《科技视界》2017年第3期。
[③] 韩小锋:《"一带一路"战略下宁夏文化发展新机遇》,《银川日报》2015年11月2日。

路径、空间布局和价值取向。跳出以前一味在本地范围内谋求文化产业发展的封闭圈，倡导用开放包容的眼光把文化产业与对外开放有机结合起来，把特色文化产业的发展前景置于"一带一路"开放的格局当中。地域特征显著的文化产业有了更主动开辟外部消费市场的开放理念，特色鲜明的文化产业有了更多与世界多元文化产业接轨的途径，特色性与融合性成为大势所趋，传统文化产业被"一带一路"赋予了新的价值内涵。在新的价值取向指导下，西部文化产业与沿线国家可以彼此开拓市场潜力，充分交叉交融发展。

文化产业的发展依赖于文化消费的大幅提升，而人民收入的提高是文化消费增加的必由之路。西部存在部分城乡居民尚且还在温饱线上下波动，整体收入水平偏低，人们的文化消费意愿普遍欠缺，文化产品与文化服务实质上成为少数高收入人群的"奢侈品"。[①]"一带一路"倡议，尤其是其中的"丝绸之路经济带"将会为沿线的西部地区带来投资、政策和人才等有利要素，促使沿线地区的贸易结构和生产要素进行优化配置，为西部的经济发展和产业转型带来巨大的机遇。当地人民人均收入逐步提高，从产业升级和经济发展中获得就业与创业机会，为文化消费和文化产业的发展提供必要的发展方向[②]。

中国文化产业在海外推广中，亚洲市场占据主体地位，"一带一路"倡议对文化产业的海外输出特别是面向中亚、西亚的文化输出有重要战略意义。西部地区地域跨度大，不同的地域、民族、文化特性孕育着各具特性的传统文化和民俗手工文化等特色文化资源，同时也造就该地区丰富的非物质文化遗产。[③]但是西部文化产业存在市场准入限制极度严格、个别项目垄断市场份额的现象，这种落后的体现导致当地的市场竞争不自由，从而使得市场配置资源的基础性作用得不到真正落实，民族企业和外部资本打不开本地市场，本地企业也无法将商品带入更广阔的

---

① 孟来果：《我国西部民族地区文化产业发展对策研究》，《学术交流》2013年第8期。
② 郝晓莉、卓乘风、邓峰：《国际技术溢出、人力资本与丝绸之路经济带能源效率改进——基于投影寻踪模型和随机前沿分析法》，《国际商务》（对外经济贸易大学学报）2019年第2期。
③ 刘鑫：《西部地区文化产品和服务"走出去"的路径优化——基于四川省的实践》，《人文天下》2018年第1期。

消费市场，地区丰富的文化资源生产出来的文化产品附加值较低。[①] 基于市场机遇而言，中国人口数量庞大，本身就是一个国际的文化产业消费市场，"一带一路"政策既把中国当作市场推广出去又把海外消费市场引进中国。由于西部文化产品大多脱胎于自身独特的民族文化，对国外消费者而言具有不可替代的收藏、文化价值，且难以在本国生产制造，"物以稀为贵"，同时附着在文化产品上的工艺、创意、材料是民族地区几百年传承下来的智力成果，可仿制性大大降低，具有绝对的竞争优势，进一步扩大了消费市场。文化贸易市场的积极开放，一方面，可以在一定程度上扩大生产规模；另一方面，还可提高文化产品的质量，从而促使流向市场的文化产品变得更加优质且多样。"一带一路"为西部文化产业提供了广阔的消费市场，从国内延伸至中亚、西亚、东南亚等地，市场范围的扩大对文化产品的数量和质量提出了更高要求，从而督促深挖民族特色，传承民族工艺技法，保护民族特色，提升知识产权保护力度，使文化产业真正成为国民经济支柱性产业，"走出去"迈出更大步伐。

新疆承担东联西出的重要要道，多民族融合的特色文化资源得天独厚，但由于新疆的消费市场尚未扩展和群众的消费意愿低迷，新疆文化市场的对外开放就显得相当关键。喀什是新疆文化名城，拥有与周边国家文化交流的悠久历史传统，市内人民居住的街道社区还向外地商人和游客展现维吾尔族民间手工艺，手工艺店铺和作坊鳞次栉比，手工饰品凝聚了铁匠、工匠、铜匠的精湛技术和独特工艺，因此喀什也有"小民间艺术中心"的美誉，在舞蹈艺术与民间音乐也都有一定建树，例如：舞蹈方面，有著名的"古勒巴格麦西莱普""刀郎麦西莱普""十二木卡姆"刀郎舞；绘画方面，新疆喀什有名誉中外的麦盖提农民画，并且麦盖提县在1988年也因农民画被文化部命名为"农民画之乡"。[②] 但是，喀什地区消费能力贫弱，文化消费驱动经济的愿景长期被地理、资金制约，文化产品走不出去，又难以依靠国内消费驱动，传统民族工艺面临失传

---

① 郝晓莉、卓乘风、邓峰：《国际技术溢出、人力资本与丝绸之路经济带能源效率改进——基于投影寻踪模型和随机前沿分析法》。

② 于海凤：《"一带一路"背景下喀什民间艺术人才开发研究》，《农村经济与科技》2015年第12期。

的风险,优秀的民族特色文化产业被埋没。"一带一路"倡议为喀什地区文化产品输出开拓了广阔市场,增加沿线国家和地区接触民族特色文化的机会,通过贸易谈判和商业合作促使传统文化产业优化升级,改变传统运作模式,融合新兴技术迎合市场需求,向外拓展消费市场的同时也向世界展示中国民族文化,从而提升文化软实力[1]。

(三)"一带一路"为西部地区特色文化产业发展储备优质人才

西部形成相当规模的品牌文化企业的数量严重不足,现有企业里创新型管理精英稀缺,熟悉当地文化、擅长因地制宜的高端人才配备良莠不齐。而"人才资源是第一资源""人才是第一需求"的理念是发展西部文化产业的重要理念。在光明前景的形势政策下,必然带来大量企业入驻西部地区的盛况,通晓各地区语言和政治方针、经济政策的人才成为文化产业可持续发展的后备力量,为深化多方合作储备优质人才。

国有企业对培养领军人才的计划已全面展开,2014年中交集团发起"万人人才计划",在五年的时间当中对百余名企业当中的领军人才、千余名青年骨干、七千名项目管理方面优秀人才、万余名技术人才进行有针对性的培养。[2] 迄今为止,"一带一路"倡议与博物馆、美术馆、艺术院校的强强联合,带领丝绸之路走入校园,培养复合型人才,激励高级人才积极投身西部建设中去将西部文化产业做大做强。西北地区以发展中亚、西亚国家语种教学为主要关注点,新疆大学在俄罗斯语、哈萨克语等人才培养方面有得天独厚的优势,而甘肃、宁夏的伊斯兰教经学院在培养阿拉伯语人才方面也得心应手,为国际交流的人文资源开发提供充足的后备教育力量。一批高等学府已经逐步开设"一带一路"政治学、经济学、语言学科目的课程,为文化产业"走出去"培养思想和知识过硬的高端人才。清华大学走在时代前沿并开设"丝绸之路大篷车课堂",其主要特色在于实地考察,是由授课教师带领学生到"丝绸之路"沿线地区现场教学。[3] 北京大学试行近40门的"一带一路"的语言教学,结

---

[1] 麦麦提依明·马木提、梁振民、王海燕:《"一带一路"倡议下的喀什文化旅游产品开发路径研究》,《喀什大学学报》2020年第1期。

[2] 范新民、高志怀:《"一带一路"倡议下跨界融合人才培养与创新创业教育路径》,《河北师范大学学报》(教育科学版)2018年第2期。

[3] 蒋肖斌:《大篷车课堂将重走"丝绸之路"》,《中国青年报》2015年1月23日。

合关于"一带一路"系列文化讲座与有关课程,根据教学要求和学生需求来组织开展语言交流主题的文化日活动,并且充分利用校园优势资源邀请有些国家的驻华大使来校与师生们共同探讨交流①。

宁夏着手对阿拉伯语的教学模式和普及力度进行改革与创新并取得成效,宁夏大学和北方民族大学都相继开设了阿拉伯语学院,为中国"丝绸之路经济带"与阿拉伯国家的文化交往培养语言人才。宁夏大学自2012年以来先后组织了上百名学生前往阿拉伯国家进行学习交流和深造,在"一带一路"和中阿博览会的助推下,宁夏为培养国际交流高端人才机制开辟了新局面。②

---

① 新华网:《北大将开设40门"一带一路"语言文化课程》,http://education.news.cn/2015-09/15/c_1116569018.htm,2020年6月27日。
② 艾福梅:《越来越多宁夏大学生留学阿拉伯国家》,http://education.news.cn/2015-09/12/c_1116541778.htm,2020年6月27日。

第 五 章

西部文化产业知识产权保护的必要性

在深化改革开放的新时期,我国提出的科技创新发展战略以及"一带一路"倡议,让2000多年前的古丝绸之路有了新内涵,在促进各国经济贸易发展,为沿线各国实现互利共赢贡献了中国方案。通过文化的交流与互鉴消除文化鸿沟,实现心灵上的沟通和理念上的认同。

西部地区肩负起了促进丝绸之路经济带沿线各国文化交流、打造人文交流基地的重任,为西部文化产业的加速发展带来了另一历史性的新机遇,创造了更广阔的发展平台,同时也给西部文化产业的知识产权保护工作提出了挑战。促进创新是知识产权保护的要旨所在,创新亦需要知识产权保护,文化产业的创新发展离不开完善的知识产权保护[1]。西部文化产业在"走出去"和将其他国家优秀文化"引进来"的过程中,不可避免地会涉及知识产权保护的问题。由于各国的知识产权制度存有差异,知识产权的保护范围和保护水平都不尽一致,因此在知识产权的保护问题上发生冲突在所难免[2]。这就要求我国进一步加强对西部文化产业知识产权保护方面的工作。对西部文化产业进行知识产权保护,既要顺应当前世界知识产权发展的大趋势,同时也必须立足于西部文化产业的实际状况,逐步完善与西部文化产业知识产权相关的政策、法规,完善相应的知识产权保护体系,制定高效的知识产权风险防范机制,为西部文化产业的繁荣发展提供保障,为创新型地区的顺利实现保驾护航。

---

[1] 谭曼:《论"一带一路"建设中自主知识产权的创新与保护》,《才智》2018年第25期。
[2] 王衡、肖震宇:《比较视域下的中美欧自贸协定知识产权规则——兼论"一带一路"背景下中国规则的发展》,《法学》2019年第2期。

第一节　西部文化产业的特殊性

我国西部地区地域广袤，集聚着众多的少数民族，是华夏文明的重要发祥地。西部地区的民族成分具有多样性，除了五个民族自治区，西部地区其余各省市也都有大量的少数民族人口和自治州、自治县。在漫长的历史变迁中，凭借独特的地理人文优势，西部地区形成了独具特色的民俗民风和丰富多彩的民族文化。我国特色文化资源在西部地区最为富集，西部地区是可以创造经典的地方。[①] 我国东部地区主要发展创意型文化产业，不同于东部地区，我国的西部地区发展文化产业的主要依靠为特色民族文化资源。文化产业的发展离不开文化产品的生产，文化产品往往带有文化的烙印，西部的特色民族文化使其文化产业颇具特色。

一　民族性

民族性是西部地区文化产业最为鲜明的特色和天然属性。我国绝大多数少数民族世代居住在西部地区。长期以来，各少数民族在西部的土地上繁衍生息，在各自相对稳定的地域上不断发展，[②] 形成了风格各异的民族建筑、民族语言、民族节日、民族餐饮等一系列西部地区独有的传统文化。这些传统文化具有浓郁的民族风情、鲜明的特色以及多种多样的呈现形式[③]。以民族节日为例，藏族有点亮灯盏祈福神佛为自己带来好运的燃灯节、有寓意驱鬼消灾以及迎接新年的驱鬼节、春播节、有"六月六"歌舞会、有以藏戏会演为主的雪顿节等不同的民族节日，它们都蕴含着深邃的文化内涵，彰显了藏族人民的民族文化性格和民族精神风貌。少数民族在其族群繁衍发展的漫漫历史长河中形成的这些极具民族特点的节日，都无一不凝聚着本民族的精神与血脉，包含着深厚的历史

[①] 范霁雯、范建华：《特色文化产业——中国西部少数民族地区脱贫的不二选择》，《云南民族大学学报》（哲学社会科学版）2018年第3期。

[②] 马红梅：《五大发展理念的实践基础——以西部民族地区经济、社会与文化发展实践为考量》，《宁夏社会科学》2017年第4期。

[③] 尹春杰、高金岭：《民族文化资源资本化问题分析与策略——以广西为例》，《广西社会科学》2020年第3期。

文化底蕴。西部文化产业植根于西部的特色历史文化传统之中,[①] 文化产品凝聚着西部民众的深厚情感,寄托着西部地区人民的精神价值追求。西部文化产业的民族性主要体现在文化产品的内容及其呈现方式具有西部的民族特色,文化产品的生产主体为西部地区的民众。

二 多样性

西部文化产业多样性的基础是该地区文化的多样性,而文化的多样性又与民族性和地域性是密不可分的。一方面,由于生活习惯的差异性,孕育出的传统文化自然绚丽多彩,各有本民族的特色。换句话说,西部地区少数民族的多样性使得西部的文化也具有多样性。在传统文化独立发展和交互影响的共同作用下,西部的传统文化呈现出多元并存的繁荣景象。[②] 另一方面,由于西部具有辽阔的疆域和复杂多样的地理环境,以地域为界,文化也呈现出多样性的特征。文化的多样性,还体现在与其他民族文化的融合与并存。[③] 由于民族性和地域性的限制,民族文化在一定程度上是封闭的,但这并不意味着它是完全封闭与绝对孤立的。历史上的三条重要通道,古丝绸之路、茶马古道、唐蕃古道贯穿西部地区,促进了西部地区人民与其他地区人民的经贸和文化往来,也使得西部地区的文化更加异彩纷呈。西部地区的文化除在少数民族之间具有多样性以外,在族群内部也同样呈现出多样性的特征,这种多样性集中体现在各少数民族文化的不同种类上。西部的文化种类,大致表现为饮食、医药、居民、节庆、文学艺术、手工业、纺织服饰、歌舞活动等。在此基础上,文化产业多样性的特征在西部地区也得以体现。西部文化产业的类型十分丰富,主要包括民族饮食、民族医药、民族文化旅游、民族节庆、民族工艺美术品、民族歌舞演艺,这些不同的文化产业类型也不断丰富和壮大着我国的文化产业。[④]

---

① 刘新田:《西部少数民族文化资源分析与产业化开发对策研究》,《中央民族大学学报》(哲学社会科学版)2012 年第 4 期。
② 廖以银:《关于西部民族文化特征的调查研究》,《美与时代》(城市版)2017 年第 2 期。
③ 张鲁宁:《论多元共存、多元一体的西部民族文化》,《民族论坛》2017 年第 2 期。
④ 范雯雯、范建华:《特色文化产业——中国西部少数民族地区脱贫的不二选择》,《云南民族大学学报》(哲学社会科学版)2018 年第 3 期。

三 脆弱性

由于诸多原因的限制，西部文化产业表现出脆弱性的特征。西部地区文化资源丰厚，但这一优势目前并未有效转化为文化产业的优势。[①] 西部地区在文化产业的规模和效益方面与东部地区相比还存有差距。西部文化产业起步晚，地区间的文化产业合作较少，发展规模呈现出散落发展的形式，文化资源和基础设施不能得到最大限度地利用，文化产业的经济效益低下。地域性带来的相对封闭性，阻碍了西部文化产业的整体发展。[②] 从当前西部文化产品供给和需求的状况来看，无论是在西部地区范围内，还是从全国范围而言，人们对西部文化产品的消费需求远远小于西部文化产品的供给。[③] 同时，作为文化产品重要保障来源的文化也呈现出脆弱性的特征。西部的传统文化的脆弱性随着时间的推移慢慢表现出来，并且越来越明显。尤其在经济全球化和文化趋同的时代背景下，西部地区的文化正面临着严峻的挑战，越来越多地受到新兴文化的侵蚀与人为因素的破坏，原本相对稳定的文化生态逐渐下降。当境外资本涌入西部地区并对西部地区的文化资源进行商业化开发时，外部文化可能也会对西部地区的传统文化带来冲击。传统文化一旦得不到完善的保护与传承，存在消亡的可能，会造成西部特色文化资源优势的弱化。

第二节 西部文化产业知识产权保护的困境

西部文化产业与知识产权有着极为密切的联系，知识产权广泛渗透到了文化产业的各行各业。我国西部的传统文化有着浓郁灿烂的历史，凝结了勤劳勇敢的西部人民的智慧。西部文化产业中几乎所有文化产品都融入了西部人民的智力元素，凝结了无形的知识产权。加强西部文化

[①] 张瑾燕：《新时代民族地区文化产业发展特征和创新路径》，《大连民族大学学报》2018年第2期。

[②] 肖忠意、林琳：《"一带一路"战略背景下的西部文化发展对策建议》，《经济界》2018年第4期。

[③] 苏芳、宋妮妮：《"一带一路"倡议对西部民族地区文化产业发展的影响——基于双重差分的实证分析》，《西南民族大学学报》（人文社会科学版）2019年第8期。

产业知识产权保护，对于区域经济发展、文化繁荣、提升西部文化产品的出口竞争力[①]和国家战略的深入推进都具有重要意义，要深入挖掘和运用西部文化产业中知识产权保护的力量。然而，在当下，西部文化产业的知识产权保护依然存在理论与制度困境。

一 权利主体难以确定

在生产文化产品的过程中，历史继承性和个人创造性相融合，导致文化产品兼具社会属性和个人属性，文化产品上权利主体的界定也变得更为困难。西部地区传统的民族文化知识产权保护在很多方面不同于现代的专利权、著作权保护。现代知识技术的知识产权保护在主体确认方面是非常明确的。比如，合作作品为合作人所共有。在完成发明创造时主要利用了单位提供的物质和技术上的条件，若双方没有特别约定的情况下，成果由单位所享有。传统文化的知识产权归属却并不十分明晰，因为传统文化是经过长久的历史积淀而不断传承下来的，凝结了民族的集体智慧，不能简单地将其归为一个人抑或是几个人的成果。这些技艺、歌曲等大多是西部人民口耳相传所传承留下的，集结了几十代甚至上百代人的智慧，即使某些技艺有传承人存在，但是并不能将现有的某项技艺完全归属于传承人，因为会使得知识产权利用和转化变得困难和效率低下，技艺将仅仅停留在简单的生产层面，并未发挥知识产权制度所带来的优势。即使遭到侵权时亦无法很好地进行维权，制度运行将会变得毫无活力，无法展现作品与技艺本身的价值等问题相伴出现。权利主体难以确定不仅体现在传承人数众多而难以确定权利人这一方面，还体现在改编后的文学艺术作品与改良后的技艺具有创新性认定难等问题。权利主体界定问题对于西部文化产业知识产权保护带来了一定的挑战。不仅如此，西部传统文化在自身的传承中也出现了困境，一些传统的技艺已经流失，传统的手工业者放弃了家族的传承转而到更为发达的地方工作或学习。由于生活方式的转变，传统技艺难以融入现代生活，降低了

---

① 周荣军：《知识产权保护对文化产业出口竞争力的影响》，《湖北社会科学》2020年第3期。

其生命的活力。[①] 由此，鼓励传统技艺的升级和改良就尤为重要，而明晰主体的归属问题对于激发西部文化产品的创造活力有非常重要的作用。

二 授予条件上的限制

传统文化是西部文化产业的创意源泉，是西部文化产业的核心资源，[②] 西部文化产品中融入了具有西部特色的传统文化元素。西部地区的传统文化在知识产权保护上，还要符合知识产权制度进行保护的基本条件。从知识产权制度对知识产权客体的要求来看，著作权法保护的作品要求具有独创性特征，商标法保护商标要求具有显著性的特征，专利法保护发明创造要求具有新颖性、创造性以及实用性特征。由此可见，知识产权制度保护的文化产品应当具有创造性。此外，部分传统技艺与艺术已经公开，欠缺创新性，或是某些技艺在民族内部属于公开的状态，在民族区域外部属于保密的状态。如果技艺已经公开，亦无法用商业秘密保护模式进行保护，而采用知识产权制度进行保护，则要断定民族传统技艺与艺术是否具有创新性以及其创新程度是否达到法律进行保护的条件，否则打破创新性要求这一基本要件，就会给知识产权制度带来冲击。由于知识产权制度自身是为激发创新、提高社会生产力这一根本目的所创设，缺乏创新性的智慧成果如果受到知识产权制度的保护则会冲击该制度之根基。

三 知识产权复合型人才匮乏

对于文化企业而言，知识产权战略是其主要竞争战略，知识产权复合型人才是文化企业发展的核心力量。[③] 知识产权复合型人才对文化产业的知识产权保护发挥着非常重要的作用。在科技创新发展的背景下，西部文化产业"走出去"的步伐不断加快，文化企业由于知识产权风险防

[①] 蔡琳：《"一带一路"各文化区知识产权问题及中国对策》，《宁夏社会科学》2018年第2期。

[②] 庹继光：《西部文化产业发展中的要素禀赋应用》，《西南民族大学学报》（人文社会科学版）2014年第9期。

[③] 代中强：《知识产权调查引致的贸易壁垒形成机理、效应及预警机制研究》，知识产权出版社2018年版，第133页。

范意识较差以及缺乏应对知识产权风险的经验,在对外贸易和投资中面临知识产权纠纷。国际化的知识产权复合型人才可以使西部文化产业在国际市场中更好地应对国际竞争,合理处理遇到的知识产权问题。[1] 在西部文化产业的自身发展方面,知识产权复合型人才运用自己具备的法律知识和专业技术知识,可以让文化企业在知识产权的创造、保护以及运用方面的能力不断增强[2]。在知识经济时代,西部地区发展文化产业具有自身的特色和优势,但如何将这些特色和优势在知识产权规则的指引下转化为知识产权成果和资源,则需要掌握知识产权规则的知识产权复合型人才对西部文化企业进行积极的引导。从经济发展水平来看,在全国区域范围内,我国区域经济发展具有不平衡的特征,我国知识产权复合型人才也呈现分布不均衡的现象,在知识产权复合型人才的培养和引进方面,西部地区知识产权复合型人才的供给无法满足文化产业发展的需求。[3] 西部地区知识产权复合型人才的匮乏使得西部文化产业的知识产权保护带来了阻碍。

第三节　西部文化产业知识产权保护的基础

一　知识产权的确认和授予

有体物的客体形态具有确定性,因此人们在动产和不动产等不同类型的有体物上确认有形财产权是否合理不会提出质疑。[4] 知识产权作为一种无形的财产权,客体具有非物质性的特征。就文化企业而言,其无形资产的重要组成部分就是知识产权架构下的一系列无形的财产权。[5] 知识产品具有非物质性和社会性,在知识产权授予的过程中必然会牵涉复杂的利益关系和社会关系。西部文化产品的知识产权不仅关系到文化产品

---

[1] 阳海洪、康晨慧:《"一带一路"背景下湖南文化产业走出去新型资本驱动战略》,《湖南工业大学学报》(社会科学版)2019年第5期。
[2] 余力燧:《"一带一路"战略中的知识产权人才思考》,《贵州日报》2016年5月17日。
[3] 王逸吟:《法治保障"一带一路"建设》,《光明日报》2016年10月17日。
[4] 何松威:《知识产权体系同一性理论的反思与构建》,《政治与法律》2020年第3期。
[5] 张双梅:《中国文化产业的激励性立法》,《华南师范大学学报》(社会科学版)2020年第3期。

创造者的利益，而且也关乎社会公众的利益。知识产权的授予会使得权利人取得一定程度的垄断性利益，对于西部文化产品如果没有进行仔细审查而授予知识产权，那么必然会导致公共利益受损。我国坚持知识产权法定主义，知识产权的内容、种类、期限等由法律明文规定，与此同时对知识产权侵权构成也带来了限制。例如，我国西部地区的有些文化产品是由特定民族中的不特定成员集体创作，经过时代传承并且流传至今，直接适用当前的知识产权制度进行保护时就会存在一些困难。因此，对于权利边界模糊难以界定是否需要运用知识产权制度进行保护的传统文化或者创造性智力成果，只有在确认和授予知识产权的基础上，才能进一步对西部文化产业进行知识产权保护。

二 知识产权保护意识的树立

我国在对知识产权进行保护时，运用行政与司法这两条途径，但在运用公权力对西部文化产业的知识产权进行保护的过程中，还需要相关公众与企业具有相应的知识产权保护意识，积极维护自身合法权益，使实施对西部文化产业知识产权的侵权行为者承担相应的侵权代价。这种知识产权保护意识既包括对自身知识产权的保护意识，也包括对他人知识产权尊重和保护的意识。西部文化企业知识产权保护意识薄弱，使得权利主体不够重视自身的知识权益，同时对他人的知识权益也不够重视。[1] 随着我国改革开放的不断深入，西部文化产业与其他国家和地区的文化产业交流与合作更加频繁，而这些国家和地区的知识产权制度又存有差异，知识产权保护水平也高低不同。我国西部文化产品在进入其他国家和地区时，就会面临不同的知识产权风险。知识产权的地域性特征也会给西部文化企业带来知识产权侵权与被侵权的风险。[2] 此时，西部文化企业就需要树立自身的知识产权保护意识，在将本地区的文化产品投向国际市场之前，要深入了解目标国的知识产权保护状况，做好知识产

---

[1] 张源媛、兰宜生:《知识产权保护、技术溢出与中国经济增长——基于东部、中部和西部面板数据的检验》，《当代经济研究》2014年第7期。

[2] 黄子殷、廖柏明、李金鑫:《西部企业自主创新与知识产权保护问题的解决途径调查研究》，《智库时代》2018年第29期。

权保护工作，防止陷入知识产权侵权与被侵权。

第四节　西部文化产业知识产权保护的优势与发展方向

一　深入推进法治中国建设

（一）现代法治建设的应有之义

加强西部文化产业的知识产权保护，是现代法治建设的题中应有之义。党的十八大以来，我国确立了建设法治中国的目标。依法治国要求我国的政治、经济、文化和社会生活的各方面都要依法治理，要实现法治化。① 我国西部文化产业体制的健全，需要一个稳定、健康的法治环境，需要文化产业生产、经营、管理体制的法治化。从最抽象的意义上而言，文化产业是指对文化意义内容进行生产的产业。基于这种对文化产业一般且广泛的定义，西部文化产业则包括那些被赋予不同载体，以西部传统文化为创作根基和灵感来源，具有经济学价值的产业范畴。在我国当前的法治系统中，确认、利用、限制以及保护知识产权，是将其作为法律规范进行制度安排，立法宗旨在于对知识财产的正义秩序进行维护，进而实现知识传播这一效益目标。② 西部文化产业的可持续发展，离不开法治的力量，要用法治来规范西部文化产业的健康发展。随着国家战略的不断推进，西部文化产业不断"走出去"，其他国家的文化产业也不断"引进来"，我们必须加强西部文化产业的知识产权保护，运用法治思维和法治方式处理国家战略建设过程中文化产业"走出去"和"引进来"所面临的问题。

（二）加快民族法治建设的重要方式

建设社会主义法治国家，也需要民族法制的不断发展与完善，需要对各民族在发展文化产业过程中所享有的合法权利和合法利益予以保障。世界各个国家的文化各异，法律制度也各不相同，要实现构建人类命运

---

①　罗豪才、周强：《软法研究的多维思考》，《中国法学》2013 年第 5 期。
②　吴汉东：《新时代中国知识产权制度建设的思想纲领和行动指南——试论习近平关于知识产权的重要论述》，《法律科学》（西北政法大学学报）2019 年第 4 期。

共同体这一美好蓝图，就要求我们积极应对由文化和法律制度差异带来的冲突和挑战。① 加强西部文化产业的知识产权保护，完善相关法律法规，是加快民族法治建设的重要方式，同时也是法治中国建设的必然要求。在民族法治建设进程中，西部文化产业活动要基本实现有法可依，要用法律手段来对文化产业的各个环节进行规范。特定时期的知识产权法律制度，应该对该特定时期的科技文化创新以及经济社会发展服务。② 新时期的知识产权制度，亦应该服务于科技创新时代下西部文化产业的发展。文化建设中的法治革命要对文化产业的发展进行规范和引导，依法处理文化产业发展中的违法违规行为。③ 知识产权制度具有确认文化产业中相应主体的权利、保障文化产品的交易、平衡文化产业中各方主体的利益、激励文化企业不断进行文化产品创新的功能，对文化产业的发展具有十分重要的意义。再回归到西部文化产业本身，究其本源，从传统文化资源走向文化产业，就是一项十分复杂的创造性智力活动，而那些业已形成的形式多样的文化产业项目，都是知识产权领域的智慧成果，如以文化创意+文化科技发展模式为载体的大型旅游演艺节目《印象·刘三姐》就是典型的著作权保护下的"作品"，是具有独创性的表达。文化产业既具文化属性，又兼有经济属性，知识产权制度非常契合文化产业的这两种属性，可以有效地使文化产业中的文化资源进一步转化为一种权利资本，促进文化产品和服务的生产、交换、流通以及再生产，形成一个良性循环。④ 由此可见，在西部文化产业进行知识产权的法治保护，是一种逻辑的必然，有助于深入推进法治中国建设。

二 对优秀传统文化的传承作用

（一）提升民族自信心与自豪感

增强民族文化价值认同，即要在精神上形成对民族文化的归属感。

---

① 刘敬东：《构建公正合理的"一带一路"争端解决机制》，《太平洋学报》2017年第5期。
② 冯晓青：《新时代中国特色知识产权法理思考》，《知识产权》2020年第4期。
③ 姚建宗：《当代中国语境中的法治革命》，《理论探索》2020年第2期。
④ 卫中旗：《文化产业发展再思考：作用、特性及关键路径》，《长春理工大学学报》（社会科学版）2012年第9期。

充分利用西部地区的文化资源优势，依托特色文化推动文化产业的发展，有助于增强各少数民族的文化自信和文化自觉。一个民族的文化自信源于对本民族文化的肯定，这种文化认同是一种根植于内心的自豪感、获得感和幸福感。[①] 中华民族具有五千多年的文明史，蕴含着很多智慧。我国的西部地区地域广袤，拥有众多的民族，在独特的历史背景和长期的历史演进中，逐渐形成了灿烂的西部传统文化，丰富了中华文化的内容。西部的传统文化是在西部地区的生活习惯、自然环境等多方面的因素影响下孕育的产物，本区域内生活的民众一般对本地区的文化具有归属感和认同感。历史上的古丝绸之路、唐蕃古道、茶马古道使得外来文化在这里汇集，同时也将沿线地区的文化传播出去，使得西部地区的传统文化具有多元性。西部地区的文化具有丰富的内容以及多种多样的表现形式，是西部文化产业发展的资源宝库。人类命运共同体的构想可以使不同的文明相互借鉴交流，是一种大格局的文化自信。一个国家和民族的文化自信是现代化国家力量扩散的内因。[②] 古丝绸之路，是东西方文明彼此交流借鉴的重要通道。通过东西方文明的交流，我们在对世界其他国家的文明有所了解的同时，我们也对本民族的传统文化有了更为深刻的认识。多元化、多样性、别具一格的西部文化为发展文化产业提供了宝贵的财富。要使西部传统文化自信显著增强，使西部的文化影响力更为广泛，就需要对西部地区的优秀传统文化进行传承与发展，对西部地区优秀传统文化的发展给予法律和制度上的支撑，促进文化产业的优化升级。加强对西部文化产业的知识产权保护，使人民充分享受传统文化赋予他们的各种知识产权利益，从传统文化的开发和产业化利用中得到相应的经济回报，会让这种认同感更为具象和饱满。对西部地区的人民来说，创造和享有的已不仅是文化资源本身，还有文化资源产业化带来的实实在在的权利和利益，让西部地区人民的生活水平提高，同时可以增强西部地区人民对本地区文化的认同感，提升文化自信心，增强文化自

---

① 宋才发、黄捷：《文化自信是实现中华民族伟大复兴的法治基础》，《广西社会科学》2019 年第 5 期。

② 吴秋林：《"一带一路"中民族文化保护的前瞻性思考》，《西南民族大学学报》（人文社会科学版）2018 年第 6 期。

豪感。

（二）传承西部优秀传统文化

当前，随着经济全球化进程的加快以及世界各地通过互联网技术不断加强沟通与交流，世界各国、各地区、各民族的思想文化交流日趋频繁。如何在世界各国文化交融的大环境下，进行本民族优秀传统文化的传承和发展，让优秀传统文化不失生机与活力，是增强国家文化软实力不容忽视的问题。① 文化生产与传播离不开文化产业这一重要载体，其对于传承西部优秀传统文化起着促进作用。我国文化产业的兴起才短短几十年，优秀传统文化中还有很多文化积淀需要我们不断去挖掘。优秀传统文化为文化产业的发展提供了丰富的资源，将西部优秀传统文化转化为文化产品，可以实现很好的文化传播效果。② 当今社会，人民群众的精神文化需求越来越旺盛。西部文化产业在发展的过程中，文化产品对于满足人们的精神文化需求发挥着非常重要的作用。③ 文化产品是人类在不断的实践活动中创造出来的，承载着丰富的文化精神和优秀的传统文化基因。人们在接受文化产品的同时，这些文化产品反过来影响着人们的实践活动。那些蕴含着优秀传统文化的文化产品，可以通过电影、电视剧等易于为人们接受的方式潜移默化地融入人们的日常生活中，多样化的传播载体可以扩大受众的范围，承载传统的优秀文化产品可以激发人们对本民族优秀传统文化的热爱之情。在社会主义市场经济条件下，通过文化产业来传承发展西部优秀传统文化，把它们融入人们的生产和日常生活中，是实现文化传承的一个非常重要的方式。从生产到销售再到消费的过程，是对传统文化在传承基础上的创新，使西部优秀传统文化更加饱满、更具吸引力。从生产到销售再到消费的各个环节，都需要加强对文化产品的知识产权保护，规范人们的行为。西部地区的文化是这一区域的人民在长期的共同生活中共同创造的，人们通过自主选择的方式去选择自己喜欢的文化产品，特别容易引起人们在思想上的共鸣，进

---

① 陈健、郭淑新：《坚定优秀传统文化自信需厘清三大关系——基于文化场域视角分析》，《重庆大学学报》（社会科学版）2020 年第 2 期。

② 李忠斌：《论民族文化之经济价值及其实现方式》，《民族研究》2018 年第 2 期。

③ 范玉刚：《牢牢把握新时代文化产业发展的"新常态"》，《济南大学学报》（社会科学版）2018 年第 2 期。

而达到传承本民族优秀传统文化的效果。

西部丰富多彩的文化资源积淀着悠悠历史长河中人们走过的文明，是民族的血脉，是民族的精神纽带。传统文化作为人类繁衍生息过程中生成的一种独特文化现象，具有十分宝贵的价值，它既生动反映着在过去的自然环境和社会环境的作用下人们的生活习惯和风俗传统，同时也是一个民族在其存续发展过程中的精神文明的集中体现。可以说，西部传统文化就是该地区民族的根，是该地区民族的灵魂所在。但是，随着生产方式的转变和社会的不断发展，传统文化资源的脆弱性愈发表现出来。一方面是时代在飞速进步，一些传统文化可能在与现代化的生产生活方式冲突、碰撞的过程中逐渐被淘汰。另一方面，由于人们自身对其保护程度不够，也可能导致传统文化被渐渐冷落、遗忘。毫无疑问，将西部文化资源产业化，是人们当下对保护传统文化源远流长的一种探索，试图通过赋予经济价值，让可能不再适应现代生活的一些传统文化换以另一种方式继续存续。西部地区要立足于本地区的实际情况，充分利用本地区的特色文化资源，打造颇具特色的文化品牌，形成独特的文化产业发展之路。① 然而，仅仅将文化资源转化为文化产业似乎尚不能解决问题，保护并推动文化产业的蓬勃发展，才达到了真正意义上对传统文化的保护。推动国家创新战略建设的不断深入发展，构建人类命运共同体，离不开法治。② 加强西部文化产业的知识产权保护，将传统文化产业的创作、运行、发展纳入法治轨道，既是保护西部文化根脉传承、维护人类文化多样性的需要，同时也是为中华民族文化发展进步注入强大的文化精神力量。

三　对经济发展的带动作用

（一）带动产业转型与升级

为了提高产业的整体素质和产业竞争力，国家知识产权局通过一些新型行政保护方式对产业的专利创造进行优化，对专利的协同运用进行

---

① 邹荣：《我国文化产业的地区间梯度转移》，《江汉论坛》2019年第2期。
② 卓泽渊：《国家治理现代化的法治解读》，《现代法学》2020年第1期。

鼓励，对专利的运营业态进行培育。① 随着我国经济的发展，我国经济进入新常态。第三产业由于具有诸多优点，在我国国民经济中的作用愈发重要。对于西部地区而言，产业转型升级是在经济新常态下无法回避的问题。要想实现经济的优质高效发展，就需要探索新的经济增长点，满足人民对高质量产品的期望。文化产业属于第三产业的范畴，第三产业的高效发展需要文化产业提供助推力。文化产业是在传统工业发展起来以后，市场经济发展水平不断提高的基础上出现的一种高级产业形态。② 近年来，从国家的一些政策和规划中可以看出，我国对文化产业的发展给予了高度的重视。"一带一路""西部大开发"等战略为西部的产业转型与升级提供了重大机遇。文化产业的发展与人民的消费水平息息相关。总体而言，西部经济发展水平较为落后，文化产业发展较为缓慢。③ 从文化产业集聚的态势来看，西部文化产业发展的态势不如东部地区。④ 从文化产业产值来看，东部地区明显高于西部地区。"新丝绸之路经济带"为其所涵盖的西部地区带来了资金、技术、人才的支持，带动了西部的发展，当地人民的收入有所增加，这在一定程度上又会促进人们对文化产品的消费。西部地区要深入挖掘自己的文化产业潜力，依靠自己的资源、政策、环境等方面的条件，实现经济与文化的交融，促进地区产业转型与升级。文化产业领域规范、公平的市场竞争环境可以增强文化企业的生产活力，而这一环境的营造则有赖于法治化管理、法律制度保障等手段。⑤ 为了实现产业转型与升级，则需要加强知识产权保护来保障西部文化产业的发展，没有知识产权保护的西部文化产业，是缺乏生命力的。

（二）促进西部经济的可持续发展

随着国家科技创新建设的不断深入推进，西部文化产业逐渐成为西部经济发展的新动力。从文化层面而言，富有创造力的文化产业是科技

---

① 戚建刚：《论我国知识产权行政保护模式之变革》，《武汉大学学报》（哲学社会科学版）2020年第2期。
② 洪明星：《认同视域中的文化体制缘起与变迁》，《贵州社会科学》2014年第12期。
③ 孟来果：《我国西部民族地区文化产业发展对策研究》，《学术交流》2013年第8期。
④ 袁海：《文化产业集聚的形成及效应研究》，博士学位论文，陕西师范大学，2012年，第109页。
⑤ 苏泽宇：《新时代文化体制改革的内涵与特点》，《华南师范大学学报》（社会科学版）2020年第3期。

创新发展下实现知识产权发展的重要部分。在我国经济社会持续发展的过程中，知识产权的保护对促进文化的可持续发展以及保持文化的多样性，发挥了重要的作用，对促进文化产业的发展提供了法律支撑。加强对西部文化产业的知识产权保护，不仅可以有效解决文化产业领域的相关纠纷，还可以对法律所保护的对象进行价值评判。肯定的价值评判可以在很大程度上激发主体的创造性，进而又推动西部文化产业的良性发展。高技术性与可持续性相融合是文化产业本身所具有的特性，文化产业可以减少环境污染、优化资源配置。文化产业的对象是非物质资源，文化产业是低碳产业、绿色产业，具有低能耗、高效率等优点，有利于经济的可持续发展。近年来，政府对文化产业消费的重视不断增强，加大专项资金投入，充分肯定了文化产业对我国经济发展的重要作用。[①] 西部地区生态环境脆弱，在发展社会经济的过程中，促进生态环境的保护成为一个不容忽视的问题。在文化产业不断发展的同时，人们的文化环境意识也逐渐提升，对环境污染的控制和自然资源的保护是文化产业的一个考核条件。[②] 相比于第一产业及第二产业，人们在生产与消费文化产品的过程中，对环境的污染小，对能源和自然资源的消耗低。知识产权保护的本质在于平衡公共利益和权利人之间的利益的前提下，赋予权利人以一定时间和空间范围内对权利客体的垄断，激励文化企业不断增加文化产品的有效供给。对西部文化产业加强知识产权保护，无疑会促进西部文化多样性以及经济的可持续发展。

（三）带动相关产业的发展，创造更大的就业空间

我国的就业市场始终存在着地区发展不平衡的现象，与东部沿海地区相比，西部缺乏优势，经济发展水平落后，就业面窄，就业待遇及就业机会都不如经济发达的地区，失业问题的解决还要依赖外部地区。在科技创新发展的指引下，西部地区的就业环境向更好的方向发展。[③] 任何一个产业的发展与其他产业有着某种联系，文化产业的产业链非常庞大，

[①] 封晔：《绿色发展理念引领下消费升级的实现路径》，《商业经济研究》2020 年第 11 期。
[②] 晏雄：《民族文化产业集群形成条件的多维度》，《教育文化论坛》2014 年第 6 期。
[③] 曹家宁：《"一带一路"与新型城镇化双重背景下西部地区新生代农民工就近城镇化探讨》，《西部学刊》2019 年第 7 期。

文化产业的发展不仅是单一地创造文化产业本身的价值，它还会带动若干个相关产业的发展。文化产业在自身发展壮大的同时，也为其他产业的发展创造高附加值。文化产业具有高就业吸纳能力，强有力的知识产权保护可以推动文化产业健康发展。在良好发展的势头下，西部文化产业可以创造更多的就业机会，带来更多的就业岗位。文化产业和劳动就业之间呈现出共同促进的关系，文化产业可以有效缓解就业压力。文化产业本身的运作也需要投入大量的人力资源，需要从事文化产业生产、服务以及相关理论研究的人员。文化产业的发展在一定程度上也可以减少西部地区的人才外流。党的十八大明确指出要把科技放在国家发展全局的核心位置，实施创新驱动发展战略。科技领域是然，文化领域亦是如此。加强对西部文化产业的知识产权保护，有利于文化产业在形式和内容上不断推陈出新，吸引更多人才将目光投向西部文化产业创新及发展，建立西部文化产业"可知识产权化"的理论体系和落实步骤，为西部文化产业的蓬勃发展注入不竭动力。①

四 与国际接轨，让优秀传统文化"走出去"

（一）增强国家软实力

近些年来，我国的文化软实力不断提升，但与我国的政治、经济发展的状况相比，我国文化产业的发展还存在较大的差距。文化软实力不但能够推动经济的快速发展，而且能够让广大人民群众在潜移默化的影响下，增加对本民族优秀传统文化的自信心和自豪感。当今世界，国家间的竞争集中体现为综合国力的竞争。知识产权制度作为上层建筑，是聚集优质资源的有效工具，同时也是创造竞争优势的有效工具。②衡量一个国家综合国力的高低，不仅要考虑经济、科技等因素，也需要将一个国家的文化软实力囊括在内。一个国家知识产权的数量、规模、质量以及水平是该国经济、科技、文化实力在法律层面的集中体现，而知识产

---

① 黄敏：《从西部大开发和"一带一路"看西部地区承接产业转移——基于丝绸之路经济带国内段9省区的分析》，《毛泽东邓小平理论研究》2016年第8期。

② 刘春田：《私权观念和科学态度是知识产权战略的根本保障——纪念"国家知识产权战略纲要"颁布实施十年》，《知识产权》2018年第6期。

权的数量又是文化实力的主要表现。知识产权保护可以支撑与促进文化产业的发展，激励人类文明不断进步。增强知识产权保护的强度，可以促进文化产业发展绩效的提升。① 提高自主创新能力，需要知识产权这一重要战略资源。文化软实力是国家软实力的体现，文化软实力的提升离不开文化产业的发展。② 文化产业一方面可以传播意识形态，另一方面也可以带来相应的经济效益，可以直观、具体地反映一个国家的综合国力。科技创新、创新型国家建设为中国与其他国家提供了文化交流互鉴的平台，为增强我国文化软实力创造了良好的外部环境。西部地区可以借助人类命运共同体构建的平台，在国际市场中与其他国家进行文化产业方面的竞争与合作。人类命运共同体的构建不仅对全球治理内在要素的互动有促进作用，而且对国际法治的发展有推动作用。③ 西部文化产业的发展需要加强对知识产权的保护，使西部文化产业的主体在文化产品的创新与文化产品品牌的维护方面投入更多精力，为文化产业的发展营造一个健康的环境，进而增强国家软实力，提高我国的综合国力。

（二）使优秀传统文化"走出去"

文化产业的发展不仅要注重发挥国内市场的作用，也不能忽视国际市场的作用。④ 西部文化产业不能关起门来发展，要让其走出去，参与世界文化产业的竞争。中华文化"走出去"所要展现的是不同文明相互交流融合视野下的互利共赢、责任共担、价值共享理念。⑤ 例如，"一带一路"倡议提出以来，为加强西部地区与古丝绸之路沿线国家之间的文化交流提供了平台与契机，为西部的优秀传统文化迈向国际市场提供了机遇。西部地区要把握好现在的机遇，积极加入共建人类命运共同体的浪潮，积极拓展其文化产业的国际市场，让更多的消费者来消费其文化产

---

① 郭壬癸、乔永忠：《版权保护强度影响文化产业发展绩效实证研究》，《科学学研究》2019年第7期。

② 姜念云：《"互联网＋"背景下文化产业发展路径思考》，《科技创新与生产力》2017年第12期。

③ 江河：《从大国政治到国际法治：以国际软法为视角》，《政法论坛》2020年第1期。

④ 杨丽、王晓晓：《"一带一路"背景下我国与中东欧国家文化产业国际竞争力比较分析》，《经济与管理评论》2018年第4期。

⑤ 范玉刚：《提升文化贸易质量助力新时代文化"走进去"》，《湖南社会科学》2020年第2期。

品。文化产业具有很强的传播力和影响力，文化产品可以直观展现一个国家和民族的文化传统、精神风貌。西部的文化资源非常丰富，在文化产品中融入西部优秀传统文化元素，可以将优秀传统文化传播给更多的人，让更多的人了解西部地区的优秀传统文化。让西部的优秀传统文化走出去，可以让中国树立一个良好的国际形象，增强中华民族的凝聚力。① 在发展文化产品和服务贸易过程中，借助优秀传统文化"走出去"，能够提升我国实体经济的国际竞争力以及拓展国际市场。② 文化产业在国际市场中发展的过程，也是同世界各国的文化交流互鉴的过程，可以促进全人类文明的共同进步。全球文化产业比较发达的国家，在国内与国际层面都非常注重对本国文化产业的知识产权保护。西部在发展文化产业以及让本地区的优秀传统文化走出去的同时，也要借鉴文化产业发达国家的相关经验，发挥好知识产权对文化产业的保障作用，形成我国西部地区文化产业知识产权保护的国际话语权，进一步影响世界各国的文化产业知识产权保护。同时，我们也要重视与其他国家和地区的知识产权合作工作，与其他国家共同构建和完善知识产权风险防范机制、知识产权程序保障机制和知识产权争端解决机制。

综上所述，在科技创新、加强知识产权保护的背景下，西部文化产业的知识产权保护愈发彰显出其战略意义和时代价值。加强西部文化产业的知识产权保护，具有深刻的必要性。探索构建西部文化产业法律保障机制，建立健全相关法律法规，尤其是要加强对西部文化产业的知识产权保护，③ 积极应对当前我国立法、行政、司法在文化产业知识产权保护方面的困境与不足，因地制宜、结合不同地区传统文化产业的特点，通过商标法对西部文化产品的品牌进行保护，通过运用知识产权制度法定许可、授权使用、合理使用等对西部文化产业中不同的知识产权交易行为进行规范，平衡西部文化产业中不同主体的利益，加强对西部文化产业的知识产权保护。一方面，要唤醒西部文化产业的生命力和竞争力，

---

① 厉无畏：《发展文化创意产业的全局意义》，《解放日报》2012 年 7 月 1 日。
② 刘翠霞、高宏存：《"一带一路"文化产业国际合作的优势选择与重点领域研究》，《东岳论丛》2019 年第 10 期。
③ 曹宇：《基于钻石模型的文化产业融合研究》，《西南民族大学学报》（人文社会科学版）2012 年第 10 期。

使其得以在文化经济时代迸发出新的活力和潜力，实现从文化资源到文化产业的效益转变。另一方面，从知识产权角度切入对西部文化产业加以保护，能够激发传统文化产业的创新并推动其不断完善与发展。在保证"民族性""多样性"的基础上，降低其"脆弱性"可能带来的不利影响，既保护绚丽多彩的西部文化不被新兴文化磨灭的印记，同时达到促进其不断创新、蓬勃发展的目标。

第 六 章

西部文化产业知识产权保护的可行性

第一节 西部文化资源优势

我国西部地区拥有悠久的历史文化和深厚的文化底蕴，独特的传统文化和灿烂的民族文化是中华民族文化中浓墨重彩的一笔，是人类宝贵的物质和精神财富。在西部地区，文化资源具有显著优势，借助文化资源的优势，文化产业的发展前景可观。在新时代发展下，知识经济突飞猛进，文化产业又是新兴产业，更需要加强知识产权保护。[①] 在重视科技创新发展中，西部地区丰富的文化资源优势给相关文化产业的知识产权保护提供了一定的可行性。

一 文化产业发展资源优势显著

文化资源是前人创造的物质和精神财富，是人们从事文化生活和生产的基础。我国西部地区覆盖面积大，涵盖多个行政区域，居住着51个少数民族。[②] 在历史的发展中积累了深厚的文化资源，不同民族之间有着鲜明的差别，在发展的过程中经济价值逐渐显现。西部文化资源的特性赋予文化产业发展显著的资源优势，主要体现在以下三点：

第一，文化资源的丰富性。随着历史的发展，西部地区各民族在不断创造与传承中，形成了丰富多彩的民族文化，这些文化以各种形式保存并流传下来，诸如语言文字、神话传说、民族舞蹈、绘画美术、服饰

[①] 李顺德：《文化产业与知识产权》，《中国经贸导刊》2002年第8期。
[②] 孟来果：《我国西部民族地区文化产业发展对策研究》，《学术交流》2013年第8期。

刺绣、手工工艺等璀璨的物质文化和非物质文化。截至2018年12月，我国拥有非物质文化遗产项目共计40项，其中涉及西部地区的项目有13项。①

第二，文化资源的独特性。从文化资源的开发潜力来看，我国西部地区的传统文化资源可谓是价值巨大。在西部大开发中，文化资源的开发也是西部独特的对象。② 在西部地区，各民族所处的地理位置和生活环境各具特色，这也使得他们在文化背景、风俗习惯等方面都保有各自的特点与风格，种种差异之下，风格不一、与众不同的传统文化得以形成。同时，西部传统文化在繁荣发展的过程中还吸收了许多外来文化，例如，丝绸之路、唐蕃古道、茶马古道促进了贸易往来，还传播了吐蕃、西夏、大理、黑汗等的地方文化，造就了西部文化内涵的丰富化。

第三，文化资源的原生性。西部文化资源的发展是在长期的历史生活中形成的，原生性的特点体现出了西部文化资源历久弥新的蓬勃生机。千百年来，在现代工业文明的侵袭下，西部的文化资源始终保持其原生形态，几乎未受影响。可以说，现代文明的传播与扩张不仅没有削弱西部传统文化的生命力，这股原生力量在历史长河中代代传承、绽放异彩，反而显得愈发璀璨夺目，体现出了传统文化的丰富内涵及魅力。③

二 文化产业发展规模不断扩大

在数千年的发展历程中，我国西部凭借其得天独厚的文化资源优势，发展出了底蕴深厚的优秀传统文化，集聚了丰富的特色文化资源。但是，相较东南沿海等经济发达地区，由于地处偏远地区、经济发展不足等原因，文化产业在西部的发展依然存在起步较晚、速度较慢、规模较小的先天劣势。对此，中央和地方政府都在积极寻求方案以应对这一困境。随着西部大开发的推进，国家与地方政府对西部的文化资源、文化产业

---

① 中国非物质文化遗产网·中国非物质文化遗产数字博物馆：《中国入选联合国教科文组织非物质文化遗产名录（名册）项目》，http：//www.ihchina.cn/chinadirectory.html，2020年2月5日。

② 来仪：《西部少数民族文化资源开发走向市场》，民族出版社2007年版，第39—43页。

③ 戴美琪、田定湘：《论民族文化旅游资源的保护与开发》，《湖南经济管理干部学院学报》2005年第2期。

越发重视，并出台了相关政策，以推动西部文化产业发展。例如《国务院关于进一步繁荣发展少数民族文化事业的若干意见》，中央和地方政府还相继以专门性文件的形式，首次从国家层面对发展繁荣少数民族文化事业做出全面部署，以促进少数民族文化繁荣发展。此外，西部各级地方政府也立足当地文化资源禀赋，借助本土资源优势，因地制宜，积极探索，并相继推出了一系列良好政策。实现西部文化产业的发展需要中央和地方政府双管齐下，不断优化政策环境，提供源源不断的推动力，保障文化产业健康发展。

随着文化体制的改革，文化产业发展的政策环境得到优化，在市场准入、税收优惠、专项基金、财政补贴、支持一些文化企业上市融资等方面形成促进机制，这些促进机制不断发力，促进社会资源的引入，加大对文化产业的投资，从而推动西部文化产业的发展壮大。科技创新发展战略的实施，更为实现西部文化产业的发展提供了更丰富的路径。[1]

2013年始，西部文化产业发展规模不断扩大。如表6-1所示，截至2018年，西部文化产业及相关产业的法人单位、从业人员数量均有一定的增长，资产规模相比以往也在不断扩大。

表6-1　　　西部各地区文化产业法人单位相关指标对比[2]

地区	法人单位数（万个）			从业人员数（万人）			资产总计（亿元）		
	2013年	2018年	年增长率（%）	2013年	2018年	年增长率（%）	2013年	2018年	年增长率（%）
内蒙古	0.94	2.29	28.72	13.9	12.7	-1.73	558.9	1363.0	28.77
广西	1.75	4.07	26.51	29.5	29.2	-0.21	808.8	1989.0	29.18
四川	2.63	7.41	36.35	48.8	72.3	9.63	2653.0	8398.9	43.32
贵州	0.99	3.28	46.26	13.1	26.5	20.46	701.6	4985.7	122.12
云南	1.42	4.35	41.27	21.6	31.4	9.07	1052.2	3628.1	48.96
西藏	0.08	0.31	57.50	1.7	3.3	18.82	41.2	487.0	216.41
甘肃	0.89	1.94	23.60	13.8	13.4	-0.58	346.3	1332.6	56.96

---

[1] 赵莹：《"一带一路"倡议下我国文化产业发展研究》，《纳税》2019年第26期。
[2] 资料来源：根据《中国文化及相关产业统计年鉴》整理计算。

续表

地区	法人单位数（万个）			从业人员数（万人）			资产总计（亿元）		
	2013年	2018年	年增长率（%）	2013年	2018年	年增长率（%）	2013年	2018年	年增长率（%）
青海	0.22	0.67	40.91	4.1	4.3	0.98	187.4	334.9	15.74
宁夏	0.28	0.53	17.86	4.1	4.6	2.44	165.5	362.4	23.79
新疆	0.73	1.76	28.22	10.1	11.4	2.57	248.0	1688.9	116.20
西部	9.93	26.61	33.60	160.7	209.1	6.02	6762.9	24570.5	52.66
全国	91.85	210.31	25.79	1760.0	2055.8	3.36	95422.1	225785.8	27.32

根据上述数据对比，西部文化产业及相关产业的法人单位数由2013年的9.93万个增加至2018年的26.61万个，年增长率约33.6%，除宁夏外，西部其他的省份增长率达到20%以上。西部文化产业的从业人员在2018年增加到209.1万人，平均每年的增长率大概为6.02%。其中，贵州和西藏的从业人员数增速较快，分别达到了18.82%和20.46%。从资产规模来看，西部文化产业资产规模由2013年的6762.9亿元扩大至2018年的24570.5亿元，年增长率约52.66%，其中贵州、西藏、新疆三地的文化产业资产规模年增长均超过1倍，西藏甚至已达两倍之多。上述数据表明，随着加强知识产权保护、构建人类命运共同体的深入实施，促进了我国西部文化产业的快速发展。

三　文化产业发展市场前景广阔

20年来，西部大开发和兴边富民行动为我国沿边开放、向西拓展奠定了良好的基础。西部地理位置优越，西部传统文化企业与国外企业之间搭建了关键桥梁，起到了文化产品和服务出口的联通作用，赋予西部传统文化企业以更优越的贸易平台和更广阔的市场前景来参与国外竞争合作。

2020年1月发布的《中国文化产业年度发展报告2020》指出，2019年文化产业呈现出"产业较快增长与结构持续优化""文化新业态发展势头强劲""文化消费市场持续扩大"和"文化产业成为拉动就业主力军"等特征，并进一步就2020年文化产业的发展趋势进行预测，其中提到的一个重要趋势是文化产业的国际合作将得到进一步深入拓展。[①]

第二节 西部知识产权保护制度和政策优势

一 民族区域自治下知识产权保护立法灵活

文化产业的核心要素是知识产权，而文化产业的健康发展也需要知识产权法律制度为其提供全方位、系统性的保护，如文化产品的创造和生产、产品市场的开拓和维护、产业的利益实现和增加、产业的更新和升级等。[②] 知识产权法律制度能够为文化产业的健康、持续发展在很大程度上提供保驾护航作用。

（一）西部文化产业知识产权保护相关政策现状

目前，我国西部文化产业知识产权保护以立法保护为核心。2002年11月，中共十六大报告首次明确提出了发展文化产业的理念。2003年至今，国家相继出台一系列政策，为各地文化产业的发展提供政策依据。西部各省、区也先后制定了本地区文化产业发展的政策。例如，2004年出台的《云南省加快文化产业发展的若干政策》、2011年出台的《贵州省人民政府关于振兴文化产业的意见》、2011年出台的《广西壮族自治区文化产业发展"十二五"规划》等。同时，西部地区在国家现有保护文化产业的法律法规之下，制定了一些符合本地区文化产业发展的地方性法规、自治条例和单行条例。例如，《云南省民族民间传统文化保护条例》《黔东南苗族、侗族自治州镇远历史文化名城保护条例》《广西壮族自治区文化产业市场管理条例》等。[③] 可以看出，西部地区初步形成了以法律、法规、自治条例、单行条例、政策等为主要内容的文化产业知识产权保护体系。

当然，西部文化产业的发展不能仅仅依靠地方性法规，更需要加大

[①] 经济日报：《"中国文化产业年度发展报告2020"发布》，http://tradeinservices.mofcom.gov.cn/article/lingyu/whmaoyi/202001/96361.html，2020年1月20日。

[②] 刘蕴：《文化产业发展的知识产权保护体系研究》，《山东商业职业技术学院学报》2013年第5期。

[③] 陈开来：《西部民族地区文化产业发展法律保障研究》，《南华大学学报》（社会科学版）2012年第4期。

特色文化的知识产权保护，用知识产权保护民族特色文化是促进西部文化产业发展的一项重要举措。在运用知识产权保护西部文化产业时，必须对西部地区文化产业知识产权保护的旨意保持清醒的理性认知，即保护的目的是保存民族文化资源，促进文化产业的开发利用，而绝非为了建立权利垄断。

(二) 民族区域自治下知识产权保护模式灵活

目前，我国现有的知识产权保护体系虽然能够为文化产业的发展提供较为全面的保障，但基于民族地区文化的独特属性，这种全面性和一体化的知识产权保护模式在传统文化及相关产业的保护上仍缺乏一定灵活性，因此有必要专门针对不同的传统文化建立较为灵活的知识产权保护模式，这在民族区域自治环境下是可行的。

西部文化产业的知识产权保护体系，可从两种模式进行思考。第一种模式就是细化与文化产业相关的法律法规，做出相应的政策规定。第二种模式是制定专门的民族地区规范性文件。在民族区域自治的背景下，第二种模式更具优势。一方面，各民族地区文化产品的表现形式不一，具体运用哪种方式对其知识产权进行保护，各民族可根据自身实际情况，结合文化产业市场做出选择。另一方面，当文化产业发展面临新情况和新问题时，第二种模式更具有灵活性，政府可以及时调整、更新相关政策，以适应和保障文化产业健康发展。

二 文化产业知识产权制度逐步走向国际化

在国际贸易中，我国文化产业的国际贸易活动长时间为贸易逆差状态，表现出劣势的发展特点，文化产业的整体的贸易形势处于不利状态，在发展上处于劣势一方，且不同产业之间还存在发展不均衡状态，大多数领域的发展较为一般。在核心竞争力的发展上欠缺一定的手段与方法。[①] 在经济全球化进程中，必须对文化产业知识产权制度的国际化进行科学严谨的战略定位和路径探索。

文化产业知识产权制度走向国际化，其要旨在于推动实现全球性的知识产权制度的交流与沟通。在全球化发展进程中，知识产权制度作为

---

① 丛立先：《我国文化产业的知识产权战略选择》，《政法论丛》2011 年第 6 期。

推动现代化经济发展的重要制度，国家间均会存在一定的影响。而且在法治化进程中，通过法律移植是大部分国家法律演进进程中的重要一环，应通过借鉴其他国家有益的经验来实现本国法律制度的发展。文化产业的知识产权制度，作为保护创造性知识成果的制度，在性质上能够在较多的国家适用，相同类似的情况也较多，能够较为容易地被借鉴、引入。[1] 此外，在知识产权的国际规则中，促进对具有特色的文化资源保护规则的达成和生效，符合较多国家的利益，也是世界各国实现对文化产业知识产权保护的重要举措，也是国际化语境下世界各国共同推进文化产业知识产权保护的重要举措。[2] 另一方面，需要实现国内文化产业知识产权制度和文化产业知识产权国际规则的交流，国内法相关制度要注重同国际接轨，以国际规则为指引做出灵活调整，在国际与国家层面形成良性互动，从而保障国内文化产业知识产权保护活动更加科学、合理地运营，[3] 实现知识产权保护的良性发展。

利用经贸区间的国际贸易，向世界展示我国西部地区优秀的民族文化，同时发挥竞争优势，增加西部文化产业的各方面效益，促进西部文化产业的优化升级与不断发展。以国家战略建设为依托，西部文化产业发展迎来了新契机，西部文化产业知识产权保护也必将在文化资源、制度和政策优势下得以健全和完善。

---

[1] 李顺德：《试论文化产业发展与知识产权》，《中国知识产权报》2012年7月6日。
[2] 谭曼：《民族特色文化产品在国际贸易中的专利保护研究》，《佳木斯职业学院学报》2018年第8期。
[3] 李顺德：《试论文化产业发展与知识产权》。

第七章

西部文化产业的创新促进战略

第一节 西部文化产业创新优势

党的十九大以来，我国经济转向高质量发展阶段，文化产业也转向质量型增长阶段。西部地区由于特殊的地理位置和特色的传统文化资源，有其独特的创新发展优势。创新促进战略意在通过创新实现文化效应及经济效应的发展。西部文化产业可从经济效益、艺术欣赏、历史文化等价值优势进行创新，且文化资源是文化产业发展的基础。[①] 西部文化产业的发展具有良好的发展基础，而丰富的文化资源在市场的运作下，将实现文化资源到资本的转化，从而推动西部文化产业的可持续发展。实现西部文化产业的创新关键在于促成文化资源的转化，实现科技手段对文化表达的多样化，从而增强区域间文化产业的协同创新能力，从而形成创新发展的优势。

一 西部文化产业创新发展的主要特征

（一）西部文化产业发展"双效"统一

文化产品兼具文化属性和经济属性，与文化产业"双效"统一理论相契合。根据经济与文化效益相统一的理论，"双效"统一是推动文化产业中供给侧改革的重要思考方向，也是实现文化产品创新及文化企业发展的必要发展规律。"双效统一"是保证文化产业高质量发展的重要基

[①] 耿达：《比较优势、协同创新与区域文化产业取向》，《重庆社会科学》2016年第1期。

础，能够激发文化产业的发展活力与文化的繁荣。① 西部文化产业创新发展，一方面作为其内在驱动力量，满足少数民族的精神文化需求；另一方面能够促进西部地区的经济发展，实现西部文化的经济效益。② 习近平主席在文艺工作座谈会上指出，"在发展社会主义市场经济的条件下，许多文化产品要通过市场实现价值，当然不能完全不考虑经济效益"。③ 要实现西部文化产业经济与社会效益的提升，要坚持社会效益为主，同时实现经济和社会效益发展的统一。

（二）西部文化产业发展与保护相统一

西部文化产业的发展，需要立足于对文化产业的保护，实现发展与保护的统一，也是西部传统文化时代发展的要求，与我国国情和民族政策的要求。④ 民族文化作为中国文化产业的重要组成部分，在追求创新发展的同时，应注重对传统文化的保护。这里强调的保护不仅限于对文化本身的保护，还应包括对西部生态环境的保护，其原因主要表现在两个方面：第一，生态环境是西部文化的生存发展空间。传统文化的形成是人与自然和谐共处的表现形式之一，生态环境是传统文化产生和发展的空间⑤。绿水青山就是金山银山，保护生态环境是西部传统文化持续发展的基础，西部传统文化的经济发展也离不开对生态环境的保护。第二，生态环境的改变影响西部地区文化的继承和发展⑥。文化的表现形式是各民族与地理环境相适应的结果，西部地区文化具有地域性，西北、西南、青藏高原地区有着较大的差异，地域性表现明显。生态环境造就文化特色，西部地区文化地域特色浓郁，自然与人文融为一体，底蕴深厚，内

---

① 人民网：《文化领域供给侧改革须坚持"双效"统一》，http://theory.people.com.cn/nl/2017/0329/c40531-29175913.html，2020年6月23日。
② 李锡炎：《探索西部民族地区文化产业发展规律的创新之作》，《四川行政学院学报》2017年第5期。
③ 习近平：《习近平在文艺工作座谈会上的讲话》，《人民日报》2015年10月15日。
④ 乌力更：《关于西部民族地区保护和发展民族文化中的几个关系》，《广播电视大学学报》（哲学社会科学版）2008年第2期。
⑤ 黄成、吴传清：《主体功能区制度与西部地区生态文明建设研究》，《中国软科学》2019年第11期。
⑥ 韦亚：《西部地区在"一带一路"倡议下的经济发展机遇与挑战分析》，《文化创新比较研究》2018年第17期。

容丰富。以甘肃长城文化为例,临洮、敦煌和嘉峪关长城是甘肃省长城文化长期存在和持续发展的物质基础,长城文化是对临洮、敦煌和嘉峪关长城遗址保护的理论保障。

(三)西部文化产业科技与创意相统一

高新科技在文化创意领域的广泛应用,促进文化产业创意形态不断涌现。与传统文化产业相比,新兴文化创意产业的发展较快、障碍小,消费群体活跃,文化资源与科技资源的融合,能够催生创意思维,促进创新发展①。西部文化产业的高质量发展,应坚持科技与创意相统一的产业创新体系②。目前,西部地区缺少科技型文化企业,西部地区企业科技创新面临的问题主要表现为以下几个方面:第一,企业对科技创新缺乏正确认识,企业成员创新素质偏低③。第二,科技创新服务体系还需要继续完善④。第三,企业科技创新在发展上资源不足,科技创新投入水平较低⑤。第四,企业创新激励机制不健全,缺乏与社会合作⑥。第五,企业创新能力较低、科技创新基础薄弱⑦。针对西部地区创新困境,应注重结合西部文化产业实际,优先发展创意先导型企业,加强科技与创意文化的融合,发展科技与文化旅游、民族节庆、民族体育竞赛、传统演出、文化展览等的融合,推动西部文化创意产业的发展与进步。

(四)西部文化产业质量与审美相统一

党的十九大明确提出了追求美好生活、建设美丽中国的具体奋斗目标,这意味着我们需要将追求美好生活与追求物质需求有机结合起来,

---

① 牛维麟:《文化与科技融合促新兴文化创意产业发展》,《北京观察》2012年第1期。

② 郭启光:《西部民族地区文化产业发展效率评价》,《东北财经大学学报》2019年第5期。

③ 张云云:《区域科技创新能力研究》,《对外经贸》2016年第2期。

④ 郝金磊、董原:《西部地区企业科技创新效率研究》,《西安财经学院学报》2017年第2期。

⑤ 徐莉、邓怡:《科技投入对我国高新技术企业科技创新的影响研究》,《科技广场》2018年第1期。

⑥ 范震、汪浩祥、马开平:《"十二五"期间我国地区企业科技创新工作效率评价——基于DEA模型》,《科技管理研究》2017年第22期。

⑦ 苏多杰:《西部少数民族地区企业科技创新探微》,《青海民族学院学报》2005年第2期。

强调审美价值已经成为我国人民消费的重要目标导向。[①] 审美价值是一种满足人的审美需求的难以量化衡量的价值，它与经济价值是辩证统一的关系。针对那些缺乏市场竞争力的优秀传统精神文化项目，找准与现代科技手段相结合的路径而推陈出新，新项目就会重新焕发出审美价值和经济价值双丰收的社会效益。[②] 西部地区文化的独特内涵是其传承和发展的核心。创新发展西部传统文化应保证其质量，高质量的创新文化以优质内涵为前提。目前，我国西部特色文化产业规模较大，仅从西部地区的演艺剧目产业来看，内蒙古有《天堂草原》《白云飘落的故乡》，广西有《刘三姐》《花界人间》，四川有《嘉陵江号子》《溜溜康定溜溜情》，云南有《云南映象》《云岭天籁》，西藏有《五彩西藏》《喜马拉雅》，陕西有《梦长安》《长恨歌》，甘肃有《敦煌韵》《貂蝉》，新疆有《千回西域》《喀纳斯盛典》等，在上述西部特色演艺剧目中不乏蜚声中外的高质量作品，但总体的影响力参差不齐，带来的经济收益也存在较大差别。为了实现高质量和高收益并重发展，提升产品的审美价值是重要突破口。但是，在创新发展的同时，应注意防止过度投资导致供给过剩、避免项目趋同建设造成审美疲劳。

二 西部文化产业创新发展现状

近年来，党中央高度重视文化体制改革、文化产业发展，在党的十六大提出"文化体制改革"的任务，并将"文化软实力"写入党的十七大报告，在党的十八大会议上强调"建设社会主义文化强国"，党的十九大报告中进一步指出，为了满足人民过好美好生活的新愿景，必须提供丰富的精神食粮，要推动文化产业和文化事业发展，提高国家文化软实力[③]。"一带一路"倡议提出以来，我国将文化产业发展置于国家战略高度，文化产业创新发展迎来新机遇，西部文化产业转型发展势在必行。

---

① 徐望：《我国民族地区文化消费特点、现状与潜力发掘研究》，《云南民族大学学报》（哲学社会科学版）2020年第3期。
② 杨建生：《文化消费中审美价值与经济价值的关系》，《文艺争鸣》2018年第8期。
③ 王薇：《西部民族地区文化产业转型发展研究》，《前沿》2018年第6期。

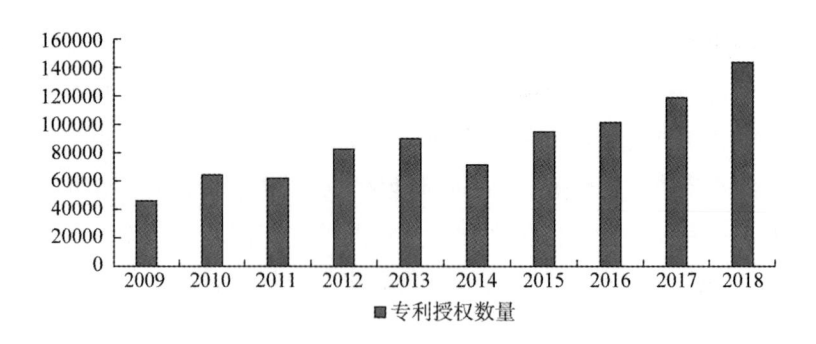

图 7-1　2009—2018 年全国文化及相关产业专利授权数量①

专利授权数量能够在一定程度上反映西部文化产业规模的创新水平。从全国整体专利授权情况来看（见图 7-1），全国文化产业及其相关产业专利授权总数由 2009 年的 46067 项增长到了 2018 年的 142904 项，增长了约 67.76%，表明全国整体文化产业创新呈上升趋势。从地区对比来看（见表 7-1），东部、中部和西部地区文化产业专利授权总数分别为 114431 项、16329 项和 12144 项，其中，东部地区和中部地区文化产业专利授权总数约为西部地区的 9.42 倍和 1.34 倍，表明西部地区文化产业创新水平与东部和中部地区还存在较大差距。

表 7-1　　　　2018 年国内文化及相关产业专利授权情况②

地区	文化及相关产业专利授权总数	发明专利	实用新型专利	外观设计专利
东部	114431	15377	47218	51836
中部	16329	1724	7954	6651
西部	12144	1628	6017	4499

---

①　统计年鉴分享平台：《文化及相关产业专利授权情况》，https：//www.yearbookchina.com/navipage-n3020032704000147.html，2020 年 6 月 26 日。

②　统计年鉴分享平台：《国内文化及相关产业专利授权情况》，https：//www.yearbookchina.com/navipage-n3020032704000147.html，2020 年 6 月 28 日。

结合图 7-1 和表 7-1 的数据，全国整体专利授权呈逐年上升态势，但是西部地区文化产业及其相关产业专利授权数量远远落后于东部和中部地区。专利授权情况反映一定程度的创新情况，西部地区创新水平较低。

目前，我国西部文化产业创新发展现状主要表现为以下几点：

第一，西部文化产业创新水平不断提高。以丰富的特色文化资源为依托，西部文化产业得到初步发展，创新水平不断提高。[①] 在对现有地方文化资源做深度拓展的基础上，与地区优势相结合，如"文化+旅游"，从简单的观光旅游创新发展到目前的与历史渊源、地方饮食、地方建筑、民俗节庆、民间工艺、自然风景等相结合的模式，打造了一批红色旅游基地、养生旅游基地、民俗文化体验基地等特色旅游项目。

第二，西部传统特色文化产品逐渐成形。提升西部艺术文化产业的竞争力，能够带动相关文化产业高速发展。[②] 比如通过大力创新民族演艺业，创新演艺项目的内容和形式，以高质量的演艺作品吸引大众，积极开发国内外市场，增强其市场适应能力，保持西部传统特色文化的生命力和活力。目前，国内最负盛名的舞蹈演出剧《云南映象》于 2003 年首次展演，是杨丽萍根据云南民族中的历史和文化编剧出的歌舞集，其衍生产品《藏迷》《云南的响声》《孔雀》也从国内走向世界舞台，形成了商业品牌持续发掘少数民族艺术的创造力和价值。[③]

第三，西部文化创新政策环境逐步优化。各地纷纷出台本地区的文化产业发展规划，推动西部文化创新政策环境不断优化。以甘肃省为例，甘肃于 2004 年 7 月颁布了《甘肃省特色文化大省建设规划纲要》，同年 10 月颁布了《甘肃省"十一五"文化产业发展规划》，[④] 2011 年 9 月印发《甘肃省"十二五"时期文化改革发展规划纲要》，2016 年 9 月印发《甘

[①] 江世银、覃志立：《西部民族地区发展文化产业的路径创新研究》，《理论与改革》2016 年第 2 期。

[②] 范霁雯、范建华：《特色文化产业——中国西部少数民族地区脱贫的不二选择》，《云南民族大学学报》（哲学社会科学版）2018 年第 3 期。

[③] 楼艺婵：《从"云南映象"看中国文化产业政策的发展变化》，《云南行政学院学报》2014 年第 6 期。

[④] 孟鑫：《中国西部地区文化产业发展研究》，博士学位论文，中央民族大学，2011 年，第 48 页。

肃省"十三五"文化产业发展规划》，2019年12月印发《新时代甘肃融入"一带一路"建设打造文化制高点实施方案》。政策的支持使甘肃省文化产业体系发展具有较强实力和竞争力。此外，根据《中国文化文物统计年鉴2019》统计数据，2018年全国各地区文化事业费总共达928.33亿元，与2013年全国各地区文化事业费的530.49亿元相比，2018年全国各地区文化事业费相比2013年增长了74.99%，其中2018年西部地区文化事业费总共达242.93亿元，相比2013年增长了69.65%，2018年西部文化事业费占全国的26.16%，可知西部地区文化事业费大幅提升，但是落后于全国整体增幅，且2018年西部文化事业费占比远远少于全国文化事业费的三分之一。① 政策环境的优化，极大地刺激了市场投资西部文化产业的积极性，推动了我国西部文化产业规模不断扩大。

三 西部文化产业创新发展优势

（一）文化资源的多样化

西部地区拥有独特的地域风貌，各民族与地理环境相适应产生了独特的传统文化，陕西、甘肃、宁夏、青海和新疆地区作为古代丝绸之路途经的重要城市，保留了丝路古道丰富的历史特色文化；四川、重庆、贵州和云南一带因古代交通不便，历史特色文化得以较大程度的保留；此外，西部地区少数民族众多，仅云南省就有25个少数民族。多元的传统特色文化资源为西部地区文化添砖加瓦。西部文化产业创新发展优势主要包含以下三个方面：

第一，独特的地域特色文化资源。西部地区的自然资源极具特色：内蒙古被统称为内蒙古高原，是中国第二大高原。广西处于云贵高原的东南边缘，拥有广西最大的平原——浔郁平原。四川处于第一级青藏高原和第二级长江中下游平原的过渡带，高低悬殊，西高东低，位于中国西南腹地，被誉为"天府之国"。贵州是全国唯一没有平原支撑的省份。云南地处西南边陲，西面与缅甸、南面与老挝、东南面与越南接壤，优越的地理位置使得云南动物种类数为全国之冠，有着丰富的自然资源。

---

① 国家统计局：《中国统计年鉴2019》，http：//www.stats.gov.cn/tjsj/ndsj/2019/indexch.htm，2020年6月26日。

重庆东南部靠大巴山和武陵山两座大山脉，坡地较多，有"山城"之称，在地势和气候的双重作用下，多雾，亦有"雾都"之称。西藏的高原位于青藏高原的主体地区，青藏高原是中国最大、世界海拔最高的高原，被称为"世界屋脊"，也被视为南极、北极之外的"第三极"。陕西在自然区划上因秦岭—淮河一线而横跨北方与南方。甘肃地处黄土高原、青藏高原和内蒙古高原三大高原的交汇地带，分为陇南山地、陇中黄土高原、甘南高原、河西走廊、祁连山地、河西走廊以北地带。青海的祁连山、巴颜喀拉山、阿尼玛卿山、唐古拉山等山脉横亘境内，境内有"聚宝盆"之称的柴达木盆地，还有我国最大的内陆咸水湖——青海湖。宁夏位于中国西北内陆地区，丘陵沟壑林立。新疆有中国最大的内陆盆地——塔里木盆地，中国最大、世界第二大流动沙漠——塔克拉玛干沙漠，中国第二大盆地——准噶尔盆地，中国第二大沙漠——古尔班通古特沙漠，中国第一大内陆河——塔里木河，世界第二高峰——乔戈里峰等地域资源。

第二，丰富的历史特色文化资源。西部地区是古代丝绸之路的必经之地。古代"丝绸之路"主要指陆上丝绸之路，以丝绸贸易而得名。丝绸之路以汉朝首都长安为起点，横跨亚欧大陆，延伸至地中海各国，后来发展成为各国经济交流、文化融合的通道。古丝绸之路遗留了大量的非物质文化遗产和历史文化遗址。陕西是古代丝绸之路的开端，现留存有华阴素鼓、韩城黄河阵鼓、秦腔等非物质文化遗产；甘肃是古丝绸之路的咽喉要道，其非物质文化遗产有刻葫芦、蒙古族马头琴制作技艺等；宁夏的非物质文化遗产有民间杂技、泥塑和雕刻技艺；青海的非物质文化遗产有河湟"花儿"、九曲黄河灯会和土乡纳顿节等；新疆有闻名遐迩的三大史诗《玛纳斯》《格萨尔》《江格尔》，还有维吾尔族花毡制作工艺等非物质文化产业。[①] 西部地区的历史文化遗址丰富，以古丝绸之路甘肃段为例，主要存在三大特征：一是佛教石窟、寺院规模巨大，时代序列保存完整、艺术价值卓著，是世界上独一无二的石窟、寺庙艺术走廊；二是古丝路沿线的保障设施，如驿站、关隘遗址和城堡聚落等遗址保存

---

① 刘红雨：《非物质文化遗产的传承开发研究——以丝绸之路为例》，《中外企业家》2014年第16期。

完好；三是民俗文化丰富多元。①

　　第三，多元的传统特色文化资源。我国的五个自治区均位于西部地区，分别是宁夏回族自治区、新疆维吾尔自治区、内蒙古自治区、广西壮族自治区和西藏自治区。我国在少数民族聚居地设立自治州、自治县，自治州的数量能在一定程度上反映少数民族的聚居情况，其中四川有3个自治州，贵州有3个自治州，云南有8个自治州，甘肃有2个自治州，青海有6个自治州，西部地区共计22个自治州。我国共有30个自治州，西部地区自治州数量占全国的73.3%。各民族文化在长期的大杂居、小聚居过程中不断交流融合，形成了多元的民族特色文化资源。少数民族特色文化节日丰富多样，内蒙古有草原盛会——那达慕（蒙古族）等；贵州有龙船节（苗族）、姊妹节（苗族）等；云南有花山节（苗族）、三月街（白族）、木脑纵歌（景颇族）、绕三灵（白族）、泼水节（傣族）、火把节（彝族）等；西藏有宗教节日、农事节日、牧业节日和年节等节日；甘肃有"花儿"歌会等；青海有燃灯节（藏族）、土族波波会（土族）、圣纪节（回族）、热贡六月会（藏族、土族）四个重要节日；宁夏有开斋节（回族）和圣纪节等；新疆有西迁节（锡伯族）、阿肯弹唱会（哈萨克族）、库姆孜弹唱会（柯尔克孜族）等。除了少数民族特色节日，西部地区还有特色文化艺术，如内蒙古的安代舞、盅碗舞、筷子舞以及鄂尔多斯草原上的蒙古族婚礼，贵州的苗族剪纸，云南的少数民族语言文字，西藏的酒文化和茶文化，陕西的皮影戏，甘肃的陇东皮影戏、陇剧，青海的佛教绘塑"热贡艺术"、藏族卷轴画"唐卡艺术"和酥油花艺术，新疆的维吾尔古典乐曲等。

　　（二）文化资源的经济效用价值

　　西部地区自身具有丰富的文化资源，而其中物质文化形态能够形成文化产品，文化产品本身具备使用价值。② 具备使用价值的文化产品经过市场转化后将形成巨大的经济效益，从经济增长方面对西部文化产业创新产生积极影响。民族文化所具有的内在经济价值，对经济增长同时具

---

① 强进前：《变迁与传承：丝绸之路经济带甘肃段文化遗址的价值特征》，《河西学院学报》2015年第6期。

② 耿达：《比较优势、协同创新与区域文化产业取向》，《重庆社会科学》2016年第1期。

有促进作用及抑制作用。[①] 实现西部文化资源的经济价值，关键在于实现文化资源的优化配置，而创新推动战略从实践层面能够实现文化资源的有效转化，提高文化资源的利用率，实现其经济价值的促进作用。此外，文化产业创新亦是实现文化资源的保护，形成保护与发展的统一。

文化资源的经济效用价值作为文化资源产业化发展的核心原因，如前文所提及的西部文化产业近些年的发展，也是基于其经济效用价值，这种经济效用价值同时包括历史文化价值及艺术审美价值的经济化，对影响文化消费具有积极影响，能够以此形成固定的文化消费。而刺激消费的另一核心要素在于创新发展，对文化资源的创新发展带动文化产品的多样化发展，实现产品升级换代，提升文化产品体验感，实现文化资源的经济效用价值的交流、转型及升级，使文化资源转化为资本的能力增强，从而推动西部文化产业的发展。

如前所述，在文化资源的经济效用价值所具有的重要影响下，积极利用西部丰富的文化资源，实现文化资源的转化，而西部文化产业的创新优势也在于此。

第二节 西部文化产业的创新路径

一 "一带一路"建设中的创新促进战略

为落实创新之路建设，中共中央、国务院于2015年3月发布了《中共中央国务院关于深化体制机制改革加快实施创新驱动发展战略的若干意见》，同年9月，中央办公厅、国务院发布了《深化科技体制改革实施方案》，文件明确指出加快实施国家创新驱动发展战略。2016年5月，中共中央、国务院印发《国家创新驱动发展战略纲要》。相关政策、文件为我国经济整体高质量发展指明了方向。

习近平总书记在首届"一带一路"国际合作高峰论坛的主旨演讲中强调，要将"一带一路"建成创新之路。创新促进战略顺应国家战略创

---

① 李忠斌：《民族文化经济价值度量及其实践意义》，《西南民族大学学报》（人文社会科学版）2020年第3期。

新之路的建设要求，也与习近平总书记"8·21"重要讲话的精神相契合。①

创新促进战略主要包含两层含义：一是中国未来的发展不再以传统的劳动力以及资源能源驱动，而是要靠科技创新驱动；二是发表高水平论文不是创新的目的，创新的目的是驱动发展。②

二 创新促进战略对西部文化产业发展的意义

文化产业创新水平偏低是西部文化产业发展的制约因素之一，创新促进战略以促进知识产权创新发展为战略目标，能在一定程度上缓解西部文化产业发展动力不足的问题。以创新促进战略推动文化产业的创新发展，保护创新文化成果的知识产权。③创新促进战略对西部文化产业发展的意义主要体现在以下几个方面。

第一，有利于西部地区经济结构优化升级。产业结构调整是经济结构优化升级的核心环节。④产业结构优化升级是指产业结构合理化和高度化的统一。知识创新、科技创新和技术进步是经济增长的主要推动力量，也是产业结构变迁的动力。创新促进战略以创新作引领，从知识创新和科技创新方面推动产业结构升级，进而促进西部地区经济结构优化升级⑤。

第二，有利于西部文化产业创新驱动发展。文化产品的直接生产是西部文化产业主要集中点，其文化核心层涉及较少。文化内涵及其表现形式的创新是创新促进战略的应有之义。创新促进战略通过推动西部文化产业与高新技术产业融合，能够提高文化产品的科技创新属性，利用

---

① 赵学琳：《改革开放40年我国文化产业政策的发展阶段探析》，《经济与社会发展》2018年第6期。
② 胡伟武：《如何克服科技与经济"两张皮"》，《光明日报》，2012年12月13日。
③ 高军、吴欣桐：《创新驱动下的文化产业发展：一种新的发展框架》，《西南民族大学学报》（人文社会科学版）2018年第7期。
④ 王兰敬：《新常态下信息经济助推中国经济结构优化升级的路径研究》，《经济师》2018年第2期。
⑤ 王安琪：《新常态下创新驱动文化产业集约化发展研究——基于河南文化产业的实证分析》，《经济论坛》2018年第11期。

数字技术能够引导传统文化产业的创新转型与升级。①

第三，有利于西部文化产业集聚和创新人才培养。文化产业集聚有利于形成文化产业集群的规模效应和竞争优势。② 创新促进战略以各方主体协同合作作为前提条件，譬如"官产学"协同创新模式要求政府、企业和高校（科研机构）三方主体紧密联系形成互利互惠的三螺旋结构。然后在西部地方政策的鼓励下，聚集文化产业，形成产业园区等集聚区，为西部文化竞争提供场所。与此同时，文化产业的高质量运作离不开人才支撑，人才的教育投资与西部文化产业增加值关联度比较密切。③ 创新促进战略以创新性人才培养作为西部文化产业发展的实现路径之一，通过政策扶持、教育支持以及文化创意人才资质认证体系建立等措施加强对创新型人才的吸引力和提升创新人才的培养质量，有利于形成人才聚集高地。

创新促进战略是一项综合性的发展战略，从产业优化、创新驱动、产业聚集和人才培养等方面共同服务于西部文化产业创新驱动发展。创新促进战略推动西部文化产业创新成果从"量"的积累到"质"的转变，充分发挥西部地区特色文化优势，实现知识经济的快速增长。

三　西部文化产业创新促进战略的路径选择

西部文化产业起步较晚，整体发展较为落后。结合西部文化创新发展的主要特征，即西部文化产业发展"双效"统一；西部文化产业发展与保护相统一；西部文化产业科技与创意相统一；西部文化产业质量与审美相统一。应紧紧把握西部地区实际，坚持结合西部地区实际，优先发展民族文化品牌企业，深化政府、高校和企业合作。

第一，坚持结合西部地区实际。重视西部地区的特色文化，如民族演艺、民族节日、文化旅游等，在特色文化资源与其他产业融合上加大创新合作力度，紧密结合政府颁布的相关政策和专项规划，与"西部"

---

① 宋西顺：《新常态下文化产业的发展路径探析》，《广西财经学院学报》2016年第1期。
② 王薇：《西部民族地区文化产业转型发展研究》，《前沿》2018年第6期。
③ 江世银、覃志立：《西部民族地区发展文化产业的路径创新研究》，《理论与改革》2016年第2期。

和"民族"相呼应，重点发展地方优势，走差异化创新发展路径。

第二，优先发展民族文化品牌项目。高质量发展文化产业，既要发挥西部地区优势，又要寻找突破点，优先发展民族文化品牌企业。演艺项目中，以《云南映象》为代表面向旅游市场，形成驻场、巡回表演等多种形式的文化旅游演艺产业链，为云南旅游业做出较大贡献；民族节日中，中国新疆国际民族舞蹈节、中国—亚欧博览会等国际级节庆会展活动已经成为新疆品牌文化活动。[①] 这类民族文化品牌项目的建设，是文化产业高质量发展的体现，既满足了大众对精神富足的追求，又加快了西部文化产业的市场化步伐[②]。

第三，深化政府、高校和企业合作。西部地区的创新发展应发挥政府的支持作用、以高校为代表的科研机构的创新主体作用以及民族文化企业的市场适应能力作用，深化三者的合作力度，发挥各方优势为西部文化产业创新发展服务。[③] 如构建"官产学"联合循环体系，政府、高校、企业三方形成合力，相互协调、相互促进，共同作用于西部文化产业的转型发展，通过政策引导、创新研发和成果转化实现西部文化的经济价值和社会价值。

四　西部文化产业创新促进战略的措施

（一）推动产业结构升级

知识创新、科技创新和技术进步是经济增长的主要推动力量，也是产业结构变迁的动力。对于我国西部文化产业来说，首先，应该偏向于发展重点特色文化产业，加快重点文化产业结构调整升级，以其试点效果为后续文化产业发展提供指引。实现重点特色文化产业的结构升级能够带动经济效用价值的转化及升级，从而促进资本发展，推动产业化进一步发展。其次，应该提高产业内部的创新研发能力和创新成果水平，

---

① 李培峰：《边疆民族地区文化产业高质量发展路径创新研究——以新疆为例》，《云南民族大学学报》（哲学社会科学版）2020年第1期。
② 胡优玄：《新型城镇化背景下民族地区文化产业发展的困境及转型》，《百色学院学报》2018年第3期。
③ 卫玲、梁炜：《以创新驱动推进"一带一路"产业升级》，《江苏社会科学》2017年第5期。

实现西部文化产业的创新创意投入。以文化资源自身的发展，通过创新实现价值的提升，从而实现能力及水平的提升。再次，提高文化产品外部的创新设计，例如外观设计的创新，实现由内而外的创新优化。最后，注重对西部文化产业的广告宣传。俗话说"酒香也怕巷子深"，借助官方媒体以及发达的自媒体提升西部文化产业的知名度，加强文化品牌宣传，增强影响力，实现文化产业的全面结构升级。

（二）完善区域创新环境

良好的区域创新环境是文化产业培育和提升创新能力的重要保障，也是文化产业在区域选择上的重要依据，还是提升区域文化产业竞争的重要驱动力。[1] 创新环境，是发展高新技术产业所必需的社会文化环境，是地方行为主体（企业、大学、科研院所、地方政府等机构及其个人）之间在长期合作交流的基础上所形成的相对稳定的系统，又被称为创新网络。[2] 文化产业的培育不能固守陈旧的表现形式和文化内涵，知识经济发展的着力点在于创新，长期稳定的经济增长更是要求良好的创新环境，西部文化产业要想长期稳定地输入文化产品，就必须完善本地创新环境。

完善区域创新环境，加强文化交流是关键。文化是在交流中发展起来的，通过学习不同优秀文化来丰富自身文化的表现形式是实现文化创新的手段之一。因此，举办大型文化交流活动来形成良好的文化氛围，将有利于营造良好的创新氛围，对完善区域创新环境具有重要意义。

（三）促进产业跨界融合

文化产业跨界融合于《文化部"十二五"时期文化产业倍增计划》中首次提出；在《"十三五"国家战略性新兴产业发展规划》中进一步细化为以数字技术和先进理念推动文化创意与创新设计等产业加快发展，促进文化与科技深度融合，与相关产业相互渗透。我国针对文化产业跨界融合的政策有条不紊地出台对文化产业与其他产业跨界交流有良好助推作用。文化产业本身具有高融合性，其跨界融合形式也被称为"文化+"或者"+文化"。跨界融合作为文化产业领域创新发展的重要特征

---

[1] 占绍文、居玲燕：《新常态下中国文化产业转型发展路径分析——基于海峡两岸文化产业发展路径比较》，《云南社会科学》2016年第3期。

[2] 王缉慈：《知识创新和区域创新环境》，《经济地理》1999年第1期。

之一,已经在实践中广泛应用,其融合的形态主要表现为跨门类融合、跨要素融合、跨行业融合、跨地域融合和跨文化融合等。[①] 文化产业跨界融合的着力点是文化创意驱动,对于调整优化经济结构、促进产业转型升级和业态创新具有重要作用。

文化产业跨界融合发展的重要意义主要体现两点:一是有利于提升文化产业核心竞争力,推动文化产业实现跨越式发展。二是有利于助推相关产业转型升级,促进经济发展生态优化。[②] 目前国内"文化+"已经取得多元化发展,西部文化产业跨界融合可以充分利用西部特色资源,构建"文化+旅游""文化+农业"等融合发展格局。

(四)提高创新人才培养

创新人才在推动产业结构升级、完善区域创新环境和促进产业跨界融合中的作用不可或缺。然而西部地区相较于东部地区人才吸引能力不足,因此创新人才的培养就尤为重要。西部应该因地制宜建立文化创意人才资质认证体系,形成人才培养和培训体系,建立人才流动、使用和管理制度,加强高端创意、文化金融、市场运营管理等创新型、复合型、外向型文化人才的培养,优化人才结构和发展环境,形成人才聚集高地,推动创意阶层崛起,为西部文化产业发展提供人才保障。[③]

具体来说,加强知识产权法相关研究人才培养,重视人才的交流;加大政府人才引进的政策力度,吸引高水平、高层次人才投身西北地区经济建设事业。同时,利用好高等院校和科研机构的学术资源,坚持马克思主义法治理论,德育为先,加强高等院校和科研机构以及政府行政机构的交流,关注基本理论的教育,从而完善人才培养的机制体制。此外,加强知识产权相关法律规定的普法力度,不仅推动企业技术创新,同时为其依法维护知识财产提供制度遵循,将静态的法律通过法的实施动态化。

[①] 李凤亮:《宗祖盼·跨界融合:文化产业的创新发展之路》,《天津社会科学》2015年第3期。

[②] 郑自立:《文化产业跨界融合与管理体制机制创新研究》,《新闻界》2014年第12期。

[③] 王京生:《经济新常态下文化产业发展的机遇与路径》,《光明日报》2015年5月14日。

第三节 西部文化产业"官产学"协同创新模式的构建

在加强知识产权保护、科技创新发展的背景下，西部文化产业迎来发展新机遇。国家的发展战略对文化产业发展具有整体性、持续性和外向型的促进作用，能够较好实现文化产业整体水平的提升，尤其对于西部文化产业转型发展发挥了极大促进作用。"官产学"联合循环体系作为推动产业发展的协作机制，能够在科技创新发展对文化产业的促进中实现文化产品价值，进而提升西部文化产业发展水平。

一 "官产学"的起源及内涵界定

"官产学"指政府、企业与高校及科研机构在推动技术创新、促进经济发展方面各自发挥优势，共同协调运作的机制。该概念系日本1981年由产经联在《下一代产业基础技术研究开发制度》中首次提出。[1] 政府组织企业共同从事研发工作的源流可以追溯到1921年出现于英国的研究联合体（Research Association），[2] 1960年以后，日本借鉴该种模式形成了较多技术研究机构。欧洲将政府引入产业技术创新过程中的初衷是缓解没有技术优势的中小型企业在竞争中的劣势地位，促进国内经济发展；而日本将该机制定位为10年左右可以投入产业制造、实施的技术研发，以提升产业技术创新能力在国际上取得竞争优势。

1995年，美国学者埃茨科沃兹和荷兰学者雷德斯多夫通过对于生物领域的三螺旋结构概念跨学科应用，提出了目前"官产学"研究领域最为主流的三螺旋模型理论（见图7-2）。三螺旋结构模型理论的主体由以国家政府、地方政府和相关行政部门为代表的"官"，从政策促进、资金支持上推动产业创新能力升级，以大、中、小型企业或产业部门为主要体现的"产"和以高等教育机构、科研机构及其他研发机构为单位的

---

[1] 邓存瑞：《当前发达国家高等工程教育教学改革的几项措施》，《国外高等工程教育》1989年第1期。

[2] 周程：《日本官产学合作的技术创新联盟案例研究》，《中国软科学》2008年第2期。

"学"组成。其重点有三部分：首先是三主体各自独立完整行使权能，其次是主体之间两两交叉，相互协调、制约和支持的机制，最后的核心是三方重合部分发挥的合力，以市场需求为根本导线，官、产、学形成互利共赢机制，共同推进产业技术创新升级。

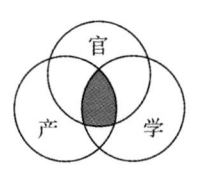

图 7-2　"官产学"协同创新模式的三螺旋模型

作为创新合作模式之一，"产学研"合作模式是指企业、高校和科研机构以合作创新为目标，由企业启动创新项目，高校和科研机构研究开发，研究成果再经产业界投入市场检验，进而形成的三方良性合作机制。其中，"产"是指主要以创新为发展导向的现代企业；"学"主要指高等院校，尤其是研究型高等院校；"研"主要指具备创新研究能力的科研机构和科研人员[1]。

"官产学"和"产学研"在创新研究、科研成果转化、企业孵化等方面各自发挥了重要促进作用，尤其对于加强知识产权保护、高科技创新发展以及文化产业的创新发展起到有力助推效果。但是二者存在着较大区别。在主体方面，"官产学"以政府、企业和高校为主体；"产学研"以企业、高校和科研机构为主体。其中，"官产学"中的高校应做扩大解释，涵盖了"产学研"中的科研机构。简言之，"官产学"在产学研的基础之上，将政府纳入创新合作模式，不再将政府作为"合作背景"单纯投入资金和颁布相关政策，而是将政府作为三方合作主体之一，凸显其组织作用或主导作用。政府自身的政策环境构建优势和权威地位优势，对于吸引、选择高校和企业，以及评估二者合作可行性的必要性不言而喻。

---

[1] 苗振林：《关于促进产学研合作和科技成果转化的建议》，《中国科技产业》2020年第6期。

与此同时，针对西部文化产业的创新促进战略，"官产学"应用的优势主要体现为三个方面。第一，经济因素。西部地区经济落后，一方面难以招商引资，具备创新能力的企业更倾向于在东部沿海地区发展，另一方面西部地区高校和科研机构的创新能力受到资金、高昂设备和科研人才等制约因素的影响较大。政府的加入，营造了良好的政策环境吸引企业向西部地区投资发展，同时能向高校和科研机构投入大量、可供持续性创新科研资金，保证研究的长期性和稳定性。第二，市场因素。西部经济贸易的贫乏导致西部地区市场单一化、实体化。换句话说，文化作为精神层面的物质，难以在西部形成较大的贸易市场。第三，社会因素。西部的社会组织架构较为稳定，人员流通相对于我国东部沿海地区较少。文化作为人类生活艺术的产物，在社会较为稳定的情况下，难以实现创新发展。

二 "官产学"协同创新合作模式

埃茨科沃兹和雷德斯多夫认为，区域创新机制必须以"官产学"三方主体通过螺旋形的联系构建，主要是主体各自的"自反"（即主体的相对独立性）和"交互"（即主体之间相互促进、共同作用），最终呈现出以国家政府、地方政府及其下属部门的"行政链"、产业结构中的创新原动力——企业家阶层组成的"产业链"和科研机构、高等院校为主体的"科学链"为三股的螺旋形结构。据此，出现了两种最为典型的"官产学"合作创新模式，即科技企业孵化器和官产学联盟。[①]

（一）科技企业孵化器

科技企业孵化器是对于政府、高等院校和科研机构、企业的资源进行整合，为技术创新提供实体或服务的转化机构。科技企业孵化器的主要目的是帮助处于初创阶段的新创企业实现独立运作和健康发展。[②] 政府一方面通过对社会公众提供基础设施和公共服务，为市场主体提供政策

[①] 边伟军：《基于三螺旋模型的官产学合作创新机制与模式》，《科学管理研究》2009年第2期。

[②] 林强、姜彦福：《中国科技企业孵化器的发展及新趋势》，《科学学研究》2002年第2期。

支持，另一方面依照社会成员对政府服务、政策的实施效果和反馈取得税收收入得以运作。在科技企业孵化器中，政府作为弹性调控主体，以孵化器实施效果为反馈结果，克服政策的滞后性。高等院校作为人才的培养基地，同时存在知识财产集中、科学技术设备先进等特点，其为科技企业孵化器提供产业前沿技术、创新理论和技术创新的人才，依托科技企业孵化器，可以弥补高等教育机构以实验室作为实践基地，缺乏社会实践性的短板，使高校科研以市场需求为导向，精准推进技术创新。企业作为将知识财产转化为经济效益的重要媒介，能够为科技企业孵化器提供市场信息，防止研究成果与经济需求分离，借助科技企业孵化器的技术优势、人才优势，企业可以实现经济效益最大化。科技企业孵化器模式作为对官产学模式的创新，利用政府、高等院校与科研机构、企业各方面优势汇总资源，推动技术创新。其优势主要在三方面：首先，科技企业孵化器是知识和技术的交互渠道。高校、企业本身以其各自的定位发展学术研究和追求经济效益，但学术研究的知识变现要求企业对其注入实践动力，同时通过合理的知识产权保护制度将知识财产的经济价值予以适当保护。其次，科技企业孵化器整合了创新资源。创新型人才、资金支持和市场需求等生产要素是重要的创新资源，科技企业孵化器将政府的资金支持、企业的市场需求定位以及高校的科研资源加以集合，满足技术创新的要求。最后，科技企业孵化器为技术创新提供平台。

科技企业孵化器作为中介机构运作，为高校与企业的合作选定合适的伙伴，为政府的资金投入选择适当的创新主题，最重要的是为具有经济效益的技术创新提供恰当的智力财产保护机制，保证经济效益实现。

（二）官产学联盟

官产学联盟是政府、高等教育机构和企业订立契约，依契约形成相对独立又协同发挥优势作用、生产要素交互的合作模式。日本为使国内技术比肩 IBM，早在 1976 年 3 月 10 日就成立了"VSLI 研究组合"。该组合以当时的中央省厅通商产业省（MITI）牵头，汇集企业、科研机构多名人员，依赖于政府经济管理部门有关预算案的通过，形成共同研究机构。参与机构的企业全部通过通商产业省选定，同时，以其中包含的科研机构人员、企业负责人员形成一个下属"共同研究所"。该种模式与科技企业孵化器最大的区别是政府是否处于主导地位。在共同研究机构的构建中，政府只是起了组织作用，最终的决定因素仍然是市场因素。竞争者之所以能够加入共同研究机构，主要是经济利益的驱使，市场主体追求的效益最大化为政府宏观调控提供市场基础。而政府在官产学联盟里作为组织者，不仅提供资金支持、整合创新资源，也集中国家层面的宏观优势选定组织成员，有利于最大化发挥各方优势，处于主导地位。但政府在官产学联盟里的主导作用并非决定性作用。否则，仅有国家机构的组织管理，不以市场为导向，官产学联盟在市场经济的大环境中无法实现可持续发展。官产学联盟中，政府发挥主导作用的优势主要表现为能够提高重点产业项目实现技术突破的效率。通过短时间内实现重大技术升级，加强三方协作能力，加快合作成果成型，能够有效促进我国社会主义市场经济体制建设。

三 "官产学"协同创新模式的现状考察

中国在改革开放以前已经存在官产学合作的初步模式。20世纪50—60年代的中国，面对其他大国的核实力，中国科学院近代物理研究所、中国科学院高能物理研究所等科研机构在国务院《1956—1967年科学技术发展远景规划纲要》的指导下，组成国务院核工业部，研发"两弹一星"，是中国改革开放前官、学合作在军工产业研发上取得的丰硕成果。但当时国家仍然实行计划经济，缺乏经济效益的刺激，因此只在军工产业等特定行业有体现。改革开放后至1994年3月1日，国家教委、国家科委和国家体改委共同审定《国家教委、国家科委、国家体改委关于高等学校发展科技产业的若干意见》，针对高等教育机构提出了科技创新发展的要求，中国国内的"官产学"合作才真正得到重视。

2009—2019年，国家科学技术部和财政部针对科学技术的经费出台了《中央高校基本科研业务费专项资金管理办法》《"985"专项资金管理办法》《关于中央引导地方科技发展专项资金管理办法的通知》《十六部门关于引发发挥民间投资作用推进实施制造强国战略指导意见的通知》等一系列政策，同时针对科技企业孵化器和大学科技园等科技中介机构出台了一系列规定，确定国务院和地方各级科技行政主管部门负责对全国及所在地区孵化器进行业务指导和宏观调控，针对孵化器的功能目标、认定和管理等方面做了详细规定，为"官产学"的创新模式提供了法律保障和政策支持。

科技企业孵化器在起步、实施方面存在区位差异。在起步方面,我国第一家科技企业孵化器于1987年在武汉成立,而甘肃省第一家科技企业孵化器于1991年成立,宁夏第一家科技企业孵化器成立于1995年,青海省第一家科技企业孵化器于2002年成立。相较于东部地区,西部地区科技企业孵化器起步较晚。在落实层面,科技企业孵化器在我国东南沿海经济较为发达的地区实施成果较好,在甘肃省等西部地区并不能完全落实。在实施方面,目前我国31个省、直辖市、自治区(不包括香港、澳门和台湾地区)的国家级科技企业孵化器数量(见表7-2)共计987家。[①] 西部地区的国家级科技企业孵化器总计147家,仅占总体数量的14.89%。

表7-2 全国31个省、直辖市、自治区的国家级科技企业孵化器数量

地域	省/直辖市/自治区	国家级科技企业孵化器数量
东部(13)	北京市	56
	天津市	39
	河北省	23
	辽宁省	29
	吉林省	22
	黑龙江省	16
	上海市	49
	江苏省	174
	浙江省	68
	福建省	12
	山东省	84
	广东省	110
	海南省	1

---

① 科学技术部火炬高科技产业开发中心:《国家级科技企业孵化器名》,http://www.chinatorch.gov.cn/fhq/fhqmd/list_yjmd.shtml,2020年7月28日。

续表

地域	省/直辖市/自治区	国家级科技企业孵化器数量
中部（6）	山西省	13
	安徽省	25
	江西省	19
	河南省	36
	湖北省	45
	湖南省	19
西部（12）	广西壮族自治区	10
	重庆市	17
	四川省	29
	贵州省	6
	云南省	12
	西藏自治区	1
	陕西省	31
	甘肃省	8
	青海省	5
	宁夏回族自治区	4
	内蒙古自治区	10
	新疆维吾尔自治区（包括新疆生产建设兵团）	14

以甘肃省为例，甘肃省国家级科技企业孵化器共计8家，分别是兰州高新技术产业开发区创业服务中心、白银科技企业孵化器有限公司、甘肃省高科技创业服务中心、兰州新区科技创新发展管理有限公司、兰州高新创业置业投资有限责任公司、甘肃表是文化传播集团股份有限公司、甘肃得力帮科技企业孵化器有限公司、兰州创意文化产业园有限公司。截至2017年，甘肃省认定省级科技企业孵化器35家。[①] 甘肃省的企业孵化器中存在的问题主要是：第一，科技企业孵化器收入来源单一，不能良好实现经济效益。科技企业孵化器收入来源主要为综合服务和物

---

① 倪志敏、荣良骥：《甘肃省科技企业孵化器发展状况分析》，《甘肃科技》2018年第18期。

业服务，投资收入占比较少。各企业孵化器收入通常仅依靠其中之一，收入来源单一。由于科技企业孵化器尚在发展阶段缺乏创新能力，难以将知识财产有效转化为经济效益。创新能力欠缺的根源在于高校或科研机构的创新动力不足和对创新成果未采取有效的保护措施。第二，投资吸引力欠缺。企业孵化器应当在政府支持下，精准定位市场需求，增加投资吸引力，提高投资覆盖面。第三，管理机制地方化程度低。地方政府应当在国家政策的类型、范围内制定适应地方经济发展水平的下位法，保证科技企业孵化器相关政策的实施。为加快孵化成果转化应用，甘肃省科学技术厅于 2003—2020 年，制定、发布了 196 份科技政策和 49 份科技法规。[①] 其中，下位法的制定、通知发布占比较少，难以满足科技企业孵化器管理、发展需求。

四 "官产学"协同创新模式中存在的知识产权风险

由于不同主体的发展战略相异，在协同合作的过程中存在着争夺文化产业知识产权的现象，进而引发知识产权风险。

首先，政府在官产学体系中存在的知识产权风险分为政府政策导致的风险和高等教育机构、企业创造的风险两种。

政府政策导致的知识产权风险主要是：第一，政府的政策滞后性导致产业研发体系混乱，增加侵权行为出现的概率。在官产学合作体系中，政府政策创新不适当会给企业与高等教育机构的合作造成不利影响，从而导致重大研发项目的重复研究，[②] 产生侵犯知识产权的情况。第二，政府政策指引前瞻性过强，超出产业研发能力。政府政策应当以产业科技发展现状为基础、科研机构技术创新能力为衡量标准，过度超前制定政策，最终可能导致智力成果无法产出，浪费前期投入的资金、人才和技术资源。

企业和高等教育机构引发的政府产生知识产权风险大体表现为以下

---

① 甘肃省科学技术厅：《政策法规》，https：//kjt.gansu.gov.cn/Policy_and_Reform/index.php，2020 年 6 月 28 日。

② 邱洪华：《中国重大经济活动知识产权审议制度的发展及其主要内容研究》，《湖南行政学院学报》2012 年第 4 期。

两方面：第一，合作对象的选择导致的风险。市场经济的核心是经济效益，在企业与高校的双向选择过程中都存在合作对象并非以获取相应的创新成果为目标，而仅仅是希望借助合作方的技术优势或市场优势获取经济利益的情况。在"官产学"的合作研发过程中，一味以经济利益为导向，忽略合作对象的选择，可能会导致研发成果无法按照预期产生，对政府提供的平台和资金支持等生产要素资源造成浪费。第二，参与人员的管理方式不合理引发的风险。一方面，企业人员的管理过程中存在合作成果泄露的风险，同时企业派出人员的选择也会对研发过程能否顺利进行以及研发成果能否达到预期水准产生影响；另一方面，高校的科研人才由于高校本身的管理也可能流失到作为竞争对手的科研机构或者企业，同样会对智力成果的保护产生威胁。

其次，企业与高等教育机构在知识产权保护过程中的风险分为政府引发的风险、企业自身导致的风险以及高等教育机构使企业陷入的风险三方面。

政府在推进"官产学"合作的过程中引发的风险主要表现为：第一，政府对研发成果鉴定评估和研发成果展示程序可能导致智力成果在公开之前被其他主体获取。智力成果要得到有效的保护，必须向国家知识产权局进行申请，但在"官产学"合作研发体系中，研发成果首先要得到政府对其有效性的评估和确认，先于申请保护之前对智力成果进行鉴定和展示可能导致智力成果的不当流出，从而引起知识产权风险。第二，政府基于宏观布局过度干预合作过程，对合作成果归属进行不当干预。政府作为"官产学"体系中的灵魂，对合作伙伴的选择非常重要，但选择合作高校和企业的过程中，由于对于研发过程专业性了解不足，会导致合作对象的选择出现偏差，导致技术创新不能顺利进行。同时，可能对于已经成功获得的科研成果出于其他方面的考量，利用政府的公权力分配给其他非原创主体，对智力成果的保护引发风险。

企业在"官产学"合作中导致的风险有：第一，企业与高校合作过程中定位不准，沟通不到位；企业与高校进行合作的过程中不重视合作契约，实践中出现不符合诚实信用原则的行为，相互窃取对方的科研成果，侵害对方权利，导致科研成果权属不清，进而造成法律关系不稳定而无法进入知识产权市场，作为知识财产保护。第二，企业不及时对研发成果进行保护。企业缺乏知识产权保护意识，对于智力成果不采取合理措施保护，使研发成果无法转化为经济效益。

高等教育机构导致的风险主要表现为：第一，高校的创新能力缺乏，科研活动过于理论化，无法产生实效性。高校目前的科研活动多以实验室为场所，理论性较强，缺乏对市场因素的准确定位。虽然与企业提供的市场需求等要素结合，但仍然可能会由于技术创新因素的限制产生不符合市场需求的研究成果，导致"官产学"合作体系的失败。第二，高校利用企业市场优势获取实践性成果后，自行抢先申请保护。这属于"官产学"体系中高校不诚信行为的表现，对企业的智力成果不当侵害导致纠纷产生，致使合作研发无法继续进行，同时浪费前期资源投入。

如前所述，"官产学"协同创新模式中存在一定的知识产权风险，但在推动西部文化产业的发展中具有不替代的作用。在"官产学"协同创新模式的现状考察中发现，西部地区的文化资源在转化上存在效率低、管理不足等问题。而在"官产学"协同创新模式下，形成循环体系能够将市场需求引入发展中，基于供需关系实现有目的的科学研究，"官产学"仍旧是推动西部地区资源利用及转化的主导力量。对于上述存在的知识产权风险只是在合作交流中忽略了相关法律关系，只需在交流合作前期将相关法律中的权利义务关系明确，在权利义务关系明确的前提下开展科研合作，就能够尽最大可能地避免引发知识产权风险。就此而言，"官产学"协同创新模式仍是促进发展的有效手段。

五 "官产学"协同创新模式对西部文化产业知识产权战略的影响

2010年至今，西部地区典型文化产业增加值的均值低于中部地区，西部文化产业发展水平明显落后于我国其他民族地区。[①] 随着国家政策的落实，西部文化产业的知识产权发展呈现逐渐加强的趋势，"官产学"循环体系通过政府颁布政策、投放资金促进高校和企业合作，高校利用科研创新优势对西部传统文化进行创新研发形成新的文化成果创新，企业利用市场实践将创新文化成果进行再加工，经政府科技评价后投入市场，

---

① 苏芳、宋妮妮：《"一带一路"倡议对西部民族地区文化产业发展的影响——基于双重差分的实证分析》，《西南民族大学学报》（人文社会科学版）2019年第8期。

实现西部传统文化的经济转型发展。

在"官产学"循环体系应用前，西部文化产业主要借助政府扶持、企业投资和市场需求等方面单独作用实现经济转型。无论是通过政府政策加强对西部文化产业的引导投资、企业对西部文化产业的风险投资，还是市场对西部文化产业的规律需求，都难以实现其长期的、连续性的发展。单一的条件不能促进西部传统文化循序渐进地实现经济效益。

在"官产学"循环体系应用后，政府、高校、企业三方形成合力，相互协调、相互促进，共同作用于西部传统文化的转型发展。通过政策引导、创新研发和成果转化实现了西部传统文化的经济价值和社会价值。一是政府处于主导地位，促进适宜的高校和企业合作，通过优惠政策实现产学进一步协同合作。二是高校作为创新源，接受政府的资金支持和企业的技术支持研发创新知识产权成果。三是企业作为技术创新主体，将创新知识产权成果再创造以迎合市场实践。三者作用不分先后，呈现三位一体的螺旋式发展状态。一方面降低了西部传统文化经济转型的实现成本；另一方面加速了西部传统文化产权化的可持续性、高效性发展。

六 西部文化产业"官产学"协同创新模式的构建

（一）完善"官产学"联盟的发展模式

目前，"官产学"合作创新模式主要有两种：一是科技企业孵化器，二是"官产学"联盟。针对上文提出的"官产学"合作过程中政府、高等教育机构和企业面对的知识产权风险，对甘肃省的"官产学"合作构建，应当从以下方面推进：

第一，发挥政府在合作对象选择、管理中的主导作用。"官产学"联盟中，政府在科研人员和合作企业、高校等研究对象的选择上发挥领导作用，参照日本的模式，由生产商牵头选择符合科研要求的研发机构、企业，对人员进行筛选。西部地区政府在发展"官产学"联盟的过程中也应当由固定的行政单位牵头，集中发挥行政机关的信息和公权力优势，对合作伙伴进行选择，有利于防范合作高校和企业引发政府的知识产权风险。政府在"官产学"联盟中起主导作用，但决定"官产学"联盟的目标的决定性因素还是市场经济产业要素。政府在发挥主导作用的同时应当保持界限意识，不对研发过程和成果归属进行过度干预。由此，在此种体系中服务型政府的构建也尤为重要，应最大可能尊重市场发展，发挥市场在资源配置中的决定性作用。加强政府在"官产学"联盟中的协调作用，促进资源的有效转化，提升资源的经济效用价值，从而加强"官产学"联盟的发展。

第二，提高企业在"官产学"合作体系中的地位。市场经济决定技术创新的重点是企业家阶层，企业对于市场需求的定位和研发目标的把控是"官产学"合作体系的重要组成部分。建立"官产学"合作体系，首先要考虑研发成果是否具有经济效益，因此，企业在"官产学"体系中的地位必须得到提升。日本政府提升企业在"官产学"联盟中地位的主要措施是促进高等教育机构和科研机构的科研人员流动，鼓励高等教育机构聘请民间企业的研发人员作为授课教师，同时，建立高等教育机构教师在企业兼职的交流模式，提高高校基础理论的实践性。西部地区可以参照日本的模式，加强高校与科研机构人员双向交流机制的建设，提高高等教育机构理论资源的实践性，把理论知识的产生场所从实验室扩张到产业市场，真正把以市场为导向落实到实践中。

第三，增强企业的知识产权保护的意识，防止合作过程中产生的研发成果不当使用。前文提到甘肃省目前存在"重成果、轻保护"的普遍情况，企业对于财产的保护意识相对缺乏，通常都作为商业秘密进行保护，并不重视将其作为工业产权申请保护的途径。企业缺乏保护意识，直接导致官产学合作的研发成果可能被窃取，也可能导致企业与高校产生权属纠纷，使研发成果无法顺利产生预期效果。甘肃省企业缺乏知识产权保护意识的情况在西部经济落后地区较为普遍，因此，地方政府可以通过制定地方性法规等设立知识产权保护的激励机制，法律服务部门应当加强知识产权法的普法宣传活动，提高相关机构及其工作人员的知识产权保护意识。

（二）完善科技企业孵化器模式

科技企业孵化器在实现资源转化中起到重要作用，因此对科技企业孵化器模式需要完善其准入及产出，形成有效的评价机制。

第一，完善科技企业孵化器准入标准。以甘肃省为例，甘肃省55家企业孵化器毕业企业平均孵化时间为23个月。其中，民营企业运营的孵化器毕业企业平均孵化时间明显低于国有企业和事业单位运营的孵化器，具体孵化效果有待进一步研究。①甘肃省科技企业孵化器平均孵化时间短的原因主要在于孵化过程中退出、中途未达到预期孵化效果而孵化失败。孵化企业的研发水平是科技企业孵化器技术创新能否成功的关键，因此，完善企业进入科技企业孵化器的机制有利于提高孵化企业质量，保证孵化效果。对科技企业孵化器准入标准应该从多元化视角进行考虑，积极借鉴其他省份在科技企业孵化器模式上的有益经验，结合西部文化产业固有特征，制定相关政策保障科技企业的有效孵化。同时，政府在科技企业孵化器的退出机制上应当加强监督和引导，为企业技术创新提供良好的制度保障。

第二，创新科技企业孵化器盈利模式。以甘肃省为例，甘肃省的企业孵化器主要资金来源为政府税收、资金扶持或社会捐助，总体呈现出资金无法满足创新需求的局面。美国的科技企业孵化器多采用风险投资模式，实现企业和"官产学"体系的共赢，促进经济发展。由此，对科技企业孵化器盈利模式的考虑也是促进实现科技企业成功孵化的探索，将风险投资作为科技企业孵化器的资金来源，能够有效提高孵化器的经济实力，从而更好地为企业技术创新服务。

加强西部科技企业孵化器模式的实践探索是实现"官产学"循环体系的重要环节，模式的选择尤为重要。西部文化企业的孵化首先需要政府加强引导，增强企业及高校在研发及转化上的活力，在此基础上积极进行资金的引入，增强影响力。其次，在科技企业孵化模式中，积极探索有效可行方案，例如盈利模式的选择等，有效促进转化，形成经济效用价值，从而推动西部文化产业的创新发展。

---

① 郭雅婧、张建民、郭芳：《浅析甘肃省科技企业孵化器运营模式》，《甘肃科技》2017年第20期。

第八章

西部文化产业品牌战略

第一节 西部文化产业品牌战略的地位

在全球一体化的背景下，依托信息技术和互联网技术，各国之间深入加强经济、文化等方面的交流与合作。同时，各国在文化的交融与碰撞中形成激烈的竞争，国际文化市场进入垄断竞争的时期[1]。文化的竞争本质上也是国家文化软实力与国家综合实力的竞争。改革开放以来，我国经济实现了飞跃式增长，文化产业也取得显著进步。然而，我国文化产业的发展现状与美国、日本、韩国等国相比还存在很大差距。要推动我国文化产业的发展进步，就需要对我国的文化产业发展战略进行合理规划并且付诸实施。

高科技的发展应用，是我国文化产业走向国际市场的高速通道，自实施以来推动了越来越多的企业"走出去"，这为在国际舞台上传递中华文化的精髓提供了极大的便利，是打造中国文化品牌的绝佳历史机遇。如今品牌全球化已是社会发展不可阻挡的趋势，良好的品牌能大大提升其来源地区的形象[2]。西部地区要紧紧抓住高科技应用发展的契机，借助自身得天独厚的文化底蕴优势，加强文化品牌化建设，优化文化产业市场秩序，打造出高质量的西部文化品牌，从提高文化软实力方面，推动实现人类命运共同体的高质量构建。

---

[1] 张牧:《我国文化品牌创新发展路径探析》,《长白学刊》2019年第5期。
[2] 何佳讯:《品牌的逻辑》,机械工业出版社2017年版,第176—179页。

一　文化产业品牌战略的符号特性及意义

文化建设与经济社会融合已是市场发展新趋势，在这种文化产业的发展新常态下，文化经过设计转化为具有特定内涵的符号，并以"符号"为元素参与生产、交换和消费的全过程。文化产业品牌战略与符号生产和消费的结合将有效地促进品牌文化附加值的提升[1]。

文化内容的创作离不开对符号的设计及生产。美国学者弗莱姆曾谈到"符号的战争"这一概念，文化产业品牌的符号特性通过这一概念得到了非常形象的描述，同时提出文化产业在创意领域正在世界范围内上演一场没有硝烟的战争，例如好莱坞的电影、英美的影视剧、日本的动漫文化等。我国为了支持文化产业的发展出台了一系列相关政策，涉及资金、技术和人才等多方面，然而我国文化产业若想在这场"符号的战争"中获胜，在国家政策支持的基础上，还必须加强文化产业品牌战略建设。因为如今文化市场的竞争在某种程度上也是品牌之间的竞争，换言之，高质量的文化符号有助于更好地传播其代表的深厚文化，有文化内涵加持的符号在市场竞争中更易占据优势地位，符号与文化之间形成良性互动，进而促进文化产业的发展。

加强文化产业品牌建设的前提是精准把握文化产业品牌的特点。文化产业品牌与传统意义上的品牌有所区别，具体体现在载体与品牌的形成过程。[2] 首先，传统意义上的品牌通常以有形产品为载体，消费者可以具体实际地体验和感受产品的功能，进而决定是否值得购买。相比之下，文化产业品牌的载体具有无形性，文化产品主要是利用符号承载一定的文化内容，为消费者创造精神上的满足感。其次，文化产业品牌与传统意义上的品牌形成过程有差别。传统意义上的品牌通常是先加工出具体有形的产品，产品经过在市场上的流通，与消费者的反馈与评价融合成产品自己特有的意义与价值，并逐渐形成符合该产品特性的品牌[3]。总而言之，传统品牌是从有形产品发展为无形产品价值。文化产业品牌通常

---

[1] 陈亚民：《符号经济时代文化产业品牌构建战略》，《经济社会体制比较》2009年第4期。
[2] 尹良润：《文化产业品牌的基本特征与传播策略》，《新闻爱好者》2013年第7期。
[3] 王婧：《试论文化创意到文化品牌的发展路径》，《文化创新比较研究》2020年第4期。

是在产品没有出现的时候，先发掘一个精神意义并将其打造成蕴含着丰富文化的品牌，最后形成一个文化产品。品牌战略下的文化产品在出世之前就被赋予了特殊的象征意义，通过在市场上的流通与传播逐渐形成具有文化代表意义的品牌。从根本上看，文化产业品牌起的是象征标志的作用，当象征标志的代表意义被强化到一定程度，品牌的无形价值就逐渐转化为有形价值。以中国的动漫为例，近年来，中国动漫迅猛发展，国人对国漫的期待和热情日渐高涨，包括《大圣归来》《白蛇》《哪吒之魔童降世》等动漫电影通过故事赋予动漫人物以特有的精神和个性，赢得人们的认可和广泛的传播之后，这个卡通形象就具备了品牌特征，再通过动漫的版权方授权或委托，将品牌化的动漫形象延伸至玩具、服装、文具、饮食等有形产业，则会对其他行业起到带动作用。最后，消费目的不同。消费者在消费传统品牌产品时，追求的是商品的功能价值；而文化产业品牌不同之处在于它更侧重情感性利益和精神传递，它能让消费者在精神上收获到愉悦或共鸣，达到排解情绪或者精神鼓舞的作用[①]。

　　品牌战略的根本在于深入发掘企业的内在优势，打造出企业的核心竞争力。随着社会经济、技术、营销和文化的快速发展，文化品牌的内涵和外延也在不断变化。一般来说，后来品牌很难在一个新兴市场占据高地，但企业可以通过赋予品牌独特的内涵来更好地建立企业形象，找准自己在国际市场中的定位[②]。文化品牌战略就是打造出具有丰富文化内涵的品牌作为企业的核心竞争力，并依靠品牌在市场经营中获得利润增长企业价值。越来越多的企业认识到品牌战略的价值，并通过实施品牌战略在经济市场中获取竞争优势。

　　在科技迅速发展的今天，管理经验、产品、技术的易模仿性使得其难以成为文化企业的核心专长，而品牌则能赋予文化企业丰富的文化价值和内涵，并且由于品牌是消费者心理上的认知和感觉，这种认知和感

[①] 梁明洪：《论中国文化产业品牌战略》，《西南民族大学学报》（人文社会科学版）2007年第8期。

[②] 傅慧芬、孟繁怡、赖元薇：《中国品牌实施外国消费者文化定位战略的成功机理研究》，《国际商务》（对外经济贸易大学学报）2015年第4期。

觉不会被轻易模仿①。文化企业应尽早树立品牌意识，将品牌战略纳入企业的发展规划中。

二 文化产业品牌战略是西部文化对外传播的战略要求

文化产业是世界各国公认的拥有巨大潜力的朝阳产业，是增强国家和地区综合竞争力的重要产业。我国坚持发展文化生产力，深入挖掘西部地区的文化潜力。文化产业能够有效提升文化价值观、市场经济发展水平与产业合作安全。加快中华文化对外传播是与世界各国建立互信的必要条件，也是促进国际经济合作的前提②。品牌的跨文化、跨地域传播在一定程度上能体现中华文化的特点与性格，有助于更好地传递中华文化的价值观③。目前，品牌战略已经上升至国家战略层面，在文化产业领域，利用品牌更直接有效地表达与传递出本国的文化价值，是全面对外开放新格局下加强民族文化对外传播的战略要求，更是提高国家文化软实力的必经之路。

打造中华文化品牌是加强中华文化对外影响力的基础，增强文化自信也要求打造中华文化品牌。文化自信曾被习近平总书记多次提及，一个国家、一个民族自身的文化只有得到该国家、民族的充分肯定和坚定信心，这个国家、这个民族奋发进取的勇气以及创新创造的活力才会被鼓起和焕发。历史证明，一个不具深厚思想文化底蕴的国家或民族是无法永远屹立于世界民族之林的。中华文明是中华民族从千百年来的风霜雨雪中不断锤炼与思考中得来的，是对历史经验的总结，也是长期以来不懈的传承与运用，是中华民族的共同精神家园，为中华民族绵延不绝延续发展提供了巨大的推动力④。包含着历史经验、人文精神、政治智慧、哲学思想的中华文明是中华民族增强文化自信的基础和前提，也坚

---

① 姚曦、李娜：《一带一路视野下中国品牌认同形成的影响机制探析——基于文化认同的视角》，《广告大观》（理论版）2018年第5期。
② 杜波：《对外文化传播与文化产业国际化发展》，《青年记者》2019年第14期。
③ 贺明瑶、高兰英：《"一带一路"背景下民族品牌跨文化传播文本的重构方案——以通讯企业华为为例》，《中国商论》2020年第3期。
④ 宋谊青：《刘万鸣：中华文化就是中国精神的品牌》，《中国品牌》2020年第6期。

定了我们走自己的道路的决心①。

从世界范围来看，中国文化虽底蕴深厚、博大精深，却依然停留在文化大国的层面，需要坚定不移地朝着文化强国的方向迈进。要想在世界上占有更大的话语权，就必须突破层层困难直面挑战，在文化基础之上，增强文化自信，让中华文化品牌走向世界②，推动那些跨越历史时空仍具有当代价值的中华文化走出国门，在世界范围内增强中华文化的影响力，是增强我国文化软实力的必要途径。近年来，中华文化逐步走向国际舞台的脚步，"一带一路"沿线国家与地区形成了潜力巨大的文化市场，我们要借助此契机，全方位深入发掘优秀的中华传统文化，促进文化产业与品牌战略的深度融合，开创国际文化市场，创新对外文化交流的方式，创造性地将优秀的中华文化进行转化，打造具有高辨识度与高附加值的中华文化品牌，使之成为能代表中华民族的符号。

三　文化产业品牌战略推动西部地区文化产业新发展

整体来看，文化产业与其他产业的发展趋势一致，经过初期的自然发展阶段后，必然走向集约式发展，我国文化产业应及时完成由数量扩张到质量提升的转变，打造具有高附加值的文化品牌。文化品牌通常会使品牌具有深厚的文化内涵，通过文化丰富品牌之内涵，反过来品牌也能提升文化的价值，二者相互作用形成了巨大的品牌影响力以及资金运作能力，有一定的垄断作用。由此，在文化品牌的数量和质量上有优势的国家在这场文化竞争中占据高地，各级政府和社会各界应从品牌战略的角度切入对文化产业的发展进行思考和研究。

西部文化产业的发展有着广阔的前景与巨大的潜力，西部地区连接东西、呼应南北，在历史上位于"丝绸之路"的中心位置，一度成为世界市场的中心，在世界文化交流与经济合作中起到枢纽作用。且西部地区自古就是多民族聚集地带，其开放包容的基因融合了各民族形形色色的文化，结合西部地区丰富多彩的地貌，形成丰富多彩、独具特色的自

---

① 徐礼红：《中华优秀传统文化的价值意蕴》，《江西社会科学》2020 年第 5 期。
② 戴妍、陈佳薇：《"一带一路"背景下中华优秀传统文化传承的现实境遇与教育应对》，《贵州师范大学学报》（社会科学版）2020 年第 3 期。

然与历史文化资源①。作为新时期开放格局的前沿,西部将传承与发扬这种"和而不同""有容乃大"的精神,在与外来文化的交流中尊重差异,肯定各国各民族的文化内涵与文化价值,这也是全球一体化的背景下各国进行合作与发展的前提与基础。

随着对外开放程度的加深,西部文化产业得到进一步发展,然而,与我国中东部地区相比仍然滞后,整体来看处于起步与培育阶段。具体表现是文化产品的附加值低、总量偏少,且难以形成规模效应。虽然文化资源富集,却缺少高质量、具有巨大影响力的文化产业品牌来整合文化资源并带动资金②。现今,我国的文化产业的发展已进入品牌战略时代,西部地区要主动对接科技创新发展建设,找准融入的发力点,推进西部文化产业的新发展。

从国内文化产业的发展来看,国家政策已为覆盖区域的政府和企业提供了新的发展思路,在此背景下实施文化产业品牌战略将突破过去不同行政区域的割裂状态,有机地对西部各区域的文化产业要素进行整合,加快文化产业集约化发展进程。此外,"一带一路"沿线国家和地区会集了全球比重较大的年轻人口,他们的消费倾向以及价值观念将影响未来文化产业的发展趋势。③ 西部地区的地方政府和文化企业应把握住契机,抓住"一带一路"沿线国家和地区的市场,遵循文化产业发展规律,充分利用自身的特色和优势,做好资源转化与整合工作,加强文化产业品牌建设,注重培育和打造高质量的本土品牌,努力形成具有联动效应的特色文化产业带。此外,向外输送中国优秀的文化产品与服务,这有助于加快中国文化品牌"走出去",实现文化产业的商业价值,并催生新的消费增长点,进而推动西部文化产业的发展步入新台阶。

---

① 熊正贤、吴黎围:《文化资源、文化势能及我国西部地区文化产业发展误区探析》,《文化产业研究》2015年第2期。
② 肖怀德:《我国西部文化产业集聚发展问题探究》,《甘肃社会科学》2014年第2期。
③ 刘翠霞、高宏存:《"一带一路"文化产业国际合作的优势选择与重点领域研究》,《东岳论丛》2019年第10期。

第二节　西部文化产业实施品牌战略的可行性及其路径

自古以来,我们听闻西部"大漠孤烟直,长河落日圆"的壮阔,也领略其"天苍苍,野茫茫,风吹草低见牛羊"的富饶。西部地区因其独具特色的自然资源而富足,但也因其偏远的地理位置和恶劣的自然环境制约了当地文化产业发展。总体而言,西部文化产业发展受到自然环境、整体经济等多种因素的制约,整体落后于东部地区[①]。"互联互通"的建设正在逐渐消除西部文化产业发展的限制条件,同时在全球产业结构的调整中,品牌的作用、价值也在发生惊人的变化并且在全球范围中不断扩大[②]。"走出去"措施以及科技创新发展是发展西部文化产业的新契机,同时也是西部文化产业实施品牌战略、进行品牌建设的新机遇。2014年,文化部提出以文化先行建设"丝绸之路文化产业带",通过文化经贸加强与周边国家的文化交流和贸易往来[③]。因此,有必要探究西部文化产业实施品牌战略的可行性,并对比国内外优秀的品牌企业总结其理论经验,结合西部文化产业的实际发展状况和相关政策环境,为西部文化产业的品牌战略摸索新的路径。

一　西部文化产业实施品牌战略的可行性

科技创新发展、加强知识产权保护为西部文化产业的发展打下了坚实的基础,在吸引外资、扩大生产、促进经贸和政策扶持等方面都有长足的进步,品牌战略也正是因为有宽松的政策环境和迅速发展的文化产业才得以实施。文化产业的体系结构是实施品牌战略的物质基础,而高科技的创新应用发展则为西部文化产业品牌战略的实施提供了新的突破点。

[①] 宋斌:《西部地区少数民族文化特征浅论》,《青海师范大学学报》(哲学社会科学版) 2005年第2期。

[②] [日] 冈崎茂生:《品牌战略进化论》,赵新利、黄爽等译,中国传媒大学出版社2019年版,第2页。

[③] 文化部网站:《文化先行建设"一带一路"》,http://www.gov.cn/xinwen/2014-05/05/content_2671565.htm,2020年6月29日。

(一) 地缘优势

西部地区疆域辽阔，因其地理位置偏远、交通不便，一直是开放的边缘地带。20世纪我国实施"西部大开发"战略，建立西部的交通网络，推进西部的基础设施建设，开发西部丰富的自然资源，为西部地区的经济发展铺设道路。

"西部大开发"为西部地区的发展改善基础设置，"一带一路"则将西部地区推向了国家开放的前沿，改变了其远离政治经济发展中心的地理区位。自古以来，我国西部地区的发展就因其偏远的地理环境和恶劣的自然条件，一直落后于东部沿海地区。"一带一路"倡议提出后，西部地区在国家对外开放中的区位发生变化，位于我国新时期对外开放格局"丝绸之路经济带"和"海上丝绸之路"的中心位置，发挥着"联结东西"的作用。西部地区从此开始担负起推动我国全方位开放的重任，逐渐保持并加强与中亚地区之间的经贸往来，通过多条中欧班列实现与欧洲地区的互联互通，彻底改变西部地区因地缘障碍而制约当地经济发展的情况。

"一带一路"倡议为西部文化产业实施品牌战略消除了地缘障碍，使西部地区文化产业扩大其品牌战略的辐射范围，增强其品牌影响力。在"一带一路"倡议下，各国互办旅游周、宣传月、文化年等活动，西部的文化品牌也逐渐走出在夹缝中生存的状态。优秀文化演出拉开了"丝绸之路国际艺术节"的序幕，区域文化品牌走上"丝绸之路国际博览会"，"丝路旅游"逐渐升温并成功举办"西安丝绸之路国际旅游博览会"。西部文化产业的品牌可以利用"一带一路"建设提供的高层次平台走出国门，将品牌战略推广至丝路沿线国家，提升西部文化产业品牌的国际化。

(二) 文化认同

品牌是一种区域的记忆，具有区域和民族文化象征意义[1]，能够唤醒区域的文化认同和区域内人民的情感应和[2]。只有符合区域内或民族文化

---

[1] 才源源、周漫、何佳讯：《"一带一路"背景下中国品牌文化价值观运用分析》，《社会科学》2020年第1期。

[2] 王建华：《"一带一路"倡议下青海省文化产业与旅游扶贫互动发展研究——以互助土族自治县为例》，《青海民族研究》2020年第1期。

认同的文化产品,才能够被区域内的消费者广为接受。因为品牌早已不再是产品或服务的象征,它已经逐渐发展成为产品或服务中所蕴含的世界观和价值观的象征,而渗透在品牌中的文化价值观会直接影响消费者的选择。因此文化产业在开拓海外市场时,要注意将品牌的文化与当地的文化进行融合,用当地文化解读品牌内涵,在维持本品牌独有特色的同时,也需要迎合当地人的审美观念。"肯德基"与"麦当劳"在争夺中国快餐市场时,"肯德基"便是因为结合中国独特的餐饮文化,推出"老北京鸡肉卷""营养早餐"等符合中国人消费习惯的产品,从而在中国市场上打败在美国市场上叱咤风云的"麦当劳"[1]。

在我国古代历史中,西部地区就是多民族、多文化的融合地带,担负着沟通东西方文化的任务,丝路沿线的中原文化、西域文化、中亚文化、古阿拉伯文化、古印度文化和地中海文化在这里融合、碰撞[2]。相互融通的文化以及悠久的文化交流历史,更能够引发区域内的情感共鸣,提升产业品牌的文化认同。地缘的优势与文化的往来,使西部文化产业在丝路沿线国家实施品牌战略具备得天独厚的优势条件,也为其品牌国际化提供了便利,而丝路沿线的国家也因此成为西部文化产业潜在的国际市场。"走出去"等战略的实施真正能够为西部文化产业品牌走向国际市场提供方向的指引。

(三)文化差异性

品牌战略形成之初,并不是为了输出品牌所具有的文化价值观,而主要是为了传播产品的优势,提高其知名度和市场占有率。在此种背景下,诞生了 USP 理论(Unique Selling Proposition)——独特的销售主张,强调要向消费者诉说一个独特的销售主张[3],指出竞争产品的差异性会向消费者传播"新的价值",使消费者产生独特的印象,使消费者的决策变得更加容易。如今 USP 理论依然有效,"农夫山泉"在广告宣传时强调

---

[1] 王勃:《中国的肯德基与世界的麦当劳——浅谈品牌战略的本地化与国际化》,《时代经贸》2011 年第 2 期。

[2] 熊正贤:《西部地区文化资源的分布特征、利用原则与开发秩序研究》,《西南民族大学学报》(人文社会科学版)2013 年第 7 期。

[3] [日]冈崎茂生:《品牌战略进化论》,赵新利、黄爽等译,中国传媒大学出版社 2019 年版,第 4 页。

"我们不生产水,我们只是大自然的搬运工",如此一来,消费者在考虑天然矿泉水时,会自然而然地将其与"农夫山泉"的品牌联系在一起。

西部地区的文化不仅融合丝路沿线国家的文化,体现其相融相通的文化渊源,也因为其独特的地域条件,形成了鲜明的区域和民族特征。西部地区的文化不仅包含以区域为核心的黄土高原文化、藏文化、巴蜀文化、滇黔文化,以传承为核心的红色革命文化、三峡移民文化,以文化遗产为核心的敦煌文化、三星堆文化,还包括西部各民族绚烂多姿的民族文化和拥有古老传承的非物质文化[1],而且西部地区的文化,观其渊源,还是中华文明五千年的灿烂文化。所以向其他国家展示中国西部地区特有的文化以及东方大国的文化底蕴与内涵,在与丝路沿线区域文化的交融中,能够体现出西部地区文化本身固有的独特性,与其他文化形成差异。西部文化产业以这些独特的文化资源为材料,创造出奇特的文化产品。在与其他国家的文化产品进行竞争时,文化产品所包含的差异性的文化,正是西部文化产业品牌的竞争力的体现。

二 西部文化产业实施品牌战略的路径

(一) 发展大众文化品牌

在现有国内完整的工业体系的基础上,依托国家战略、国际合作的互联互通建设,统筹协调,形成文化产业群,逐步改善西部地区小作坊、离散经营的局面,提高产品质量并在产品中融入特色文化,利用市场营销,打造产品品牌,发展大众品牌。

在品牌战略中,大众品牌通过产业链的标准化生产降低成本,保证质量,价格亲民,反映大众消费者的喜好,其产品和服务的质量也能够得到众人的支持[2]。在这一方面,西部文化产业可以利用西部地区正在推进的基础设施建设或者依托国内雄厚的工业化基础,形成西部文化产业的完整产业链,打造文化产业集群,实现大规模生产。好的口碑是品牌战略的重要基石,因为消费者往往将品牌与品质认知度相结合,从而做

---

[1] 王佳:《地方性文化与区域特色文化产业发展》,《中国文化产业评论》2013年第1期。
[2] [日]冈崎茂生:《品牌战略进化论》,赵新利、黄爽等译,中国传媒大学出版社2019年版,第41页。

出消费的选择。遍布全球的星巴克咖啡店便是一个很好的例证。所以，文化产业也要在提高产品质量上做好把控。在做好口碑的同时，利用市场营销，提高品牌的知名度和市场占有率。市场营销通常的做法是通过大众媒体发布广告，同时网络的迅速发展，正在将国家与国家之间的文化壁垒打破，文化产业可以更多利用网络媒体的手段做品牌推广[①]。各级政府积极响应，结合本地文化资源和经济资源，举办博览会或经贸洽谈会，为文化品牌的传播提供了更高层次的平台，也为西部文化品牌进入国际市场奠定了基础。

（二）打造"体验式"文化品牌

在经济的不断发展中，文化产品已经不能单单靠文化特色赢得市场竞争，而是更加注重从消费者的角度出发，更加强调消费者使用产品或体验服务后，能够获得耳目一新的感受和非凡的体验[②]。产品的售出不是终点，品牌要注意产品或服务售后环节的继续工作，从深化用户与品牌的联系出发，注重提升用户体验，提高用户的满足感，以维持与消费者之间更加长期和紧密的联系。越来越多的国际品牌在世界各地建立自己的品牌体验中心，让已经购买产品的消费者对品牌的了解逐步深化，也让潜在的消费者亲身感受其品牌文化。坐落于上海的"沃尔沃品牌体验中心"，设计与展示中处处透露着积极、健康、内敛和安宁的北欧幸福生活方式。在具体的实践中，"顾客终生价值"战略正在逐步强化，品牌开始通过提高顾客的个性化体验，比如可以进行单独的预约定制等服务，提高顾客的品牌忠诚度，扩大品牌的影响力。DR 钻戒便是以"一个 DR，一个故事"的品牌追求，提出"男士一生只能定制一枚"的品牌理念，收获了一大批看重其品牌文化的顾客。

因此，西部文化产业在打造"体验式"文化服务品牌时，要利用西部特有的自然资源和文化资源，在品牌产业链上做进一步的延伸[③]。以西部的文化旅游业为例，西部地区应该合理规划旅游路线，以时间脉络的

[①] 罗慧：《新媒体营销：文化市场经营与管理专业的课程改革》，《深圳信息职业技术学院学报》2019 年第 1 期。

[②] 田子露：《我国文化产业品牌战略实施策略研究》，《商业经济》2017 年第 2 期。

[③] 李萍：《"一带一路"视阈下建构花山文化世界品牌的战略思考》，《广西职业技术学院学报》2018 年第 3 期。

发展顺序或地域风貌的差异化为联系，提高消费者对文化旅游的直观感受；以旅游资源的原生性为材料，发展相关文化产业，延长消费者体验的时间长度；完善"衣食住行"基础设施的建设，并融入当地特色，拓展消费者的体验深度。

（三）传承优秀文化品牌

在文化品牌的竞争中，很多文化品牌都拥有高贵的血统和悠久的历史，并且在不断的传承中得到发展。这些品牌往往运用一些手段，设置一些壁垒以降低其他企业的竞争力度。以香槟为例，只有在法国香槟地区按照 AOC（原产地控制命名）法制造的葡萄酒，才能以"香槟"命名。同样在我国西部地区，中国贵州的茅台酒工艺也是以"国家机密"加以保护，并在 2006 年入选"国家级非物质文化遗产代表作"。这类品牌敢于通过设置高价格来维持产品的稀缺性和顾客的自豪感。同样，他们一般也采用最好的原料，运用娴熟完美的工艺以保证产品的质量。最重要的是，此类品牌大多坚守着古老的技艺与制造工艺，很大程度上拒绝机械化，不惜时间和精力，极其注重文化的传承，并且追求高端的艺术品位和极高的艺术审美。

在推进品牌战略的进程中，我们不仅要着眼于西部新兴文化产业品牌的宣传与推广，也要注重传统文化产业品牌的继承与发扬。传统文化产业品牌是文化历史的积淀，其中包含几代人的勤劳与智慧。西部传统文化产业品牌有很多"走出去"的契机，但是在"走出去"的过程中，要注意品牌文化的传承，时刻牢记此类品牌之所以能够在历史中独树一帜、不断传承，不只是因为品牌的不断创新，更是源于对品牌文化的坚守。

三　西部文化产业需推进品牌建设

西部文化产业品牌战略对于西部文化产业工业体系提出了迫切的要求，同时西部特有的文化底蕴也为我国文化产业的发展提供了多样的文化资源。高科技的推广和应用，以及国家战略的实施为西部地区打造国际市场中的文化产业强势品牌创造了历史性契机，但文化产业强势品牌打造并不是一蹴而就的，需要我们以科学的态度、实证的分析从战略的高度进行规划和管理。强势品牌的打造需要深刻领会文化品牌所象征的品牌符号的特殊性，主要由战略品牌分析、品牌识别系统的实施、品牌战略定位和品牌延伸等几个方面构成，同时还要结合国内外具体的政策环境和文化产业发展形势，遵循产业发展的客观规律，运用科学的方法和手段，合理规划具体实施路径①。

（一）品牌分析

做好战略分析工作，为品牌战略定位打好基础。这就要求深入了解文化市场上消费者的偏好与消费需求，并对市场上的相似文化产品进行全面的分析与比对，找到自身产品的优势与劣势，对优势点进行保持与发展，对劣势点进行改进与创新，最大限度为行业的发展做好规划工作。在市场规律作用下，市场需求决定产品存在的价值，旺盛的需求为一个行业提供广阔的发展空间。我国社会的主要矛盾已经发生转化，这点在党的十九大报告中有所体现。现阶段，人民越来越注重精神文化需求，愈发关注精神文化生活的质量，文化产业要牢牢抓住这一不可多得的发展契机，对文化产品市场的需求进行科学深入的分析，研究文化产品受众的消费心理和消费倾向，并以此为导向对自身文化产品进行改造创新，其中在对受众进行分析时，要注意对年龄分布、消费能力以及审美倾向全面了解②。文化企业经过完整的战略分析后，在分析基础上对自身进行评估，打造出具有核心竞争力的文化品牌，提升自身竞争优势，争取在市场竞争中占据高地，为企业的发展奠定坚实的基础。

（二）品牌识别

建立品牌识别。一方面，品牌识别作为发展品牌战略的核心，它是品牌自身价值的体现，也是建立与维护品牌与受众之间关系的基础。另一方面，品牌标识作为一种文化符号，象征着丰富的文化含义，它是消费者做消费选择时的主要考虑因素，消费者对品牌的消费本质上是对品牌背后的文化与精神进行消费③。由此，企业要在市场上有足够的竞争力，应从加强品牌标识建设入手。文化品牌设计者在深度领悟文化精神

---

① 吕承超：《文化产业发展的品牌机制及战略研究》，《四川师范大学学报》（社会科学版）2012年第4期。
② 苗雷：《企业市场营销品牌策略的创新探讨》，《商讯》2020年第8期。
③ 孙仁艳：《浅析符号学与商品品牌战略》，《才智》2013年第28期。

的基础上加强创新意识和创新能力,将品牌的符号、名称等要素与文化进行创造性的融合,打造出独特性、娱乐性以及丰富性并存的品牌标识。

(三) 品牌定位

确立准确而独特的定位。品牌定位是企业通过合理的战略品牌分析,并结合企业自身的发展状况做出的品牌决策,是与同类产品竞争市场的差异化竞争优势,也是塑造品牌的关键[1]。随着经济的快速发展,出现了"体验式"经济和"共享式"经济新模式,消费者对于品牌的需求更加明确而具体,市场约束更加突出,品牌在进行品牌推广时要注意在消费者意识中占据独特的位置。越来越多的行业正不断渗透到文化产业当中,文化产业的产业链不断延伸,文化品牌的辐射范围更加宽广。由此导致的企业竞争加剧使得企业必须对自己的竞争优势有清楚的认知,找准品牌定位,把握消费者心理,利用合理的手段进行差异化品牌传播。

(四) 品牌延伸管理

注重品牌的延伸管理。品牌延伸,简单来说就是企业跨界生产,利用本身的品牌优势条件进入其他品类市场。文化品牌既可以通过授权其他产业进行加工具有文化品牌的产品,实现文化品牌对其他品类市场的进驻,也可以通过"跨界合作"加快其他产业与文化品牌的深度融合,通过深度融合实现"创新式"共生。文化产业品牌延伸的核心不是向其他产业的分散发展,而是不断强化主品牌的核心价值的辅助手段[2]。因此无论是在授权生产还是"跨界合作"中,都需要注重对产品质量的把控,避免出现反噬作用。

第三节 西部文化产业品牌战略实践考察

西部地区在我国古代具有十分重要的战略地位,无论是十三朝古都的西安,还是有"天府之国"美称的四川,都具有极其灿烂的中国传统文化。此外,由于地域辽阔、地形复杂多样,不同民族之间的生活方式、

---

[1] 厉宗萍、黄文君:《企业市场营销战略中品牌定位重要地位分析》,《商场现代化》2020年第2期。

[2] 王美霞:《社群认同、品牌延伸评价与顾客感知》,《商业经济研究》2018年第16期。

风俗习惯不同，形成了具有各自特色的地区特色文化。但是，西部地区地势、地形环境条件和东部地区相比较差，交通不发达，导致西部地区文化产业"走出去"的计划一直进展缓慢①。

我国西部地区在发展经济的同时，也不断投入资源在文化品牌的建设推广上。各地区立足于本地区独有的民族文化，发挥自身拥有的文化资源优势，打造地区文化产业品牌，在形成"文化印象"的基础上，进一步推动其转变为"文化现象"。

一 内蒙古"草原文化"的发展

内蒙古地处我国北方，地形以高原为主，高原上分布着辽阔的草原，内蒙古的草原是世界上天然面积最大的草原，同时内蒙古也是我国著名的天然牧场。因此，内蒙古最具特色的文化是草原文化，并以草原文化为基础繁衍出很多人文、自然的风情。作为一个古老的游牧民族，内蒙古人民至今保留着许多传统的风俗习惯，例如喜欢住蒙古包，与人交往中存在献哈达的礼节，保留至今的传统民俗体育活动那达慕，传统技艺"搏克"，有着"蒙古族舞蹈活化石"美誉的安代舞以及在蒙古族音乐文化中的典型代表马头琴等。

内蒙古作为"新丝绸之路经济带"沿线的省份，因经济上发展比较落后，对发展草原特色文化产业寄予厚望，在文化产业的发展上投入大量资源，对于草原文化实行全面宣传包装，努力打造草原文化品牌。近年来，具有内蒙古民族特色和地区特色的艺术、影视作品、特色美食、出版广播等文化事业，一直在快速发展。

首先，就文化旅游业而言，内蒙古从建设旅游业开始就将草原文化、民族文化融入其中，在多年的努力建设中，已经将内蒙古旅游业发展为公众所熟知的高附加值产业。到目前为止，在旅游业方面，内蒙古已有九大旅游特色产品、七大旅游开发区、四条旅游路线，二十多种旅游节

---

① 李向东、徐田江：《西部地区文化产业发展现状与存在问题》，《现代审计与经济》2011年第5期。

庆活动①。在旅游业所涵盖的内容中,包括了历史文化层、现代文化层以及民俗文化层,如黑城遗址、"中国十大魅力休闲旅游湖泊"之一的月亮湖、传统美食烤全羊等,这些特色文化最终都成为旅游业的核心竞争力,让内蒙古在大众脑海中的形象更加生动鲜明起来。

其次,内蒙古十分注重自身文化产业基地的建设,现在已有4个国家级、21个自治区级文化产业示范基地。加强自身对外的文化输出,将内蒙古草原文化、民族文化融入电影、电视剧、歌舞等中,如电影《海林都》、电视剧《忽必烈》、舞剧《草原英雄小姐妹》、京剧《大盛魁》等作品,利用其辐射面积广、共情能力强等特点,扩大内蒙古特色文化的影响力,树立自己的文化产业品牌。

除了利用政策倾斜打造自身文化形象,内蒙古还抓住作为"一带一路"沿线省份的地理优势,加强与其他沿线国家的文化交流与合作。2017年内蒙古与沿线各国的文化交流活动,就包括与俄罗斯和蒙古国联合开展的"文化那达慕"系列活动②;选派人员前往俄罗斯和蒙古国举办"美丽草原我的家——内蒙古文化周"活动③;前往德国举行"美丽草原我的家——内蒙古文化年"活动;前往非洲举行"中非文化年"相关活动。除此之外,内蒙古还前往美国、巴基斯坦、阿尔及利亚等国举办"欢乐春节"活动,将内蒙古独具魅力的民族文化推向世界各地,打造自身文化品牌。

二 "云南印象"到"云南现象"的转型

云南作为一个多民族省份,有26个民族定居在这里,不同民族的民族特色各不相同,民土风情最是厚重。再加上云南地形复杂,交通不便,在很长一段时间内都处于对外封闭不交流的状态下,保留了大量原始古朴的民族文化资源。正是因为不同民族的民族服饰、民族音乐、民族舞

---

① 李文龙:《"一带一路"背景下内蒙古文化产业全球化发展策略研究》,《财经理论研究》2017年第4期。

② 杜淑芳:《"一带一路"背景下内蒙古向北开放的软实力研究》,《东北亚经济研究》2019年第3期。

③ 翟禹:《"一带一路"背景下内蒙古地区对外文化发展的战略意义与路径选择》,《地方文化研究辑刊》2019年第1期。

蹈甚至饮食习惯等的不相同，造就了云南得天独厚的文化资源优势[①]。云南一直以来都把文化产业的发展定位在本省发展战略的重要位置，重视文化产业给云南本地发展带来的效益。高度重视文化产业发展的云南，更是积极推进文化强省战略，着力于自身文化品牌的建设，将拥有的文化资源优势转变为文化产业优势，推动"云南印象"的升级。

服饰作为一个民族特有的文化标识，民族的文化艺术、生活习俗、色彩爱好等都沉淀于服饰之中，通过服饰表达出来。云南各少数民族的服饰各不相同，在进行建设云南特色文化品牌的道路上，将其特色服饰文化作为一个文化品牌包装起来、推广出去，是云南省政府一直努力做的事情。云南省政府高度重视挖掘和开发具有巨大文化价值的传统民族文化，永仁直苴彝族赛装节在传统节庆文化中具有极高的代表性[②]，在政府的指导下，"七彩云南民族赛装文化节"于2016年在楚雄州正式开始举办，并逐渐发展为知名节庆品牌。借助这一平台，彝绣这一传统技艺得以走向全国、走向世界。无论是在北京国际时装周上惊艳众人的"千年彝绣"，还是服装服饰舞台剧"云衣霓裳·炫彩彝风"的上演，都有力推动云南文化品牌形成。2019年，云南省政府抓住机遇，提出升级打造的要求，将"七彩云南民族赛装文化节"升级为"丝路云裳·七彩云南民族赛装文化节"[③]，传承弘扬民族优秀传统文化，激发文化创造力，全力打造世界知名的云南文化形象品牌。

除了发掘自身具有文化价值的传统文化，云南还积极利用交通基础设施建设所带来的交通往来上的便利，本地特色产品远销国外。2020年6月贯通的中老昆（明）万（象）铁路和平隧道，是全线最后一个贯通的隧道，其贯通标志着这一条铁路开通的时间愈发临近了，意味着早已出名的云南普洱茶马上可以搭乘或者畅销国内外了[④]。在铁路开通之前，普洱市种植的茶叶一直没办法大批量运往外地销售，只能在周边地区低价

[①] 张婷婷、张建宝、徐钲侼：《云南"一带一路"建设中的多民族文化禀赋探析》，《才智》2019年第15期。
[②] 局部：《亘古不变的华美与激情——永仁彝族赛装节》，《今日民族》2016年第3期。
[③] 局部：《2019丝路云裳七彩云南赛装节在直苴村启动》，《今日民族》2019年第2期。
[④] 陈沛欣、吴梓旭：《"一带一路"视野下的中小型普洱茶企业发展策略》，《现代营销》（下旬刊）2019年第8期。

出售，因此，铁路的开通对于开辟云南普洱茶的国外市场具有十分重要的意义，对于打造云南茶文化品牌也起到了很大的助推作用。除了茶文化，云南各少数民族都拥有自己民族特色的传统手工艺品，但是由于缺乏销售渠道和运输途径，一直无法形成文化影响力，甚至面临着文化传承难以延续的问题。而随着交通基础设施的改善，传统手工艺人的手工艺品也有了更多的销售渠道，甚至在国内外建立起云南特色手工艺文化品牌。

此外，对于早先已经小有名气的云南少数民族传统节日和舞蹈表演，如彝族火把节、傣族泼水节等少数民族特色节日以及《印象丽江》《丽江千古情》等实景演出舞台剧早已在大众心中留下印象，在文化产业品牌建设中，云南省政府将其与旅游产业相融合，推动了文化产业和旅游产业的发展繁荣。

三　甘肃的文化品牌建设

甘肃具有独特的地理条件，属于山地型高原地貌，高山、盆地、平川、沙漠、戈壁等都有。多变的地理环境决定了人们不同的生活方式和风俗习惯，再加上甘肃自古就是一个多民族分布的地区，从先秦的大月氏、匈奴、鲜卑等到后来的吐蕃、党项、回族等[1]，多个民族的文化一直处于相互交流、相互影响的过程中。目前，甘肃已有敦煌莫高窟、炳灵寺石窟、玉门关遗址、万里长城——嘉峪关（部分）、悬泉置遗址、麦积山石窟、锁阳城遗址7处被列为世界文化遗产，甘肃花儿、部分甘南藏戏被列为世界非物质文化遗产。换句话说，甘肃省是个名副其实的文化资源大省，积极响应国家战略的号召，加大在文化产业发展上的投入，将自己打造为文化大省。

甘肃十分注重对外输出自身历史文化。以丝绸之路和敦煌壁画为素材创作的大型民族舞剧《丝路花雨》在1979年首演之后，先后对20多个国家和地区进行访问演出，深受好评。甘肃省政府加大在该剧上的投入，推动该舞剧的传播，包括2017年5月开始在敦煌大剧院常态化演出，

---

[1] 完颜旻：《八千年辉煌历史三千里壮美河山——我热爱甘肃的十个理由》，《发展》2020年第6期。

在 2018 年 10 月该剧在澳大利亚黄金海岸星光剧场、纽卡斯尔市政剧院演出，大力宣传了敦煌文化。除舞剧外，甘肃还创新文化传播方式，通过对网络等新兴媒体的运用，推动传统文化的传播。例如"数字敦煌"项目，运用测绘遥感技术，将敦煌莫高窟外形、窟内雕塑等虚拟在电脑中，使敦煌瑰宝数字化，打破了以往传统文化时间、空间的限制，让人们随时随地能感受灿烂的敦煌文化[1]。此外，为了宣传河西文化，中共甘肃省委联合中央电视台打造了《河西走廊》纪录片，通过"讲故事"的方式演绎河西文化、丝路文化，展示西部文化独特的魅力。在 2015 年播出后半个月的时间里，其网络点击量超过 2000 万，后续的网络点击率持续一路飙升，创下西部人文纪录片收视新高[2]。在对外演出方面，2015 年，兰州群星舞蹈团前往俄罗斯巴士基尔共和国首府乌法，参加第十三届"Sad-ko"国际民间文化交流艺术节，表演了具有鲜明地域文化特色的高水平节目，促进了中俄文化交流，传播了甘肃特色文化。

在通过旅游业宣传本地特色文化方面，甘肃同样做得很好。《纽约时报》发布的"2018 年全球必去的 52 个目的地"榜单中，甘肃省名列第 17。而甘肃在推进旅游业发展的过程中，将敦煌列为重点项目，倾力打造敦煌文化品牌，并融入特色餐饮文化，兰州牛肉面、甜醅子、杏皮茶等地域性美食，全方位多渠道宣传甘肃文化，打造兰州特色文化品牌[3]。

四 四川"巴蜀文化"的推广

具有"天府之国"美称的四川，丰富的自然资源和悠久的历史，造就了其多样性的自然旅游资源和文化资源。与其他发展相对落后的西部省份相比较，四川经济发展迅速，作为近十年来中国经济发展最为活跃的省份，GDP 排行榜中四川的排行已经上升到第六名。发达的经济对四川文化产业发展起到了很大的促进作用，政府有更多的资源可以倾斜到文化产业的发展以及文化品牌的打造上。再加上自身拥有深厚的文化底

---

[1] 俞天秀、吴健等：《"数字敦煌"资源库架构设计与实现》，《敦煌研究》2020 年第 2 期。

[2] 肖忠意、林琳：《"一带一路"战略背景下的西部文化发展对策建议》，《经济界》2018 年第 4 期。

[3] 凤英：《借力饮食文化助推甘肃旅游市场的发展》，《生产力研究》2013 年第 8 期。

蕴，巴蜀文化在国内外的传播从没有停下过步伐。其他国家和地区与中国商业贸易、文化交流互动越来越频繁，巴蜀文化传播的途径和范围进一步扩大，巴蜀文化品牌的形象也愈发鲜明起来。

四川特色饮食文化川菜是我国八大菜系之一，在我国烹饪史上占有重要地位。川菜取材广泛，以善用麻辣著称，以其独具一格的烹调方法和浓郁的地方风味，受到了各国人民喜爱。随着"一带一路"的推进，川菜有了更多施展的空间。四川借鉴于2017年在重庆市召开的"'一带一路'中国火锅产业发展峰会"为火锅文化的传播提供了良好的环境①，2018年11月，由香港特区政府投资推广署与四川省商务厅共同举办的"一带一路，共创新思路"餐饮行业投资推广研讨会上，香港特区政府投资推广署华中投资推广总监张海梅表示香港特别行政区是四川餐饮文化走向世界市场的理想平台。香港特区政府投资推广署也鼓励四川善用香港平台帮助川菜更好更快"走出去"。同年，成都还举办了"成都文化美食周"活动，使川菜文化在人们心目中的形象更加立体起来。

"国宝"大熊猫是四川特有的物种，作为对外交流合作的友好使者，承担着重要使命。2018年首届中国大熊猫国际文化周中，传播大熊猫文化的同时，也展示着中华文化的魅力所在。之后举行的"大熊猫一带一路国家行"活动中，着力于向国外宣传蕴含着中国智慧的大熊猫文化，打造大熊猫文化品牌。

在其他文化领域，四川同样投入了大量的人力物力。无论是基于极具四川特色的川剧变脸衍生出来的手工艺品、影视作品的发表推广，② 还是"国家动漫游戏产业（四川）振兴基地"在四川挂牌成立，又或者是诸如全国电子竞技公开赛（NESO）、成都国际女子电竞锦标赛、KPL春季赛等各大电子竞技大赛的举办③，都为四川文化品牌的建设增添了一张又一张新名片，不断更新着世界各国人民对巴蜀文化的印象，让巴蜀文化品牌的内涵愈发完整。

---

① 黄果兰：《"一带一路"倡议下川菜发展的机遇与挑战》，《劳动保障研究》2018年第1辑。
② 黄振伟、陈叔玥：《让中国故事更有力量》，《对外传播》2017年第3期。
③ 胡晓宇、胡玉珠：《以"天府文化"为核心的电子竞技产业发展前景分析》，《现代商业》2019年第29期。

第四节　西部文化产业品牌战略的发展建议

科技创新战略的提出，为西部地区文化交流提供了新的驱动力，是推动文化产业进一步发展，建立起中国与其他国家之间经济、政治、文化桥梁，构建人类命运共同体的新契机。西部文化产业的品牌作为中华民族文化的具体化表现形式，在跨文化传播进程中的重点应当是发扬中国文化的独特性和民族性，坚持创新驱动，将传统文化与现代科技结合，发展具有国际影响力的多元文化品牌。

一　立足文化独特性，坚持以内容创新为核心

2017年，原文化部对文化产业的发展目标进行了规划，规划指出，要提升文化科技创新能力，增强文化科技实力，攻克文化重要领域的关键技术，改善文化科技基础条件，文化科技创新体系在2020年基本形成，这一体系的技术创新主体是文化科技企业，这一体系坚持市场导向、应用驱动、需求牵引，这一体系的主要构成为协同创新、区域统筹、研发攻关、人才培养等[1]。因而，在西部文化品牌发展进程中，内容创新作为文化发展的原动力要求文化品牌坚持创新驱动，着力创造高水平、高质量IP以推动文化品牌产业链联动。

首先，文化品牌可持续发展的基础是丰富的内容资源，文化内容的创新是推动文化品牌可持续发展的根本要求。通过对文化内容进行创新，提高文化产品自身的质量，才能对文化品牌的核心价值进一步提升。文化产业主体作为文化品牌打造中的重点推动力，西部地区本土文化企业应当发挥自身优势，借助丝绸之路沿线的历史文化优势，充分利用历史积淀进行文化内容创新，践行"内容为本""创意为王"[2]的核心发展理念，以丝绸之路文化品牌、河西走廊文化品牌、敦煌文化品牌以及革命

---

[1] 中华人民共和国文化和旅游部：《文化部关于印发文化部"十三五"时期文化科技创新规划的通知》，https://www.mct.gov.cn/whzx/bnsj/whkjs/201705/t20170503_750902.htm，2019年12月30日。

[2] 人民网：《导向为魂、内容为王、创新为要——人民网构建全媒体传播体系的探索与实践》，http://media.people.com.cn/n1/2019/0816/c14677-31300866.html，2019年12月30日。

历史文化品牌的打造为着力点。

其次,在文化产业高速发展的今天,文化品牌发展进程中人才资源对西部地区显得更加重要。政府要加大力度支持西部文化企业的创新人才吸引计划,建立健全人才扶持体系,加强创新激励机制。同时,以创新人才培养机制为基点,做好文化产业创意主体与西部特色文化资源的对接工作。激励西部文化企业吐故纳新,创造出既符合西部特色传统文化资源又符合文化发展新趋势、新走向的优质原创文化产品。

再次,充分发挥文化品牌的产品联动、资源整合作用,实现文化品牌与文化产业的高度聚合性。从漫威、索尼、迪士尼等成功文化品牌打造进程来看,基于原创文化内容创新,推进文化品牌项下多种文化资源交互,提升品牌价值以形成富有影响力的文化产业链,以实现经济效益,进而推动西部的经济发展,从而更好激励文化产业创新。因此,西部地区的文化品牌构建中要求文化企业、各级政府在机制体制建设中具有适当的前瞻性、全局性,做好符合区位特点的文化品牌定位,精准定位受众,增强受众与文化品牌之间的黏性,构建当地特色文化品牌营销布局,进一步提升文化品牌经济价值和附加值。

最后,打造和完善西部文化产业链,多领域、多层次、多环节发展文化品牌。优化文化原创、产品设计、制造生产、传播营销等环节,利用西部地区本土人文资源,发挥西部地区本土产业特点,打通各环节,实现文化产业一体化,更好推动文化品牌跨领域融合。同时,加强各个环节的合作,促进文化品牌衍生品的生成,横向拓展文化品牌附加效应。

二 立足于文化历史性,推进传统文化品牌数字化和现代化

当前,全球文化市场以及文化贸易规则在以互联网、人工智能、大数据为代表的数字科技的影响下发生了非常大的变化。2011—2014 年,网络服务销售和社交网络用户的增幅都较大,以亚马逊和 Facebook 为代表,亚马逊的网络服务销售和 Facebook 的社交网络用户分别增长了 44%和 39%[1]。

---

[1] 何宇:《"一带一路"战略下我国文化产业国际化问题研究》,《郑州大学学报》(哲学社会科学版) 2017 年第 2 期。

从某种程度上看，我们在创造文化品牌的过程中也在通过现代科学技术不断提升传统文化产业①。文化产业的发展需要创新，在发展文化品牌的过程中也不能忽视创新型生产要素②。"互联网＋"模式与多种产业的结合在我国当前发展进程中扮演着核心角色，文化产业本身与科技创新具有高度一致性，因而，文化品牌打造进程的数字化转型也为多媒体技术、互联网经济、个性化文化的融合提供了全新路径。西部地区的文化品牌发展，在利用传统文化资源进行现代化创新的基础上，也可以通过新媒体、大数据精准吸引受众群体，让西部历史文化、民俗文化、革命文化在新时代散发新的光芒。

首先，西部文化企业在打造文化品牌的过程中应当重视科技的重要性，明确媒介更新为文化品牌带来的效应。文化企业应当利用产业聚集效应，加强与本土科技企业的合作，吸收东南沿海发达地区科技企业形成文化、科技产业联盟，拓展文化品牌宣传途径、媒介。

其次，西部文化企业应当充分利用互联网作用，形成文化品牌的"互联网＋"升级。传统文化企业在互联网高速发展的背景下，如何实现新媒体时代品牌的数字化重构和转型成为重要问题。比如，甘肃省兰州市的《读者》，早在 2006 年成为"多彩甘肃，精品陇原"③ 的重要文化品牌，在传统纸媒逐渐没落的今天，改变思维模式，2012 年《读者》杂志推出包括平板、液晶触摸一体机在内的多款数字新产品④。

再次，政府应当充分发挥整合作用，加强"官产学"合作。为文化企业和科技创新企业搭建文化企业品牌策略构建平台，发挥高校文化资源优势，扶持具有潜力的文化品牌项目，共同推进文化品牌的数字化重构。同时，通过与大数据、人工智能、"VR 技术"等多种类新型技术的结合，提升西部文化品牌的市场竞争力，激励文化产业、科技产业的深

---

① 人民网：《以文化品牌带动文化传播——人民日报新知新觉：加强优秀传统文化品牌化建设》，http：//opinion.people.com.cn/n1/2017/0224/c1003 - 29104173.html，2019 年 12 月 30 日。
② 刘金祥：《论创建文化品牌的现实意义》，《现代经济探讨》2012 年第 3 期。
③ 张伯海、田胜立：《中国期刊年鉴 2005—2006》，中国期刊年鉴杂志社 2006 年版，第 349 页。
④ 新浪网：《大陆期刊"读者"2011 年 1 月起在台湾发行》，https：//www.sina.cn/whzx/bn/2009/1210/67 - 2b45602.html，2019 年 1 月 25 日。

度合作。另外，充实文化产品市场，对新业态的准入门槛予以降低，借助数字技术对文化产业进行升级，对科技创新代表企业以及新型文化业态品牌企业进行支持和培育①。

此外，文化品牌数字化转型过程中知识产权的保护也应当是西部文化企业关注的重点，行业知识产权意识的普遍缺乏导致企业文化品牌侵权问题严重，这就需要进一步加强对文化产业知识产权保护的宣传力度，增强文化企业知识产权保护意识，② 优化互联网产业运行规则，加强监管，为文化品牌发展提供相应的法律保障。

三　立足于文化民族性，推动国内文化品牌国际化

比较优势理论由大卫·李嘉图提出③，他谈到生产技术的相对差别以及由其产生的相对成本差别是国际贸易的基础。各国在进行对外贸易时应当在具有"比较劣势"的产品上加大进口，在具有"比较优势"的产品上加大出口。因此，要集中资源发展优势文化产业，促进文化产业竞争力的形成和提升，在此基础上进一步扩张优势文化产业。在西部地区，许多地方有其文化企业，但大多未能发挥出其最大的品牌效应，原因在于不注重品牌经营，而品牌化经营则是企业可持续发展的关键。

西部文化企业应当坚持本土文化资源创新，借助国际化渠道，运用国际化语言创造出蕴含丝绸之路文化并运用数字化技术的文化产品，扩大我国文化品牌的国际影响力。对文化品牌起影响作用的要素是自我一致性、差异性和提高性，即文化品牌与受众的自我认知概念符合度高低、文化品牌给受众带来的个性化与独特化体验、文化品牌对受众个人形象和声望的提升。

因此，提升西部文化品牌国际影响力：首先需要通过国际化的表达方式将区域民俗文化、历史文化传播出去，建立起中国传统历史文化与国际社会的桥梁。中国历史文化资源应当作为文化品牌的灵感源泉，将

---

① 吕明军：《中西部欠发达地区文化创意产业发展路径》，《传媒观察》2020年第6期。
② 中国政府网：《中共中央办公厅、国务院办公厅印发关于强化知识产权保护的意见》，http：//www.gov.cn/xinwen/2019-11/24/content_ 5455070.htm，2019年12月30日。
③ ［英］大卫·李嘉图：《政治经济学及赋税原理》，郭大力、王亚南等译，商务印书馆2013年版，第87页。

中国文化、中国印象融入文化品牌中，借由国际化新媒体、国际语言传播出去。其次，增强西部文化品牌国际竞争力需要定位国际化受众群体的个性需求，借助大数据，提高文化产品的个性化、差异化水平，以提升品牌价值。西部地区历史文化资源丰厚，但如何将其通过国际化语言表达出来并且凸显文化品牌个性化特征仍然是需要探寻的问题。文化交流、文化互通作为了解受众需求的主要途径，对文化品牌发展进程非常重要，西部地区应当抓住机遇，以民族文化为依托，加强文化全方位、多领域交流互通。最后，西部文化品牌要通过文化价值观的有效表达，打造特有的文化价值，增强文化品牌的核心竞争力，使受众在文化产品消费过程中感受到自身文化素养的提高和对我国文化价值观的认可。西部地区文化发展的多样性孕育了多样的文化价值观，每一民族中都有自身对民族间人际关系及团体从属感方面的价值观。在各种文化价值观的背景下，各自均具有其文化发展上的优势及可行性，因此对待不同民族间的文化价值观需要结合实际情况，形成独特的文化品牌。而这种文化价值正是其民族内在的文化价值观的体现，又与西部地区人民生活环境及生活习惯息息相关，因此在打造文化品牌中根据地域特色，有效表达西部地区文化的价值及展现其文化价值观。西部文化品牌的打造要立足实情，充分利用西部地区的本土资源。西部地区相比国内其他地区，虽然在交通运输、人才储备、科技发展等方面相对落后，但也有其特有的地区资源，包括自然资源、文化资源等方面，风景名胜如甘肃的麦积山、莫高窟、月牙泉、丹霞地貌等；宁夏的沙坡头、西夏王陵等；青海的青海湖、茶卡盐湖、塔尔寺等；新疆的罗布泊、天山天池、火焰山、楼兰古城等。这些风景名胜一直以来都吸引着来自世界各地的游客。此外，根据每个地区所具有的特色地理标志能够打造具有较大影响力的商标，使其知识产权发挥重要作用，以此推动文化消费，实现资源到资本的转化，从而增强西部文化产业的影响力。因此，要充分考量可利用的本土资源，结合可利用的资本投入来发挥最大的价值。

四 立足于文化高成长性，加强文化融资打造多元文化品牌

当前看来，西部文化产业结构仍然缺乏合理性，规模化的文化产业集合体或精准型的小微文化企业结构分布与西部文化品牌打造路径的整

体布局仍然不匹配。充分考虑西部地区经济水平、文化资源现状，打造多元文化品牌架构对西部的文化品牌发展十分重要。

打造西部多元化文化品牌架构[①]，一方面要加强文化品牌聚合效应，深化西部文化企业彼此间的合作，形成文化产业集群，在集群化的基础上进一步扩大文化品牌的影响力。西部地区文化品牌之间要推动产业融合与联动，打破体制壁垒。要在相关产业政策的合理指引下，在企业整合的基础上形成大型多媒体文化企业集团，实现跨地区、跨媒体、跨产业运作及运营[②]。文化企业应当进行优势互补，借助文化资源共享，强化行业合作，以现代化企业顶层架构提升文化企业的综合实力，充分利用现有资本市场开发、兼并、收购、重组，将文化企业上市作为文化品牌打造策略的重要环节，以提升西部文化产业整体水平，丰富文化品牌发展通路。

另一方面，中国西部丰富多彩的特色文化资源为发展文化品牌奠定了资源基础。整体来看，中国经济中文化产业的占比逐年增长，文化产业成为高成长性产业。同时，文化产业也具有高风险性。高成长性、高风险性产业通常离不开金融资本提供的支持[③]。

其一，文化品牌融资要求政策和体制的保障，依靠市场与产业创新机制支撑。当前，我国传统文化发展路径的影响导致西部地区文化品牌融资主体发展不充分，融资能力弱、融资途径少。西部地区文化品牌市场化融资需要一大批能够承担融资风险的市场运营主体，促进文化品牌自身的经营、积累、发展。

其二，加强金融机构对文化品牌投融资的支持力度。近年来，随着文化产业在国家经济发展中所占比例不断增大，投资者们对参与文化产业的热情也在不断提升，但真正的投入却不尽如人意，原因在于缺少有效的对接平台，没能发挥出投融资渠道的价值和作用。从整体来看，我

---

① 李炎、侯丽萍：《西部民族地区文化产业的定位与发展路径——以云南为例》，《文化产业研究》2008 年第 1 期。

② 刘旭东：《文化产业发展中产业链设计若干问题分析》，《科技创新与生产力》2012 年第 2 期。

③ 北方文化产权交易所：《文化部"十三五"时期文化产业发展规划》，http://www.cnncee.com/newsshow.php? cid = 30&id = 189，2020 年 5 月 30 日。

国文化创新类企业在创业板市场的发展并不活跃,其他类型的中小型企业在投融资市场较为活跃。西部地区由于经济发展相对落后,在投融资方面本身较为缺乏,在文化品牌融资方面同样欠缺。然而,当文化企业向银行这样的传统金融机构进行贷款时,银行往往会进行资信等级限制并要求提供实物担保抵押,这就造成很多文化企业不能通过传统金融机构解决资金的问题。因此,传统金融机构应当大力支持文化创新类企业的发展,同时,对西部文化创新类企业的融资作以适当的政策倾斜。针对部分对企业文化品牌战略有合作意愿的新型金融机构,建立和健全相关融资机制,联合政府共同推进西部地区多元文化品牌的打造。

其三,搭建专业化的文化品牌投融资平台。人才为各行各业所需,而文化产业作为第三产业,快速发展的同时对人才的需求也更大,尤其是专业人才。文化创意企业从业人员金融与资本市场知识基础的缺乏,金融机构从业人员文化品牌运营管理能力较为欠缺,而专业化的文化产业投融资平台急需专业的人才来运营,既要熟悉文化艺术方面和金融方面的专业知识,同时又要擅长文化产业和金融的结合,构建完善文化产业投融资平台。因而,搭建多领域、多行业交流机制也是西部地区文化品牌战略中的重要环节。

其四,提升文化品牌投融资机制体制的稳定性、针对性,考虑西部文化产业发展特殊性,为文化品牌投融资提供制度保障。[1] 现阶段西部文化产业以丝绸之路历史文化资源为基础,其市场属性得到了一定的认可,然而文化品牌融资机制中所蕴含的政策性风险和资本市场的金融风险都要求发展多元文化品牌的同时增强文化融资机制的风险对冲能力,为文化品牌发展提供制度保障。

因此,基于文化产业的高成长性,文化品牌要求文化企业跨领域、跨区域结合的同时,也要求通过资本市场融资来刺激文化产业发展,打造有区域特色的多元文化品牌。

---

[1] 覃志立、严红、孙嘉翊:《文化产业投融资的困境及其破解:以西部地区为例》,《西南金融》2016年第8期。

第五节　把握商标延伸注册对西部文化产业品牌战略的影响

商标延伸注册在我国还没有学术上的定义，但是在司法实践中已经渐渐开始在商标案件审理中适用。2019年4月24日，北京高院知识产权庭正式发布的《北京市高级人民法院商标授权确权行政案件审理指南》第15条明确规定了"商标延伸注册"一词，该条明确了《商标法》第三十条、第三十一条的适用，15.1中虽然名为"商标延伸注册的限制"，但既然行政诉讼案件审理指南中明确要限制"商标延伸注册"，则表明实践中认可"商标延续注册"这一行为。

一　商标延伸注册

（一）商标延伸注册的基本概念及其规则

商标延伸注册在我国尚未有学者给出一个准确的定义、界定其内涵和外延。我们这里所说的商标延伸注册，在司法实务中有三种不同的观点[①]：第一种观点认为基础商标使用者的商誉不能延续；第二种观点认为基础商标使用者的商誉可以有条件地延续；第三种观点认为同一主体对基础商标可以无条件地进行相同商标的注册。本书采取第二种观点，即：商标延伸注册是有条件的商誉的延续。通俗来讲，商标延续又称为品牌延伸，是指某一著名商标或某一经过使用获得了一定知名度的商标，被使用到与成名产品或原产品完全不同的产品上。实务中，在注册基础商标之后，商誉延续过程中，基础商标注册人还未对延伸商标进行申请前，他人已经在同一种或类似商品上注册了与延伸商标相同或者近似的商标（即介入商标），按照商标在先申请原则，由于晚于介入商标的申请时间，延伸商标的申请本无法获得注册，但由于延伸商标延续了基础商标中的商誉，从而导致相关公众将延伸商标与其基础商标联系在一起，使得延伸商标能够与基础商标权利人确定唯一的对应关系。并且，在使用延伸

---

① 孔庆兵：《商誉延续对商标可注册性的影响——评广西三品王餐饮管理有限公司诉商标评审委员会商标申请驳回复审行政案》，《中华商标》2015年第11期。

商标时应注意不要与他人的介入商标造成混淆、误认，在这样的情况下可以核准注册延伸商标。

2014年《审理指南》出台之后，对于商标延伸注册有了成文的适用规则。这也就是上述第二种观点中适用条件的列明。2019年《审理指南》从介入商标可能产生的混淆角度对商标延伸注册进行了限制，相较于2014年《审理指南》明确商标延伸注册的适用规则，2019年《审理指南》虽然是对商标延续注册的限制规定，但其明确使用"商标延续注册"一词，表明司法实践对这一概念的认可。由两个《审理指南》我们可以分析出商标注册人想要进行商标延伸注册时需要具备以下条件：

1. 商标注册人的基础注册商标经过使用获得一定的知名度。商标延伸注册与商誉息息相关，这一问题文章后段会有详细说明，这里不多作解释。基础商标是商标注册人申请商标延伸注册的形式基础，在形式上，需要真实存在一个已经使用过的商标，并且这个真实存在的基础商标不是虚无的、无意义的，而是经过使用具有一定实际知名度的。作为基础商标，将与在后申请注册的商标或者介入商标进行对比，在相似性、适用商品领域以及商誉影响性的大小上，互相比较以得出公平公正保障消费者以及商家权益的结论。①

2. 上述知名度导致相关公众将商标注册人在同一种或者类似商品上在后申请注册的相同或者近似商标与其基础注册商标联系在一起。从这个要求中我们可以看到，判断商标是否可以延伸注册需要两个"相同或者相似"的要求。② 一是基础商标和在后申请注册的商标（延伸商标）相同或者相似。二是基础商标和在后申请注册的商标（延伸商标）适用在一种或者类似商品上。这两个要求是由商标的功能决定的，商标的功能在于区分商品或者服务。通过商标将商标权人提供的商品或者服务区别开来，便于消费者在购买时，通过商标辨别商品和服务，即商标保护的理论：混淆理论。在"稻香村"商标行政纠纷案中，能够讨论商标延伸注册的合法性，也是因为无论是基础商标、介入商标，还是延伸商标，

---

① ［日］大村敦志：《消费者法（第4版）》，有斐阁2014年版，第12—13页。

② 邹汉斌：《商标延伸注册的合法性审查探讨——以"同济堂"商标案例为视角的实证分析》，《贵州大学学报》（社会科学版）2017年第2期。

都是用在糕点面包类产品上,且商标都是以汉语"稻香村"为文字基础做了视觉上的变化。

3. 公众能够联系基础商标和延伸商标,并且即使有介入商标也不会导致混淆。这种联系在这里可以看作知名度的一种延续。一定的知名度背景,使得消费者长期建立的对于该种商标下产品的信任,即使有延伸商标的使用,也不会影响公众的辨识力,依然可以辨别商标与商品的对应关系。当然,如果存在介入商标,消费者也不会将介入商标与其混淆,不会导致消费者混淆这三种商标下的商品。① 在实践中,需要各种证据来证明上述种种是十分复杂的过程,在审查中,需要充分考虑消费者以及各个商家的具体情况,判断是否可以商标延伸注册。

虽然我国在制度上还没有一个系统的关于商标延伸注册的规定,但是观察现行出台的相关文件,可以肯定已经在法律上承认了基础商标理论以及商标延伸注册理论,2019年《审理指南》中出现的"商标延续注册"一词,是司法实践对商标延伸注册的正面回应。随着商标制度的完善发展,相信今后会有更加详细完善的规定。在此前提下,研究商标延伸注册对西部地区文化产业的品牌战略的影响,才是有意义的。

(二) 商标延伸注册与商誉

从上述的商标延伸注册的规则中不难看出,商誉是商标延伸注册中的一个重要判断依据。在衡量商标是否允许延伸注册中,商誉的影响力大小判断很重要。商誉是通过生产者产品的流通,在消费者中形成的对生产者产品的评价,对于生产者来说具有宣传商品、区别商品等作用,来自商誉的生产者权利受到法律的保护。② 对于本书的主题来说,西部地区民族文化历史悠久,在时间的沉淀下一些文化产业的商誉在国内外有着很大的影响力,商誉对于西部文化产业的发展壮大有极强的宣传作用。文化产业的商誉是建立在文化根基之上,是建立在社会公众对地域文化、民族文化、特色文化的探索、认同、热爱之上,相较于其他产业商誉的培养与形成,文化产业的商誉不仅建立在相应的文化产品、服务之上,

---

① [日]同志社大学知的财产研究会:《知的财产法の挑戦》,弘文堂2013年版,第212—215页。

② [日]西村雅子:《商標法講義》,発明協会2010年版,第9—10页。

更需要建立在一定的文化认同、文化声誉之上。对某一文化本身的推广与传播，是建立在该文化之上的文化产业发展的基本保障，也是对相关文化产业发展赋值的一个过程。文化推广过程就如同技术开发过程，都需要付出一定的成本，且成功的可能较低，风险较大，但文化推广不同于技术开发，技术开发成功后，技术开发人员可以选择不公开该技术等方式获得技术领先优势，通过技术领先形成价格或者质量甚至二者皆有的优势形成市场竞争优势，进而收回技术开发成本。但文化推广本身绝无此种可能，将某种文化禁锢在一定范围内，在少数人中间流传很难形成相应的文化产业，将文化推广之后，社会公众一旦认同某种文化，推广者本身无法限制他人"借用"该文化发展其产业。开发推广者本身无法限制他人搭便车式利用某一文化时，可以考虑借助外来力量对这种搭便车行为进行限制，知识产权制度正是针对这一现象所产生的。同时从知识产权战略出发，保护商誉也是保护好西部传统文化的重要途径，是维护文化声誉的重要方式，是保障文化产业消费者及文化产业从业者整体利益，促进社会主义精神文明建设，促进社会主义的市场经济发展，促进社会主义文化事业发展繁荣的重要手段。

在商标延伸注册中，往往会出现阻碍因素，即介入商标。介入商标的注册人经常认为延伸注册的商标与介入商标相似，会损害介入商标商家的利益，从而提出异议。这时，商誉评价的作用就十分突出。介入商标的异议是否能够得到支持，一个方面的判断因素，就是比较介入商标和基础商标的商誉大小，在消费者中的知名度和影响力。在基础商标的知名度大于介入商标的时候，消费者便能够将基础商标与延伸商标联系在一起，并不会产生混淆，这种情况下，介入商标的异议将可能不成立。反之，对于介入商标的异议将是支持条件。商标延伸注册延续着基础商标的商誉，消费者们在消费时，感知到基础商标的知名度，继而在相同或者类似的商品上将延续商标与基础商标联系在一起。所以说，商标延伸注册是商誉的延续。在文化产业的发展中，结合文化产业需要迎合现代生产生活元素、与时俱进等发展特征，在发展中，经常会根据实际的需要，在另外相同或者相似的商品上有针对性地进行商标的美化，这有利于企业宣传，更有利于企业的多元化多领域发展。[①] 利用商誉不仅可以提高消费者的认同度，并且对于企业自身会形成一个强有力的商标群，这样一来，商标延伸注册对于新市场的开发，也是具有可行性的构想。我国西部地区文化形式、文化内容可谓是包罗万象，需要考虑西部地区文化产业发展过程中的现实情况，因地制宜，结合实践发展西部文化产业。

(三) 商标延伸注册中的其他问题

1. 在我国商标延伸注册的相关规定中，并没有对商标申请人主观目的和动机有相关规定。倘若申请商标延伸注册者带着主观恶意，想要恶意借助其他商标来完善自身商业竞争力，这种情况应当坚决杜绝。这不仅不利于鼓励市场商家靠自身实力公平竞争，也违背了知识产权制度的初衷。当然，恶意与否的判断，作为主观条件，在证明上是十分困难的。除了靠商标申请人的个体素养，民法的诚实信用原则也能用来适用。从商标延伸注册是商誉的延续这一角度出发，在证明商标延伸申请人的主观善意时，也可以用证明商誉大小来证明。基础商标在市场以及消费者心中的知名度、评价口碑等，都是可以证明商誉的。这样一来，又将问题归于商誉的判断和比较上。基础商标的商誉大于介入商标的商誉，延伸商标没有客观上利用介入商标的意义，此时可以判断商标延伸注册申请人的主观为善意。

2. 关于流体商标保护的设想。流体商标是在一定的基础商标上，随着社会生活的丰富多变发展起来的具有一定主题性质的特色标志。最典型的就是谷歌商标，在一些节日或者是社会主题下，谷歌商标发生在基本商标上的外形和内容上的变化。除了当然享有的美术作品相关的著作权保护，流体商标的保护在我国法律中属于未规定的领域，在流体商标的保护上，没有相关的法律法规。商标延伸注册实际上承认了基础商标理论，在对流体商标的保护上，是否可以考虑借鉴对商标延伸注册的相关规定，对流体商标有一个法律上的保护，搭建起商家品牌与消费群体之间的互动，在社会热点上产生共鸣，在特殊主题下有情感沟通。

3. 商标延伸注册与联合性注册的辨析。商标延伸注册的类型一般可

[①] [日] 丸島儀一：《知的財産戦略》，ダイヤモンド社2011年版，第262—263页。

分为三种,即类似商品的延伸注册、近似商品的延伸注册、新旧之间商标的延伸注册。商标延伸注册经常与联合性注册的概念做一区别。联合性注册商标是为了在相同或类似商品或服务上使用若干个近似的商标,商标所有人对与主商标近似的若干个近似商标进行的注册,经核准注册的商标为联合商标。二者关系如表8-1所示:

表8-1　　　　　　　联合商标注册与延伸商标注册异同

		联合商标注册	延伸商标注册
不同点	适用范围	仅限于近似商标的注册,同时联合商标的基础是驰名商标	包含了新旧商标之间的延续
	目的性	侧重保护主商标,防止他人注册或使用与主商标近似的商标	为了使用,而非为了保护基础商标
	独立性	主商标的使用视为联合商标的使用	基础商标的使用并不能视为延伸商标的使用,在延伸商标获准注册后必须进行独立的使用以积累自身的商业信誉
相同点		都是申请使用在同一种或类似商品上的近似商标	

二　商标延伸注册对西部文化产业品牌战略的意义

品牌意识的培养对于企业来说,已经是老生常谈,但是在我国西部文化产业中,品牌意识整体上还很薄弱。没有品牌的产品在市场中,无法占据主流,竞争力也很薄弱。品牌战略是知识产权战略的重要部分,品牌战略不仅是我国企业的自身需要,更是适应全球经济化趋势、提高民族企业竞争力的有效途径。在发展西部文化产业中,积极实现商标品牌战略,推动中国文化产业树立国际新形象是历史重任。商标延伸注册的科学适用,在品牌建设中可以说是一种有力的工具。企业壮大的同时,商誉逐渐增强,市场认可度、市场占有率不断增加。品牌建设与商标延伸注册的本质都可以归结到商誉上。品牌不是形式的外在,而是内在凝结的商誉和信任。商标延伸注册也允许不混淆消费者前提下的相似商标延伸注册,这丰富了品牌建设的内容。在扩大企业规模的同时,商标数量的增加对企业来说,是保护,也是鼓励。更重要的是,顺应了社会时代发展之下，不同主题、不同群体的商标意义。

品牌本身是社会公众对某一企业的产品、文化价值等的认知和评价，文化产业品牌建设，不仅是对具体企业文化、产品的认知和评价，更是社会公众对某一文化沉淀、积累、传承的认同和评价。相较于其他产业发展，文化产业发展更需要品牌支撑，需要社会公众对特定文化的认同、了解，文化内涵的增值、文化形象的树立、文化构思的创新是文化产业核心竞争力的体现。通过树立文化品牌形象，引导优秀文化融入西部地区，为西部地区民众提供更多的文化选择。以传统文化沉淀、积累为基础，为文化产业品牌的树立提供文化内涵，以商标延伸注册为制度保障，为品牌文化产业的建设提供更多的文化产品、文化服务提供便利。通过商标延伸注册，以现有文化沉淀为基础，扩展品牌文化产品，提高品牌文化产业市场知名度和市场占有率。在国内国际市场竞争激烈的今天，品牌延伸战略如火如荼，相信商标延伸注册会为我国民族的文化产业添砖加瓦。

三 商标延伸注册对文化产业品牌战略的影响分析

（一）商标延伸注册能够减少文化产业品牌发展的成本

文化产业的发展相比较其他产业，投入与回报的时间差较大，短期收益不明显，所以在投入时，投资人会对投资额的关注度较高。文化产业的发展需要集文化产品、服务的生产、流通、销售、消费等于一体形成的完整产业循环，文化产品、服务除了具有普通商品、服务的使用价值、实用价值等，还具有普通商品所欠缺的文化价值的增值，将文化的内涵、文化的象征、文化的形象等赋值到文化产品、服务中，这些也正是文化产业发展壮大的根基所在。维护文化形象，推广文化内涵，在社会公众之间形成文化认同是构建和形成文化产业品牌的重要内容。关于品牌文化产业的形成，需要让传统的手工作坊式的文化产品、服务实现工业化、商品化生产、流通，通过文化构思等将既有的文化内涵赋值到工业化生产的文化产品、服务之中，在社会公众之间形成特定的文化形象。在工业化商品、服务上打造文化象征，实现商品、服务的增值，需要有认同该文化内涵的社会公众，并不断维持、扩展相应消费群体，需要外部力量去维持、宣传相应文化。这一外部力量不能仅仅依靠政府财力投资，更需要文化产业资本不断投入。开发、宣传、维持、保护需要资本的不断投入，但这一投入的回报周期较长，且在社会公众之间形成的文化认同是对某一种文化的认同，针对该文化认同形成的特定消费群体的文化消费行为是主要的投资回报方式。但文化消费这一回报方式并不一定会回报到文化产业资本投资者手中，其他社会主体很容易利用该文化认同进行各种商业等活动，且因其没有进行投资行为，仅仅是一种搭便车式的利用，很容易形成过度开发利用，缩短相应文化产业周期。现代社会的文化活动，不再是少数人之间流传的特权文化，品牌文化产业的形成，需要更多的社会公众了解、认同该文化，需要长期的投入以维护文化认同群体的数量与质量，需要不断更新搭载相应文化符号，具有文化象征的文化产品、文化服务以形成一定的规模。商标延伸注册虽然表面上会产生一个新的商标注册申请，但是在市场上，实际上是基础商标的商誉延续，是维持、宣传、创新相关文化的过程，这在市场上不存在初步的宣传问题，商誉也已经在市场中有一定口碑，甚至商标的延伸注册是商家发展壮大的表现。商标延伸注册充分延续了之前的市场资源、宣传效果、品牌形象、文化认同，容易让投资者获得更多的回报，以鼓励其持续开发、维护相应文化。因为商标延伸注册是相同或者类似商品领域的商标注册，因此文化消费群体在对商家专业领域及能力的信任程度上，也将在市场中保留原有的实力。这对于企业来说，是减少投入成本的有力途径，符合经济学"理性人"假设[1]。

随着社会的飞速发展，只要是产品和服务，为了适应市场的激烈竞争，都需要不断更新。产品和服务在创新发展，商标品牌要不断的扩展。经营者如果要建立一个新的品牌，就必将投入大量的成本，并且在很多时候这种投入可能面临的风险是无法控制的。此种状况不仅增加了企业的负担，加大了企业的风险，同时对社会资源也造成了浪费。因此，为了保障企业品牌不断发展壮大，商标延伸注册理论便成了重要的保障，企业可以在节省大量推广成本的同时加快新产品进入市场，同时也可以满足消费者对多样化的产品的需求，且能够减少"搭便车者"恶意过度开发，这对市场的健康起到了更好的推动作用。

---

[1] 任毅：《商标延伸问题研究》，《电子知识产权》2017年第3期。

(二) 商标延伸注册有利于充分利用产业积累的优势

西部文化产业发展的基础，是具有鲜明特色的传统文化，但随着时间的流逝，这些传统文化正在逐渐淡化，甚至部分文化已经消失。西部文化产业的发展，首先需要保护、传承、宣传这些特色鲜明的民族文化，让更多的社会公众了解这些民族文化。在传承、宣传这些文化的基础上，以现代科技创新保护、开发相关文化产品，提供相应文化服务，实现文化产品工业化生产，扩大西部文化产业规模，在文化产业生产、流转、消费等领域内部形成具有自我积累和调节能力的完整产业链。商标延伸注册对于西部文化产业是在以前的基础上，发展壮大产业规模，注重品牌建设，发扬传统文化魅力，是对之前文化的传承。

文化产业的本身特征，导致其发展过程需要一定的文化沉淀基础，这就能显示出商标延伸注册的优势。产业化发展受商品生产价值规律影响，但文化产品的价值除了受"社会必要劳动时间"这一普遍生产规律的影响，还受到文化沉淀这一赋值的影响，甚至在部分文化产品、文化服务中，文化沉淀这一赋值本身超过产品实际使用价值，这是人类社会发展到一定程度之后，精神文化建设的需求。随着社会的发展，人类的精神文化需求将逐渐超过物质文化需求，对沉淀在文化产品、文化服务上的文化内涵的追求也将逐渐增强，文化产业发展的文化沉淀更为重要。此时，通过商标延伸注册将同一文化背景下的不同文化产品、文化服务通过注册商标的形式进行保护，有助于文化产业发展中不断积累产业优势，形成具有独特文化内涵的品牌文化产业。另外，文化产业的内容因产业发展环境以及产业发展方向的不同，商标延伸注册在一定程度上可以弥补这一多变性，使其在市场上能够更加灵活。

(三) 商标延伸注册有利于提升文化产业品牌价值

在我国西部地区，因其有着丰富的文化资源、巨大的文化市场，已具备了前所未有的文化产业发展壮大的机遇基础，西部文化产业的核心资产就是知识产权，完善的知识产权体系为文化产业的发展壮大保驾护航。文化产业品牌是一种具有独特标识的文化产品，它凝聚着国家和民族文化的精髓，它具有精神性、意识形态性、创意性、价值延伸性和增值性，是国家和民族文化形象的典型代表。文化产业的快速兴起使得文化产业品牌的构建已成为企业做出长远投资发展的重要途径。诚然，商标保护作为知识产权保护的重要一环,商标的延伸注册便于企业在特定文化背景下开发、创造新的文化产品、文化服务,积累新的文化符号,形成特定的文化形象,在一定程度上能扩大文化产业的发展规模,使得企业在对外交流中能更加全面地进行知识产权保护。

从根本上来看,知识产权制度设立的初衷就是保护创新成果,文化产业的基本构成要素是文化产品,而文化产品具备知识产权客体的鲜明特征,因此,知识产权保护有利于文化产业知识产权价值的实现。[1] 现今,品牌延伸策略已经是企业发展规划的重要部分。我国在国际市场上存在创新不够、品牌知名度不高等问题有待解决,商标延伸注册有利于维护知名商家的商誉、扩展知名商家产业规模,进而提高品牌价值。

---

[1] [日] デイヴィッド・スロスビー:《文化政策の経済学》,ミネルヴァ書房2014年版,第101—110页。

第九章

西部文化产业知识产权许可战略

在知识产权许可交易中，实施许可与使用许可是在交易中的两种形式，实施许可主要针对专利权，使用许可则主要针对商标权和著作权。通过许可模式，促进知识产权的交易与流通，借助市场经济，使知识成果更好地发挥自身价值。在文化产业发展的进程中，知识产权许可战略为产业的发展带来巨大活力。当然，知识产权许可战略的建立与实施，需要完整的制度体制的配合，如知识产权评估机制、知识产权监督机制等。

第一节 license 与 license 合同

一 基于知识产权使用规则的 license 合同

知识产权的客体是智力成果，是一种无形财产。作为法律赋予权利人在一定时空范围内对其智力成果的垄断权，知识产权在权利形态上以专有性和排他性为显著特征。未经权利人授权且在不存在合理使用、强制许可等侵权豁免事由的情形下，任何对智力成果的实施行为都将构成侵权。相比之下，物权以有形财产为客体，基于该有形客体而形成的权利人占有、使用、收益、处分的所有权，是权利人对于物的完整权利状态。关于知识产权的法律性质，黑格尔曾说，诸如精神技能、科学知识、艺术以及发明都可以像物那样进行交易并缔结契约，但它又是内部精神的东西，所以理智上对于它的法律性质感到困惑[1]。由此可以窥探到的是，知识产权虽然是内部精神的东西，但由于可以通过一定形式的"表

---

[1] 肖延高、范晓波：《知识产权》，科学出版社2009年版，第18—20页。

达"而取得外部的"载体"而具有"物"的可交换性①。

知识产权客体的非物质性，是知识产权区别于动产与不动产所有权的根本特征，基于其特殊性质，使得知识产权具有与一般物权所不同的权利特点②。如理论上所提出的，知识产权的智力成果在取得与使用上存在着较为显著的权利从属关系。一方面，在后的智力成果创造往往都是以前人所创造的智力成果为基础的再创作，另一方面，智力成果的使用涉及多重权利，还要经过多重许可。此外，相比一般物权，知识产权的权利内容和权利边界也存在一定的模糊状态。物权人能够对其享有所有权的物进行绝对的、实际的占有，并基于此种占有而为己所用，但智力成果的无形性则导致智力成果一旦被公开，任何不特定的第三人都有机会接触到该智力成果并使用。针对此，有学者就主张对知识产权使用规则构建的重视，并且强化对此方面的立法，仅以知识产权的所有制规则来理解，制定知识产权相关规则无法与现实相适应，也不符合知识产权的基本特点，唯有推动知识产权的使用，才能更好地促进智力成果的涌现，让知识产权灵活地服务于科学、技术、竞争、创新的发展③。

知识产权许可使用，就是推动使用知识产权的方式之一。它不是转让知识产权，而是在不变更知识产权权利主体的条件下让渡知识产权中的财产权的行为，它通过许可的方式使权利人对其前期投入借助权利的商品化得到回报。我国著作权法、专利法、商标法在立法规定中都有关于就知识产权许可签订许可使用合同的规定，在实践中一份完整的许可使用合同能够较为清晰地就许可标的、许可范围、限制条件等内容做出明确规定，以规范许可人和被许可人之间的权利义务关系，保证权利的实现和义务的履行，一旦发生纠纷，许可合同则可以作为重要证据参与到诉讼中去，为当事人提供明确可靠的证据支持。④

在知识产权领域内的许可合同，即 license 合同，意指在知识产权许可双方当事人之间，知识产权权利人允许知识产权使用人在合同约定的

---

① 吴汉东：《知识产权的多元属性及研究范式》，《中国社会科学》2011 年第 5 期。
② 李煜：《反垄断审查中的知识产权强制许可》，《知识产权》2014 年第 5 期。
③ 陈建：《知识产权动态化探析——基于知识产权使用规则》，《中国政法大学学报》2019 年第 5 期。
④ 文希凯：《知识产权许可合同与防止知识产权滥用》，《知识产权》2012 年第 10 期。

范围内使用其知识产权（包括制造、销售产品）的权利并支付使用费用的协议。License 合同根据知识产权许可双方当事人的约定权利范围也存在不同的分类。其一：独占许可。意指知识产权被许可方享有使用（在约定范围内制造、使用、销售）知识产权的权利，排除知识产权许可方及第三方使用的权利。其二：排他许可。意指知识产权许可方在合同约定的范围内能够继续使用相关知识产权，只是排除第三方不得使用，在知识产权许可当事人之间能够同时使用。其三，普通许可。意指知识产权权利人许可一方后，也能够继续许可任何第三方使用其知识产权。在不同的知识产权许可下，许可方与被许可方所享有的权利边界都是有所差异的。[1]

二　西部文化产业的 license 合同许可战略

在关于西部文化产业知识产权保护必要性的探讨中，已经提到"地域性"是西部文化资源的显著特征之一，再加上伴有"民族性"的特征，这就意味着，西部的文化虽然并非完全是封闭和孤立的，但由于它与生俱来所独有的地理和民族特征，从而其在文化流通与文化产业的形成和传播上仍然面临不小的障碍。概括而言，这种障碍主要体现在：经济基础弱，文化产业发展缓慢；产业化程度低，文化产业竞争力不强，市场化程度低，资源优势转化不足。[2]

运用 license 合同可以有效促进并规范文化的流通与文化产业的传播发展，而这一举措将直接关系到文化产业知识产权的价值评估与权利人的利益获得与分享，关系到文化产业的知识产权保护，从根本上关系到文化产业的传承与繁荣。作为"一带一路"倡议的提出国，更应当紧紧抓住"一带一路"建设的有利机遇，[3] 充分整合西部的文化资源，探索创新文化产业发展的适宜模式，在寻求产业自主化、多元化、规范化发展道路的同时，优化文化资源的经济转化，重视文化产业的经济效益，增

---

[1] 刘斌斌、张恩凯：《专利权的许可形态及其对价》，《长江大学学报》（社会科学版）2011 年第 7 期。
[2] 孟来果：《我国西部民族地区文化产业发展对策研究》，《学术交流》2013 年第 8 期。
[3] 蔡武：《坚持文化先行建设"一带一路"》，《求是》2014 年第 9 期。

强文化产业的竞争优势，不仅要让民族文化普惠大众，还要确保权利人的利益落到实处，真正实现经济与社会效益的共赢，从而使民族文化得到长足发展。

（一）license 合同能够保障文化产业权利人的利益合理分配

西部地区文化得以保存并进一步弘扬，离不开该文化区域内当地人们的文化传承，离不开文化产业打造团队的创新发展。在文化产业的生产过程中，其最为主要的活动就是提供文化精神产品，从而满足社会公众的文化精神需求，也是实现文化的传播与创新。根据文化产业的不同特征，在运用 license 合同时可以选择不同的许可模式，又结合被许可文化产业的具体表现形式，license 合同的具体被许可事项可以是著作权、专利权，还可以是某一文化产业的品牌或者商标，但无论基于何种模式或者具体内容为何，都必须对相关权利人的利益进行合理分配[①]。

文化产业的创新发展，需要在发展过程中集思广益，构建文化创新的产业新业态。推动传统文化的创新发展，需要持续不断的动力及活力。[②] 而保障文化产业权利人的利益分配，是分享智慧资源与创意人才之所用的关键。在文化与经济的双向促进关系下，应当让文化与经济同时成为激发文化创意的不竭源泉。让那些真正为了文化产业传播发展付出心血的人，享受由此带来的经济利益并使其得以合理分配，这不仅能够有效盘活地方文化资源，加大文化创新力度，还对经济发展有着持久的推动力和影响力。

（二）license 合同能够强化知识产权对文化产业的保护

西部文化产业既要在全国范围内做大做强，更要在国际舞台上得到长足发展。但由于各个国家的政治体制、经济发展水平、文化发展等不尽相同，各国在文化产业交流运营过程中或将不可避免地产生摩擦和冲突。license 国际合同是各国在扩大文化产业对外影响的基础上兼顾各方利益后平衡与协调的结果，是文化产业输出的规范化表达，它能在一定

---

① 徐家力：《企业破产中的知识产权许可合同处理方法研究》，《中州学刊》2017 年第 5 期。

② 每日甘肃网：《让甘肃文化融入新丝路新文创价值链——来自甘肃省文化厅副厅长周奉真的建议》，http://gansu.gansudaily.com.cn/system/2018/09/29/017056411.shtml，2020 年 2 月 5 日。

程度上加强对西部文化产业的知识产权保护,保障文化产业不仅要"走出去",还要"走得稳""走得好"①。

在加强知识产权保护、科技创新发展的背景下,通过 license 合同加强知识产权对文化产业的保护,对于促进文化交流互鉴,实现沿线国家和地区文化的共同繁荣发展,助力以文化为纽带的"民心相通"道路建设具有重要意义。

(三) license 合同能够有效促进文化产业的传承与繁荣

文化是民族的根脉,它蕴含着历史的丰硕成果又联通着未来的发展方向,体现在风俗习惯、舞蹈曲艺、手工制作等多个方面。科技的迅猛发展带来了生产和生活方式的巨大变革,尤其西部地区的民族文化赖以生存和传播的土壤由于时代更迭,在历史进程中逐渐丧失一席之地,文化活力逐渐冷却甚至丧失。文化资源的产业化是助力西部文化冲破其原生脆弱性,而得以在现代经济社会发展的有力举措,它通过资源整合、文化创新、产业投资等多种方式,赋予民族文化以适应社会潮流、满足人们需求的新生机与活力,使得民族文化不至于被淹没在涌动的时代浪潮中。

在中国舞剧的发展历史上,《丝路花雨》是最为经典的舞剧,可谓是具有里程碑的意义,通过将敦煌壁画的美丽场景融合于舞台,生动地再现敦煌文化及古丝绸之路的繁荣之景。随着市场经济的发展,《丝路花雨》在融合新兴元素下不断发展创新,并且始终以观众为中心,满足市场消费需求,基于市场,基于艺术基础,坚持社会效益第一,实现了社会、经济、文化效益相统一的演出模式。②《丝路花雨》的成功显示出了民族文化在创新发展方面所具有的强大潜力和文化产业化发展所带来的巨大市场。

但是,通过打造文化精品来促进民族文化进行产业化发展,实现民族文化的传承与繁荣绝非一条坦途,不能止步于某个文化精品的产出和

---

① 邱润根、邱琳:《论"一带一路"倡议下的知识产权保护机制问题》,《陕西师范大学学报》(哲学社会科学版) 2019 年第 2 期。

② 赵子铎:《从"丝路花雨"驻场演出看文旅融合发展》, https://baijiahao.baidu.com/s?id=16399001014145457l9&wfr=spider&for=pc, 2020 年 6 月 14 日。

文化产业的形成。如何合理运营文化产业，如何通过市场途径扩大文化辐射与影响，如何能让民族文化被越来越多的人和国家所接纳成为必须思考的问题。文化要输出，输出要多样。以《丝路花雨》为例，敦煌定点旅游驻场演出无疑是成功的，但要想实现促进文化传承与繁荣的根本目的，还有必要将该演出的受众进一步扩大，将其可能引发的文化效应进一步拓展。

通过 license 合同，可以尝试让越来越多的人参与到文化辐射与影响的进程中来。《丝路花雨》作为文化旅游融合演出模式的典型代表，又是符合著作权法意义上的作品，创作团队对《丝路花雨》享有著作权，演出人员对其享有表演者权。运用 license 合同并结合现代科学技术，能够拓展《丝路花雨》的演出形式，使观众跨越时空限制也能享受视听盛宴，感受敦煌文化的不朽魅力。此外，license 合同还有助于深入挖掘品牌潜力，打造文化创意产品等系列衍生产品，让文化以更亲和的方式走进大众视野，这对于打造地域文化名片、推动"一带一路"建设具有非常特殊的意义，通过制定西部的知识产权战略进一步为推动文化产业的继承与繁荣保驾护航。

一项文化产业从概念构想到落地实践，到整个文化产业链的形成，再到相关品牌的打造和品牌价值的提升，最后到对相关知识产权的保护，势必将会涉及多方主体的参与和多个渠道的融通，基于此，整个西部文化产业知识产权战略的框架建构也存在着一定的内在逻辑关系，是西部文化产业运营的动态过程。所以 license 合同不仅在知识产权许可战略中具有重要地位，它对创新促进战略、文化产业品牌战略和知识产权保护战略的成功实施与发展完善同样具有十分重要的意义。[①]

第二节　默示许可及其对文化企业知识产权战略影响

党的十八大以来，我国经济发展步入了在法治背景下实施创新驱动战略的新纪元。由于激励创新与知识产权制度有着不可分割的紧密联系，使得企业纷纷开始重视行业或者公司的知识产权战略的制定和实施规划，

[①] 谢芳：《服务众创的知识产权交易平台研究》，《科技管理研究》2019 年第 3 期。

以全方位的知识产权战略的高度来审视企业的发展和谋求最大的经济利益。在知识产权法中通过赋予权利人对其知识产权在一定期间内独占相关知识产权权利，以保护创造并促进相关行业的发展和创新。为了将相关智力成果推广和应用，使更多的人享受其创新成果给社会带来的福利，知识产权人可以一定的方式将其拥有的知识产权许可第三人实施，从而实现社会经济的繁荣发展。因此，在知识产权战略中，权利许可也是不可或缺的一部分，是企业、行业实施知识产权战略的必不可少的环节之一。

一　默示许可的基本概述

（一）默示许可的含义

在学者袁真富的《知识产权默示许可——制度比较与司法实践》一书中，其在研究学界对知识产权默示许可给出定义后，认为知识产权默示许可是指："在一定情形下，基于政策、惯例或交易目的等因素，从权利人的行为、语言或沉默等默示行为中，推定其允许他人使用其知识产权。"

在研究知识产权默示许可的相关文献中会发现，基于某种外部因素（政策、惯例或交易目的等）和权利人的默示行为是默示许可最为主要的特性，而通过法律规定推定的具有许可的意思表示更符合法定许可的范畴。[①] 由此，默示许可的含义就更为限缩在无法律规定之下基于某种外部因素和权利人的默示行为的范围内。

（二）默示许可的性质

1. 知识产权的默示许可实质上是一种合同行为

在知识产权中许可权是权利人享有的实体权利之一，知识产权的设置旨在保护知识产权人的创新智力成果，也就对未经许可的使用形成了禁止的效力。在明示许可中知识产权权利人通过与知识产权使用人签订明示的许可合同等形式，从而确定了其对知识产权使用的合法性。同理，知识产权的默示许可之所以能够产生对抗侵权行为的效力，是因为知识

[①] 袁真富：《知识产权默示许可——制度比较与司法实践》，知识产权出版社2018年版，第8页。

产权人某种前置的行为，比如口头形式、暗示或者前合同的效力等，使得知识产权使用人产生了一种合理的信赖，相信自己的知识产权使用行为是基于知识产权权利人认可的、合法有效的使用①。这实质上就是一种默示的合同行为，知识产权权利人通过一种默示的意思表示，与知识产权使用人达成了在许可范围内使用该知识产权的合意，即给予了使用人许可其使用的承诺，从而排除了该使用行为的侵权性。

2. 知识产权的默示许可实际上运用于合同纠纷中

虽然知识产权的默示许可表现为一种侵权抗辩事由，但是实际上默示许可更多地运用在合同纠纷之中。合同之债指向的是违约，即信赖利益的违反，而侵权之债却直接指向于损害，引起停止侵权、损害赔偿等责任。美国最高法院在 Forest 一案中确定了默示许可的基本特性："对于专利的默示许可中双方当事人之关系及涉及的诉讼更应认定为合同关系，并非侵权关系。"美国一地区法院更是直接确定指出："与任何其他的默示许可相同，专利的默示许可也属于当事人的合同行为。"② 若以行为人的默示许可行为成立为前提，后续需要讨论的问题则包括许可范围，许可使用费的支付等默示合同尚不能明确的情形，却无权要求知识产权使用人承担停止侵害、赔礼道歉、赔偿损失等侵权责任。因此在知识产权的默示许可中不同于知识产权侵权纠纷，无论使用人是否直接支付了专利许可费，在原使用范围内，均可继续使用该知识产权。

3. 知识产权的默示许可同时构成了对知识产权的限制

知识产权默示许可不仅体现为一种作为许可方式的合同关系，也构成对知识产权权能的限制。知识产权的默示许可也体现了利益平衡原则。所有知识产权法制度的构建都体现了知识产权的保护和限制两个方面的博弈。把握利益平衡的核心在于，保护知识产权创新成果及促进使用，提高社会总体经济水平。因此，承认知识产权的默示许可，必然增加了知识产权合理使用的范围，通过利益平衡、意思表示等理论的解释，对知识产权过度保护形成限制。另一方面，知识产权的默示许可不同于法

---

① 陈健：《知识产权默示许可理论研究》，《暨南学报》（哲学社会科学版）2016 年第 10 期。

② 杨德桥：《合同视角下的专利默示许可研究》，《北方法学》2017 年第 1 期。

定许可，默示许可的形成必定同知识产权权利人的特定行为相联系。信赖基础的产生需要存在知识产权权利人前置的特定行为，如不存在前置的特定行为就更无从谈起默示许可的成立。因此，知识产权默示许可对规范知识产权权利人的行为更为严谨，促进知识产权权利人合理使用其享有的权利。

二　默示许可的产生情形

（一）著作权默示许可的发生情形

1. 基于销售产生的著作权默示许可

在基于销售行为产生的著作权默示许可的研究中，2010年北京市第一中级人民法院审判的"北京北大方正电子有限公司与广州宝洁有限公司、北京家乐福商业有限公司侵犯著作权纠纷案件"[1]开启了国内首个著作权司法实践中"默示许可"的先例。

案件的争议在于，北京北大方正电子有限公司（以下简称"方正公司"）诉广州宝洁有限公司（以下简称"宝洁公司"）其生产的多项产品中使用了方正公司享有著作权的字体倩体"飘柔"二字，构成了对其权利的侵犯。2010年北京海淀区法院对此案做出一审判决驳回了方正公司的诉求，理由是字库中单字不具独创性，不给予保护。方正公司对判决不服，提出上诉。在该案的二审中，二审法院同样认为不侵犯方正公司的著作权，最终驳回上诉，维持原判。但是进行裁判的思维却不相同。二审法院从字体软件出发，因宝洁公司生产的产品外包装设计是由 NICE 设计公司设计，而 NICE 设计公司是通过购买方正公司正版软件后的合法使用，法院认为 NICE 设计公司对字库中字体的商业性利用获得方正公司的默示许可，宝洁公司从 NICE 设计公司获得的产品外包装的许可使用行为不构成对方正公司著作权的侵犯。

NICE 设计公司基于购买行为产生使用上的合理期待，如果不是这一行为将导致字体软件对 NICE 设计公司毫无价值。此时，就需要认定 NICE 设计公司以合理期待的方式取得了对方正公司的默示许可。[2] 这也

---

[1] 北京市第一中级人民法院（2011）一中民终字第5969号。
[2] 陈倩婷：《著作权默示许可制度研究》，《中国政法大学》，2012年。

是基于销售行为产生默示许可的发生情形。

2. 基于委托产生的著作权默示许可

在基于委托产生的著作权默示许可中，美国 Effects Assocs., Inc. v. Cohen 案[1]开启了著作权默示许可的先河。在国内的司法实践中，王定芳诉上海东方商厦有限公司侵害著作权纠纷案[2]、刘金迷与北京菲瑞佳商贸有限公司都市丽缘美容院、家庭百科报社侵犯著作权纠纷案[3]、陈文福与商标评审委员会等商标争议行政纠纷案件[4]等一系列案件中，法院认为委托人与受托人存在先前的委托行为，在对权属无约定的情况下，委托人基于委托行为对作品在委托范围内合理使用作品，基于先前存在的委托行为使得委托人获得了使用受托人作品的权利的默示许可。委托行为能够让委托方对作品的使用形成合理期待，如不使用委托产生的作品，那么先前的委托行为对委托方来说就变得无价值。

3. 基于网络搜索引擎产生的著作权默示许可

随着网络技术的发展，基于网络环境产生的著作权默示许可不断受到关注[5]。网络环境下产生的著作权默示许可主要产生于网络搜索引擎相关情况下，最为经典的案件为 Field 诉 Google 公司案[6]。Google 公司使用 Googlebot 机器人程序自动对网页进行抓拍缓存，其行为属于版权意义上的复制行为。Field 将自己的作品放在一家网站上，网站加入了 robots.txt 文件，能够让所有网络机器人对其进行索引，因此 Google 服务器中抓拍缓存了 Field 的享有版权的作品，Field 随后起诉了 Google 侵犯版权。法院经过审理最终驳回了 Field 的诉讼请求，裁判 Google 并不侵权，其中一个的理由就是默示许可。法院指出，如果 Field 不希望被 Googlebot 机器人对其作品进行抓拍缓存，可以通过加入互联网行业众所周知的 Robots 协议来阻止 Googlebot 机器人对其网页进行抓拍缓存。然而 Field 并没有这样做，法院即认为其给予了 Google 进行对其网页抓拍缓存的默示许可。

---

[1] Effects Assocs., Inc. v. Cohen, 908 F. 2d 555, 558 (9th Cir. 1990).

[2] 上海市徐汇区人民法院（1993）徐民初字第1360号。

[3] 北京市第一中级人民法院（2005）一中民终字第12299号。

[4] 北京市高级人民法院（2011）高行终字第350号。

[5] 李捷：《论网络环境下的著作权默示许可制度》，《知识产权》2015年第5期。

[6] Field v. Google, Inc., 412 F. Supp. 2d 1106 (D. Nev. 2006).

从上诉案件中可以发现，在网络环境下如果能够通过行业内周知的"协议"来阻止对其网页的抓拍缓存行为，却没有实施该协议的，请求承担侵权责任的应当不予认可，认定为权利人进行了"默示许可"更为合理。

（二）商标默示许可的发生情形

1. 基于销售产生的商标默示许可

在市场经济贸易中，经销商的购买再销售行为在特定情形下能够构成商标权人对经销商的商标默示许可，当然此种商标默示许可也存在适用上的条件。在国内的司法实践中，成都锦尚贸易有限公司与昆明市五华区宏焘日用百货经营部、施海明侵害商标权纠纷案[①]较为明显地体现出了基于销售行为产生的商标默示许可，原告诉称被告侵犯了其享有的第10998361号"REEMOOR"英文商标，被告抗辩称其店铺带有原告表示的装潢及道具均是来源于原告，其已经获得原告的授权许可，原告认为其出售道具的行为不构成对被告授权使用商标的许可。法院最终审理认为被告不构成侵权，原告在销售道具时就应当知道被告购买该商品时就是用来使用展示销售商品的，因此被告的此种行为应当被认定为获得原告的默示许可。当然法院也指出被告购买的装潢道具只能展示销售原告生产的产品。

此外在销售产生的商标默示许可情形中，也可能在平行进口中出现。在平行进口的商业贸易中，如果商标权人在与第三人交易时没有对第三人的转销行为进行限制，就可以认定为其默示同意第三人将商标转销或返销至其享有商标权的国家。[②]

2. 基于协议产生的商标默示许可

在基于协议产生的商标默示许可的司法实践中，贵州巨工电器有限责任公司诉东巨电器厂商标使用权纠纷案[③]也能看到默示许可的形态。在该案中，被告是原告与其他公司约定共同成立，原告负责给被告提供技术与原材料及相关销售。被告公司成立后，生产了原告拥有的专利产品

[①] 昆明市中级人民法院（2015）昆知民初字第469号。
[②] 严桂珍：《平行进口法律制度研究》，北京大学出版社2009年版，第111页。
[③] 贵州省贵阳市中级人民法院（2007）筑民三初字第55号。

并在网络上宣传了原告享有商标权的商标，寻找地区代理商。经法院审理认为根据经营约定，被告生产了原告享有专利权的产品，并使用了原告的商标，但原告在明知的情况下对此并无反对意见。因此，认定被告获得原告默示许可使用其注册商标。

由此可以看出，基于协议产生的商标默示许可需要商标权人存在在先协议，并对后续商标的使用行为明知并未反对。法院最终判决被告的宣传行为不构成对原告的商标侵权。

3. 基于公司分立产生的商标默示许可

基于公司分立产生的商标默示许可情形在司法实践中发生较少，由一个公司分立成两个单独的公司后，分立过程中并未对商标做出明确的权属及利益约定。分立后两个公司都在继续使用该商标，但商标又被其中一公司注册。该公司就对分立后的另一公司的使用行为提出异议。浙江伦特诉乐清伦特商标权案就是发生这一情形的典型案例①，原告要求法院判决确认注册商标为两家公司共有。二审法院认为，根据两家公司分立协议，其中约定了"模具公用"，而在部分模具上又有该注册商标，无法避免使用该注册商标。此外，法院认为原被告积极约定的模具使用行为，得出被告默示许可原告使用其注册商标的结论更为合理。

由此可以看出，基于公司分立产生的商标默示许可中，根据特定协议和案件情况，推定出商标默示许可的发生情形也是存在的。②

（三）专利默示许可的发生情形

1. 基于销售产生的专利默示许可

如专利权使用方从专利权人或获得专利权人许可的一方购买特定用途的设备或产品零部件，仅能实践于一项特定的专利方法，或者制造某种特定的专利产品，并且双方未签订相关专利许可使用合同。专利权人也未以其他明示形式传达许可其使用相关专利的意思表示。在此种情形下，基于专利权人在前的销售行为，专利权使用方使用相关专利的行为，是否构成侵权？这就产生了基于销售行为的专利默示许可情形，由于专

---

① 浙江省温州市中级人民法院（2010）浙温知终字第 3 号。
② 袁真富：《知识产权默示许可——制度比较与司法实践》，知识产权出版社 2018 年版，第 103 页。

利权人存在了解购买人预期行为的可能性,即知道购买人购买该专利设备或产品部件的唯一目的为使用专利方法或制造专利产品。因此,默认为专利权人赋予了购买人使用其专利产品或方法的许可。根据专利权人追溯方式的不同,又可以区分为直接侵权之诉与间接侵权之诉:

（1）直接侵权之诉

直接侵权之诉,即专利权人认为专利权购买人通过购买行为并不足以获得该方法专利或特定专利产品的使用许可,而直接提起侵害专利权的诉讼。同时购买人以获得专利权人的默示许可为由进行抗辩[1]。在我国,最高法院2011年审理的江苏省微生物研究所有限责任公司与福州海王福药制药有限公司专利侵权纠纷案[2]较为典型。

本案的争议焦点在于:福药公司实施本案专利的行为是否经过许可以及福药公司是否具有合法的抗辩事由。对此,福药公司主要提出了如下抗辩理由:山禾公司已经获得生产硫酸依替米星原料药、水针剂的专利使用权,专利权人以独占的方式将权利许可给了山禾公司;福药公司的生产行为是经过专利许可使用权方山禾公司的同意,不成立侵权;专利权人主张对福药公司从合法来源购买的原料药生产注射液的禁止使用,违反了专利权用尽原则。

根据查明的事实,最高人民法院认为,福药公司生产硫酸依替米星氯化钠注射液的原料药购自专利权人与他人合资设立的企业方圆公司或者得到专利权人许可的第三人山禾公司。虽硫酸依替米星原料药不能归于本案专利保护范围,但硫酸依替米星原料药的合理商业用途只能用来生产本案的专利产品,那么专利权人自己设立的企业或获得许可的第三方,销售该原料药的行为就意味着默示许可他人实施相关专利。

对于此,最高人民法院对本案引起的专利默示许可给予了积极肯定的评述,具有十分重要的指导意义。需要注意的是,本案中福药公司的抗辩理由中提到了专利权用尽原则,用来支持专利默示许可。但专利权用尽同专利默示许可的本质是不同的,默示许可理论被认为是一种准契

---

[1] Raymond T. Nimmer & Jeff C. Dodd, "Modern Licensing Law", 2007-2008 Edition, 2008, Thomsonwest, p.632.

[2] 最高人民法院（2011）知行字第99号行政裁定书。

约性质的理论，是当事人在信赖和期待（beliefs and expectations）的前提下成立的交易①。一般来说，只有在产品上才存在专利权用尽的情形，如专利产品被合法的投放市场后，任何人对于该专利产品的再销售或再使用，不再需要专利权人的另行许可，不构成侵权。而专利的默示许可指向的是专利权人的行为。因此，作为直接侵权抗辩事由的专利默示许可，在认定之前，首先应该明了该案中权利用尽和专利默示许可的关系，然后由具体情况判断利用哪种方式来进行衡量更为合适。

（2）间接侵权之诉

专利的间接侵权制度于1952年由美国专利法成文法化，该制度主要包括了引诱侵权和辅助侵权两个部分，但直接侵害是以共同侵害（contributory infringement）、侵害的引诱（inducement）为前提的。如果最终没有承认购买者的默示许可，该产品及部件的生产者或者销售者，以引诱侵害专利权人的专利权而追究责任，即构成间接侵权，承担间接侵权责任②。在司法实践中虽然存在以专利默示许可对抗专利间接侵权的情形，但二者在制度设计上就存在着制约关系。一方面间接侵权制度在实践的发展过程中已较为成熟，其扩大了权利的保护范围，增强了专利权的垄断效力。另一方面基于利益平衡理论，专利的默示许可又对专利权能进行了限制，即在专利权人扩张其权利的间接侵权之诉中，被控侵权人又可积极地主张成立默示许可，以此进行抗辩。

由此，就造成了专利的间接侵权和默示许可二者的竞合。具体的情形比如：专利权人享有某项组合专利产品的专利权，购买者通过第三方购买了唯一用途即为组装该专利产品的零部件或原料。由于该零部件或原料不属于专利产品，即该行为并没有直接侵犯专利权，但专利权人为了扩大其专利保护范围，往往诉诸追究其间接侵权责任。同时，由于该零部件或原料使用目的的唯一性，使得购买者的购买行为获得了第三方专利默示许可的效力。这就对法院把握公共利益的平衡提出了更高的要求。

---

① General Elec. Co. v. United States., 572 F. 2d 745 (1978).
② 张耕、陈瑜：《美国专利默示许可与间接侵权：冲突中的平衡》，《政法论丛》2016年第5期。

2. 基于标准产生的专利默示许可

随着社会经济的迅速发展，在信息、通信等领域，标准与专利呈现出相结合的必然趋势。国际标准组织（ISO）、国际电工委员会（IEC）、国际电信联盟（ITU）等标准化组织最早发布了国际标准化专利政策。我国的标准化专利建设也逐步步入正轨，但是由于专利信息披露制度尚不完善，导致一些专利产品或方法已经纳入国家或行业标准中，但又未及时说明其已经获得专利。因此，在该标准的实施过程中，必然涉及这些专利产品或方法的使用。这就构成了必要专利，那么对于必要专利的使用，是否侵犯专利权？这就产生了基于标准实施的专利默示许可。

关于标准化专利中的默示许可，在我国司法实践中已有涉及，如"张晶廷与子牙河公司案"[①] 子牙河公司就在答辩中称"涉案专利的技术方案是建筑行业普遍使用且是河北省建设厅推广的现有技术。子牙河公司的被诉侵权施工行为不构成侵权"。我国在 2015 年 12 月公布的"专利法送审稿"第 85 条规定："参与国家标准制定的专利权人在标准制定过程中不披露其拥有的标准必要专利的，视为其许可该标准的实施者使用其专利技术。"[②] 该送审意见虽然尚未施行，对于标准的认定也尚有分歧，但是其中涉及的必要专利是否成立默示许可已经成为一个不得不重视的议题。

承认标准涉及的专利默示许可对于顺利推进标准化进程有一定的推动作用。标准化的顺利实施相伴而来的就是完善的专利信息披露制度的建立，如果直接承认标准涉及的专利默示许可，这就相当于切断了已经将其专利纳入了标准制定中的专利权人又以不披露信息的方式另外向专利使用者收取许可费用的路径。这种情形下，一方面，标准实施过程中，由于存在默示许可成立的屏障保护，使用者不必担心存在尚未披露的专利信息而引起专利侵权风险，使标准得以顺利实施，同时也保障了信赖利益。另一方面，专利权人通过披露专利信息，并不必然引起免费许可的效果，他可以选择免费许可或者收取适当许可费用的方式许可，反向

---

① 最高人民法院（2012）民提字第 125 号民事判决书。
② 国家知识产权局：《专利法修改草案（征求意见稿）条文对照》，http://www.sipo.gov.cn/ztzl/ywzt/zlfjqssxzdscxg/xylzlfxg/201504/t20150401_1095940.html，2019 年 12 月 22 日。

促进了专利信息披露制度的顺利建立。

3. 基于合同关系产生的专利默示许可

如前所述，合同性质是专利默示许可的实质性质，那么基于公平正义、意思自治的合同理念，如果专利权人与专利使用人之间直接存在合同关系，则不排除应当适用《合同法》的规则对其进行适当调整。这大致包括两个方面：

（1）基于许可协议产生的默示许可

在实践中存在专利权人先以明示的方式与专利权使用人签订了一份专利许可合同，此后专利权人又在其优先权期内，完善或者受让了新的专利权，后取得的专利权对在先享有的专利权完成了覆盖。此时，专利权人又以后取得的专利并未授权许可给其使用为由，要求对方承担专利侵权的法律责任。对于此，专利权使用人基于已存在的专利许可协议，使用专利权人所享有的专利，是否构成侵权？这就产生了基于许可协议的专利默示许可。这种情形在我国的司法实践中也已经出现，如"晶源公司诉日本 FKK 和华阳公司案"[①] 中，华阳公司在答辩中提出，根据其与晶源公司签订的《漳州后石电厂烟气脱硫工程可行性研究报告委托合同书》，约定其能够使用晶源公司编制的可行性研究总报告中推荐的纯海水法烟气脱硫技术。但是此案当年的审理中并没有承认默示许可的成立，基于许可协议是否可以成立默示许可仍然值得探讨。

（2）基于其他合同关系产生的默示许可

这种情况就是指：专利权人与专利权使用人之间没有签订许可协议，而是存在某些与专利权内容相关的合同关系或交往关系。并且在这些协议签订之初，双方并未意识到存在专利权许可的内容，但随着情况的不断变化，相关的专利权许可落入了该协议的范围，而产生的可能成立默示许可的情形。

此种情形应当跳出唯一考察专利法的规定范围，而是应当站在公平正义理念与信赖利益保护理念的基础上，视具体的案件情况考察是否成立默示许可。

---

① 最高人民法院（2008）民三终字第 8 号民事判决书。

三　默示许可对文化企业知识产权战略的影响

（一）创新环节中刺激文化企业严谨制定知识产权保护范围

随着国家创新驱动战略的推进，不少文化企业开始提升创新研发能力，但对于创新研发的维护意识仍较为欠缺，以至于引发大量的国内外知识产权侵权纠纷。特别是由于可能成立知识产权默示许可的情形，更增加了这些企业的知识产权成果保护难度。因此，文化企业在知识产权保护时应当注意：

1. 如前所述，默示许可的本质是一种合同，是基于权利人的默示行为及相关外部因素产生的许可。因此，文化企业在制定知识产权保护范围时需要对市场交易行为尽到注意责任，防止知识产权保护困难等问题的出现，提前防范不必要的侵权纠纷。

2. 如果文化企业在产品的创新上还需要其他企业的知识产权，则可以考虑与该企业协商进行交叉许可。这种方式同样达到了创新发展的要求，降低了后续的产品流通环节的被侵权风险。

3. 对于规模较大、市场管控能力较强的文化公司来说，为达到上述目的可考虑收购的形式。总之，由于默示许可的情形往往出现在销售、使用等二次环节中，最有效的预防方式就是严谨地设计知识产权保护范围。

（二）生产销售环节中促进文化企业提高防御意识

在文化企业的发展过程中，承认知识产权的默示许可，无疑给这些企业增加了一层保护屏障，部分情况下可以避免卷入知识产权侵权风险之中，这个过程中需要注意的是明确可能产生知识产权默示许可的情形，树立信赖利益保护理念。由于实施合同的过程中，不可避免地会出现合同签订之初无法料想的情况，此时，基于公平正义与信赖利益保护的理念对合同条款做出的合理解释可能得到法律支持。

因为实践中存在知识产权默示许可的情况，也就为文化产业在商业活动中提供知识产权的防御意识，尤其在"一带一路"建设过程中贸易频繁的背景下，文化企业更需要注重"走出去"战略中对企业知识产权的保护。

（三）提高文化企业应对知识产权侵权诉讼的应诉能力

知识产权默示许可来源于司法实践，也应当被运用于司法实践中。在我国当下知识产权侵权抗辩的体系中，被控侵权人针对原告的侵权控告时，作为侵权抗辩理由的知识产权默示许可往往在应诉中被企业忽略。虽然目前知识产权默示许可尚以案例法的形式存在，但是已经出现不少以默示许可为由进行抗辩的案例得到支持。

如果企业确实被卷入知识产权侵权诉讼中，那么除考虑现行知识产权法明确规定的抗辩理由外，也应当审查是否能够适用默示许可。这样一来，在众多国际知识产权侵权纠纷中，我国企业长期受被动追溯的局面就有望好转，应诉能力得以提升。

（四）节约文化企业知识产权投资成本

由于知识产权制度设计本身对于创新智力成果的垄断性保护，使得知识财产的价值掌握在一部分人手中，通过交易手段、市场作用转化为巨大的经济效益。文化企业为了追逐这部分经济效益，自然希望通过知识产权许可等方式，加入掌握知识财产的阶层中来。而相较于有形财产价值相对固定的特征，知识财产往往具有价值波动明显、更新速度快、权利存在交叉的特点，加之知识财产的交易成本本身高于普通交易，这就给文化企业为了获得知识产权许可带来了巨大的投资成本。

不仅如此，对于已经获得的知识产权许可，由于知识产权权利人也具有自动的追求经济价值的特性，因此对于知识产权权利的更新，知识产权人又以许可不完善为由追究文化企业的侵权责任，这就给企业带来了循环往复的经济负担。然而，知识产权默示许可存在的条件下，无疑是排除了前述可能存在的恶性循环，提高了知识产权权利人恶意追诉的风险，从而节约了文化企业的投资成本。

第三节　西部文化产业知识产权许可与证券化

一　知识产权许可与证券化基本概述

（一）知识产权许可与证券化的概念

知识产权证券化（Intellectual Property Securitization，简称 IPSecuritization），是指发起人以其拥有的知识产权未来可产生的现金流量作为基础资产，通过结构化等方式进行信用增级，对其中的风险与收益等要素分解并重构，将其移转到特设载体机构（Special Purpose Vehicle，SPV），在此基础上由 SPV 发行该基础资产为担保可流通权利凭证进行融资的金融操作。[①] 知识产权证券化是资产证券化的一种，而资产证券化则是作为证券化的一种，其关系如图 9-1 所示。

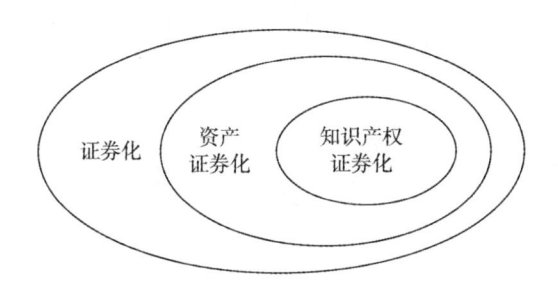

图 9-1 证券化、资产证券化与知识产权证券化关系

在知识产权证券化中，其基本操作流程主要是知识产权权利人将其拥有的知识产权将许可使用收费权转给以资产证券化为特定目标的特设机构来实现知识产权证券化，而特定机构则向权利人支付知识产权未来许可使用收费权的合理对价。从知识产权证券化的基本交易流程中（见图 9-2），对知识产权权利的许可构成了知识产权证券化的出发点。因此，在构建西部知识产权许可战略中，利用知识产权证券化这一手段来提升西部地区知识产权利用率及引入资本更为有利。

在知识产权证券化过程中，发起人通常是指对知识产权中的财产权具有支配权的人，可以是自然人也可以是企业法人。而特设载体机构通常是一个独立成立的公司或信托或合伙企业，其设立宗旨就是接受发起人的知识产权并且后续进行管理。作为一种重要的金融创新，知识产权证券化在构建多方面的金融市场及发展知识产权的自主化更为有意义。

（二）知识产权证券化的基本流程

知识产权的种类繁多、特性各有不同，以至于每个知识产权证券化计划安排都有所不同。但是知识产权证券化仍具有共性的结构和程序。

[①] 董登新：《知识产权融资走向证券化》，《中国金融》2019 年第 1 期。

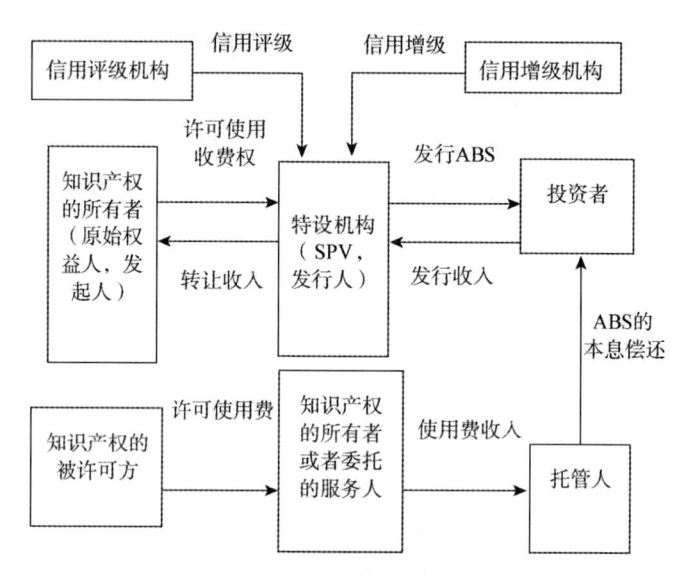

图 9 – 2　知识产权证券化的交易结构

根据图 9 – 2 可知,① 主要包括以下基本运作程序:

首先,知识产权权利所有人(原始权益人,发起人)将其权利在未来特定期限的许可使用第三方的收费权,转给以资产证券化为特定目的的特设机构。② 该许可使用收费权可以是发起人原始所有也可以是从原始知识产权所有人许可获得。

其次,改善交易环境,进行信用评级与信用增级。特设载体是证券化的核心,其设立形式多样,比如公司形式、有限合伙形式或者成立信托契约等。SPV 在发行 ABS 之前,通常聘请信用评级机构进行内部信用评级,然后根据该评级结果以及发起人的融资要求,采用破产隔离、划分优次级证券或者金融担保等相应的信用增级技术,提高 ABS 的信用级别。③ 这样才能改善发行条件,使知识产权支持的证券信用提升至较好的发行水平。

---

① 杨亚西:《知识产权证券化:知识产权融资的有效途径》,《上海金融》2006 年第 10 期。
② 王晓东:《知识产权证券化:高新技术企业融资新途径》,《金融与经济》2013 年第 3 期。
③ 王晓东:《知识产权证券化的风险及防范》,《商业时代》2012 年第 33 期。

再次，将证券信用提高和公布证券的评级结果之后，SPV 向投资人发行 ABS，而后将其发行收入支付给知识产权权利所有人，实现对其许可使用收费权的对价。[1] 至此，发起人以知识产权证券化的方式来融资的目标已经实现。

最后，知识产权的被许可方向知识产权的所有者或其委托的服务人支付许可使用费，所有人或者其服务人将款项存入 SPV 指定的收款账户，由托管人负责管理。[2] 按照规定的期限，托管人将对投资者付息还本，向聘用的信用评级机构、信用增强机构、证券投资者、律师事务所、会计师事务所等各类专业机构支付专业费用。[3]

二 我国知识产权证券化的发展现状与趋势

1997 年，鲍伊债券（Bowiebonds）的发行，标志着全球第一例知识产权证券化先河的开启。首次将知识产权纳入证券化的范畴，是一种金融创新。随后知识产权证券化在美国、日本和欧洲等主要资本发达国家兴起并且得到迅速发展，给金融市场注入新的活力。以美国为代表的西方发达国家将知识产权证券化作为在投资银行界与知识产权界未来重大的证券化资产项目，甚至世界知识产权组织（WIPO）也将其作为未来的一个"新趋势"。基于此，在知识经济兴起的 21 世纪，对知识产权证券化的摸索及其在我国的适用进行研究，是不可或缺的。

鲍伊债券发行时隔 20 多年后，于 2018 年 12 月 14 日，在国家知识产权局、中国证券监督管理委员会、北京市委宣传部、北京市国有文化资产监督管理办公室以及北京市文化投资发展集团有限责任公司等部门的联合指导下，我国出现了第一支知识产权证券化产品——"第一创业——文科租赁一期资产支持专项计划"（以下简称"文科一期 ABS"）。首支知识产权证券化产品在深圳证券交易所（以下简称"深交所"）获批进入市场，并于 2019 年 3 月 8 日成功发行。这一知识产权证券化产品的诞生标志着我国在知识产权证券化的道路上迈出了实质性的一步，同时

---

[1] 傅国：《知识产权证券化融资方式问题探析》，《中国外资》2013 年第 5 期。
[2] 王双庆：《知识产权证券化研究》，硕士学位论文，西南财经大学，2012 年，第 8 页。
[3] 李建伟：《知识产权证券化：理论分析与应用研究》，《知识产权》2006 年第 1 期。

更进一步拓宽了高科技以及文化创意企业的投资融资渠道,有利于促进我国的科技创新和产品应用落地。① 一周后,2018 年 12 月 21 日,"奇艺世纪知识产权供应链金融资产支持专项计划"在上交所获批,并于 12 月 21 日成功发行,开辟出一条以知识产权贸易为出发点的知识产权行业资产证券化融资新路径,对整个行业具有里程碑式意义,发挥着典型的示范作用。②

文科一期 ABS 成功在深交所成功发行之后,知识产权证券化在我国发展趋势迅速上升,其增长趋势的基础在于我国庞大的知识产权资源。2019 年,国家知识产权局公布的数据显示:我国共授权发明专利 45.3 万件,同比增长 4.6%;PCT 国际专利申请 6.1 万件,同比增长 10.4%;有效商标注册量达 2521.9 万件,同比增长 28.9%;集成电路布图设计发证 6614 件,同比增长 73.4%。③ 反映出我国知识产权拥有量巨大,并且还在健康稳步上升,知识产权经济给国民经济带来的效益不可估量,也对我国产业结构升级和知识产权强国产生积极的影响和战略意义。而且根据 Wind、CNABS 汇总统计,2019 年度资产证券化市场共发行产品 1431 单,同比分别增长 50.63% 和 15.50%。其中,企业 ABS 产品共发行 1000 单,同比分别增长 43.27% 和 13.64%。④ 知识产权证券化作为资产证券化深入发展的产物,该项目产品在企业 ABS 中的地位显著增加,挖掘知识产权经济价值,促进知识成果转化。知识产权作为创新的结晶,而创新是我们"新时代"深化改革的动力源泉,知识产权证券化为推动社会发展提供了强有力的金融支撑并促进了产业升级与创新。

21 世纪以来,我国经济腾飞发展逐渐成为全球第二大经济体,知识经济在我国经济比重中逐渐显著,我国在知识产权领域已经取得相当可观的成就。《2018 年中国知识产权发展状况评价报告》指出,在 2018 年我国的知识产权综合指数、创造指数、运用指数、保护指数和环境指数均有所增长,分别反映出我国 2018 年综合发展水平全面提升、创造水平

---

① 新华社:《我国首支知识产权证券化产品在深交所成功获批》,https://baijiahao.baidu.com/s?id=1619830730966417015&wfr=spider&for=pc,2020 年 3 月 16 日。
② 柯然:《知识产权证券化的国际经验及深圳实践》,《金融市场研究》2019 年第 10 期。
③ 国家知识产权局:《知识产权统计简报》2019 年第 28 期。
④ 德邦证券:《2019 年度资产证券化研究年报》。

稳步提高、运用水平不断优化、保护水平成效明显、环境水平不断优化。从国家层面来看，2019年在加快知识产权证券化试点工作的推进中，我国在提高知识产权的多方面的运用，特别是在知识产权金融服务方面的创新运用，扩大了其服务范围。① 在2019年6月国家知识产权局发布《2019年深入实施国家知识产权战略加快建设知识产权强国推进计划》，进一步促进及鼓励海南自由贸易区、雄安新区探索知识产权证券化及融资。② 相较于传统的资产证券化，知识产权的证券化是将无形的知识产权作为基础性资产，而非实物资产。在海南自贸区、雄安新区开展知识产权证券化的探索，是较有前瞻性的。当然，对于西部文化产业的发展，知识产权证券化也同样是重要的一环。

三　知识产权证券化在西部文化产业的应用前景

（一）西部文化产业知识产权证券化的可行性分析

1. 传统文化资源丰富与文化产业发展迅速

千年华夏文明的延续，孕育出璀璨、独具特色又水乳交融的民族文化，共同丰富了中华民族的发展史，这也成就了西部地区"民间文化艺术宝库"的美誉。西部各民族的历史文化源远流长，拥有丰富的文化资源。在云南，有着毕摩文化、梯田文化、驿道文化、南诏大理国文化等，充分展示了云南民族文化的丰富多彩；③ 在甘肃，有着敦煌文化、河西走廊文化、甘南藏文化、兰州文化等；在宁夏，有着回族伊斯兰文化、西夏文化、"塞上江南"文化等；在青海，有着青海彩陶艺术文化、土族独特的婚姻文化、藏族的藏戏与藏医药文化、回族与撒拉族的特色饮食文化等；在新疆，有着丝路文化、兵团屯垦文化、石油文化等。

近年来，西部地区在丰富的民族文化资源基础上文化产业发展迅速，其中主要有"一圈一带"的乌鲁木齐—昌吉文化产业、以"一核、一轴、四基地"为核心的河西走廊文化产业、"一核五区"的青海文化产业、

---

① 李波：《2019年上半年资产证券化发展报告》，《债券》2019年第7期。
② 吴凤君、李阳：《知识产权证券化的法学分析》，《金融理论与实践》2012年第8期。
③ 范雯雯、范建华：《特色文化产业——中国西部少数民族地区脱贫的不二选择》，《云南民族大学学报》（哲学社会科学版）2018年第3期。

"一带三基地"兰州文化产业、以西安为圆心的陕西文化产业、发掘自身特色的藏羌彝文化产业等。对于西部文化产业优化升级发展，根本在于其内生动力，而资源结构的升级能够为其提供支撑。① 2019 年，西部文化产业全部实现正增长，文化新业态发展势头强劲，在全国西部地区规模以上文化及相关产业企业营业收入增长 11.8%，比上一年提高 1.2 个百分点。② 西部文化产业快速发展的同时，也必将带动西部地区创新水平提高以及提升知识产权的数量，促进产业链整体更新换代及激发知识产权经济的活力，而且也将给知识产权证券化提供坚实的产业基础和资源保障。

2. 创新水平提高与知识产权量充足

近年来经济全球化的趋势已经形成，知识经济成为大国及发达国家的重点发展方向。而知识经济必然需要科技的支撑，科技需要创新，因此，如今科技创新能力已然成为衡量一个国家或者地区的关键性因素。根据中国科技发展战略研究小组、中国科学院大学、中国创新创业管理研究中心联合发布的《中国区域创新能力评价报告 2019》，2019 年创新能力上升的有 7 个，其中西部省份宁夏上升 4 位，而且从全国范围来看，东西地区的差距在缩小。③ 虽然东部沿海地区目前依然是创新能力发展较强地区，但中西部地区也在不断提高创新能力，创新步伐也在逐渐提升，东西部地区的差距也产生了积极变化。由此可见，西部地区的技术创新水平发展迅速并且潜力十足，有望能够带动知识经济的蓬勃发展，同时也为西部地区知识产权证券化奠定资源基础和提供不竭动力。

西部地区的创新水平提高，也表现在该区域的知识产权数量充足。根据国务院《2019 年中国统计年鉴》分析，西部省份或地区授权专利量、有效商标注册量、PCT 国际专利申请量以及集成电路布图设计发证的数量相比上一年都有显著提高，并且其知识产权综合发展能力对全国知识产权水平提高的贡献较大。从图 9-3 可见，我国大部分地区的知识产权

---

① 董晓萍：《西部民族地区文化产业转型发展的思考》，《前沿》2019 年第 6 期。
② 数据来源：国家统计局官网。
③ 刘丽琴、刘晓辉：《面向国际服务外包的中国区域科技创新能力评价》，《首都经济贸易大学学报》2014 年第 1 期。

创造和环境对综合发展的指数贡献度超过标准线，尤其云南、内蒙古、新疆、甘肃、青海等地区表现最为显著，这也说明了西部地区的知识产权运用发展空间较大。而且经济越发达的地区，对于知识产权的重视和投入就越大，当地的知识产权发展水平就越领先，而知识产权的领先，反过来又可以最大限度地帮助企业占据科学技术优势，获得更高的利润收益，当然科学技术的发展也必将使西部地区的知识产权数量增加，这也为知识产权证券化的发展夯实基础及打造吸引投资的市场环境。[①] 促进西部地区的知识产权证券化，有利于提高西部地区的知识产权运用水平，发挥知识产权价值，是未来知识产权发展的重要方向。

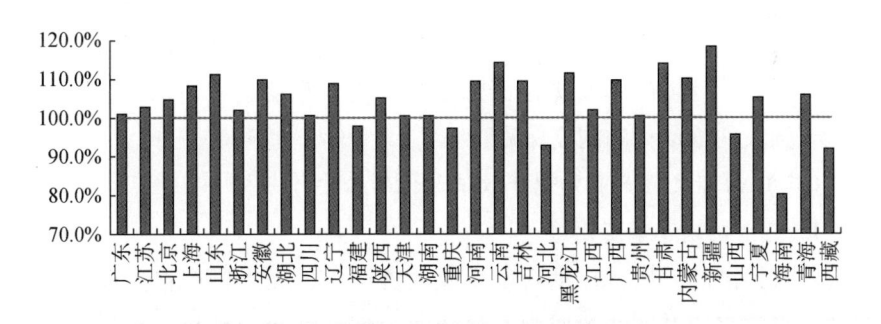

图9-3　2018年各地区环境对知识产权综合发展指数的贡献度

3. 中央及地方政府强有力的政策支持

2008年，国务院发布《国家知识产权战略纲要》提出"激励创造、有效运用、依法保护、科学管理"的发展方向，从创造、运用、保护及管理等方面划分工作。[②] 之后中央陆续发布一系列支持西部文化产业以及知识产权发展的重要文件，比如2009年《国家民委关于做好少数民族语言文字管理工作的意见》、2010年《文化部关于贯彻落实中央新疆工作座谈会精神实施方案》等。2014年文化部与财政部发布的《关于推动特色文化产业发展的指导意见》，其中指出关于西部的特色文化产业带等内容。2015年发布的《国务院关于新形势下加快知识产权强国建设的若干

---

① 国家知识产权局知识产权发展研究中心：《2018年中国知识产权发展状况评价报告》，http://www.sipo.gov.cn/zscqgz/1140010.htm，2020年5月13日。

② 国家知识产权局知识产权发展研究中心：《2018年中国知识产权发展状况评价报告》。

意见》指出,到 2020 年实现我国"知识产权创造、运用、保护、管理和服务能力大幅提升"。以上这些中央政策文件为西部特色文化产业的形成和知识产权的发展都提供了强有力的政策支撑。

此外,西部各级地方政府也立足当地文化资源与知识环境,相继推出了一系列文化产业发展规划和配套扶持政策。① 例如,2015 年宁夏回族自治区政府制定的《关于贯彻落实国家〈丝绸之路经济带和 21 世纪海上丝绸之路建设战略规划〉重要政策举措的分工方案》,提出"促进知识产权创造运用,支撑产业转型升级";2016 年甘肃省人民政府制定了《甘肃省新形势下加快知识产权强省建设的实施方案》,提出将按照"坚持改革创新、区域协调发展、夯实工作基础、坚持市场化导向、突出产业特色、支撑中心工作、加大保障力度"的工作思路推进知识产权强省建设工作。地方政府政策环境的不断优化也为西部文化产业发展和知识产权证券化提供了强大的推动力和制度保障。

(二) 西部文化产业知识产权证券化的必要性分析

1. 资金短缺、融资困难

随着经济的发展,在创新型企业的资产中,无形资产在企业资产的价值比重颇有提升,逐渐成为文化产业中创新性企业的核心要素,因此在企业融资过程中需要将知识产权作为重点。据 Pullman group 的估计,全球知识产权价值高达约 1.1 万亿美元。西部文化产业虽然基础较为薄弱,但是其具有文化资源以及知识产权价值非常巨大。随着知识产权相关战略以及"一带一路"倡议的具体实施,知识产权的发展在西部地区经济发展中的重要程度也逐渐提高。而随着西部地区强化对知识产权的商业化运作,其文化价值将会继续增长,就能够为实现知识产权证券化提供基础资产。② 在西部文化产业的发展中,较多的文化企业为创新型企业,其固有的特点在于固定资产不足,而无形资产占比较多,通过内源融资来实现企业发展较为困难,上市融资也较为不易,银行借贷要求又

---

① 雷晓萍:《西部民族地区文化旅游产业发展的法律规制》,《中共山西省委党校学报》2012 年第 4 期。

② 方媛、熊文新:《知识产权证券化融资方式》,《西南农业大学学报》(社会科学版) 2013 年第 1 期。

较高。知识产权证券化就是为实现创新型企业融资发展的有效途径。①

此外，由于知识产权质押融资大多偏向短期、小额融资，对创新企业的长期发展无法起到重要作用，而知识产权证券化在一定程度上可以解决这些难题。值得注意的是，2019年12月西安纸贵互联网科技有限公司与西部国家版权交易中心有限责任公司双方将围绕知识产权证券化相关内容，本着优势互补、合作共赢的宗旨，建立战略合作关系。因此，西部地区有必要走一条文化产业的知识产权证券化的融资道路，为文化产业领域企业的发展提供资金保障从而解决资金短缺、融资困难的问题，推动西部文化产业领域的创新。

2. 知识产权转化不足

虽然西部地区每年知识产权的数量稳步上升，但是其知识产权的转化率严重不足，相较于全国其他地区也较差。在全国范围内，以知识产权中的专利为例，专利运营情况很不理想，转化与实施率很低，尤其反映在高等院校。以下专门以高等院校专利情况来剖析知识产权的转化不足。

在我国高校的研究中，积累了较多的科技成果，但在专利转化产生良好社会效益上却不多。②《2017年高等学校科技统计资料汇编》中指出，2017年我国高校专利授权共14.4375万项，而且每年还呈现快速上升趋势，而专利出售数仅为4803项，即成功转化为现实社会生产力的只有3.3%左右。截至2018年年底，我国高校有效专利实施及转化率分别在12.3%与2.7%，而全国平均水平在52.6%与36.3%。在有效专利的许可及转让率方面同样存在相同的问题。③ 在反映出高校专利转化运用存在困境的同时，也反映出高等院校与企业之间的联系不够，偏离"产研结合、相互促进"的宗旨，因此专利相关改革工作还需进一步落实深化。而高校的有效发明专利具有相当大的价值，就像是一座还未大规模开采的金矿，而知识产权证券化作为知识经济的"挖掘工具"，能够较大地发

---

① 闫泽群：《论知识产权证券化在中国发展的可行性》，《财会研究》2014年第4期。
② 国家知识产权局：《我国高等学校专利运营现状及建议》，http://www.sipo.gov.cn/gw-yzscqzlssgzbjlkybgs/zlyi_zlbgs/1062559.htm，2020年2月21日。
③ 郑鹏、胡彩平、陈志鸿：《中国高校专利现状与展望》，《科技与创新》2019年第10期。

挥出知识产权价值。

在知识产权的应用、转化上，转化率是评价生产力状况的一个重要参数，也是衡量知识产权对推动社会经济发展所起作用的一项重要指标。[1] 西部文化产业的发展要想解决知识产权转化不足的问题以及带动当地知识经济、科技创新的快速发展，知识产权证券则是一条不可或缺的高效路径。

（三）西部文化产业知识产权证券化的路径分析

1. 建立政府主导型的知识产权证券化模式

西部地区整体的市场经济活力相对于全国其他地区而言还较为落后，市场主体不够灵活，需要政府用宏观手段进行调控，其文化产业的知识产权证券化更适宜于以政府为主导的模式[2]。具体原因有：（1）政府权威大、信用高。我国是单一制的国家结构，政府具有很大的权威性，而政府信用是社会信用的基础，相较于市场与资本的信用度，政府主导或担保更能够吸引投资者以及加快知识产权证券化的进程。（2）政府职责所在。中央提出知识产权强国战略，将知识产权提到一个新的高度，各级政府及其部门应当为知识产权的发展创造一个良好的金融环境，加快发展西部文化产业，给予知识产权证券化优惠的政策支撑。（3）需要政府的宏观调控。我国改革开放40多年的成功经验表明，市场经济需要政府"有形的手"通过相应的经济政策和行政手段来宏观调控。知识产权证券化是一项复杂且未成熟的金融工具，涉及面较为广泛，更为需要政府的干预与指导。（4）借鉴国内外相关经验。在国内，有北京、上海以及深圳等知识产权证券化项目获批并成功发行的实例，就是通过中央及地方政府支持的方式进行；在国外，欧洲发达国家推行知识产权证券化过程中也存在着政府的支持。[3] 因此，西部文化产业知识产权证券化的进程应当建立政府主导型的模式。

---

[1] 陆飞：《专利实施率研究》，《华东科技》1995年第6期。

[2] 唐飞泉、谢育能：《我国知识产权证券化：发展现状、风险和对策》，《债券》2020年第3期。

[3] 肖海、朱静：《借鉴欧洲经验开展中国知识产权证券化的对策》，《知识产权》2009年第5期。

2. 合理选择 SPV 的模式

特设载体机构（SPV）是知识产权证券化业务中的核心环节，其旨在"破产隔离"，以防知识产权的原始权益人破产而影响投资人，最大限度地保障基础资产现金流的安全。① 特设载体机构有公司模式、信托模式、有限合伙模式，在进行 SPV 模式选择时需要考量法律环境、风险隔离、成本节约三大因素。② 首先，从法律环境角度看，按照我国《商业银行法》《证券法》《公司法》的规定，公司模式的 SPV 面临净资产额、发债券额和盈利要求等诸多障碍。按照 2006 年修订的《合伙企业法》关于入伙、退伙、合伙份额转让环节严格限制的内容，合伙模式 SPV 很难应用于知识产权证券化。而 2001 年 4 月颁布的《中华人民共和国信托法》却为信托模式的 SPV 提供了法律依托。其次，从风险隔离角度看，公司模式与有限合伙模式的 SPV 无法做到信托模式中信托财产的真正独立，即信托模式的 SPV 能够实现风险隔离以满足证券化的要求。最后，从成本节约来看，设立公司或者有限合伙企业的成本大于建立信托契约，毋庸置疑信托模式的 SPV 更能够节约成本。因此，信托模式的 SPV 更适宜目前西部文化产业的知识产权证券化。

3. 西部文化产业知识产权证券化的风险及其法律防范

无论何种形式的资产进行证券化时，都会伴随着一定的风险，作为无形资产的知识产权证券化，同样存在一定风险。知识产权证券化的法律风险主要集中在证券化基础资产池构建的风险、发行信息披露文件和专家报告的风险两个方面③。

一是证券化基础资产池构建的风险。在知识产权基础的资产池中，其品质的好坏影响着基础资产的质量及现金流的稳定，以及对知识产权证券化产品及收益有着直接性的影响，对投资人利益的影响也是直接性的。④ 在知识产权证券化的实务中，发起人所选择的知识产权资产可能存

---

① 张敏：《知识产权证券化中 SPV 的法律问题研究》，硕士学位论文，华南理工大学，2010 年，第 1 页。
② 徐鹏飞：《中国资产证券化 SPV 模式选择的法律思考》，《中共山西省委党校学报》2005 年第 2 期。
③ 金品：《我国专利证券化的法律风险研究》，《金融经济》2014 年第 18 期。
④ 黄勇：《知识产权资产证券化法律风险防范机制之研究》，《政法论坛》2015 年第 6 期。

在错误选择或者虚报资产价值。知识产权作为无形资产，它的权利形态具有不稳定性且其市场价值具有不确定性，价值评估的程序比实体资产要复杂很多，需要第三方评估机构来进行价值评估、信用评级和信用增级。而且其作为基础资产能产生未来一定期限的现金流不仅与知识产权本身的价值成正比，还与特定主体的运营能力和其他资源的相互运用密切相关，因此难以准确预估知识产权基础资产池的价值以及评测其品质优劣程度。因此，发起人或者SPV应当慎重选择独立、客观、公正的权威第三方机构，最大限度保证知识产权基础资产池的质量与稳定，从而保障投资人的合理利益。此外，在预估或评测之前应该综合各种因素进行尽职调查，即调查该知识产权能否在商业化运作后获得的收入足以偿付投资人的本息。

二是发行信息披露文件和专家报告的风险。在知识产权资产证券化发行证券环节中，SPV应该对相关主要文件及重要信息进行披露。但是由于在运作的各个环节参与者较多，存在不确定因素也较多，而且传统的资产证券化信息披露法律制度对于知识产权证券化而言，在信息披露内容、民事主体以及法律责任的分配上均有很大程度的局限性，[①] 于是就会存在虚假陈述、文件作伪、欺诈等风险，以致给投资人造成极大的损害。因此，应当建立知识产权资产证券化的强制性信息披露法律制度，使其贯穿知识产权证券化各个运作环节，并且包含全部参与主体。比如，发起人须在证券化全过程中，有义务向投资者披露知识产权的权利效力状态、权利范围等信息；SPV需要披露自身经营的风险信息，尤其对知识产权基础资产产生的现金流状况和基础资产重组与风险分离情况进行信息披露。

---

① 练彬彬：《知识产权证券化风险及其防范机制研究》，《人民法院报》2019年4月18日。

第十章

西部文化产业知识产权保护战略

第一节 西部文化产业知识产权保护现状

一 我国西部文化产业知识产权保护的不足

（一）西部文化产业知识产权保护理念滞后

西部地区大多处于经济欠发达地区，通过法律对自身民族文化进行保护的意识普遍较为淡薄，因此在法律观念、知识产权保护以及民族文化权利等方面普遍存在缺失，将对西部文化产业的知识产权保护看作一种宣示性的概念，认为对西部文化产业的知识产权保护仅仅依靠的是政府强制力，与人民群众无关，从而忽略个人对民族文化传承、弘扬和发展应当具有的责任感和能动性。[1] 近年来国家和人民群众对于民族文化的保护意识有了显著提高，但是，可以说整体上还是缺乏有力的统筹规划，尤其是西部文化产业的保护，往往是停留在既有的法律法规和政策性文件的表面上，而对于实际实施保护的成效如何、有没有使西部文化产业得到切实的发展与保护等问题并没有过多地重视，没有相应的长期规划和评估机制，不利于西部文化产业健康成长和知识产权保护的长远发展。[2]

（二）西部文化产业知识产权保护不足

西部地区的文化产业和其他产业相比较，发展时间较短，法律问题

---

[1] 马治国：《中国西部知识产权保护面临的问题分析》，《西北大学学报》（哲学社会科学版）2004年第2期。

[2] 陈开来：《西部民族地区文化产业发展法律保障研究》，《南华大学学报》（社会科学版）2012年第4期。

频发，对文化产业进行立法保护也仍处于探索阶段，难免有一定滞后性。首先，西部地区文化基础设施薄弱，文化产业链没有完整形态，不具备上下游企业集聚效应，市场规模较小。而我国西部地区拥有丰厚的文化资源，不同的民族特色、区域特征更是为西部传统文化锦上添花，但由于文化产业链未成形，未能够使西部文化资源得到充分开发，在一定程度上来说是一种遗憾，对于在立法层面上对西部文化产业进行充分利用和发展保护来说也一项挑战。① 其次，西部地区复合型人才的缺失也是制约知识产权体系建设的因素之一。当下社会发展速度迅猛，文化产业也需要不断创新，需要具有专业知识和管理经验的人才，推动文化产业推陈出新。同时，也需要具有法律专业知识和熟练业务能力的复合型人才去适应不断发展的文化产业，投身民族文化保护行业，加大对西部民文化产业的保护力度。② 西部地区文化产业和法律体系建设上复合型人才上的匮乏，都造成了其在自主创新和保护能力方面的欠缺。除此之外，在文化产品层次上，西部文化产业也有待提升③。发展和保护文化产业的目的是提高文化产业的核心竞争力，但就目前而言，西部地区科技水平在一定程度上较全国平均水平偏低，西部地区的文化产品的研发层次、技术含量、附加产值等方面层次较低，难以产出高层次的文化产品，不能够在市场中建立起自身的竞争优势。这样没有优势的文化产品仅仅靠法律保护是无法存续的，在一定程度上而言更是一种法律资源浪费，西部文化产业"走出去"也尚有一定难度。综上所述，对西部文化产业的知识产权保护需要从引进人才及鼓励创新出发，积极推动知识产权保护。

（三）西部文化产业知识产权制度不成熟

首先，作为一个系统整体，不同于相关知识产权法保护的其他主体，西部地区文化是各民族长期以来集体智慧和经验的结晶，是依托各民族人民群众长期以来生活习惯、民俗风情所共同创造形成的。因此西部地

---

① 徐春丽：《建立健全文化法律制度》，《吉林日报》，2014年12月9日。
② 许纯洁：《"一带一路"背景下民族地区国际化复合型人才培养的实践与反思》，《广西民族研究》2020年第2期。
③ 王平：《民族地区新型城镇化建设进程中民族文化产业发展的原则及路径探析》，《青海民族大学学报》（社会科学版）2015年第2期。

区民族文化的知识产权权利主体在界定时易出现争议，民族文化无论在法律上还是生活实际中都无法将主体个人化或者特定化，其所创造的经济利益也无法归属某个特定的个人或者群体，导致在市场经济中西部文化产业的知识产权法条应用的灵活性差。[1] 其次，目前我国针对西部文化产业制定的知识产权方面法律保护单一，难以形成完备的法律效能。我国尚未制定专门的文化产业知识产权保护法，依托《专利法》《著作权法》等对西部文化产业难以形成全面覆盖的法律保护力。这种相互独立的法律之间缺少联动，单独依托某一法律实现对西部文化产业的知识产权保护，显然是不具备完整法律效能的。此外，西部文化产业产权价值评估与分配制度尚未建立。[2] 由于现阶段难以对西部文化产业在发展过程中所创造的经济价值进行科学、有效的评估，造成西部文化产业给当地从业者所创造福祉相当有限，并且利益分配权通常由资本投资者所掌握，不利于西部文化产业的健康发展。

（四）西部地区文化流失严重，知识产权保护难度大

西部地区文化流失可以区分为物质文化流失和非物质文化流失两种形态。西部地区物质文化流失原因如下：首先，西部地处偏远，经济水平欠发达，对于物质文化遗产保护能力有限，近年来出现部分民族物质文化遗产流失、损毁等情况[3]。其次，在社会现代化的冲击下，西部地区的人民群众生产生活方式发生了巨大改变，一些民族因风俗习惯所形成的传统物质文化因不合时宜或者潜移默化地自然流失，如曾经少数民族同胞每天穿戴的传统民族服饰逐步演变成表演性服饰，只在旅游景点等场合才进行穿戴。西部地区的非物质文化遗产的流失也同样严重。[4] 其原因主要如下：首先，在西部地区，许多少数民族传统技艺和民俗艺术后继无人，当下的年轻人对民族传统文化的认知度和认同感不高，对于学

---

[1] 李华明、李莉：《非物质文化遗产知识产权主体权利保护机制研究》，《中央民族大学学报》（哲学社会科学版）2015年第2期。

[2] 王薇、郭启光：《西部民族地区文化产业高质量发展的实证研究》，《产业组织评论》2019年第2期。

[3] 熊姝婷：《西南地区少数民族文化流失现象刍议》，《西南农业大学学报》（社会科学版）2011年第10期。

[4] 韦复生：《耦合与创新：民族文化创意与区域旅游发展——西部民族地区经济结构调整与发展的新视角》，《广西民族研究》2011年第1期。

习民族传统文化不具有主动性和积极性，民族传统文化在传承问题上面临后继无人的危机。其次，是西部地区部分少数民族语言、习俗缺乏传承。在一些少数民族地区，当地的语言只有一些老人懂得使用，不能够有效推广、传承，面临失传的危机，一些传统习俗也在外来文化和社会现代化的冲击下逐步淡化或者消失。而语言和习俗往往承载着丰富的历史文化和民俗风情，语言和习俗的消失也会让这些珍贵的文化遗产随之消亡。① 综上，西部地区文化流失严重对于当前知识产权保护领域是一项重大的挑战。

二 我国西部文化产业知识产权保护的成效

（一）加强法律保护力度，构建知识产权制度

新中国成立至今，中国一直致力于文化产业的开发和保护，以民族平等、团结为基本出发点，在立法层面制定了一系列的法律法规对文化产业进行保护。如《著作权法》《商标法》《专利法》等，这些法律自施行至今，除了为民族地区文化产业的发展提供坚强的法律后盾，保障其健康发展，也为文化产业知识产权保护创造了良好的法律环境。② 而且，我国极其重视对类似文化产业这样的非物质文化遗产的保护工作，近年来，国家不断加大对民族地区文化的保护力度，目前我国已成为入选联合国教科文组织非物质文化遗产名录项目最多的国家。经考察，在我国入选名录的项目中有超过三分之一的项目属于民族地区文化。随着"文化强国"战略的稳步推进，以非物质文化遗产申请和知识产权保护制度为核心的保护措施已经成为西部文化产业保护的重要措施。此外，我国逐渐发现知识产权保护对于促进文化产业发展的重要性，近年来逐步建立和完善知识产权制度，不断为西部地区构建起符合自身实际的评估、保障、分配机制，加大民族文化申请和保护力度，做好民族文化专利布

---

① 梁俊：《非物质文化遗产流失的原因及保护策略研究》，《遗产与保护研究》2017年第6期。

② 雷晓萍：《西部民族地区文化旅游产业发展的法律规制》，《中共山西省委党校学报》2012年第4期。

局工作，为西部文化产业与世界的对接提供了法律端口①。综观我国在法律层面长期以来的一系列努力可以看出，民族文化的保护与传承不仅离不开文化产业的不断发展，更离不开国家在不同维度的战略层面对其进行保护。

（二）西部传统文化产业自发推进行业自律

改革开放以来，我国在文化产业方面的发展十分迅速，西部地区利用自身特色民族文化发展形成各样的文化产业。出于推进西部传统文化产业健康发展的目的，由相关部门牵头，积极进行行业自律，越来越多的地区、企业、机构等参与签署《文化产业知识产权保护宣言》。② 可以说《文化产业知识产权保护宣言》的颁行不仅标志着在身处文化产业链和知识产权领域的各个企业、机构、专家将进行通力合作，帮助文化企业将无形财产转变为经济价值、专利品牌等加以保护外，同时《文化产业知识产权保护宣言》也呼吁知识产权领域律师要适应民族文化发展进程中不断出现的新概念、新创意，熟练运用有关法律法规，增强自身业务素质③。此外，已经颁行实施的《国家知识产权战略纲要》对于促进发展文化产业，推动知识产权强国的建立，同样具有十分关键的战略地位。《国家知识产权战略纲要》自实施至今对西部文化产业知识产权保护成效显著，不仅改善了西部文化产业的经营环境，有力促进了西部地区经济社会发展，也使得西部地区知识产权意识明显提高，进一步夯实文化产业知识产权保护基础环境。

（三）政府出台相关政策，引导知识产权保护工作

自首次提出"文化强国"战略目标起，我国对于文化产业保护的相关政策便逐步摆脱以经济目标为主体的发展格局，成为政治性目标的重要一环。政府多次出台相关政策对民族文化保护和展陈方式进行创新性发展，让民族文化活态传承与产权保护的观念深入人心。如《关于推动文化文物单位文化创意产品开发的若干意见》《使用文字作品支付报酬办

---

① 王克岭、张灿、陈明祥：《中国与"一带一路"沿线国家文化企业合作新路径——以双维度整合视角下中蒙俄经济走廊为例》，《企业经济》2018年第2期。
② 何雄浪、张慧颖：《西部民族地区产业集聚的实证分析》，《民族学刊》2014年第3期。
③ 网易财经网：《全国律师代表共同签署"文化产业知识产权保护长沙宣言"》，http://news.xtol.cn/2011/1121/194369.shtml，2020年5月16日。

法》《关于知识产权支持文化企业发展的若干意见》等政策，从文化产业的创新型人才建设、对抗侵权行为、学术环境优化、知识产权导向分配以及文化产业专利布局等多方面做了全方位的规定，立足文化产业实际情况，引导对文化产业知识产权保护工作驶向纵深。

第二节　知识产权保护的宣传普及

一　我国知识产权保护普及程度

习近平总书记在 2018 年博鳌亚洲论坛年会上指出，对于知识产权保护的加强，不仅对提高中国经济竞争力而言是最大激励，在完善产权保护制度方面也是最重要的内容。对此，中国企业的要求相较于外资企业更为严格。习近平总书记对于"两个最"的提出，将我国知识产权保护战略的重要性和突破性提升到新的高度，对我国知识产权制度发展进程提出了新要求，明确了新的发展重点[1]。同时，李克强总理也多次强调保护知识产权就是保护和激励创新，要求进一步加强执法力度，实施更加严格的侵权惩罚性赔偿制度，为产业创新提供全方位的保障。[2]

《2018 年中国知识产权保护状况》显示，2012—2018 年，我国知识产权保护的社会满意度总体呈上升趋势，截至 2018 年，知识产权保护的社会满意度提升至 78.66 分，营商环境有重大改善。同时，中国的营商环境全球排名跃升至 46 位，进入全球前五十强，比 2017 年提升 32 位。[3]

近年来，知识产权相关的行政管理部门在实践工作中切实贯彻党中央的精神，严格遵循知识产权制度的规定依法履行保护职责，推进在知识产权保护重点领域的建设。为全力落实习近平总书记关于知识产权战略的指示，经由新华社、人民日报等主流媒体在全球范围内进行号召，

---

[1] 人民网：《习近平：加强知识产权保护是完善产权保护制度最重要的内容》，http://ip.people.com.cn/n1/2018/0411/c179663-29918754.html，2020 年 6 月 28 日。

[2] 人民网：《李克强：加强知识产权保护健全知识产权侵权惩罚性赔偿制度》，http://ip.people.com.cn/n1/2018/0305/c179663-29848775.html，2020 年 6 月 28 日。

[3] 国家知识产权局：《2018 年中国知识产权保护状况》，http://www.sipo.gov.cn/gk/zscqbpsx/1138890.htm，2020 年 6 月 28 日。

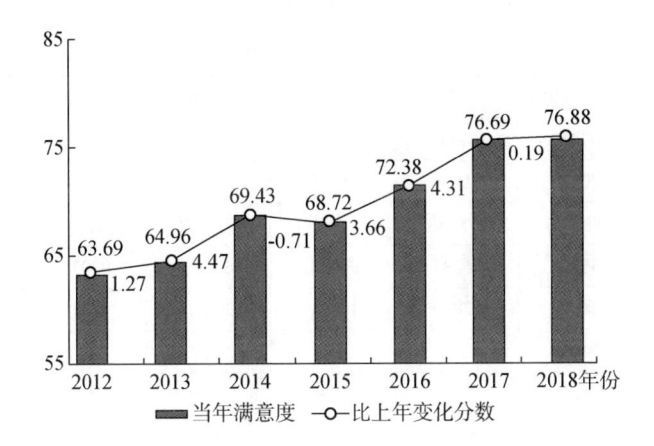

图 10-1　全国知识产权保护社会满意度情况

同时利用国家知识产权局的网站和其微信公众号等新媒体进行专栏宣传。

从全国整体趋势来看，随着我国科技发展进程高速推进，我国政府将知识产权保护的重视程度提升到了新的高度，制定出台一系列知识产权保护的政策，完善立法，积极与国际知识产权保护接轨，进一步推进国际层面的保障。同时，自下而上在行业内进行技术支持、相关法律教育培训等活动，切实帮助从业者建立知识产权保护意识，拓展保护途径。[①]

从各个省份的专利申请量来看，如表 10-1（表中 2016 年以前的数据为专利申请的受理数量），自 2014 年起，东南沿海发达地区的专利申请数量呈逐年上升的趋势，2017—2018 年东南沿海发达地区的专利申请数量上升量达 1 万—2 万件，而西部地区除陕西急剧下降外上升数量均不足 1 万件。各年的专利申请总量也呈现出东南沿海地区远高于西部地区的态势，总体来看，西部地区的专利申请量之所以与东南沿海地区存在差距有以下原因：

---

① 魏青松：《保护知识产权护航企业发展》，《人民法院报》，2020 年 5 月 22 日。

表 10 – 1　　　　　1985 年 4 月—2018 年 12 月国内专利
申请年度状况表节选①

年份	1985—2013	2014	2015	2016	2017	2018
北京	669449	138111	156312	189129	185928	211212
上海	670886	81664	100006	119937	131740	150233
广东	1599646	278358	355939	505667	627834	793819
陕西	236068	56235	74904	69611	98935	76512
甘肃	48239	12020	14584	20276	24448	27882
青海	7404	1534	2590	3284	3181	4439
宁夏	15605	3532	4349	6149	8575	9860
新疆	48647	10210	12250	14105	14260	14647

首先，最根本的原因是西部地区经济水平低下，文化产业中的智力成果权利主体的保护需求低。同时，由于我国采用专利权在先申请原则，主体申请专利的驱动因素主要是其保护意识。甘肃省 2017 年的生产总值仅仅为全国平均水平的 47.8%，产业主体的技术创新成果往往无法得到合理保护，从而导致技术无法进入公共领域，而技术创新的停滞进一步阻碍经济发展，从而形成负向循环。西部地区应利用产、学领域的保护意识推动技术创新，更好地抓住区域政策，大力发展产业经济。

其次，东南沿海地区前期有区域政策优势。从我国区域经济发展的历史来看，改革开放以后，我国的经济体制从计划经济逐渐转向社会主义市场经济，区域政策倾向沿海地区对外开放，更多的贸易往来、产业政策优惠均侧重于东南沿海地区的发展，比如我国东南沿海的 5 个经济特区和 14 个沿海城市在改革开放的政策下，② 经济与科技飞速发展，技术创新产生了对知识财产变现的经济价值需求。因此，可以说，东南沿海地区的知识产权保护意识是更为原发的，而西部地区的知识产权保护普及一方面是经济发展阶段催生的需求，另一方面是国家宏观层面上出

---

① 甘肃省知识产权事务中心：《2018 年全国主要统计数据》，http：//www.gsip.cn/niandutongji/3575.jhtml，2020 年 6 月 28 日。
② 蔡武：《中国区域经济发展格局的历史变迁与新趋势》，《西部经济管理论坛》2013 年第 1 期。

台的统一的政治经济政策引导。也就是说,西部地区对于知识产权的保护意识应当通过行政主导的方式进行,而不仅仅是通过行业科技发展水平来带动知识产权保护意识的提升。

二 知识产权保护宣传模式选择

改革开放 30 多年,我国的法制建设进程以政府推进为主,知识产权保护的宣传也以政府为主导,主要采用单方向传播的模式,意在追求短时间内达到目标效果。政府主要强调大基数个体素质水平对于总体法律水平的决定性作用,而学术界更推崇与我国法制建设模式一致的政府推进模式,将高水平法律人才作为法制建设的宣传对象和宣传组织者。"既然是政府推进型的法制道路,我们的领导干部、政府的公务员、司法机关工作人员作为法制建设的推动者、法制宣传的组织者,也自然成为法制宣传的主要对象和'排头兵'"。[①] 对于西部欠发达地区来说,建立行业主体的知识产权保护意识是有利于科技和经济进步的,同时,相对于东南沿海的知识产权保护,西部地区的知识产权制度及意识呈现出来更强的继发性和国家政策性,排除了不具有国家行政机关公信力和权威性的其他机构。因而,知识产权保护普及的宣传工作也要求行政主导。[②]

第一,西部地区文化产业的知识产权保护的宣传工作需要得到有效的反馈以增强其针对性。[③] 从整体上看,我国的普法工作一直以来都默认公众对相关领域知识的认知处于空白状态,以政府政策的形式进行被动教育。从特征看,西部地区的产业创新保护工作中行政主导的特征是不可否认的,但过强的政府精英主义普法活动与区域社会公众的文化水平、认知能力不匹配。因而,西部地区的知识产权保护的宣传需要建立及时的反馈系统,针对性地反馈宣传效果。参与式传播在理论上可以被理解为一种"通向理解内容规范和程序规范"。参与式的传播通过公众参与传播过程,即时反馈保护成果,以期达到更好的宣传效果。实际上,知识

[①] 于晓琪:《浅谈目前法制宣传教育的误区》,《法学天地》1999 年第 4 期。
[②] 代水平、李景豹:《"一带一路"建设中的知识产权保护策略》,《沈阳师范大学学报》(社会科学版)2018 年第 2 期。
[③] 张麒:《提高全民族知识产权的保护意识》,《环渤海经济瞭望》2018 年第 2 期。

产权保护的宣传可以作为一个闭环控制系统运作，即根据保护宣传的效果输出来进行策略安排，比较宣传的实际效果与预期效果之间的偏差，实时调整保护宣传模式的系统。将闭环控制系统的思路放置于知识产权保护宣传模式中，有利于发挥知识产权制度的政策性，按照西部地区的经济条件、社会文化条件以及行业受众的接受程度进行实时调整，保障宣传模式的针对性、高效性。

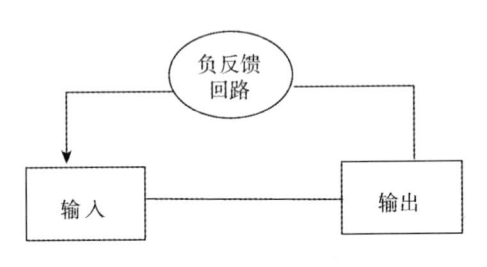

图 10 – 2　负反馈回路示意

具体来看，通过市场调查了解各行业创新主体的知识产权保护意识，改变将公众对于知识产权保护的认知"一刀切"默认为空白的形式，根据不同行业、不同地区主体的文化水平确定方案，因地制宜，因行业制宜。在经济水平发展较高的东部地区和创新驱动的新兴产业，知识产权保护意识的重点应当放在权利多样化、侵权纠纷的解决上。对于创新能力和经济发展状况较为落后的西部传统行业及民族产业，各类主体的保护意识较为薄弱，应当作最基本、通俗的法律知识普及，对于创新能力和经济发展状况较好的西部传统行业及民族产业增强普及工作的针对性。另一方面，参照权威数据，根据知识产权保护反馈数据确定下一阶段宣传的方向和重点；目前，国家知识产权局公布的公众对知识产权保护状况的满意度以及甘肃省知识产权事务中心公布的年报数据可以作为闭环系统的负反馈回路定位知识产权保护收效，然而以年为单位进行反馈会使得反馈的精度下降，更合理的安排应当以每一个保护宣传阶段为节点，由负责保护宣传的行政机关进行公众满意度调查，形成报告，后续及时调整宣传的进度。

第二，知识产权保护的宣传工作应当由政府导向转向行业利益导向。虽然在西部地区的知识产权保护普及中，行政主导地位不能动摇，但行业的利益导向也是重要的参考。精准定位行业利益导向有利于减少西部地区知识产权政策的政府依赖性，进一步推动产业创新。

Dan Sperber 和 Deirdre Wilson 在相关性理论中提出："信息性意图是为了让听话者了解所述内容传递的信息，而传播性意图是为了让听话者明白信息传递的目的。"[①] 在知识产权保护的宣传过程中，传播性意图的实现能推动知识产权保护促进社会创新，然而，立足于权利所有者的利益，也可能会导致行业垄断等情况的出现。目前西部的知识产权保护宣传主要以宏观的知识产权的重要性为内容，而与主体相关度更高的权利归属、侵权诉讼方面法律知识的普及诉求较为薄弱。以统一的模式对不同行业的社会公众进行知识产权保护的宣传，显然是缺乏有效性的。实际上，加强西部的知识产权保护宣传是以更好更快地驱动文化产业创新，鼓励微小企业提高知识产权保护意识为目的，通过智力成果的表现使其经济价值进入市场流通。因而，对行业从业主体，有针对性地选择适当的知识产权类别进行保护，促进经济效益最大化，才能进一步发挥知识产权制度激励作用，推动产业技术创新。立足于行业主体的利益，完善政府主导的知识产权保护宣传模式以提升行业整体保护意识，激励技术创新以进一步推动知识产权的制度创新，将知识产权保护的政府导向模式转向行业利益导向是符合我国当前知识产权发展"两个最"的要求的。

第三，知识产权保护应当从专业法律知识教育模式转向公众认知模式。根据参与式传播理论，公众作为信息传播的主体，传播所获得的信息与信息作用的最终效果是同等重要的。Jan Servaes 认为，参与式传播的过程是以信息交换为重心的交互，专家学者和工作人员的工作是作出回应，而并非劝服式的发号施令。[②] 目前，我国的知识产权保护宣传教育往往以专业法学教育的标准进行，忽略了受众的接受程度，所谓曲高和寡，强调知识产权保护宣传内容的专业性必然弱化公众的可接受度。尤其是西部地区，高度专业化、抽象化的知识和系统教育的普法模式对于认知能力有限的大部分公众来说接受难度大，难以取得良好的收效。同时，

---

① Dan Sperber & Deirdre Wilson, "Releuance: Communication and Cognition", *Mind & Language*, Vol. 4 No. 1 and 2, 1898, p. 279.

② Servaes, & Jan, "*Participatory Communication for Social Change*", Sage Publications, 1996.

行政机关以参与者的角度与产业主体沟通,依照公众认知能力为宣传过程的主要标准,有利于减少公众的抵触情绪。1981年哈贝马斯提出了达成相互理解的四个条件:易理解性,真诚陈述,真实性,合乎规则的正当性。① 这要求负责知识产权保护的相关行政机构建立内生性的媒介,从行业中间的实际需求出发,通过已经建立的行业权威媒体或行业通用平台等进行传播,严格依照知识产权法律制度切实考虑公众的需求,按照普通社会群众的一般逻辑进行知识产权保护的宣传工作。分析受众接受能力的差异使用适合不同受众群体的传播载体和易于接受的知识形式。比如,对于创新驱动行业,知识产权保护宣传的受众为受过教育的青年群体,以新媒体的形式作以较为系统、专业的知识产权保护宣传,而对于传统制造业、大宗商品生产行业,受众呈现年龄较大、接受和认知能力较低的情况,应当以传统的专门工作机构进行宣讲、普及的方式进行。

第四,依照事前保护和事后救济划分宣传内容,提高各行业乃至全社会的知识产权保护意识和抵抗知识产权风险的能力。② 一方面,在企业、高等教育机构、科研机构中应当形成真正的知识产权保护意识。由国家知识产权局、教育部、科技部于2020年联合公布的《关于提升高等学校专利质量促进转化运用的若干意见》中明确指出"高校要以优化专利质量和促进科技成果转移转化为导向,停止对专利申请的资助奖励,大幅减少并逐步取消对专利授权的奖励,可通过提高转化收益比例等'后补助'方式对发明人或团队予以奖励"③,专利申请的资助奖励本身是为了促进创新主体建立知识产权保护意识,但也引发了专利质量低的问题。资助奖励的取消有利于引导创新主体真正以技术创新为目的重视知识产权保护,取代以数据、指标为目的的专利申请行为。另一方面,从正面来看,相关知识产权行政机构应当切实提高经济文化活动发起人、主办方对于知识产权的保护意识,加强相关组织的管理制度建设,针对

---

① [德]哈贝马斯:《交往行动理论》,曹卫东译,重庆出版社1994年版,第120—121页。
② 刘华、黄金池:《文化治理视域下我国知识产权文化政策结构性优化研究》,《华中师范大学学报》(人文社会科学版)2019年第2期。
③ 中华人民共和国教育部:《国家知识产权局、科技部关于提升高等学校专利质量促进转化运用的若干意见》,http://www.moe.gov.cn/srcsite/A16/s7062/202002/t20200221_422861.html,2020年5月16日。

有关人员进行专业知识产权保护知识的培训。保证主体之间的权利边界明确，防止出现侵权责任互相推诿、诉之无门的情况出现。① 通过宣传便捷完善的维权途径，鼓励主体通过多元化的纠纷解决机制化解纠纷，保证侵权事实有救济、侵权责任有落实。② 从反面来讲，知识产权侵权纠纷的有效解决也能体现出知识产权保护带来的正向效益，通过强化知识产权的行政处罚，合理分配知识产权侵权责任，侧重于宣传调解、仲裁、行政裁决等非诉纠纷解决机制，减轻司法途径救济的压力，提高维权效率，以维权的成果体现知识产权保护的重要性。

总的来看，在西部的文化产业知识产权的保护意识宣传上，虽然政府组织"精英模式"普法存在其弊端，但对于知识产权制度，经济政策性与制度和实践的不可割裂，加之行政机关特有的国家权威性，行政主导的普法模式是不可动摇的。因此，应当坚持政府主导地位的同时，结合行业利益导向制定事前保护和事后救济明确的知识产权保护宣传策略，确保实效反馈机制作用范围精准。

三 知识产权保护宣传媒介选择

随着改革开放以来我国的政治形势、经济水平的变化，我国的法律普及工作逐渐由组织传播的形式逐渐发展到多元化的大众传播。人们的思想观念随着计划经济向市场经济的转变也呈现出新的趋势，原先的被动接受转变为现在的主动学习，由政府作为组织者的精英模式普法工作已经与当前的发展形势不再匹配。

对外开放和国际合作政策促使各地区抓住机遇，加强对合作交流，发展地方民族产业，推动知识产权制度创新。前文提到，就目前而言，甘肃省大部分科技创新型企业有关知识产权的保护意识仍不完善，企业家层级的知识产权保护意识对于西部的文化产业智力成果保护的整体水平起到决定性作用，是促进技术创新，带动全省经济发展的重要力量。

---

① 李明德：《国家知识产权战略与知识产权法制建设》，《西北大学学报》（哲学社会科学版）2018年第5期。
② 詹映、邱亦寒：《我国知识产权替代性纠纷解决机制的发展与完善》，《西北大学学报》（哲学社会科学版）2018年第5期。

因而，现阶段甘肃省普法工作的重点应当在坚持行政主导的同时，针对企业家层级选择适宜的媒介进行宣传。

其实，借助大众媒体进行知识产权保护制度的宣传在我国法制建设进程中是有先例的，1985 年中宣部、司法部《关于向全体公民基本普及法律常识的五年规划》将普法活动的重要性提到了新的高度，全国各大新闻媒体、广播电视组织积极响应，新设法制宣传专栏。在当前的社会发展阶段，具体来讲，随着互联网和智能手机的兴起，各类普法网站、在线法律服务不断发展。然而，媒介载体良莠不齐，其产生的普法效果实际上仍然存在许多控制外因素。

依托于新媒体的知识产权保护平台搭建有利于推动知识产权保护意识的大众传播，利用"互联网 +"模式下的新媒体平台宣传以知识产权保护知识应当坚持政府相关部门的主导地位。[①] 首先，知识产权制度的经济政策性要求国家权力保证实施和保护的公正性；其次，由于各类媒体作为宣传主要媒介的潜力并未完全发掘，在合理性和恰当性的规制方面，仍然存在许多问题亟待解决。比如，媒体报道夸大法律事实的情理部分而忽略法律规范应有的理性，误导社会公众忽视法律的稳定性；报道失实或过度报道，对产业智力成果带来暴露风险；过度发挥媒体舆论监督的作用，舆情控制案件走向，失去法律本身的权威性。因此，应当由知识产权保护宣传的相关责任部门建立以公众号为载体的知识产权保护学习、援助一体化的平台，通过与各行业受众集中的在先平台合作，加强权威平台的知名度，在增大受众群体规模的同时保证信息的真实性。在保证权威性的同时，以新媒体作为传播媒介实现行政机关与产业主体互动式、参与式传播。

从宣传的内容来看，应当将学术论文形式为主的强专业性宣传转向与实践结合紧密的热点案例分析讲解，在"论辩"和实践中进行法律知识的传授，以激发受众的内源性保护意识。从形式上，采用学术会议或论坛的形式进行知识产权保护的宣传，一方面能够充分调动创新主体参

---

① 林琳：《完善知识产权保护促进"互联网 + 文化产业"发展》，《经济研究导刊》2018 年第 17 期。

与的积极性，①鼓励其将智力成果尽快转变为经济价值；另一方面，通过学术会议、论坛的形式将高等教育机构、科研院所与产业创新主体和负责知识产权保护的宣传机构结合起来，有利于结合"官产学"的优势，联动运作共同推进知识产权保护意识的社会传播。

此外，知识产权保护普及的宣传视角应当从居中裁判者的视角转为权利主体的立场，从"怎么样"转为"怎么做"。当知识产权保护带来的实际经济利益为主体所享受，行业从业者保护知识产权的动力可以从保护成效的变革中体现出来，以此形成良性的激励循环。还需要注意的是知识产权的保护与行业技术要素息息相关，保护宣传工作也不能脱离技术要素，过于超前的保护意识宣传和滞后的保护指引都是不符合知识产权保护的目标和方向的。符合中国特色社会主义法治目标的普法机制一定是能够将法律知识与外部社会要素紧密结合的。一方面，通过知识产权保护的宣传将产业技术要素与知识产权的制度创新联动，形成更加合理的"反馈+改进"模式；另一方面，行业技术要素精准定位与制度安排精准结合，能够充分发挥知识产权保护的效用，避免出现其他因素干扰，使普法传播系统实现最高效率。

当前，促进多元化多渠道的知识产权保护宣传系统的发展与完善是西部地区知识产权保护的宣传工作的主要内容，充分发挥新媒体的传播媒介作用，立足于行业主体发展趋势，通过知识产权保护的收益激励产业积极将智力财产变现，从而激励创新，形成良性循环系统。

第三节　西部文化产业知识产权的行政保护

一　知识产权行政保护的发展历程

我国知识产权制度经历了30多年的发展，形成了我国特有的行政保护与司法保护并行的"双轨制"的知识产权保护机制，既激发了市场创新动力，也有利于促进知识的高效转化，在市场监管和综合执法的体系框架之下强化了行政保护。②

---

① 金科：《两会提案中的知识产权热点》，《今日科技》2014年第3期。
② 张道许：《知识产权保护中"两法衔接"机制研究》，《行政法学研究》2012第2期。

我国知识产权行政保护在近几年快速发展。据有关数据统计，2018年受理案件数增至10.8万件，约为2013—2017年五年内受理的案件总数的三分之一。在国家知识产权局的执法维权数据中，可以看到，2018年，全国专利行政执法案件全年累计达7万余件，2019年全年累计专利行政执法案件5.1万余件。[1] 由此可见，行政救济手段在近几年受到公众的广泛认可，公众对行政保护也越来越信任。与此同时，行政机关也充分发挥其"主动出击"的特性，诸如"雷霆""净化"等由各地区、各部门联合开展的以打击知识产权侵权行为为目的的专项活动，获得了重大成效。此外，为了更好地应对在知识产权市场交易过程中出现的严重失信行为，由国家知识产权局、国家发展改革委等38个部门联合建立惩戒机制，让在此领域的严重失信者处于一处失信、处处受限的局面。通过实践可以看出，行政机关的依职权主动执法，既有助于受害者进行维权，又能为权利人在维权过程中节省一定量的开销，也能集中力量来反击、遏制侵权违法行为。

国家机构相比其他社会组织，承载着最多的来自公众的信任和认可。因此，管理和授权的重任由国家行政机关来承担，是符合我国国情与社会发展需求的合理安排[2]。我国是市场经济，在这一背景下，行政机关有责任，也有义务为知识产权的发展创造良好的市场环境与社会环境。为维护社会的公平正义提供良好的秩序保障，[3] 我国知识产权行政管理机构要积极响应国务院有关机构改革和发展的各项规定和政策，健全完善自身的职能分配。首先，行政管理机关在介入市场的过程中，要尊重市场规律，促进市场机制充分发挥其自身作用；其次，行政机关在对待侵权行为时，要加强执法力度，为权利人提供更多、更有效的保护，如果知识产权得不到有效的保护，就难以保障创新者从自己的发明创造中获取利益，这对发明创造产生阻碍作用，进而影响到整个市场的良性发展，

---

[1] 刘平、谭嘉颖：《对我国知识产权法引入惩罚性赔偿的质疑》，《科技与经济》2013年第4期。

[2] 戴琳：《论我国的知识产权行政保护及行政管理机构设置》，《云南大学学报》（法学版）2010年第6期。

[3] 引自党的十八大报告：市场经济条件下，政府应当是良好发展环境的创造者、优质公共服务的提供者、社会公平正义的维护者。

因此，为知识产权提供有效的保护对于市场创新将产生激励作用；最后，知识产权的发展需要良好的市场环境，需要社会公众具有一定的知识产权意识，这也意味着行政机关在行政活动中要加强对相关知识产权保护制度的宣传和普及，保证社会公众正确地理解保护知识产权的重要性，以及知识产权对创新的推动力，保证创新得到应有的尊重。

在知识产权行政机构设置上，目前，依照知识产权的类型和保护要求的不同，行政管理方面涉及的职能部门有29个，就基本组织框架而言，在纵向上，由中央、地方两级行政机构组成我国知识产权行政部门；横向上则是由版权、专利、商标等行政部门组成。我国知识产权行政机构在2018年之前就已经形成了较完备的体系，但是在试点机构改革前，著作权、专利权、商标权仍处于相互分离的状态，此外，植物新品种、版权、地理标志也存在多头管理的问题。针对上述现象，完善知识产权管理制度，让其与创新驱动发展的要求相符合是时代发展的必然要求。为了满足完善知识产权制度的需要，国家知识产权局原专利复审委员会并入国家知识产权局专利局，将原国家工商行政管理总局商标局、商标审查协作中心、商标评审委员会整合为国家知识产权局商标局，不再保留专利复审委员会、商标评审委员会、商标审查协作中心。[①] 这一改编无疑是增强了知识产权机构的行政化管理，加强行政化管理有好处也有弊端，好处是有利于集中行政管理力量，防止行政机构权力的分散，在打击侵权、违法上会产生积极的作用。可能存在的担忧之处在于，行政化管理可能会削弱对行政机关的监督机制。而构建中国的知识产权保护体系，需要结合国家发展的现实国情，在我国国情之下，更需要行政机构发挥高效、灵活、快速等特点，与司法保护互相补充，应对反复的、严重的危及社会公共利益和市场秩序的故意侵权行为。民事主体享有的知识产权属于民事权利，侵犯他人知识产权不仅会对他人财产造成损失，而且也会给社会的正常秩序带来一定的伤害，进而对国家利益和公共利益带来不利影响，在这种既侵害私权又侵害公权益的情况下，侵权人不仅要承担相应的民事责任，还要对违反行政法律义务所造成的法律后果

---

① 国家知识产权局：《关于变更业务用章及相关表格/书式的公告》，http：//www.sipo.gov.cn/zfgg/1135993.htm，2020年5月15日。

承担行政责任。①

二　知识产权行政保护的加强

随着国际知识产权竞争日渐激烈，各国均在推动其本国的知识产权发展，提高知识产权保护水平是实现我国从知识产权大国转向知识产权强国发展的重要措施之一。面对知识产权领域的国际新规则、新变化及激烈竞争，对于我国知识产权保护与发展既是挑战也是机遇。为实现我国知识产权强国发展的愿景，知识产权保护制度也需要进一步完善。因此，构建符合社会主义现代化发展的知识产权保护规则，充分发挥在知识产权保护中行政执法的优势，促进市场发展，推动创新，通过行政执法的途径来解决知识产权争议和侵权案件，是完善知识产权保护制度的必然要求。

综上所述，构建西部文化产业知识产权战略的框架，依法行政是关键。在促进西部文化产业发展过程中，知识产权的行政保护发挥着极为重要的作用。在我国国情基础下，适当强化对知识产权的行政保护，主要体现在以下几个方面：

第一，为了更好地保护知识产权，进一步加大惩罚性赔偿力度。惩罚性赔偿制度能够加强对知识产权的保护，有利于预防侵犯，惩戒侵权，创造良好的市场交易环境。目前，我国只有《商标法》对商标侵权建立了惩罚性赔偿制度。美国、英国、德国等对惩罚性赔偿的立法和实践，是我国学习的重要资源，为我国的立法实践提供了一定的参考价值。惩罚性赔偿可以在一定程度上改善知识产权的市场交易环境，缓和我国实际存在的难以维权以及维权需要耗费大量资源等问题，探索完善惩罚性赔偿甚至惩罚性巨额赔偿制度有助于打击侵权者、保护知识产权、推动创新。② 由于知识产权的无形性，权利人的权利控制也不如有形物体一样容易把控，这就使得侵权变得容易，维权反而变得非常艰难。在我国，对于知识产权侵权行为判处赔偿时，通常采用的是损害赔偿制度，

---

① 熊愈：《我国知识产权行政保护机构优化探索》，《产业与科技论坛》2019 年第 24 期。
② 徐焕然、刘建新：《中国知识产权惩罚性赔偿制度研究评析》，《河南财经政法大学学报》2019 年第 5 期。

赔偿额度在侵权人获利范围或者造成的损失范围内，通常较低，无形中降低了侵权人的侵权成本，不利于预防和惩罚侵权行为，更不利于鼓励和促进创新。惩罚性赔偿制度旨在通过对严重侵权违法行为施加高额赔偿，来规制市场中的违法行为，同时也是给发明创造者强有力的保障，防止其权益受到侵害，以此来激发创新的动力，促进市场的良性发展。①

第二，在我国知识产权领域，行政执法的目的是保护知识产权，维护权利人的合法权益，保护社会公共利益和知识产权市场的秩序②。创造者的权利得不到保障就会阻碍更多创造的出现。当前我国的行政执法面临许多问题，侵权的方式和种类越来越多，各种新式侵权形式的出现，给行政执法工作提高了难度。另一个问题就是一直以来围绕行政执法标准的讨论较多，对于执法标准存在着一定的争议。而这一标准的判定会被各种原因影响，例如案件的性质、涉案范围等，对于这一问题的解决还需要在实践中不断探索发现，这些问题对于行政执法而言，是一个不断发展和完善的过程。关于完善行政执法，首先是推进行政立法的发展。现阶段，我国《专利法》《著作权法》的修改工作正在进行中，在此次修法中，关键问题就是要考虑到如何使行政机关的执法行为更加科学有效，同时在符合法定程序的前提下，如何解决行政执法取证难的问题。依法定程序行使行政职权，进行行政执法是社会公众共同关心的问题，行政执法机关如何在互联网的新兴领域加强对知识产权的保护，在强化行政机关执法的同时如何保证对行政机关行使权力进行有效又严格的监管，司法指导案例对行政执法是否具有指导或者借鉴意义等，这些都需要在立法的过程中予以考虑。另外，行政执法部门发布的指导性案例做法，对实践中统一行政执法标准产生了大量积极的作用，通过对大量行政执法案件的整理和向公众公开，达到对公众培养知识产权保护意识的作用，也是给公众监督行政机关一个理想的途径③。此外，加强司法机关与行政

---

① 刘晓春、李梦雪：《加强知识产权保护完善惩罚性赔偿制度》，《中国对外贸易》2020年第1期。
② 何焕锋：《知识产权行政执法依据的体系化思考》，《山东行政学院学报》2020年第2期。
③ 曹致玮、董涛：《新形势下我国知识产权保护问题分析与应对思考》，《知识产权》2019年第7期。

机关在惩罚违法犯罪过程中工作的衔接与配合、明确二者之间职能的边界，在涉及侵权行为判定的时候，标准应当清晰明确，处理的结果才能是兼顾各方利益均衡。只有这样，行政执法才能达到预期的目的，促进创新，维护社会公共利益和市场秩序。① 在专利法修改草案的意见稿曾出现强化知识产权行政执法的倾向，其中合并市场监督管理局，就体现出强化知识产权行政保护的倾向。自2018年重组国家知识产权局后，由国家知识产权局发挥其总领全局的作用，统筹全国知识产权保护体系的建设，同时制定专利、商标侵权的判断标准并指导执法工作。对于商标、专利执法工作，中央也明确由市场监管部门综合执法队伍来执行，以达到综合执法的目的。表现我国特有的一种知识产权双重保护的体系。②

第三，推动知识产权保护中心在各地的建设，充分发挥其作用。国家知识产权局在2016年曾第一次提出创建知识产权实行"大保护"的工作理念，保护中心作为一个新生事物，其业务涵盖审查、确权、维权等多个方面，包括对专利申请、专利无效宣告案件请求等进行预审，并协助地方知识产权局进行专利纠纷调解，对专利侵权进行判定，受理相关咨询，处理各种投诉、海外维权、推进知识产权执法协作，同时负责高价值专利培育运用、产业专利导航等工作，以此来减低相关企业在知识产权授权、维权方面的成本，进一步刺激知识产权在相关企业发展中的地位，促进新企业发展。③ 国家要明确知识产权保护中心的职能，推动各地在建立知识产权保护中心，充分发挥其职能为知识产权权利人提供相关服务。

三 著作权行政保护

（一）著作权行政保护的相关法律政策及规定

自1990年颁布首部《著作权法》以来，我国逐步建立和完善了以

---

① 来小鹏：《知识产权保护与创新发展》，《市场监管研究》2019年第9期。
② 刘永：《加强知识产权行政保护营造良好营商环境——访国家知识产权局知识产权保护司巡视员毛金生》，《中华商标》2019年第7期。
③ 李梅、黄建文、张旭波：《不断推进知识产权保护中心工作的几点思考》，《中国发明与专利》2019年第10期。

《著作权法》为核心的著作权保护法律体系，一系列行政法规与部门规章支撑起了一个较为完整的著作权行政保护法律制度。[①] 我国著作权行政保护的有关法律主要包括《民法典》《著作权法》《行政处罚法》和有关国际条约。除此之外，一系列相关的部门规章和行政法规也陆续出台，部门规章诸如《互联网著作权行政保护办法》《知识产权海关保护条例》等，行政法规如《信息网络传播权保护条例》《印刷业管理条例》《出版管理条例》《著作权法实施条例》《著作权行政处罚实施办法》《著作权集体管理条例》《计算机软件保护条例》等，这些行政法规和部门规章针对著作权行政保护中存在的问题都作了详细规定。[②] 此外，针对著作权中的问题，《反不正当竞争法》《行政诉讼法》也从不同的角度作了相关规定，还修改或者废止了多项与WTO规定不一致的著作权规章或文件。

《宪法》作为我国的根本大法，是所有部门法法律规范的基础。"对每一个法律部门都必须首先以其宪法性基础为源头来理解"。[③] 根据《宪法》第20条以及第47条的规定，我国公民拥有从事文化活动及科学研究的权利，同时国家也有鼓励发展科学文化事业的义务。[④] 客观秩序属性是公民享有的文化基本权利具有的属性，其保护公民的智力创造成果不受国家侵犯。国家鼓励和帮助人民从事创造性工作的规定则是要求对于公民所享有的著作权国家要给予保护。可以说，在著作权方面得以执行行政保护的宪法基础就是我国《宪法》中第20条和第47条的规定。

我国《著作权法》是著作权领域执行行政保护的核心法律，在著作

[①] 徐铭勋：《论我国著作权的行政保护》，硕士学位论文，北京工商大学，2010年，第14页。

[②] 邓菊花：《我国著作权行政保护问题研究》，硕士学位论文，江西师范大学，2012年，第11页。

[③] [德]弗里茨·里特纳、迈因哈德·德雷埃尔：《欧洲与德国经济法》，张学哲译，法律出版社2016年版，第30页。

[④] 《宪法》第20条："国家发展自然科学和社会科学事业，普及科学和技术知识，奖励科学研究成果和技术发明创造。"《宪法》第47条："中华人民共和国公民有进行科学研究、文学艺术创作和其他文化活动的自由。国家对于从事教育、科学、技术、文学、艺术和其他文化事业的公民的有益于人民的创造性工作，给以鼓励和帮助。"

权保护方面有着相对系统的法律规定。《著作权法》第53条规定了八种侵犯著作权的行为类型以及相应的行政法责任;① 侵犯著作权的,可以由行政管理部门实行对应的行政保护措施。《著作权》第64条还对计算机软件、信息网络传播权的保护做出了另外的行政立法授权②。《行政处罚法》是一部为了规范行政处罚的设定和实施,保障和监督行政机关有效实施行政管理的法律,在著作权领域中的行政处罚有关程序也应当适用该部法律。《民法典》第123条规定民事主体依法享有知识产权,就作品而言权利人依法享有著作权。③ 有些国际条约依照有关法律规定,除了中央政府声明保留的条款,可以成为处理涉外著作权纠纷的法律依据。④

为了更好更具体地实施《著作权法》第53条规定中的内容而制定的《著作权法实施条例》中第36、第37条规定,包括八种侵犯著作权的行为所需承担的罚款额度以及行政管理部门在该项著作权侵权中的权限。⑤《信息网络传播权保护条例》第13条和第25条明确了著作权行政管理部门在查处侵犯信息网络传播权行为的过程中具有的权限,以及网络提供

---

① 《著作权法》第53条:"有下列侵权行为的,应当根据情况,承担本法第五十二条规定的民事责任;侵权行为同时损害公共利益的,由主管著作权的部门责令停止侵权行为,予以警告,没收违法所得,没收、无害化销毁处理侵权复制品以及主要用于制作侵权复制品的材料、工具、设备等,违法经营额5万元以上的,可以并处违法经营额1倍以上5倍以下的罚款;没有违法经营额、违法经营额难以计算或者不足5万元的,可以并处25万元以下的罚款;构成犯罪的,依法追究刑事责任……"

② 《著作权法》第64条:"计算机软件、信息网络传播权的保护办法由国务院另行规定。"

③ 《民法典》第123条:民事主体依法享有知识产权。知识产权是权利人依法就下列客体享有的专有的权利:(一)作品;(二)发明、实用新型、外观设计;(三)商标;(四)地理标志;(五)商业秘密;(六)集成电路布图设计;(七)植物新品种;(八)法律规定的其他客体。

④ 目前有关著作权的国际公约:《伯尔尼保护文学和艺术作品公约》《世界版权公约》《保护唱片制作者防止唱片被擅自复制公约》《与贸易有关的知识产权协议》(简称TRIPS协议)等。

⑤ 《著作权法实施条例》第36条:"有著作权法第四十八条所列侵权行为,同时损害社会公共利益,非法经营额5万元以上的,著作权行政管理部门可处非法经营额1倍以上5倍以下的罚款;没有非法经营额或者非法经营额5万元以下的,著作权行政管理部门根据情节轻重,可处25万元以下的罚款。"第37条:"有著作权法第四十八条所列侵权行为,同时损害社会公共利益的,由地方人民政府著作权行政管理部门负责查处。国务院著作权行政管理部门可以查处在全国有重大影响的侵权行为。"

者有配合的义务并规定了其不配合的法律后果。[①] 此外,《信息网络传播权保护条例》第 18 条与第 19 条规定的内容主要包括八种侵犯信息网络传播权的行为及针对其行为应该承担的行政法责任和处罚标准。[②]《计算机软件保护条例》第 24 条规定了未经软件著作权人许可而侵权的行为类型与不同情况下的法律后果。[③]《著作权集体管理条例》旨在规范著作权集体管理活动,为著作权人及相关权利人行使权利以及使用者使用相应作品提供便利。《出版管理条例》第 6 条和第 7 条规定了国务院其他有关部门负责有关的出版活动的监督管理工作以及出版行政主管部门可以实施的措施。[④] 另外还有与著作权相关的部门规章,例如《著作权行政处罚实施办法》关于著作权领域违法行为从违法行为范围、管辖、处罚类型与程序、执行程序等方面系统规定了对应的行政处罚制度;《互联网著作权行政保护办法》主要规定网络信息服务提供者的行政法律责任承担等内容。

(二) 著作权法行政保护对西部文化产业的作用与影响

近年来,无论是在司法、行政还是社会保护方面,中国著作权保护

---

① 《信息网络传播权保护条例》第 13 条:"著作权行政管理部门为了查处侵犯信息网络传播权的行为,可以要求网络服务提供者提供涉嫌侵权的服务对象的姓名(名称)、联系方式、网络地址等资料"。第 25 条:"网络服务提供者无正当理由拒绝提供或者拖延提供涉嫌侵权的服务对象的姓名(名称)、联系方式、网络地址等资料的,由著作权行政管理部门予以警告;情节严重的,没收主要用于提供网络服务的计算机等设备。"

② 《信息网络传播权保护条例》第 18 条:"违反本条例规定,有下列侵权行为之一的,根据情况承担停止侵害、消除影响、赔礼道歉、赔偿损失等民事责任;同时损害公共利益的,可以由著作权行政管理部门责令停止侵权行为……";第 19 条:"违反本条例规定,有下列行为之一的,由著作权行政管理部门予以警告,没收违法所得……"

③ 《计算机软件保护条例》第 24 条:"除《中华人民共和国著作权法》、本条例或者其他法律、行政法规另有规定外,未经软件著作权人许可,有下列侵权行为的,应当根据情况,承担停止侵害、消除影响、赔礼道歉、赔偿损失等民事责任;同时损害社会公共利益的,由著作权行政管理部门责令停止侵权行为,没收违法所得,没收、销毁侵权复制品,可以并处罚款;情节严重的,著作权行政管理部门并可以没收主要用于制作侵权复制品的材料、工具、设备等;触犯刑律的,依照刑法关于侵犯著作权罪、销售侵权复制品罪的规定,依法追究刑事责任:……(二)向公众发行、出租、通过信息网络传播著作权人的软件的……"

④ 《出版管理条例》第 6 条:"国务院出版行政主管部门负责全国的出版活动的监督管理工作。国务院其他有关部门按照国务院规定的职责分工,负责有关的出版活动的监督管理工作……";第 7 条:"出版行政主管部门根据已经取得的违法嫌疑证据或者举报,对涉嫌违法从事出版物出版、印刷或者复制、进口、发行等活动的行为进行查处时,可以检查与涉嫌违法活动有关的物品和经营场所……"

都取得重大成效。其中，就行政方面的保护而言，着重关注重点监管与专项整治的结合，同时引导热点领域规范发展。2018年，我国在网络版权行政保护方面取得显著成果：在专项整治方面，在"剑网2018"专项行动中共查处网络侵权盗版案件544件，其中涉及刑事案件74件、涉案金额达1.5亿元。① 就重点监管方面，在原有专项行动基础上进行扩大，增加其覆盖面，加强其影响力，推动音乐、文字等作品的授权合作，提高监管精准性，也有利于提高全民的著作权保护意识。在规范热点领域发展方面，版权监管部门就短视频等新兴领域在版权方面涉及的问题采取多项行动，包括对重点企业进行约谈，促进企业行业自律的发展、要求企业履行主体责任，使短视频等新兴领域的版权秩序显著改善。

根据以下两个表格可知，2018年度全国版权案件查处违法经营网站服务器737个，同比增长达202.05%；查获地下窝点203个，同比增长30.97%；罚款金额同比增长61.16%；行政处罚数量、案件移送数量、检查经营单位数量、取缔违法经营单位数量、地下光盘生产线都呈现负增长态势，以上反映了我国版权行政保护取得了较大的成果以及执法惩罚力度变大。根据2018年全国版权合同登记数据统计，西部地区在版权领域相较于东部地区处于劣势，其中西藏、新疆、青海在2018年中版权合同登记数量为零。而加大对著作权的行政保护有利于促进西部文化产业的发展，也利于提高西部地区的知识产权经济水平。

表10-2　　　　　　　2018年全国版权执法情况统计②

案件查处情况				收缴盗版品情况			
项目	上年度数量	本年度数量	同比增长（%）	项目	上年度数量	本年度数量	同比增长（%）
行政处罚数量（件）	3552	3033	-14.61%	合计	9709248	7440122	-23.37%
案件移送数量（件）	442	203	-54.07%	书刊	5468163	4937904	-9.70%

---

① 国家版权局：《2018年中国网络版权保护年度报告》，http://www.ncac.gov.cn/chinacopyright/contents/518/398159.html，2020年6月28日。

② 国家版权局：《2018年全国版权执法情况统计》，http://www.ncac.gov.cn/chinacopyright/contents/11941/411480.html，2020年9月18日。

续表

案件查处情况				收缴盗版品情况			
项目	上年度数量	本年度数量	同比增长（%）	项目	上年度数量	本年度数量	同比增长（%）
检查经营单位数量（个）	636864	522135	-18.01%	软件	365423	240968	-34.06%
取缔违法经营单位数量（个）	4102	2361	-42.44%	音像制品	1393489	1195203	-14.23%
查获地下窝点数量（个）	155	203	30.97%	电子出版物	169552	197044	16.21%
地下光盘生产线（条）	4	2	-50.00%	其他	2312621	869003	-62.42%
违法经营网站服务器（个）	244	737	202.05%	未分类项			
罚款金额（人民币元）	10024793	16155654	61.16%				

表10-3　　2018年西部地区版权合同登记情况统计①

	合计	图书	期刊	音像制品	电子出版物	软件	其他
合计	20339	16600	85	1877	420	1045	312
中国版权保护中心	1915			1823		92	
内蒙古	2						2
广西	368	368					
重庆	294	294					
四川	725	719				6	
贵州	2	2					
云南	245	245					
西藏							
陕西	235	232				2	1
甘肃	99	99					
青海							
宁夏	44	44					
新疆							

---

① 国家版权局：《2018年全国版权合同登记情况统计》，http://www.ncac.gov.cn/chinacopyright/contents/11942/411482.html，2020年9月18日。

四 专利权行政保护

(一) 专利权行政保护相关政策法律规定

1. 现行法律相关规定

《中华人民共和国专利法》是我国专利权规定的核心法律,其中涉及专利权行政保护的规定主要有第65条、第68条以及第69条规定。第65条规定了当事人在他人侵犯自己专利权时的处理办法,其中就包括可以向专利管理部门申请处理;① 第68条②规定了对于侵犯专利的行为需要承担的行政处罚;第69条③则是对管理专利工作的部门在对涉嫌侵犯专利行为查处的时候,可以采取的行为进行了规定。

为了更好地保证《中华人民共和国专利法》能够准确高效地实施,《中华人民共和国专利法实施细则(2010年版)》对其进行了详细规定。第81条对当事人向管理专利工作的部门请求调解专利纠纷,对在申请时

---

① 《中华人民共和国专利法》第65条:"未经专利权人许可,实施其专利,即侵犯其专利权,引起纠纷的,由当事人协商解决;不愿协商或者协商不成的,专利权人或者利害关系人可以向人民法院起诉,也可以请求管理专利工作的部门处理。管理专利工作的部门处理时,认定侵权行为成立的,可以责令侵权人立即停止侵权行为,当事人不服的,可以自收到处理通知之日起15日内依照《中华人民共和国行政诉讼法》向人民法院起诉;侵权人期满不起诉又不停止侵权行为的,管理专利工作的部门可以申请人民法院强制执行。进行处理的管理专利工作的部门应当事人的请求,可以就侵犯专利权的赔偿数额进行调解;调解不成的,当事人可以依照《中华人民共和国民事诉讼法》向人民法院起诉。"

② 《中华人民共和国专利法》第68条:"假冒专利的,除依法承担民事责任外,由负责专利执法的部门责令改正并予公告,没收违法所得,可以处违法所得5倍以下的罚款;没有违法所得或者违法所得在5万元以下的,可以处25万元以下的罚款;构成犯罪的,依法追究刑事责任。"

③ 《中华人民共和国专利法》第69条:"负责专利执法的部门根据已经取得的证据,对涉嫌假冒专利行为进行查处时,有权采取下列措施:(一)询问有关当事人,调查与涉嫌违法行为有关的情况;(二)对当事人涉嫌违法行为的场所实施现场检查;(三)查阅、复制与涉嫌违法行为有关的合同、发票、账簿以及其他有关资料;(四)检查与涉嫌违法行为有关的产品;(五)对有证据证明是假冒专利的产品,可以查封或者扣押。管理专利工作的部门应专利权人或者利害关系人的请求处理专利侵权纠纷时,可以采取前款第(一)项、第(二)项、第(四)项所列措施。负责专利执法的部门、管理专利工作的部门依法行使前两款规定的职权时,当事人应当予以协助、配合,不得拒绝、阻挠。"

可能出现的情况及处理办法做了规定;① 第 82 条对当事人提出中止处理专利权侵权纠纷的过程以及专利管理部门不中止处理专利侵权纠纷案件的情形做出规定。② 第 83 条对专利权人表明专利标识的要求做了详细规定,并明确了专利管理部门对不符合规定的专利标识处理的方法;第 84 条对假冒专利的行为进一步进行了规定;③ 第 85 条规定对专利管理部门能进行调解的专利纠纷的类型做了更多的规定;④ 第 86 条规定对当事人申请中止专利权纠纷案件调解的过程做了详细规定;⑤ 第 87 条就国务院专利行政部门执行专利权保全措施做了规定。⑥

---

① 《中华人民共和国专利法实施细则 (2010 年版)》第 81 条:"当事人请求处理专利侵权纠纷或者调解专利纠纷的,由被请求人所在地或者侵权行为地的管理专利工作的部门管辖。两个以上管理专利工作的部门都有管辖权的专利纠纷,当事人可以向其中一个管理专利工作的部门提出请求;当事人向两个以上有管辖权的管理专利工作的部门提出请求的,由最先受理的管理专利工作的部门管辖。管理专利工作的部门对管辖权发生争议的,由其共同的上级人民政府管理专利工作的部门指定管辖;无共同上级人民政府管理专利工作的部门的,由国务院专利行政部门指定管辖。"

② 《中华人民共和国专利法实施细则 (2010 年版)》第 82 条:"在处理专利侵权纠纷过程中,被请求人提出无效宣告请求并被专利复审委员会受理的,可以请求管理专利工作的部门中止处理。管理专利工作的部门认为被请求人提出的中止理由明显不能成立的,可以不中止处理。"

③ 《中华人民共和国专利法实施细则 (2010 年版)》第 84 条:"下列行为属于专利法第六十三条规定的假冒专利的行为:(一) 在未被授予专利权的产品或者其包装上标注专利标识,专利权被宣告无效后或者终止后继续在产品或者其包装上标注专利标识,或者未经许可在产品或者产品包装上标注他人的专利号……销售不知道是假冒专利的产品,并且能够证明该产品合法来源的,由管理专利工作的部门责令停止销售,但免除罚款的处罚。"

④ 《中华人民共和国专利法实施细则 (2010 年版)》第 85 条:"除专利法第六十条规定的外,管理专利工作的部门应当事人请求,可以对下列专利纠纷进行调解:(一) 专利申请权和专利权归属纠纷……(五) 其他专利纠纷。对于前款第 (四) 项所列的纠纷,当事人请求管理专利工作的部门调解的,应当在专利权被授予之后提出。"

⑤ 《中华人民共和国专利法实施细则 (2010 年版)》第 86 条:"当事人因专利申请权或者专利权的归属发生纠纷,已请求管理专利工作的部门调解或者向人民法院起诉的,可以请求国务院专利行政部门中止有关程序。依照前款规定请求中止有关程序的,应当向国务院专利行政部门提交请求书,并附具管理专利工作的部门或者人民法院的写明申请号或者专利号的有关受理文件副本。管理专利工作的部门作出的调解书或者人民法院作出的判决生效后,当事人应当向国务院专利行政部门办理恢复有关程序的手续。自请求中止之日起 1 年内,有关专利申请权或者专利权归属的纠纷未能结案,需要继续中止有关程序的,请求人应当在该期限内请求延长中止。期满未请求延长的,国务院专利行政部门自行恢复有关程序。"

⑥ 《中华人民共和国专利法实施细则 (2010 年版)》第 87 条:"人民法院在审理民事案件中裁定对专利申请权或者专利权采取保全措施的,国务院专利行政部门应当在收到写明申请号或者专利号的裁定书和协助执行通知书之日中止被保全的专利申请权或者专利权的有关程序。保全期限届满,人民法院没有裁定继续采取保全措施的,国务院专利行政部门自行恢复有关程序。"

2. 专利权行政保护相关政策

2018年国家市场监督管理总局诞生，4月10日正式挂牌，由国务院直接管理，是新时代政府体制改革的产物。国家知识产权局重组后，由国家市场监督管理局管理，行使知识产权的行政执法职能。全国各省遵照中央有关指示，在行政体制上进行改革，增强相应的知识产权的保护能力。2018年10月31日，甘肃省市场监督管理局（食品安全委员会办公室、知识产权局）正式成立，这也标志着甘肃省市场监管事业发展迈入了新时代，甘肃省市场监管体制改革迈出了第一步。

表10-4 近年来国家关于专利行政保护的政策法规

名称	单位	颁布时间	实施时间
《关于修改〈专利行政执法办法〉的决定》（第71号）	国家知识产权局	2015.5.29	2015.7.1
《2019年知识产权执法"铁拳"行动方案》	国家市场监督管理局、国家知识产权局	2019.4.26	2019.4.26
关于就《专利侵权纠纷行政裁决指南（征求意见稿）》公开征求意见的通知	国家知识产权局	2019.11.22	2019.11.22
印发《关于对知识产权（专利）领域严重失信主体开展联合惩戒的合作备忘录》的通知	国家发展改革委、人民银行、国家知识产权局等	2018.11.21	2018.11.21
《国家知识产权局关于公开有关专利行政执法案件信息具体事项的通知》	国家知识产权局	2014.04	2014.04
国家知识产权局办公室关于开展专利侵权纠纷行政裁决示范建设工作的通知	国家知识产权局	2019.11.19	2019.11.19
关于印发《专利执法行政复议指南（试行）》《专利执法行政应诉指引（试行）》的通知	国家知识产权局	2017.12.26	2017.12.26
关于印发《专利侵权行为认定指南（试行）》《专利行政执法证据规则（试行）》《专利纠纷行政调解指引（试行）》的通知	国家知识产权局	2017.08.03	2017.08.03

续表

名称	单位	颁布时间	实施时间
关于印发《专利行政执法证件与执法标识管理办法（试行）》的通知	国家知识产权局	2017.08.03	2017.08.03
关于印发《关于严格专利保护的若干意见》的通知	国家知识产权局	2017.07.18	2017.07.18
《专利侵权判定和假冒专利行为认定指南（试行）》	国家知识产权局	2016.03.02	2016.03.02
关于印发《专利行政执法操作指南（试行）》的通知	国家知识产权局	2016.03.02	2016.03.02
国家知识产权局办公室关于印发《电子商务领域专利执法维权专项行动工作方案》的通知	国家知识产权局	2015.06.26	2015.06.26

（二）专利权行政保护作用

不同于大陆法系国家的强行政规制，我国行政规制是为了防止行政机关滥用权力或者懈怠实施而规定的，而不是以私法的功能缺陷和适应市场为目的。[①] 一方面，在我国的历史传统上，行政和司法机关一体办公，普通民众多信奉政府至上的理念。另一方面，我国的行政机关权力行使不规范，需要专门法规进行规定。

知识产权纠纷有易受损害、取证困难、损害估算难等特点。为加大对专利权的保护，促进科技进步和社会创新，近几年来我国不断加大对专利权的保护力度，尤其加大了专利权的行政保护。专利是一个国家创新能力的重要体现，创新型国家的提出，要求加大专利的保护力度。

在我国专利制度和创新型国家的建设中，专利权的行政保护制度有其显著的特点和优势：[②]（1）效率性。相较于司法保护，行政保护可以高效解决现实中的纠纷。我国的司法程序漫长复杂，时间成本和金钱成本都

[①] 赵鹏：《惩罚性赔偿的行政法反思》，《法学研究》2019年第1期。
[②] 苏世彬、陈玉琼、王许可：《我国专利行政执法概况及其强度聚类分析》，《情报探索》2018年第10期。

表 10-5　　全国各地区管理专利工作的部门专利执法统计总和

年份	侵权纠纷 立案	侵权纠纷 结案	其他纠纷 立案	其他纠纷 结案	查处假冒专利案件 结案
2018	33976	33256	621	512	42679
2017	27305	26987	852	836	38492
2016	20351	19682	508	468	28057
2015	14202	14040	405	377	21237
2014	7671	7640	549	548	16259

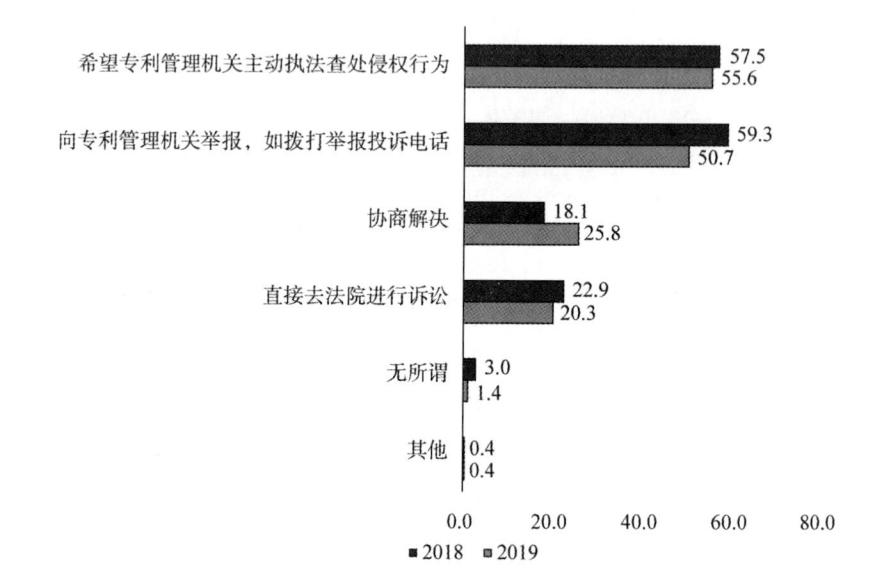

图 10-3　专利权人在遭遇侵权后采取的维权措施意向统计①

较为巨大，并且民众对法律还存在普遍的不信任感。专利行政保护立案迅速，程序简单灵活。（2）专业性。专利纠纷的案件一般都比较复杂，涉案专利的专业性较强，需要熟悉相关领域的专业人员处理，法官对于法律问题较为熟悉，对于专利中相关技术的对比，专利管理部门和专利执法部门更具有技术优势，可以凭借其基础知识和多年工作经验更好地认清侵权行为从而分清责任。（3）主动性。相较于司法保护，行政保护

---

① 数据来源于国家知识产权局《2019 年中国专利调查报告》。

一个突出优势就是较为积极主动。法院依起诉而开启相关的民事诉讼程序，但行政保护可以依据相关法律规范，由行政机关主动进行相关权益的保护。

专利执法的相关部门依法规范专利市场秩序，打击危害社会公共利益的专利侵权行为，有效保障了专利权人的合法权益，减少了权利人的维权成本，进一步激发了"专利"这个社会创新的强力引擎，有效保障了专利制度的正常运转。近年来，国家知识产权局不断组织全国范围内的知识产权行政执政活动。例如，"铁拳行动""蓝天行动"等，切实维护了广大消费者和相关权利人的合法权益。

五 商标权行政保护

（一）商标权行政保护相关政策法律规定

1. 商标法相关规定

《中华人民共和国商标法》中有关行政保护的规定主要有以下几条：第 2 条明确了负责商标注册与管理的行政部门[①]，对侵犯商标权案件的处理在第 60 条中做了详细规定，[②] 对涉嫌刑事案件在第 61 条中做了规定，[③] 第 62 条对县级以上工商行政管理部门在查处侵犯商标专用权时的职权做了明确规定。

2. 商标法实施条例相关规定

《中华人民共和国商标法实施条例》第 77 条确定了工商行政管理部

[①]《中华人民共和国商标法》第 2 条："国务院工商行政管理部门商标局主管全国商标注册和管理的工作。国务院工商行政管理部门设立商标评审委员会，负责处理商标争议事宜。"

[②]《中华人民共和国商标法》第 60 条："有本法第五十七条所列侵犯注册商标专用权行为之一，引起纠纷的，由当事人协商解决；不愿协商或者协商不成的，商标注册人或者利害关系人可以向人民法院起诉，也可以请求工商行政管理部门处理。工商行政管理部门处理时，认定侵权行为成立的，责令立即停止侵权行为，没收、销毁侵权商品和主要用于制造侵权商品、伪造注册商标标识的工具，违法经营额 5 万元以上的，可以处违法经营额 5 倍以下的罚款，没有违法经营额或者违法经营额不足 5 万元的，可以处 25 万元以下的罚款。对五年内实施两次以上商标侵权行为或者有其他严重情节的，应当从重处罚。销售不知道是侵犯注册商标专用权的商品，能证明该商品是自己合法取得并说明提供者的，由工商行政管理部门责令停止销售。对侵犯商标专用权的赔偿数额的争议，当事人可以请求进行处理的工商行政管理部门调解，也可以依照《中华人民共和国民事诉讼法》向人民法院起诉……"

[③]《中华人民共和国商标法》第 61 条："对侵犯注册商标专用权的行为，工商行政管理部门有权依法查处；涉嫌犯罪的，应当及时移送司法机关依法处理。"

门对侵犯商标专用权的行为具有查处监管的职责;① 第 80 条对销售侵权商标的行为的处理情形做了规定;② 第 82 条对查处商标侵权案件中工商行政管理部门的职责进一步进行了解释。③

3. 商标权行政保护相关政策

1978 年，国家恢复工商行政管理机关，将全国商标注册及管理工作交由其内设的商标局来统筹。2018 年 3 月，中共中央印发《深化党和国家机构改革方案》，对国家知识产权局进行重组，并由国家市场监督管理总局进行管理。

2018 年 11 月 15 日，《中央编办关于国家知识产权局所属事业单位机构编制的批复》将原国家工商行政管理总局商标局、商标评审委、商标审查协作中心整合为国家知识产权局商标局，是国家知识产权局所属事业单位。

现今，主要由国家市场监督管理总局、商标局来担任商标领域的管理部门，负责商标领域的行政执法，优化过去执法碎片化的局面，统一行使法律赋予的行政执法权，并出台一些政策法规，加强对注册商标专用权的行政保护。④

表 10 – 6　　　近年来国家关于商标行政保护的政策法规

名称	颁布单位	颁布时间	实施时间
《规范商标申请注册行为若干规定》	国家市场监督管理总局	2019.10.17	2019.12.01
工商总局办公厅关于印发《商标注册便利化改革三年攻坚计划（2018—2020 年）》的通知	国家工商局	2018.03.20	2018.03.20

---

① 《中华人民共和国商标法实施条例》第 77 条："对侵犯注册商标专用权的行为，任何人可以向工商行政管理部门投诉或者举报。"

② 《中华人民共和国商标法实施条例》第 80 条："销售不知道是侵犯注册商标专用权的商品，能证明该商品是自己合法取得并说明提供者的，由工商行政管理部门责令停止销售，并将案件情况通报侵权商品提供者所在地工商行政管理部门。"

③ 《中华人民共和国商标法实施条例》第 82 条："在查处商标侵权案件过程中，工商行政管理部门可以要求权利人对涉案商品是否为权利人生产或者其许可生产的产品进行辨认。"

④ 李顺德：《完善知识产权法律制度》，《高科技与产业化》2014 年第 1 期。

续表

名称	颁布单位	颁布时间	实施时间
工商总局关于深化商标注册便利化改革切实提高商标注册效率的意见	国家工商总局	2017.11.14	2017.11.14
工商总局关于深入实施商标品牌战略推进中国品牌建设的意见	国家工商总局	2017.5.20	2017.5.20
工商总局关于大力推进商标注册便利化改革的意见	国家工商总局	2016.07.25	2016.07.25
《驰名商标认定和保护规定》	国家工商总局	2014.07.03	2014.08.03
《商标评审规则》	国家工商总局	2014.05.28	2014.06.01

（二）商标权行政保护作用

为了更好地保护商标权，保障商标权人合法权益，近年来，我国在商标专用权保护方面投入大量精力，尤其加强了行政保护的力度。2018年，相关部门组织实施了打击商标侵权"溯源"专项行动，加强对商标侵权商品源头追溯力度和全链条打击。国家组建新的市场监督管理局，各个地方政府响应改革要求，进行政府体制改革。通过国家市场监督管理总局统一行使行政执法权，有力打击了商标侵权假冒违法行为。我国行政机关依据行政执法的优势，从国家商标战略角度出发，每年制定相应的专项行动，查处侵犯商标专用权的违法行为，为社会主义经济建设保驾护航，坚决维护社会公益性。

表10-7　　　　近年来查处商标违法案件统计

年份	查处商标违法案件（件）	案件总值（万元）	罚没金额（万元）
2018	31194	54573	51421
2017	30130	36544	47042
2016	49000	56000	未知
2015	27379	37000	未知

第四节　西部文化产业知识产权侵权损害赔偿及其判定

一　我国知识产权侵权行为的法律规制

2019年4月26日，在第二届"一带一路"国际合作高峰论坛上，国家主席习近平指出："中国将着力营造尊重知识价值的营商环境，全面完善知识产权保护法律体系，大力强化执法，加强对外国知识产权人合法权益的保护，杜绝强制技术转让，完善商业秘密保护，依法严厉打击知识产权侵权行为。"[1] 在惩治知识产权侵权行为过程中，知识产权侵权行为如何判定就显得尤为重要。

知识产权侵权行为着重表现为对著作权、商标权、专利权的侵犯。在不存在法定事由的情况下，擅自使用他人知识财产的行为构成对他人知识产权的侵犯。知识产权侵权行为的类型具有复杂性，从侵权行为性质的角度来划分，有一般侵权行为与特殊侵权行为；从侵权行为主体的数量角度来划分，有单方侵权行为与共同侵权行为；从实施侵权的行为人在侵权中的作用和行为方式的角度来划分，有直接侵权行为与间接侵权行为。知识产权制度为保护西部文化产业中的核心资产提供了制度保障。总体而言，西部文化产业发展过程中发生的知识产权侵权现象，在我国的法律制度中，可以通过著作权、商标权、专利权进行部署和保护。反不正当竞争法对知识产权领域的不正当竞争行为亦起着规制作用。

判断某一行为是否构成对著作权的侵犯，需要判断该行为是否受著作权人的各项专有权利的控制，同时需要结合具体案情来判断该行为是否存有法定的免责事由。根据我国《著作权法》第10条的规定，我们可以将侵犯著作权的行为划分为侵犯著作人身权的行为和侵犯著作财产权的行为。第一，侵犯著作人身权的行为。侵犯发表权的行为表现为在不存在法定的免责事由的情况下，行为人未取得著作权人同意，就将他人受著作权法保护的作品公布的行为；署名权是表明作者身份的权利，侵

---

[1] 新华网：《习近平出席第二届"一带一路"国际合作高峰论坛开幕式并发表主旨演讲》，http：//www.xinhuanet.com/politics/leaders/2019 - 04/26/c_ 1124420373.htm，2020年5月16日。

犯署名权的行为表现为在未经合作作者同意的情况下将合作作品以自己的名义单独发表的行为、以不正当手段在自己未参加创作的作品上署名的行为、通过制作或者出售等方法传播假冒他人署名的作品的行为；侵犯保护作品完整权的行为表现为歪曲、篡改他人作品，破坏他人作品完整性的行为。[①] 第二，侵犯著作财产权的行为。著作财产权是著作权人对作品进行使用、收益、处分的权利，著作财产权的内容非常丰富，包括复制权、发行权、信息网络传播权等权利。由我国《著作权法》的相关规定可以看出，一般情况下使用著作权人创作的作品需要经过著作权人的同意并向其支付相应的报酬，因此在不存在法定免责事由的情况下没有经过著作权人同意而使用其创作的作品的行为构成侵犯著作财产权的行为，具体内容包括剽窃他人作品的行为与擅自使用他人作品的行为。剽窃他人作品表现为以下两种行为：完全或者大部分照抄著作权人创作的作品、以不同的表现形式或表达方式将著作权人创作的作品的内容融入自己的作品，在司法实践中，对后一种剽窃他人作品的行为认定较为困难。未经著作权人同意，在不存在法定免责事由的情况下，擅自使用他人作品的行为，主要表现为通过复制、展览、表演、广播、摄制、发行、放映等方式使用著作权人创作的作品的行为。

专利本身具有很大的经济价值，在社会实践中，专利权人的专利权特别容易受到侵犯。从我国《专利法》第11条规定的内容可以看出，要构成侵犯专利权的行为需同时满足以下几个条件：首先，要存在受到侵犯的有效的专利权。如果一项发明创造还未被授予专利权，那么判断某一行为是否侵犯专利权也就无从谈起。[②] 专利权的保护期也不是无限的，在法律规定的专利保护期届满后，宣告专利权无效或者终止以后，实施专利的行为不构成侵权。其次，未获得专利权人的许可。若在经过专利权人许可的情况下实施专利权人的专利，则不侵犯专利权人的专利权。只有在未取得专利权人许可，实施其专利的行为才可能构成侵权。最后，某一主体实施专利权人的专利是为了满足生产经营的需要。行为人实施

---

① 刘有东：《论侵犯保护作品完整权之行为》，《西南民族大学学报》（人文社会科学版）2010年第4期。

② 李阁霞：《加拿大商标法律制度简介》，《知识产权》2013年第3期。

行为时以营利为目的，其行为才可能构成侵犯专利权的行为。此外，考虑到社会公共利益的需要，我国《专利法》用限制性规定对专利权进行了一定的限制。在判断某一行为是否属于侵犯专利权的行为时，我们首先要对专利权的保护范围进行确定，[①] 在明确了保护范围以后，再将被指控侵权的技术方案与该保护范围进行对比，判断被指控的技术方案是否属于专利权的保护范围。侵犯专利权的行为主要表现为使用、制造、进口、许诺销售、销售专利产品的行为。

商标作为现代经济的产物，在西部文化企业参与市场竞争中发挥着重要作用。商标对商品与服务起着标识作用，使得商品及服务与商标之间建立起了特定的联系。[②] 我国《商标法》第57条对商标侵权行为进行了不完全列举。法官可以直接借助法条中的规定来判定某一行为是否构成商标侵权行为，可以避免法官过分地行使自由裁量权。但社会毕竟是不断发展变化的，这种列举规定不能把所有类型的商标侵权行为都囊括在内，需要立法者关注社会实践，将一些新类型的商标侵权行为及时地体现在法律中，防止一些不必要的商标纠纷的发生。随着市场经济的日益繁荣，商品的种类不断增多，品牌也不断增多，一些商家看到了品牌的价值，为了获取更大的经济效益，引发了很多商标侵权案件。从商标保护的角度出发，商标侵权是我国商标法的核心概念。商标侵权的表现形式多种多样，由我国《商标法》第57条的相关规定可以看出，以下行为构成商标侵权行为。第一，使用侵权。在我国，商标的描述性使用与商标的指示性使用是商标正当使用的两种主要情况，前述两种行为一般不属于商标侵权行为，但在具体案件中，还需要结合具体案件情况来分析。行为人在同种或者类似商品上使用与他人注册商标相同或相近的商标是使用侵权的表现。要构成使用侵权，商标使用需要具备以下两个方面的要件。一方面，对商标权人的专用权与禁用权有所侵害。另一方面，对商标的识别功能进行了破坏，使得相关公众将生产者提供的商品及服务与特定的商标联系在了一起，消费者对商品和服务的来源产生了混淆

---

① 杨喆：《小议专利标识权行使的合规性》，《知识产权》2009年第4期。
② 刘贵增：《涉外定牌加工中的商标使用与商标侵权》，《中国专利与商标》2013年第1期。

误认。第二，销售侵权。销售侵权的行为主体为经销商，行为方式为对侵犯注册商标专用权的商品进行销售。根据我国《商标法》第 60 条及第 64 条的相关规定，为了保护经营者的合法权益，在满足下述条件的情况下，尽管经销商销售了侵犯商标权人商标权的商品，构成了侵权行为，但经销商不负民事赔偿责任、免予行政处罚。条件如下：经销商不知道自己销售的商品侵犯了商标权人的注册商标专用权；经销商能够提供相关证据证明自己所销售的商品是合法取得的；经销商说明其所销售的侵权商品的提供者，并经相关机关查证属实的。第三，标识侵权。标识侵权行为具体表现为：在没有取得商标权人授权和委托的情况下，擅自制造商标权人的商标；虽然取得了商标权人的授权或者委托，但没有在商标权人的授权或者委托范围内制造商标权人的注册商标；对他人的注册商标标识进行销售的行为。第四，更换商标。更换商标亦称反向假冒，是指未经商标权人同意将他人商品上的注册商标撤下后，在他人的商品上换上自己或者第三人的商标标识，使得商品与商标相分离，最后侵权人又将该商品投入市场中让其流通的行为。

二　域外知识产权侵权判定的经验

美国在 1854 年的 winanas 案中的第一次提出使用等同原则来作为专利侵权的判定标准，在 1950 年的 GraverTannk 案中加入功能、方法、效果三个因素形成等同侵权判定的格列佛测试，[1] 随后在 Hughesaircraft 案中开始使用"整体等同"的等同原则。美国的专利权的侵权判定通过 100 多年的发展在不断改进与完善。虽然现在的美国使用更为完善的专利侵权判定制度，但是美国的等同原则来判断专利权侵权的方法还是被越来越多的国家学习。所谓等同原则是指"即使被控侵权产品或方法没有落入权利要求字面含义的范围，但如果被控侵权物与专利发明中的技术特征之间的差别是非实质性的仍有可能认定二者之间是相当的，从而构成侵权"。[2] 等同原则在原有的通过对比专利权人的权利要求书来判断是否侵权的基础上进一步扩大专利权人的私权，当被控侵权的产品与专利权

---

[1] 尹岩明：《论专利侵权判定等同原则的发展方向》，《德州学院学报》2017 年第 1 期。
[2] 闫文军：《专利的保护范围》，知识产权出版社 2007 年版，第 144 页。

人的产品没有实质的差别时就应该认定为侵权。专利权产生的目的就是鼓励专利权人公开其专利贡献社会来换取政府对其专利和利益的保护。政府在制定专利权侵权判定的标准实质上是寻求专利权人个人利益与社会公众利益之间的平衡点。各国的经济与文化都在深层次地输出与融合，在这个过程中，专利权的侵权案件也越来越多，更加复杂。我国现阶段的等同原则只是存在于司法原则当中，法律上并没有通过法律条文的方式详细明确规定这一原则。所以，在实际的专利侵权判定中还是运用对比权力要求书或是法官运用自由裁量权导致同案不同判的结果。

　　随着人工智能、网络科技的不断发展，各国在著作权领域也进行了不断改进与完善，尤为突出的是日本在近几年对《日本著作权法》进行的多次修改。在2016年的《日本著作权法》的修改中有关侵权判定的内容主要有两项：第一，将一部分侵害著作权的案件列入了刑法的保护范围。这一制度涉及的主要领域是网络盗版案件，将著作权这一私权进行公诉化对于著作权的侵权的判定将更加严格，对于著作权的保护也将更加严厉。在私权和公共利益的博弈中，日本选择了加强对著作权人的私权的保护，这也是以美国为首的发达国家在知识产权中的价值目标。第二，调整损害赔偿额的计算方式。赔偿额未规定具体数额，而是规定根据"使用费规则"确定，"使用费规则"可以变更，著作权法则可保持相对稳定。① 日本的私法是继承了大陆法系，他们认为在知识产权的侵权判定中运用惩罚性损害赔偿是与本国的法律原则是相背驰的，所以，日本通过调整损害赔偿的计算方式一方面起到了惩罚性损害赔偿的作用，另一方面，不会违背日本的法律原则。2018年日本对《日本著作权法》又进行了修改，在修改之前，日本著作权在合理使用的判断方式上采用的是与中国现阶段相似的封闭式的立法模式，但是，这一立法模式在应对现阶段科技与创作的高速发展下著作权的侵权和合理使用的范围有着明显的滞后性，所以，日本在本次的著作权的修改中，借鉴了美国著作权的合理使用制度的完全开放式立法模式，并结合本国国情，形成了日本的著作权合理使用制度的半开放式立法模式。② 日本通过结合使用目的和

---

① 蔡玫：《论日本修改著作权法的新动向及其特点》，《中国版权》2016年第5期。
② 李琛：《论我国著作权法修订中"合理使用"的立法技术》，《知识产权》2013年第1期。

市场因素对合理使用情形作了"无害使用""轻微使用""公共政策目的下的使用"三种类型的区分并采用领域分割下的"总则+列举+兜底"复合规范结构，形成了独具特色的著作权的合理使用制度的立法模式。在这种区分模式下，日本形成了相对较为开放的著作权的合理使用制度。[1]

在商标权的侵权判定中，美国一直采用的是"混淆可能性"的多因素测试方法，换句话说，就是通过判断多种因素进而总结是否符合具有构成混淆的可能性。在司法实践中，美国的多因素检测方法中的因素共有13种，通过对这些因素来判断是否构成"混淆可能性"。其中以相似性判断、商品的类似性、被告的意图和实际混淆证据这四个因素为主。对于商标的相似性，美国和欧盟的观点不一致，在美国，商标相似性是判断是否属于商标侵权的一个因素，如果被告的商标与原告的商标不符合商标相似性的要件，但是，在其他因素相符时，可以认定为原告与被告的商标是构成侵权的。欧盟则是将商标的相似性作为认定商标是否构成混淆可能性的前置条件，只有当商标服务类似、商标近似时，才进一步讨论其是否具有混淆可能性，如果有造成混淆的可能才能确定为商标侵权。也就是说，虽然美国和欧盟在商标权侵权判定上都是采用了混淆可能性这一标准，但是，欧盟在判定商标侵权时采取的以商标相似性为前置要件，以存在混淆可能性为限制条件的商标权的侵权判定模式在初始利益混淆和反向混淆等混淆理论中并不能适用，而且，在互联网和新技术高速发展的今天，这一模式也不能很好地应对新型的商标权侵权案件。反观美国的多因素检测模式，其特点是不局限于商标的相似性，而是将其作为判断是否构成混淆可能性的因素之一，这样，在处理一些商标侵权案件中更加具有灵活性和公平性。比如，在拉科斯特公司诉鳄鱼国际公司的商标侵权案件中，两家公司都使用鳄鱼这一商标，在商标上具有一定的相似性，但是这两家公司在市场的经营中和消费人群的定位上，并不会使消费者产生实际混淆，在商标相似的情况下，两个公司依然有着十分明显的区分度，不符合商标的混淆的可能性，这样也就没有

---

[1] 谢晴川、何天翔：《论著作权合理使用制度的开放化路径——以"中间层次"一般条款的引入为中心》，《知识产权》2019年第5期。

达到商标权侵权的判定标准,在判决中不构成侵权。我国 2013 年开始修改商标权法,加入了混淆可能性这一要素,但是我国在商标相似性和混淆可能性这两者的关系上并不明确,导致我国的商标侵权的判定标准界限模糊,在立法、司法解释中都未对是由相似性造成混淆还是由混淆进而影响判断相似性的问题进行规定或解释。将我国、美国以及欧盟在商标权侵权判定上的规定进行对比,可以看出,美国将商标的相似性作为判断混淆可能性的因素这一方法更加合理,使得商标侵权判定更加灵活。

三 西部文化产业知识产权侵权判定存在的问题及完善建议

著作权的对象是作品,对著作权进行保护就是保护著作权人的权益。对著作权进行保护可以激发作者的创作积极性,丰富人们的精神生活,促进西部文化产业的发展。随着计算机网络技术的不断发展,侵犯著作权的方法也随之增多,抄袭作品、盗版出版物等不断进入公众的视野,著作权侵权纠纷越来越多。著作权是一项无形的财产权,侵犯著作权的行为不但会影响作者的创作积极性,也不利于我国市场经济和文化产业的健康发展,因此必须加大对著作权的保护力度,强化著作权人的权利意识。[①] 在著作权侵权判定中,要确定西部文化产业中著作权实质性相似判定标准。在我国著作权侵权判定的司法实践中,"接触加实质性相似"是法院通常采用的标准。然而,著作权侵权中的"实质性相似"如何来确定,这也是著作权侵权案件审理的一个难点问题。[②] 在进行判定时,相似程度越高,则独创性程度越低。例如,在 2019 年审判的"深圳市天一坊精品制造有限公司与乌鲁木齐高新技术产业开发区铭雅时尚工艺品店著作权权属纠纷"[③] 一案中,关于原告的"王者风范系列"美术作品与被告销售的工艺品对比及实质性相似与否的认定,乌鲁木齐市中级人民法院在判决文书中用寥寥数字带过,提到"将被控侵权产品与涉案作品相比对,被控侵权产品与涉案作品实质性相似"。法院在具体案件中,并

---

① 唐珺:《我国专利侵权惩罚性赔偿的制度构建》,《政治与法律》2014 年第 9 期。
② 阳贤文:《美国司法中实质性相似之判断与启示》,《中国版权》2012 年第 5 期。
③ 新疆维吾尔自治区乌鲁木齐市中级人民法院 (2019) 新 01 民初 207 号。

未对作品之间存在的"实质性相似"进行详细解释和说明，对不同类型的作品进行判定的标准有所不同。"实质性相似"具体标准的缺失使得法院在采用这一判断标准进行著作权侵权判定时，仅仅依靠简单的对比和自己的内心确信而做出裁判，这样不利于做出一个为双方当事人所信服的裁判结果。在对外合作不断加强的背景下，需要对西部文化产业中著作权侵权的"实质性相似"判定标准进行规范，对作品独创性程度的高低进行量化。在著作权的合理使用方面，在人工智能和互联网高速发展的今天，对于著作权的合理使用制度继续沿用以往的封闭式的立法模式会带来著作权的侵权判定不明确的情况，我国现在的详细列举12种合理使用的制度模式难以合理判断新环境下著作权侵权和合理使用的界限。我们应该借鉴域外新修改的合理使用制度，通过结合本国的发展现状，使用"总则+列举+兜底"的模式，使得合理使用制度摆脱以往的封闭性和滞后性。

在进行商标侵权判定的司法实践中，要注重比例原则的适用。在西部文化产业中，侵害商标权的行为形式越来越多样化，这不利于形成公平竞争的市场秩序。我国目前在进行商标侵权判定时，主要采取混淆标准。在具体的侵权判定中，面对日益繁多的商标侵权形式，混淆标准也不断由传统意义上的来源混淆逐渐向反向混淆等概念进行扩张。商标的主要作用是对商品和服务来源进行区分，在西部文化产业商标侵权行为判定中，不能将商标或者商品本身的近似作为唯一的考量因素。[①] 关于商标之间是否近似以及商品之间是否类似问题的判断，是一个对程度进行判断的过程，需要考虑诸多方面的要素。我们在判断是否会使得相关公众产生混淆的可能性时，要注重比例原则的适用，即在商标侵权判定时，要合理运用混淆标准，在判断混淆可能性时，要考虑西部文化产业的实际运行情况，使文化产业中商标权的保护强度与商标的知名度和显著性、商标的使用范围和使用方式、相关公众的认识水平等相适应。将保护商标权人的合法权益与维护公平稳定的市场秩序相协调，平衡市场主体间的利益，促进西部文化产业创新发展。

---

① 陈开来：《西部民族地区文化产业发展法律保障研究》，《南华大学学报》（社会科学版）2012年第4期。

内容创新是西部文化产业的核心资产。① 在文化产业链中，高质量的内容和品牌许可可以增加其价值，并为其带来持续的多渠道收入。知识产权侵权行为践踏和剥夺了知识财产创造者的劳动成果，这一行为在很大程度上阻碍了文化产业的繁荣发展。② 要实现我国西部文化产业的健康良性发展，必须加大对知识产权侵权行为的监管与打击力度，坚决惩治文化产业发展过程中存在的知识产权侵权行为。知识产权侵权行为会对知识产权人的人身和财产权利构成侵害，知识产权侵权人主要承担精神损害赔偿责任和财产损害赔偿责任。又因为损害赔偿中的精神损失的大小及赔偿数额不好确定，由此形成了重财产损害赔偿而轻精神损害赔偿的现象。知识产权损害赔偿是知识财产的权利人的合法权益遭受侵害后的民事救济途径。不同于传统民事权利客体，知识产权保护的客体具有非物质性和价值不确定性的特点，知识产权损害赔偿的数额在司法实践如何确定一直是一个难点问题。在知识产权立法中，我国的《商标法》在知识产权领域率先引入了惩罚性赔偿制度。2013 年《商标法》进行修改，在第 63 条中规定了惩罚性赔偿制度，要求侵权人主观上须为恶意且侵权情节严重，以被侵权人所受的实际损失、侵权人所获利益、商标许可使用费的倍数这三种方式来确定惩罚性赔偿的基数，惩罚性赔偿的数额为前述基数的 1 倍以上 3 倍以下，惩罚性赔偿的基数难以确定的，由法院根据案件的具体情节判决商标侵权人给予 300 万元以下的侵权赔偿。2019 年《商标法》再次修订时，立法机关对惩罚性赔偿的额度进行了提升，由 2013 年规定的 1 倍以上 3 倍以下提升到了 1 倍以上 5 倍以下，法定赔偿的额度由原来的 300 万元以下改为 500 万元以下。《商标法》中惩罚性赔偿制度的引入及赔偿额度的提升，有利于对商标侵权行为人产生震慑，防止侵权行为人再次实施商标侵权行为，对企图实施商标侵权的人进行震慑，同时也会刺激商标权人的维权积极性，对西部文化产业中商标权的保护发挥了制度保障作用。

---

① 牧人：《努力提升民族地区文化核心竞争力》，《内蒙古宣传思想文化工作》2014 年第 2 期。
② 和育东、石红艳、林声烨：《知识产权侵权引入惩罚性赔偿之辩》，《知识产权》2013 年第 3 期。

在知识产权立法中，惩罚性赔偿的条文仅仅规定在《商标法》中。文化产业中著作权和专利权的保护也有赖于惩罚性赔偿制度发挥作用。西部文化产业发展过程中的知识产权保护还面临着诸多困难。其中一个突出的问题是知识产权权利人的维权成本高，而侵权人的侵权成本低，高维权成本与低侵权成本之间的矛盾使得西部文化产业中的知识产权侵权现象时有发生。例如分别于2019年和2018年审判的"北京鸟人艺术推广有限责任公司与白银糖果文化娱乐有限公司著作权权属、侵权纠纷"和"北京鸟人艺术推广有限责任公司与白银欧罗巴文化娱乐有限公司著作权权属、侵权纠纷"两个案件中，就被告如何承担侵权责任这一问题，由于北京鸟人艺术推广有限责任公司对其因白银糖果文化娱乐有限公司实施著作权侵权行为所导致的实际损失和白银糖果文化娱乐有限公司因实施著作权侵权行为的违法所得，未能举证证明。最后，白银市中级人民法院在考虑涉案作品的知名度以及被告的经营场所的规模、主观过错程度、白银市经济发展水平、消费水平等因素，酌定被告向原告进行15000元的赔偿。在我国现行《著作权法》中，著作权侵权和专利侵权损害赔偿的判赔金额较低，很难弥补权利人的实际损失和维权成本。惩罚性赔偿制度的缺乏，很难震慑和遏制西部文化产业中的知识产权侵权行为。在《著作权法》和专利法领域，有必要引入惩罚性赔偿制度。

第十一章

5G、人工智能、区块链高科技技术的发展与现状

第一节 5G 的发展及其现状

一 5G 的诞生与发展

回望近代人类通信的发展史，从 1837 年摩尔斯发明了第一台电报机开始，加快了信息传递的速度。在那几十年后，贝尔发明了电话。直到 20 世纪 80 年代，第一代移动通信系统（1G）在美国芝加哥诞生；到 90 年代，诺基亚拨通了中国第一个 GSM 电话，标志着 2G 语音时代的到来；2000 年后中国电信获得 3G 牌照，也预示着 3G 读图时代的来临；在 10 年之后 4G 被创造，4G 时代提高了传输的质量和速度，而后人类进入了 4G 视频时代；现如今，5G 技术的发展又将颠覆人类在 4G 时代对信息传输速度的认知，5G 的传输速度比 4G 快近数十倍。而在 5G 时代则进入了万物互联网时代，VR、无人驾驶汽车、智能家居等新兴技术得到发展，5G 时代的到来将会带来新一轮通信行业发展红利，推动人类通信的发展。与 4G 技术相比，5G 技术的接收效率与抗干扰模块将更为系统化，进而保证网络传输的效率及稳定性。[①] 5G 具有高数据流量吞吐能力、数百亿级联网设备数量承载力、高网速、延迟短等技术特点，这些技术特点使其的发展对各行各业产生重大的影响。

---

① 李清华：《浅析 5G 技术的研究现状及前景》，《通信电源技术》2019 年第 2 期。

二 5G 技术及其知识产权现状

2015 年 5G 技术开始兴起，在全球范围内各大公司开始相关技术的专利申请。在西方发达国家，尤其是以高通为代表的美国企业，以爱立信、诺基亚为代表的欧洲企业。西方发达国家在 5G 研究上，基于其拥有的 4G 必要标准专利，拥有先发优势。华为公司抓住本次科研机遇，积极投身相关研究并取得较大的进步发展。

表 11-1　　　　　　2015 年前全球 5G 申请人前十排名[①]

申请人	专利数量	所属国家	主要技术领域
高通	782	美国	H04W4/00 H04W72/00
华为	324	中国	H04L12/00 H04W4/00 H04W72/00
爱立信	318	瑞典	H04W72/00 H04W4/00
LG	296	韩国	H04W72/00 H04W4/00
诺基亚	295	芬兰	H04W72/00 H04W4/00
英特尔	243	美国	H04B7/00
三星	230	韩国	H04W72/00 H04W4/00
黑莓	226	加拿大	H04W48/00
中兴	137	中国	H04W72/00
阿尔卡特—朗讯	120	美国	H04W76/00

2020 年 3 月，国际知名专利数据公司 IPLytics 和柏林工业大学联合研

[①] 刘友华、李雨维：《第五代移动通信技术专利情报分析及战略》，《科技管理研究》2016 年第 9 期。

究发布了一份题为"Fact finding study on patents declared to the 5G standard"的最新5G行业专利报告。该报告以各个机构公开提出的专利申请和提交的标准专利为基础进行资料整合，进而做出数据分析。华为公司以3147项的专利领跑全球的5G专利量，中兴公司在该份榜单中位列第三，两家公司一共拥有5608项5G标准必要专利，在全球范围内占有重要地位。韩国的三星和LG两家公司的5G标准必要专利数量与我国相差较小，共计拥有5095项专利。2020年是5G技术应用飞速发展的一年，标准必要专利的申请还将继续增加，并对5G技术的应用产生深远影响，华为和中兴与全球其他公司的差距并未特别明显，应该继续加大研究力度，加强5G技术领域的探索。（见表11-2）

表11-2　　　　　　　　　全球5G标准必要专利排名①

序号	机构名称	所属国家	数量	主要技术领域
1	华为	中国	3147	H04L12/00 H04W4/00 H04W72/00
2	三星	韩国	2795	H04W72/00 H04W4/00
3	中兴	中国	2561	H04W72/00
4	LG	韩国	2300	H04W72/00 H04W4/00
5	诺基亚	芬兰	2149	H04W72/00 H04W4/00
6	爱立信	瑞典	1494	H04W72/00 H04W4/00
7	高通	美国	1293	H04W4/00 H04W72/00
8	英特尔	美国	870	H04B7/00
9	夏普	日本	747	H04W72/00
10	NTTDocomo	日本	721	H04W72/00

① 根据IPLytics和柏林工业大学发布研究报告数据制作。

随着 5G 技术的发展，我国正在逐步加快推动 5G 网络建设。2020 年 3 月 24 日，工信部发布了《关于推动 5G 加快发展的通知》（以下简称《通知》），①对加快 5G 网络建设做出了部署，从四个方面提出了要求。其一，要加快 5G 网络建设进度；其二，要加大 5G 基站站址资源的支持；其三，要加强电力和频率的保障；其四，要推进网络共享和异网漫游。通过推动 5G 的发展，发挥 5G 的规模效应和带动作用，来支撑经济的高质量发展。5G 时代的来临，将会让网络数据传输速度更快、流量费用更实惠，也将会促使智能方面科技产品创新，从而推动大量的消费。根据中国信息通信研究院发布的研究报告，到 2025 年，超过 8 万亿元的新兴科技产品消费将被 5G 商用带动，将会直接创造超过 300 万个就业岗位。②数据显示，截至 2020 年 3 月底，全国 5G 基站已建成 19.8 万个，套餐用户 5000 多万，而随着国家推动 5G 网络建设，预计将新增 50 万个 5G 基站。③对于加快 5G 网络的发展，2020 年 4 月 25 日工信部指出将从加快 5G 的建设力度、持续强化科技创新等五个方面加快推动 5G 和工业互联网的发展。④目前 5G 发展是通信行业最值得肯定的方向之一，对 5G 技术的掌握和布局将会直接改变 4G 时代下通信行业的市场份额。

此外，以 5G 为核心的技术不仅是中美贸易战博弈的关键，同样也在国际贸易与科技创新发展中拥有巨大价值。5G 是实现物联网的重要技术，能够将不同智能终端联系在一起，将生产和流通过程通过网络进行融合，与人工智能结合后带动多种运输工具的革新换代。5G 所带动的产业链以及市场规模发展前景广阔，开展 5G 网络的相关基础设施建设，构建流通性更强的大型 5G 海外市场，促使大型的全球网络经济体系形成并发展。⑤

---

① 信息通信发展司：《工业和信息化部关于推动 5G 加快发展的通知》，http：//www.miit.gov.cn/n1146290/n1146402/n1146440/c7832353/content.html，2020 年 4 月 25 日。
② 中国新闻网：《5G 加快发展带来啥：8 万亿消费，300 万工作岗位在路上》，http：//news.cctv.com/2020/03/25/ARTIit0aMJflfzjO8bpycTb5200325.shtml，2020 年 5 月 10 日。
③ 央视网：《5G 进入快车道工业和信息化部：互联网流量增加了 50%》，http：//jingji.cctv.com/2020/04/24/ARTIdxdmHw39H8gIMwscK2aC200424.shtml，2020 年 5 月 10 日。
④ 央视网：《工信部：加快建设高质量、广覆盖的 5G 商用网络》，http：//news.cctv.com/2020/04/25/ARTIXqLxHQWVerhr6HOx4ujw200425.shtml，2020 年 5 月 15 日。
⑤ 黄仁伟：《5G、"一带一路"与"网缘政治"》，《探索与争鸣》2019 年第 9 期。

第二节　人工智能的发展及其现状

一　人工智能的产生与发展

人工智能（ArtificialIntelligence，AI）是计算机科学、智能应用科学中应用智能机器的一个分支，利用机器来模仿和执行人脑的某些智力功能。[①] 计算机之父图灵在20世纪30年代发明计算机时就提出"计算机会思考"的设想，成为人工智能发展的开端。2016年，人工智能AlphaGo引起人们的注意，AlphaGo是以统计学、数据库、硬件为基础并进行模拟大脑神经网络，表现出类似人类思维模式的人工智能。AlphaGo和世界冠军李世石围棋之战，AlphaGo"轻松"取得最终胜利引起了社会的思考。一方面，在人类向机器算法低头的同时开始设想人工智能未来的应用。另一方面，也对人工智能超出人类的"智慧"存在担忧。

人工智能的发展方向主要包括基础层、技术层和应用层三个方面。基础层是人工智能的基础，包括芯片、软件、数据和计算机计算系统。基础层是科技革命和产业变革的重点。技术层是核心，包括算法、平台和应用技术。模拟大脑神经网络思考和学习进行深度学习就属于技术层的内容。深度学习让人工智能拥有自组织、自行为的生物智能，与其他人类设定行动的机器不同。应用层包括与传统领域相结合的人工智能应用和利用人工智能差异化开发的VR（虚拟现实）、AR（增强现实）、全息投影、体感交互、球幕电影、3D打印等技术。[②]

中国人工智能发展起步较晚，20世纪80年代人工智能刚刚起步，距离明斯基等科学家首次举行的人工智能会议已经过去20多年。21世纪发展初期，我国将人工智能列入国家发展战略并成立人工智能学科，重点发展与国民经济发展相结合的人工智能项目。2015年，国务院发布《中国制造2025》，2025计划是中国优化产业升级的重要一步，人工智能作为中国制造的重点项目，是技术密集型产业发展的重要战略。2016年，

[①] 蔡自兴：《中国人工智能40年》，《科技导报》2016年第15期。
[②] 高明珍、陈娜：《人工智能促进江苏文化产业发展问题研究》，《戏剧之家》2019年第36期。

国务院发布《"十三五"国家科技创新规划》，人工智能列入"科技项目2030"，成为经济发展新的增长点和重要驱动力。2017年，发布《新一代人工智能发展规划》，确定人工智能发展的重要方向包括自然语言理解、模式识别、无人驾驶和深度学习等四个方面。2018年，《新一代人工智能产业创新重点任务揭榜工作方案》细分了人工智能产业，确定优势人工智能产业。2019年，《关于促进人工智能和实体经济深度融合的指导意见》指出，通过结合不同行业和区域的特点，加快人工智能成果的转化。中国不断着眼未来，长远布局，既确定长期的发展计划，又制定了短期的目标，营造了人工智能发展的良好环境，人工智能在国际竞争中取得重大进步。从2015年开始，中国人工智能市场规模不断增加，Medva Research（艾媒咨询）显示，2020年人工智能市场规模已超过1500亿元。2025年预计将超过4000亿元。[1]

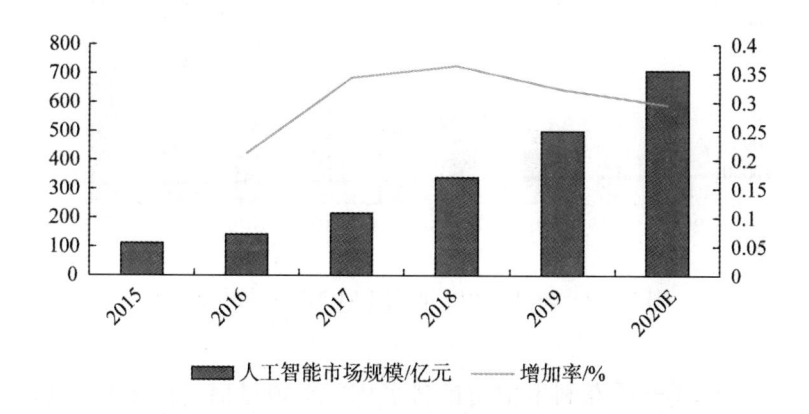

图11-1 2015—2020年中国人工智能市场规模及增加率[2]

二 人工智能创新发展及其专利布局

人工智能在我国兴起、应用以来，在专利方面也经历了三个不同阶

---

[1] 中国产业信息网：《2015—2020年中国人工智能市场规模统计及增长情况预测》，http://www.chyxx.com/industry/202002/838375.html，2020年5月10日。

[2] 数据来源：智研咨询集团2020年2月发布的《2020—2026年中国人工智能行业市场竞争状况及市场盈利预测报告》。

段的发展过程,即 2000—2007 年的萌芽期、2008—2013 年的缓慢发展期和 2014 年以来的快速发展期。从国家知识产权局官方网站公布的数据可以发现,2014 年以来人工智能相关专利授权量逐年递增,增加的速度也较快。2010 年,人工智能专利申请量为 9391 件,2018 年达到 94539 件,是 2010 年的 10 倍之多(见图 11-2)。2015 年授权量达到 7359 件,2016 年 12952 件,2017 年 17477 件[1]。截至 2019 年 10 月,我国人工智能领域的专利申请量已超过美国,成为该领域内专利申请量最多的国家。从全球范围看,人工智能领域迎来的快速发展期仍将持续,中国和美国在人工智能领域具有较大的发展优势。

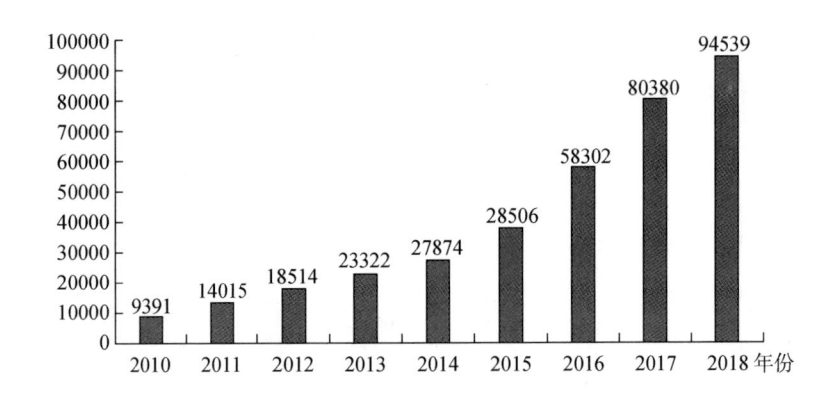

图 11—2　2010—2018 年我国 AI 领域专利申请量[2]

在我国 AI 领域专利申请量的排名中,申请量前三的公司分别是百度、腾讯、微软。在我国的人工智能技术发展中,百度公司表现尤为突出,专利申请量达到了 5712 件,在智能驾驶技术方面,百度公司占据着主动地位,且涉猎范围包括深度学习、语音识别、自然语言、计算机视觉、智能驾驶、云计算等技术。在来华的专利申请中,微软公司和三星公司较早在中国地区开展专利布局,在专利数量上拥有较大优势地位,在语言识别、云计算等方面具有广阔市场(见表 11-3)。

---

[1] 数据来源:根据 2018 年国家工业信息安全发展研究中心发布的《人工智能中国专利技术分析报告》。

[2] 根据国家知识产权局公布数据制图。

表 11-3　　　　　我国人工智能专利申请量排名[①]

序号	机构名称	所属国家	数量	主要技术分支
1	百度	中国	5712	深度学习、语音识别、自然语言、计算机视觉、智能驾驶、云计算
2	腾讯	中国	4115	深度学习、语音识别、自然语言、计算机视觉、云计算
3	微软	美国	3977	语音识别、自然语言、云计算
4	浪潮集团	中国	3755	云计算
5	华为	中国	3656	语音识别、智能驾驶、云计算
6	三星	韩国	3407	语音识别、计算机视觉、云计算
7	阿里巴巴	中国	3079	深度学习、自然语言、云计算
8	西安电子科技大学	中国	3048	计算机视觉
9	国家电网	中国	2712	深度学习、自然语言、智能机器人
10	浙江大学	中国	2565	深度学习、自然语言、计算机视觉、智能驾驶、智能机器人

中国人工智能技术发展在具体应用领域取得了初步成就，但是基础层和技术层相比西方国家还存在较大差距，加强人工智能基础层和技术层的发展是下一步工作重心之一。如基础层和技术层存在技术瓶颈，对于人工智能的具体应用和商业转化就是阻碍。现阶段，在国际与国内的发展上，基础层和技术层的发展还存在障碍。一方面，美国严格保护人工智能技术，甚至一再提高知识产权保护门槛，人工智能国际合作阻力大。中国人工智能基础层人才较少，人工智能基础设施不完善，政府数据联通开放程度低。另一方面，政府缺少对人工智能发展的顶层设计，人工智能与法律、政策没有顺利衔接。2016 年，美国在部分州已经开始无人驾驶路测，并进行了相关立法。中国无人驾驶技术和美国在相同的发展水平，2018 年才进行有限的路测，导致中国企业不得不在国外进行路测，严重限制了无人驾驶在中国的应用。

未来发展中，我国须加大人工智能研发的资金投入，实现在人工智

---

① 根据国家知识产权局公布数据制表。

能芯片和开源软件两个方面的技术创新。通过积累并实现基础技术的充分发展，提高人工智能技术科技转化率和商业转化率。此外，我国在基础人才与高端人才都存在资源不足的情况，需要加强人才培养力度。对于科学技术的转化，可以通过企业与科研院校进行对接，提高人工智能研究成果的实际传化率。另一方面，也需要完善人工智能相关政策、法律及规避相关道德伦理问题。互联网和人工智能应用都不能成为"法外之地"，确保人工智能发展的正确性、可预测性、可持续性，加强公众信心，提高人工智能的社会接受程度，激发人工智能的商业效益。

在全球处于大变革的时期，人工智能对国家发展越来越重要，专利技术布局可能改变未来人工智能发展竞争的世界格局。全球较多的发达国家已将人工智能发展上升为国家战略。例如，2019年西班牙发布《西班牙人工智能研究、发展与创新战略》，将人工智能发展纳入国家战略；[1] 2019年德国发布《德国国家工业战略2030》，强调人工智能未来在德国工业制造中的重要作用；[2] 2016年美国发布《国家人工智能研究和发展战略计划》，并于2019年进行了修改更新，明确了人工智能发展的阶段性目标。[3] 此外，将人工智能发展上升为国家战略的还有英国、法国和俄罗斯等。2019年，世界经济论坛发布《制定国家人工智能战略的框架》，为还没有发展人工智能的国家提供发展人工智能的战略指导。[4] 在中国，21世纪初人工智能被列入"国家863计划"项目，成为国家发展战略。2015年国务院发布《中国制造2025》将人工智能作为中国制造业的重点项目之一。2020年，中国科学院发布《2019年人工智能发展白皮书》强调人工智能未来的重要发展方向之一就是强化其深度学习的能力。

目前，AI的算法分为符号处理、逻辑运算系统和神经网络运算系统

---

[1] 新华社：《西班牙政府发布人工智能发展战略》，https：//baijiahao.baidu.com/s? id = 1627211185389762923&wfr = spider&for = pc，2020年4月22日。

[2] 沈忠浩：《"德国制造"褪色与新工业战略登场》，《经济参考报》2019年12月11日。

[3] 施羽暇：《英美两国人工智能战略比较研究》，《人民邮电》2017年5月18日。

[4] 王亚珅、张龙：《2019年国外人工智能技术的发展及应用》，《飞航导弹》2020年第1期。

两种模式。① 第一种模式是人工智能将现象转化为计算机可识别的符号，进行逻辑运算，得出结果。第二种模式是人工智能模拟神经网络，输入数据和经验，在抽象概念的基础上完成类似人脑对数据的分析，得出答案，也就是人工智能的深度学习功能。但是至今科学家们还没有研究出人脑思考和学习时神经网络的运作模式，人工智能神经网络模拟可谓是一种暗箱操作，人工智能技术和神经学研究都需要质变发展。从人工智能的发展来看，人工智能将会是新一代科技革命发展中最为重要的一部分，强化专利布局将有助于在科技竞争中占据优势地位。

第三节 区块链技术的发展及其现状

一 区块链技术的诞生与发展

由中本聪提出的区块链概念始于2008年，至今已历经数十年发展。其本质上是数据库，是一个由多方共同维护的分布式存储技术，具有防篡改、溯源、安全等特点。② 2011年VitalikButerin受到比特币的启发，发现区块链和加密货币技术。从其发现能够了解到区块链技术是支撑比特币的底层技术，无须第三方参与在互不信任或微弱信任的参与者中形成一套信任机制，由参与者共同维护不可篡改的记录账本。区块链技术通过对数据按照时间形成数据链条，基于其加密技术、分布式存储技术等，使得区块链中的数据信息不可单方修改，由此形成参与者之间的公开性、透明性、安全性及防篡改的特性。相较于传统的信任系统技术，区块链分布式存储技术实现了"去中心化"的交易方式，在区块链内部运行过程中，基于信息的可信性与一致性，无须中心节点的确认，通过零知识证明和共识算法进行有效验证，降低中心节点被攻击与破坏导致信息被篡改、丢失的影响，运用非对称的加密技术防止用户信息数据的泄露等

---

① 黄典林、白宇：《人工智能与新闻业变革的技术和文化逻辑》，《新闻与传播评论》2018年第6期。

② 人民网区块链研究院：《区块链应用蓝皮书：中国区块链应用发展研究报告（2019）》，《企业观察家》2019年第11期。

问题。①

从广义来看，区块链技术涉及密码学、数学、互联网领域和计算机编程等很多学科的相关问题。② 其核心技术主要包括：分布式账本、非对称加密、共识机制、智能合约等。③《区块链革命》一书曾提及，区块链是一个公共数据库，能够记录下全部交易信息并能有效防止恶意窜改。同时也是一种分布式系统，不存储放置在特定节点或服务器上，而是分散于网络中无数个节点上。

从狭义来说，区块链技术是一种互联网数据库技术，也被称为分布式账本技术，其特点是去中心化、公开透明，让每个人均可参与数据库记录。④ 换言之，可以将区块链技术看作一套可以充分信任的分布式数据库账簿，通过其去中心化的特质以及无须信任积累的信用建立一个示范式，并通过集体维护的可靠数据库，形成不可被篡改的分布式共享总账。比如我们所熟知的"支付宝"应用，"支付宝"属于阿里巴巴旗下产品，运用的是阿里巴巴的相关数据库，那么阿里巴巴就是这个"总账簿"的记账人，基于对于阿里巴巴这个第三方的信任，每个用户都可以平等地在数据库中参与记账，数据库会通过一系列的数据分析，评判出某段时间内记账最快或者最好的用户，把该用户所记录的账簿作为示范式上传至"总账簿"上，并将这段时间内该示范式的内容发给所有参与记账的用户予以备份，这样数据库总账中的所有用户都可以共享这个示范账本，我们就称它为"区块链技术"。

随着区块链技术的发展，区块链从 1.0 版本时代逐渐进入 3.0 版本时代，区块链的 1.0、2.0 版本时代是对区块链本身价值的发现时代，而在 3.0 版本时代的区块链技术价值则是广泛应用的过程。目前，区块链的发展处于发展初期，技术、应用、政策等结构仍在加速构建，我国区块链

---

① 曾诗钦、霍如、黄韬：《区块链技术研究综述：原理、进展与应用》，《通信学报》2020 年第 1 期。

② 李拯：《人民时评：区块链，换道超车的突破口》，《人民日报》2019 年 11 月 4 日。

③ 杨现民、李新、吴焕庆：《区块链技术在教育领域的应用模式与现实挑战》，《现代远程教育研究》2019 年第 2 期。

④ 李婷婷、钟燕：《区块链技术在电子商务物流行业的应用初探》，《物流工程与管理》2018 年第 5 期。

的发展方兴未艾。2019年10月24日,国家决定发展区块链,区块链技术被作为科技创新的重要路径,用以推动区块链技术与相关产业的创新性发展。[①] 区块链的发展首次构建了人类历史上的可信评价系统,能够提升多方面的治理能力。2019年,我国区块链产业展现出发展的潜力,基于区块链技术发展的企业与相关区块链领域的新兴技术不断增多。未来区块链发展将会进入快速发展时代,企业竞争将会更为激烈,有望对核心技术的创新性突破,产业规模与投资融资也将稳步增长。[②] 此外,区块链技术的安全、专业人才严重短缺、关键技术创新力不足、缺乏第三方测评认证、应用较浅、监管等问题仍然是其发展需要迎接的挑战。[③] 在国家对区块链发展的支持下,区块链的发展无疑也将会成为新一代科技革命的重要动力。

由于区块链技术自身具有去中心化、公开透明、高效安全等诸多优良特质,使其得以在生活中的多个领域被广泛应用。经考察,就目前区块链技术的应用现状来讲,主要服务于以下几个领域。首当其冲的就是金融领域,区块链技术在金融领域的应用具有较为实际的价值,其去中心化的特性能够直接实现金融行业主体的对接,无须以第三方为中心的信任机制,直接完成交易支付,降低交易的成本。[④] 此外,区块链技术在物联网领域及物流方面也有较为客观的前景,有学者指出区块链与网联网领域的结合,将会降低在实践中的物流成本,并且对实现对产品生产、运送过程的信息追溯具有重大影响,以此提高在产品供应链管理上的效率。[⑤] 将区块链技术应用于公共服务、社会公益等领域同样具有积极意义,"区块链"不可篡改、全程留痕、可以追溯等特点保证了这些领域的"公开"和"透明",再加之利用区块链技术可以解决信息不对称问题,使多个领域或多个主体之间能够步调一致、协调统一得以变为现实。由

[①] 《习近平在中央政治局第十八次集体学习时强调把区块链作为核心技术自主创新重要突破口加快推动区块链技术和产业创新发展》,http://www.xinhuanet.com/politics/leaders/2019-10/25/c_1125153665.htm,2020年4月10日。
[②] 张路:《区块链技术应用对产业链协同创新的作用机理》,《学习与实践》2019年第4期。
[③] 赛迪区块链研究院:《2019年中国区块链发展形势》,《中国计算机报》2019年12月30日。
[④] 王硕:《区块链技术在金融领域的研究现状及创新趋势分析》,《上海金融》2016年第2期。
[⑤] 徐艺娜:《基于区块链与物联网对智能物流产业应用的解决方案分析》,《数码世界》2018年第4期。

此可见，区块链技术作为当前热点技术，获得了各行业领域内的广泛重视与引用，甚至许多企业已将区块链技术提升到战略高度。

二　区块链技术的创新发展及其专利布局

近年来，我国的区块链技术的发展突飞猛进，大致从 2015 年开始，国内相关的专利技术申请开始逐渐增多，2018 年和 2019 年申请量分别达到了 4153 件和 3917 件。在全球范围内，2008 年后出现了区块链专利技术的申请，直到 2015 年区块链技术的专利申请才开始不断涌现，并在 2014—2018 内呈现"井喷式"的增长。

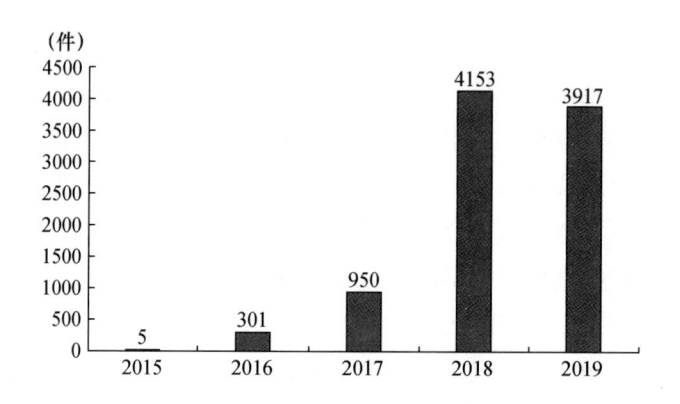

图 11-3　近年来区块链技术我国专利申请情况①

在我国区块链技术的专利申请中，阿里巴巴集团控股有限公司、腾讯科技（深圳）有限公司和北京艾摩瑞策科技有限公司等公司专利申请较多，分别为 482 件、319 件、269 件。可以清楚看到区块链技术申请的前十名机构均为国内知名公司企业，致力于大数据开发、区块链的基础研究和应用开发。同时，表格中机构基本分布在东部发达地区，以长三角和珠三角地区的企业为主，中西部地区相关公司表现相对较弱（详见表 11-4）。

---

① 根据国家知识产权局公布数据制图。

表 11 – 4　　中国区块链技术专利申请量前十名①

序号	申请人	年份	申请量	总计
1	阿里巴巴集团控股有限公司	2017	26	482
		2018	197	
		2019	259	
2	腾讯科技（深圳）有限公司	2017	4	319
		2018	18	
		2019	297	
3	北京艾摩瑞策科技有限公司	2019	269	269
4	中国联合网络通信集团有限公司	2017	18	140
		2018	45	
		2019	77	
5	深圳壹账通智能科技有限公司	2017	1	128
		2018	40	
		2019	87	
6	平安科技（深圳）有限公司	2016	1	124
		2017	2	
		2018	67	
		2019	54	
7	众安信息技术服务有限公司	2017	9	119
		2018	81	
		2019	29	
8	山东爱城市网信息技术有限公司	2019	115	115
9	杭州趣链科技有限公司	2016	112	
		2017		
		2018		
		2019		

① 根据国家知识产权局公布数据制表。

续表

序号	申请人	年份	申请量	总计
10	深圳前海微众银行股份有限公司	2016	5	107
		2017	5	
		2018	23	
		2019	74	

从专利申请的技术构成来看，我国区块链技术专利申请主要集中在 G 部和 H 部，以 G06、H04、G07、G16、G08、G01、H05 最为集中。当然，G06 和 H04 占比最大，两者加在一起共占了区块链专利申请量的 88.9%。A 部和 B 部主要是关于人类生活需要（农、轻、医）和作业、运输的专利，实质关系不大（见表 11-5）。

表 11-5　　　　　中国区块链技术申请专利领域构成①

技术领域	申请量	比例
G06	7118	60.24%
H04	3387	28.66%
G07	375	3.17%
G16	192	1.62%
G08	92	0.77%
G01	56	0.47%
H05	49	0.41%
A63	45	0.38%
B08	45	0.38%
F16	43	0.36%

我国区块链技术相关产业正处于快速发展的阶段，一些企业家、创业者和投资者在看到区块链技术背后所隐含的巨大潜力后，不断将资本投入到发展区块链技术的领域中，为在区块链技术领域的发展中占据市场优势。

---

① 根据国家知识产权局公布数据制表。

三 区块链产业的发展

据图11-4，从区块链技术相关产业成立企业数量的变化上考究目前我国区块链技术相关产业的发展状况。经考察，区块链技术领域的企业数量自2014年开始增多，到2016年该领域成立的企业数量显著提高，较2015年增长2倍之多。2017年以来，由于"区块链"概念的快速普及，区块链也开始逐渐成为公众焦点，吸引了大量企业家和投资者涌入区块链产业，以区块链业务为主营业务公司数量达到434家。2018年，随着区块链技术的快速发展，包括百度、阿里巴巴和腾讯在内的一些中国通信行业巨头公司加紧尝试研发，利用区块链技术博取企业竞争优势，区块链领域的企业数量已超过1100余家。《2019腾讯区块链白皮书》显示，据不完全统计，截至2019年我国以区块链业务为主营业务的区块链公司数量连续两年增幅超250%。

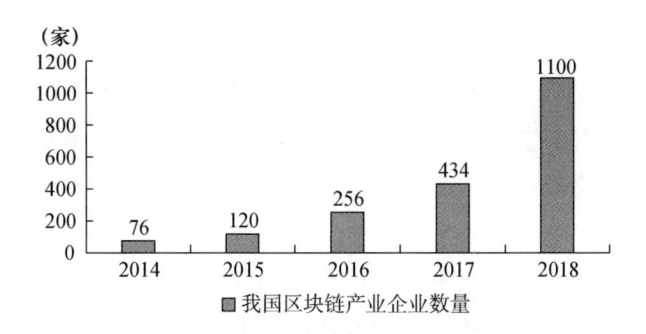

图11-4 我国区块链产业企业数量变化

如图11-5所反映的是近年来我国区块链技术收入及增长率走势，可见自2016年以来收入开始逐年提高，截至2019年我国区块链技术收入为2.45亿元，同比增长率高达189.2%，随着该行业迅猛发展以及区块链技术的不断成熟，相关部门表示，2020年我国区块链技术收入的规模预计将大幅扩大，有望突破5亿元。

无论是从以区块链业务为主营业务的区块链公司数量来看，还是从区块链技术收入及增长率走势来看，区块链技术在我国的发展与应用已初具规模，其上游产业的服务提供与下游产业的技术应用服务基本上较为完善，逐步实现区块链产业的发展。

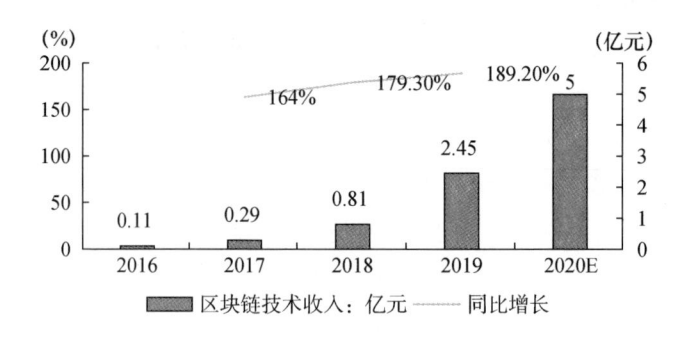

图 11-5　2016—2020 年我国区块链技术收入及增长率走势①

因此对于区块链未来发展，可从以下几个方面进行考虑：一是应尽可能提高区块链技术专利的创新性。同时要考虑到应用在商业模式下引入具有创新点的技术特征，尽量避免以纯粹算法或者纯粹商业模式等技术申请专利，尽可能提高自身的创新性才能更好地展开专利保护；二是提前做好区块链技术专利布局查新工作、尽早申请。要制定有效的专利布局，不仅要尽早鉴别、提炼、申请专利保护，对于竞争对手的专利也要仔细考究，必要时组建产业联盟，设立一个区块链技术所有相关参与者进行交叉授权的专利池，共同构筑专利壁垒，从而可以做到进可攻、退可守，为自身在市场竞争中争取更大的优势；三是注重区块链技术专利撰写方法。尽可能地从不同的商业模式维度对区块链技术专利进行保护，尽量选择有经验的代理机构撰写，以确保区块链技术专利的质量过关，尽可能地将区块链技术专利分散在若干家代理机构撰写和维护；四是做好知识产权侵权风险防御工作。对于区块链技术相关领域的知识产权侵权风险不能掉以轻心，在热点领域建立专利风险预警机制和知识产权公共服务平台，合理构建专利池，尽可能地在风险发生之前做好抵御准备。

---

① 数据来源：中国产业调研网发布报告《2020—2026 年中国区块链行业发展研究分析与发展趋势预测报告》。

第十二章

高科技在文化产业中的应用

　　文化产业的可持续性发展是国家战略建设的重要目标。文化产业能够为经济发展释放持久的动力,细化产业,催生的二级、三级文化产业有巨大的发展空间。① 据新浪财经网报道,2019 年,美国服务业收入占美国经济总量的81%,② 文化产业是美国优势产业,科技转化率高,文化输出辐射面广,通过文化产业向全世界输出美国的价值观。通过推动文化的发展,提高国家文化软实力是提高综合国力的重要组成部分,中国的文化产业与美国文化产业相比存在一定差距,但也有着自身的发展优势。目前,我国文化产业还处于初级发展阶段,虽然具有一定的规模,但产业存在集约化程度低,高端人才较少和产业辐射面较小等问题,也是未来发展过程中需要化解的难题。我国拥有悠久的历史文化和灿烂的民族文化,这些丰富的文化资源,成为促进文化产业发展的巨大生产力。随着尖端科学技术和互联网的发展,为各国文化交流提供了多种媒介,进一步促进了世界各个国家文化产业的进一步发展。

　　在经济全球化发展的背景下,以人工智能、大数据等为首的新一轮科技革命已经拉开序幕,这些核心技术智能化应用为传统产业发展提供动力。5G、人工智能、区块链等技术,对文化产业、工业生产、环境保护、医疗、教育、军事等传统领域产生着深远的影响,对其进行着重塑性革新。人工智能作为"通用目的技术"与文化产业相结合,能够对文

---

　　① 吴承忠:《5G 智能时代的文化产业创新》,《深圳大学学报》(人文社会科学版)2019 年第 4 期。

　　② 新浪财经:《若不算服务业,那 2019 年中国、美国的 GDP 是多少呢? 谁更高呢?》,https://baijiahao.baidu.com/s? id =1663683009813794309&wfr = spider&for = pc,2020 年 4 月 22 日。

化创意、文化生产、文化传播、文化消费的每个环节提供跨越式发展动力，对文化产业升级、优化产业结构发挥重要作用。

第一节　5G 技术在文化产业中的应用

5G 技术的发展，带来的经济影响是巨大的，据中国通信研究院预测，从 2020 年起的 5 年内，近 10.6 万亿元的经济总产出将会随着我国 5G 网络商用直接带动，并且 5G 网络商用间接带动的经济总产出也将会高达 24.8 万亿元。[①] 基于 5G 技术的发展，5G 与文化产业之间的融合发展对推动我国数字文化产业"走出去"能够起到重要作用。随着网络在全球的普及化，数字文化"走出去"迎来了新的发展机遇，例如在影视方面《白夜追凶》《如懿传》《延禧攻略》《中国式家长》等数字影视产品在海外受到认可。此外，网络游戏"走出去"的海外收入，已经能与国内电影票房的收入相抗衡。[②] 这都是基于市场变化及产业本身改变所带来的发展红利的反映。

此外，5G 技术在文化产业的应用将提升文化产业整体科技含量，革新其创造、传播和销售的传统模式，以技术创新推动文化产业各环节的数字化进程。一方面 5G 技术为发展受制于 4G 技术局限的既存文化产业提供完善的可能性，如影视媒体、网络直播、游戏、自媒体等文化产业相关行业，在 5G 技术的加持下能够产生更多的创新和应用。另一方面一些 5G 技术驱动的产业会不断涌现，如云游戏、虚拟旅游等。5G 技术与 VR、AR、AI、物联网等技术的结合能够带来高效舒适的网络服务体验，塑造文化产品的生产销售新模式，极大地丰富文化产业的数字化表现形式及内容。技术与产业的融合将会带动新的产业发展方向，对文化产业的发展具有推动作用，5G 技术助力于文化产业的数字化发展。

---

①　朱琳、袁勇：《"新基建"带来新机遇——外企加码谋求合作共赢》，https://www.yidaiyilu.gov.cn/xwzx/gnxw/124700.htm，2020 年 5 月 12 日。

②　孙佳山：《5G 时代到来，数字文化产业加速转型升级》，《中国文化报》，2019 年 11 月 30 日。

一 5G在文化产业产品创新方面的应用

(一) 5G在媒体传播领域的创新应用

1. 视频媒体领域

基于5G技术的发展，电影电视领域在产品传播质量上将会得到极大发展。在5G网络发展之前，电影电视在传播的过程中受制于网络传输速度的影响，为保证电影电视传播的流畅度，在一定情况通过压缩大小来提高传输速度。此外，在电影电视直播方面，网络因素时常出现卡顿，交流延迟等问题。在5G时代，超高清视频直播将会成为电影电视传播新业态，"4K、8K"的超高清视频将应用于各类电影电视直播场景。如2018年爱立信的韩国冬季赛事直播中就应用5G技术让观众可以与运动员一起"起跑"，跟随选手一起冲过终点线。[1] 2019年，中国联通为全国两会新闻中心提供5G应用服务，保证高清直播的效果。[2] 随着技术发展趋向融合，5G网络技术与AI技术的结合，实现虚拟主持人、虚拟主播。例如"初音未来"、2019年网络春晚的虚拟主持人。随着5G技术的普及，AR、VR、MR以及三者的结合XR（扩展现实）的应用程序在视频方面将会得到更多应用，并且国内已经出现5G与VR直播的融合的解决方案，实现360度沉浸式的数据流实时传输，并实现全景式互动，避免出现明显延迟。[3] 另外，互动剧也将会是5G网络技术应用的领域。[4] 随着5G网络的普及，沉浸式视频、交互视频、超高清的应用也将更普遍化。

2. 新闻传播领域

5G网络技术让新闻传播更为便捷、高速、低成本，5G与短视频的结合将会成为新闻传播的主流形式，[5] 能够在不同终端之间随时随地预览视频新闻。在当下，人民日报、央视网、新浪新闻、澎湃新闻等推出新闻

---

[1] 通信世界网：《"5G先行者"的应用案例洞察》，http://www.cww.net.cn/article?id=428104，2020年2月15日。
[2] 唐柳明：《中国联通为全国两会新闻中心提供5G应用服务》，《人民邮电报》2019年3月1日。
[3] 于全、张平：《5G时代的物联网变局、短视频红利与智能传播渗透》，《浙江传媒学院学报》2018年第6期。
[4] 陈叶、盛欢：《5G时代互动剧发展探析》，《数字传媒研究》2019年第10期。
[5] 徐静机：《遇与挑战：5G时代新闻传播领域的变革》，《出版广角》2019年第17期。

App，同时入驻了短视频 App，新闻传播的方式得到革新。在 5G 时代新闻报道中"Vlog + 新闻"的新闻表现方式被人民日报、央视、新华社纳入布局之中，具有较大的发展潜力。① 5G 网络的普及，新闻传播的高清化发展也将会是 5G 的应用之地。2018 年，中央广播电视总台实现技术突破，开播国内首个 4K 频道，2019 年实现 5G 与 4K 电视直播报道。在新闻传播的体验方面，5G 网络与 VR、AR 的融合在新闻场景的应用预示了其未来的发展方向，通过 5G 技术解决 VR、AR 数据传输问题，让受众体验超真实的现场报道，例如 2019 年山东省两会期间也利用了 5G + VR 的技术对两会进行了直播，② 观看直播的观众可以获得犹如身临现场的细致体验。在新闻生产方面，5G 与 AI 技术的融合，主要应用于打造新闻写作机器人、智能新闻等方面，例如腾讯、新华社都相继开发出自动化新闻写作机器人。③ 另外，5G 也将会增加新闻媒体平台的互动性，新闻生产可能将会实现在众多主体参与下完成。在大数据、云计算的辅助下，实现个人化的新闻推送服务，满足用户阅读需求。

3. 文化旅游领域

信息网络技术的发展为提升文化旅游景点知名度提供了重要帮助，通过信息网络一键查询，就能直接了解相关景点的信息及旅游指南，还能看到相关人员的评价信息，在信息网络时代极大地促进了旅游业的发展。5G 时代的来临将开启智慧型文化旅游，通过 5G 技术与其他高科技的结合，实现在线的智慧文化旅游。5G 时代，通过 VR、AR、AI 等高科技实现虚拟旅游的智能化，通过穿戴设备感受文化旅游景点。5G 网络技术在文化旅游中的应用在国内已有实施。例如大唐移动助力武当山打造智慧旅游，提供全景直播、AR 数字武当山、5G + AR 景区导览等业务，打破空间限制，促进绿色旅游。④ 成都移动联合都江堰打造全国首个 5G

---

① 胡志刚、夏梦迪：《"Vlog + 新闻"对 5G 时代新闻报道的影响探析》，《出版广角》2020 年第 4 期。

② 卢桂峰：《全国首例！联通 5G + VR 将实时直播山东两会》，http：//www.qlwb.com.cn/detail/9807732，2020 年 2 月 15 日。

③ 李海军：《5G 时代媒体融合发展对策研究革命》，《中国广播电视学刊》2019 年第 5 期。

④ 人民邮电报：《5G 带来全新体验——大唐移动助力打造武当山智慧旅游》，http：//paper.cnii.com.cn/article/rmydb_15655_292281.html，2020 年 5 月 16 日。

智慧旅游城市，催化"5G+云VR"产业发展，开展景区的5G应用展示。① 2019年贵州百里杜鹃景区打造贵州省内首个"5G+5A"级景区，实现5G无人机视频直播（VR直播、高清直播）、巡检、安防、救援等多项功能。② 国内部分文旅项目5G网络合作也在持续进行，例如中国移动合作的西樵山风景区，打造无人机以及VR直播等5G应用；与乌镇（镇政府）合作的建设"乌镇5G示范小镇"；中国联通合作的佳兆业金沙湾国际乐园，打造全国首个5G智慧滨海文旅生活圈；中国电信合作的深圳欢乐谷，打造"5G+体验乐园"等一系列5G与文化旅游相结合的项目。③ 此外，虚拟现实技术也将提升文物新体验。④ 5G网络技术的发展，在文化旅游的创新应用上将会有着较大的应用前景，也将会为游客带来全方位的旅游新体验。

（二）5G在游戏领域的创新应用

1. 云游戏

云游戏是指将玩家操作、游戏渲染等工作通过云计算技术在云端处理完毕，再将这些游戏信息反馈回玩家的手机、电脑、游戏主机等终端上的一种游戏方式。⑤ 2018年，游戏厂商育碧就在《刺客信条：奥赛德》中推出过云游戏版本，使玩家能在原本由于性能不足无法运行该游戏的NS主机上玩该游戏。但是受制于网络的带宽限制和延时问题，玩家在以云游戏的方式进行游玩时仍然会受到游戏卡顿的"折磨"。⑥ 而在5G技术下，云游戏的网络延迟和卡顿问题将不再是问题，并且云游戏不会受限于玩家手头的游戏终端的种类和硬件性能，也不需要再耗费下载安装游戏的时间。这就意味着玩家们无须在纠结于"买PS4还是买NS，或者买台高性能电脑"，手机平台也能享受游戏主机平台的游戏体验，这对于游戏主机普及率相对不高的中国玩家来说相当于在降低

---

① 四川移动：《成都移动联合都江堰打造全国首个5G智慧旅游城市》，《通信与信息技术》2019年第2期。
② 徐佩峰、罗茂德、曹仕礼：《5G无人机赋能智慧旅游》，《中国新通信》2020年第2期。
③ 欧阳明威：《文旅企业5G初尝鲜》，《中国文化报》，2019年6月29日。
④ 黄永林、余欢：《5G技术助推文化产业创新发展》，《理论月刊》2020年第4期。
⑤ 韩智培：《云游戏：一个基于云计算平台的新型产业》，《信息与电脑》（理论版）2017年第17期。
⑥ 王媛满：《5G时代下的游戏变革》，《计算机与网络》2019年第6期。

了游戏游玩的成本的同时还能极大地提升游戏体验。

对于游戏开发者来说，5G 云游戏的到来将直接解决多平台、多设备适配繁杂的问题，也不再需要根据游戏终端设备的分辨率不同而压缩游戏画质。主机游戏可能通过云游戏的方式进军手机游戏市场，当原本面向主机玩家和手游玩家这两种不同消费、审美习惯的群体的游戏在同一平台竞争时，玩家间消费、审美习惯的相互冲突、相互融合可能产生震动整个游戏产业的影响，游戏生产方式、付费方式、运营方式等可能都会发生深刻的改变。

2. VR、AR 游戏

近年来，有不少游戏厂商推出过 VR、AR 游戏，但是玩家们大部分抱着尝鲜的态度来尝试这些游戏，其中的大部分没有维持住长期的热度。AR 类游戏的表现相对较好，有《精灵宝可梦 GO》这种以 AR 为主要卖点的现象级手游，玩家们可以在现实场景中寻找生成的"宝可梦"并尝试捕捉他们。[①] 但是这些生成的"宝可梦"并不能与周围的环境互动，只是一个叠加在现实场景上的会动的图像。VR 游戏则是由于必须佩戴 VR 头盔进行游戏，相对于 AR 游戏热度更低。5G 技术的到来能够激发 VR、AR 技术的潜力，在 5G 的高网速、低延迟下，虚拟现实游戏将拥有更大的可能性，5G 技术可以使得 VR、AR 游戏支持多人同时进行游戏或是使 AR 游戏的角色能与现实环境进行互动，甚至可能颠覆人们对于玩游戏的认识，比如通过 VR 技术让玩家真正走进《头号玩家》中的那种虚拟世界。将来的 VR、AR 游戏将拥有更加高清的画质、更加流畅的体验、更多玩家间的合作与对抗，相较于现有产品将是"脱胎换骨"式的改变。

（三）5G 在教育领域的创新应用

5G 网络的发展将催化智慧教育的发展，智慧教育是指依托于 4K/8K 技术、VR/AR 技术、AI 技术、云计算、大数据等新一代技术，打造沉浸互动式教育信息生态系统。[②] 智慧教育将实现更多教学场景的虚拟化，提

[①] 吴俊宇：《"精灵宝可梦 GO"流行后的 VR、AR、MR 如何前行？》，《通信世界》2016 年第 21 期。

[②] 孙苏川、潘国林、何剑辉：《面向 5G 高新视频应用的思考》，《影视制作》2019 年第 8 期。

升教学过程的真实性，5G 网络环境下的智慧教育将广泛应用于远程的互动教学、虚拟现实形式的教育、人工智能教学模式、智慧校园构建等方面。"5G＋智慧教育"让教学的现实空间与虚拟的数字空间相连接，实现优质资源的交换与共享。①"5G＋XR"将开启智慧教育的新时代，颠覆传统教学方式和学习方式，在教学实践中将会有更广阔的应用前景，在教育理念、内容、手段、方法等方面都将带来巨大变革。② 5G 与智慧教育的融合，再融合其他新兴高科技，提供全方位的数据采集及更为优化的算法模型，进行更精准、多维度的实时分析，为学习需求者提供定制化的教学服务。因此，基于 5G 技术支撑的智慧教育在未来发展过程中将会具有广阔的应用环境。

二 5G 在文化产业管理方面的应用

（一）文化监管

5G 网络的发展将促进文化产业转型升级，数字文化产业的发展不断扩大。对文化产业庞大的网络数据信息进行监管较为困难，目前主要的方式是落实各平台主体的监管责任。随着 5G 网络技术的普及，政府能够实现文化产业精细化管理，将 5G 技术、大数据、人工智能技术结合，实现对文化产业数据智能化分析，关注文化产业发展，解决文化产业发展中出现的道德及法律问题。另外，5G 网络技术的发展也会涉及较多的知识产权，应用知识产权保护客体的数字化表现形式将会更普遍化。在 5G 智能时代，无论是政府、文化行业、文化产业参与主体都能够发挥行业监管的作用，对保护数字化文化产业的知识产权具有推动作用，也将强化数字化文化产业中知识产权的治理能力。5G 技术在文化产业发展过程中能够提供发展方向，那么在文化监管方面同样也将会提供新兴路径。利用 5G 技术实现文化产业发展与文化产业监管是必然的选择，也是推动发展的重要动力。

（二）文化保护

5G 所带来的数字文化产业巨大变革，对中华传统文化的保护和传播

---

① 杨琴、蒋志辉、何向阳：《"5G＋智慧教育"视域下的教师支持服务模式构建与行动路径研究》，《远程教育杂志》2020 年第 1 期。

② 孙伟、吕云、奚春雁：《5G＋XR 开启智慧教育新时代》，《计算机教育》2019 年第 12 期。

来说既是一个新的机遇,也是一个新的挑战。2019年3月15日,故宫博物院与华为联手打造的"5G智慧故宫"项目便是一个很好的尝试。故宫博物院原本的线上故宫互动体验项目只能通过一个定点环视故宫殿内的景象,参观者无法与文物互动,但是在5G加入后,就可以利用VR使参观者在虚拟的"故宫"里走动起来。① 借助云端完成复杂的运算还能降低虚拟游览的延迟,提升用户的参观体验。5G还应用于故宫的"数字文物库"建设,其中包含了大量珍贵文物的高清影像以及三维建模,其清晰度可以达到4K级别。人们可以下载故宫的系列App来"参观"数字文物库中的文物,足不出户就能体验故宫的文化魅力。这种文化数据库的建设将会成为传统文化保护的有力手段,除文物以外,古籍、传统乐器乐曲、传统建筑村落等文化遗产均可以采取数字的形式进行保存以降低遗失、毁坏的风险。非物质文化遗产的保护也可以通过数字化的方式展开,比如抖音就启动了"非遗合伙人计划",涵盖了近九成的国家级非遗项目,非物质文化遗产的传人们在抖音上记录着自己的手艺,也收获了经济和精神上的支持。② 在5G时代,视频业的扩张和繁荣将会"盘活"更多的传统手艺,通过视频推广发展民族地域特色的文化产品,进而形成品牌效应,在提高非遗传人收益的同时也能使传统技艺在这个过程中得到复兴和发展。

第二节　人工智能在文化产业的应用

文化产业既有商业特点,又融合人类审美、经验和情感,文化产品更多的是精神上的享受。人工智能不断侵入各个产业,许多人认为人工智能无法占领文化产业,但是现在人工智能颠覆文化产业中创作、营销两个关键环节,大大改变了文化产业的生产模式、营销模式。

---

① 中国青年报客户端:《600岁的故宫与华为联手打造5G紫禁城》,http://shareapp.cyol.com/cmsfile/News/201903/15/web195157.html,2020年2月15日。
② 中国日报网:《抖音"非遗合伙人"计划上线,全国招募50名传承人》,https://baijiahao.baidu.com/s?id=1631025373409700280&wfr=spider&for=pc,2020年2月15日。

一 人工智能在文化生产中的应用

在文化生产的过程中，人工智能不再简单局限于辅助性的工作。模拟大脑神经网络进行深度学习，现阶段人工智能能够自主创作出新的内容。

人工智能的自主创作涉及许多领域。首先，文学领域。2017年第一本由人工智能出版的诗集《阳光失了玻璃窗》，引起了社会的关注，诗集里面的句子甚至得到学者的肯定。不限于诗集，人工智能甚至能够生产出包含复杂人物关系、情节的小说。例如，国内网络小说创作工具2.0，根据用户输入的基本元素创作出小说作品。阿里巴巴公司开发的编剧机器人，30分钟内完成一部影视作品的剧本。一些文学学者批评这样的"作品"没有情感的经历、经验的积累，没有人类审美。虽然对于人工智能创作的"作品"存在质疑和批评，但是人工智能可以打破人类思维的禁锢，取得语言上突破性的成就，为文学创作注入能量。其次，美术领域。美国工程师设计了一款人工智能机械臂，这款人工智能专门学习作画，可以量产不同风格的"美术作品"。2018年人工智能创作的"美术作品"在佳士得拍卖网上拍卖出43.25万美元的高价，[1]"作品"的落款签名是数学方程式，暗示这幅作品其实是数据理性得出的公式。再次，音乐作品。2018年，AIVA作为专门从事人工智能音乐创作的公司发布名为《艾娲》的音乐专辑，[2] 8首单曲全部是人工智能单独创作。2019年，在庆祝中华人民共和国成立70周年之际，人工智能技术实现了歌曲《我和我的祖国》的交响曲演奏。最后，不限于以上领域，在电影作品、建筑作品、摄影作品等许多传统领域都存在人工智能创作的"作品"。例如《最终幻想》就是全部由人工智能完成的电影作品。2017年，谷歌人工智能实验室研发的Creatism将风景参数量化，模拟人类的摄影作品"创作"新的摄影作品。以前的文化产业强调共性，忽略个性化差异，人工智能

---

[1] 中国新闻网：《人工智能画作拍出300万元，作品签名是数学方程式》，http：//www.chinanews.com/cul/2018/10-26/8660408.shtml，2020年4月13日。

[2] 姜天涯：《最近人工智能创作了一张中国风音乐专辑，名字叫艾娲》，http：//www.qdaily.com/articles/56471.html，2020年9月17日。

自主创作新"作品"突破这一局限,轻松地生产出个性化的文化产品,促进文化多元化发展。

人工智能创作的"作品"和大数据环境相结合,生产的内容满足用户的多元化的文化需求,人工智能自身的科技感为用户带来焕然一新的体验,而且人工智能可以重复"创作",降低人工成本,把文化生产的话语权重新聚焦到大众化文化之中,生产的"作品"更加民主化、去中心化。

二 人工智能在文化营销中的应用

预测在一些人看来可能是玄之又玄的东西,但是预测实质上是利用数据、统计学、概率论等理性的科学进行分析,计算出某一事件发生的概率,是数字理性。互联网已经成为生活中的一部分,在互联网上用户浏览网页、看视频、购物,这些行为都被转化成数据,成为商家预测用户商业需求的"法宝"。例如,许多影视公司用人工智能预测电影的票房,根据预测的结果选择排片量和排片时间。2013年,美国网飞公司(Netflix)利用人工智能预测美剧《纸牌屋》的市场,根据人工智能分析结果决定投资《纸牌屋》,取得了巨大的成功。人工智能根据数据分析市场规律性,改变了传统的营销策略,大大提高了营销的准确性。

人工智能能够对用户群体精准营销,即使是微观的个人用户,人工智能根据浏览痕迹,也可以智能化地投放广告,精准推荐大量相关内容。例如,音乐App推出的"猜你喜欢""心动模式",都是根据用户在先的选择,推荐相似的歌曲。小说App也可以根据阅读历史,推荐用户可能阅读的书籍。这种智能化推荐已经随处可见,对用户来说提供便利,节省浏览的时间。对营销者来说精准推荐有利于提升用户体验感,节省推荐成本,而且根据数据更有利于挖掘新内容,减少信息茧房效应,提供多元化文化产品。

第三节 区块链技术在文化产业的应用

基于对区块链技术的理解,将其应用于文化产业似乎对化解文化产业中存在的法律问题及产业乱象能够起到积极作用。科学技术的发展，促使文化产业也加快推进了数字化发展。① 我国与其他国家及地区在版权引入与输出之间的协议数量不断增长，主要产品形态为图书、电子出版物、录音录像制品、电影电视、软件，国际性的出版合作成为国际贸易与发展中的热点方向之一。2016—2018 年，其他国家及地区与我国签订的版权贸易协议数量增长了 86.5%，其版权输出数量占整个版权输出总量的 55%，② 在国家的推动之下，文化产业得以飞速发展，区块链技术在文化产业中的应用将会引起文化价值链、商业圈、投融资模式、治理等方面的变革，逐步推动信息社会转向创意社会发展。③ 2016 年工信部发布了《中国区块链技术和应用发展白皮书》，将区块链技术应用于文化娱乐产业作为重要的发展方向，以文化产业作为发展起点，以区块链为发展基点，整合产业价值链，通过加快文化产业的流通速度，缩短其价值创造周期，从而转变消费模式。基于区块链的支撑实现文化产业中文化产品的追踪及追溯，在获取证据方面为司法实践提供帮助，从而实现产业规范化发展，形成良好的产业秩序。

一　区块链在文化产业领域版权登记与保护方面的应用

（一）版权登记

在文化产业中，版权是权利人最为普遍且重要的权利，版权登记制度为保护权利人的合法及合理利益产生。传统版权登记制度存在登记过程耗时长、登记成本较高等缺点，在传播方式未进行飞速变革的时代，这种传统的版权登记制度能够适应当时的传播速度，作品版权被侵犯的概率较低。现如今，传播方式在科学技术的影响下，传播速度被极大提升，这种快速的传播进一步促进了信息的加速流转，从而导致文化产业中的侵权乱象。作者在进行版权登记的过程中，文化产品就已发生侵权，

---

① 李永红、黄瑞：《我国数字产业化与产业数字化模式的研究》，《科技管理研究》2019 年第 16 期。

② 张贺：《中国与一带一路相关国家版权贸易协议 3 年增长 86.5%》，《人民日报》2019 年 10 月 24 日。

③ 潘道远、李凤亮：《区块链与文化产业——数字经济的新实践趋势》，《文化产业研究》2019 年第 1 期。

或者作者未进行版权登记，而因为快速传播的因素，作品被他人进行了权利申报。在此情况下，没有法律认可的证明文件，作者无法有效证实其对作品的在先创作。互联网信息的爆炸性增长与传播，同样也会导致侵权主体的模糊及无法确定，毕竟信息在经过快速传播之后，信息源的确定变得困难。面对因技术原因而产生的现实及法律问题，利用技术来解决这一问题具备可行性，利用区块链对传统版权登记方式进行更新，建立数字化的版权登记平台，实现数字化的登记方式，对数字作品的保护更有利，对应对数字传播更为可行。①

首先，将区块链作为底层技术的数字化版权登记更安全。我国的版权登记模式一般是各地受理其辖区之内的版权登记申请，登记后再进行全国备案。在此种情况下，国家版权登记备案数据库就是全国版权登记信息的中心，各地登记机构是其辖区的信息中心。中心化的登记模式存在一个较大的问题，当中心的数据库被篡改或被攻击毁坏，信息损失无法恢复，将会引起巨大的利益损失。而以区块链为底层技术的数字化登记平台，实现登记机构的去中心化，通过区块链的数字化版权登记平台，版权登记信息实现各地登记机构共享模式。在此种情况下，任何登记机构的数据信息遭到篡改及破坏，均不用担心信息丢失。无论是全国备案及各地的登记信息都能够在其他版权登记机构的数据库中找回，除非整个数字化版权登记平台中所有参与者的数据都被破坏。此时，版权登记机构不再担任中心角色，而版权登记的信息才是中心，从而实现数字化版权登记的去中心化，保证了登记信息的安全性。

其次，将区块链作为底层技术的数字化版权登记防篡改。各地的版权登记机构通过将登记信息传至登记系统，系统将所用登记信息存档，实现一个登记机构的数据库中涵盖全国所有登记信息。这种方式被称为分布式账本，也是区块链技术的基本特性之一。在分布式账本的背景下，当出现想要篡改信息的行为，会导致被篡改的信息与所有存档的信息存在差别，这样的篡改行为将会被其他的数据库信息中心拒绝，从而保证各个数据库登记信息的一致性。基于区块链分布式账本技术，确保了数字化的版权登记信息不被篡改。

---

① 张颖：《区块链技术驱动下的著作权登记制度变革》，《图书馆论坛》2019 年第 12 期。

最后，将区块链作为底层技术的数字化版权登记保证隐私。区块链中时间戳技术、哈希算法、智能合约、数据加密技术、电子签名、时间戳等技术的运用，将所有数据库中的登记信息进行加密处理。被处理过的数据信息在没有授权的前提下只是一串乱码，只有在授权后才能获取正确显示的信息，通过加密处理的信息，不用担心被盗取后的信息泄露所产生的不利影响，能够为信息提供更可靠、安全的保障。

（二）版权保护

在文化产业中，引起文化产业乱象的重要原因之一就是在文化产品的确权与维权上存在困难，而因为侵权盗版所产生的巨大利益无法规避侵权行为，行为人侵权的成本与权利人维权的成本低也会对问题的出现和解决产生影响。我国《著作权法》规定作品完成后创作者即享有著作权，为了保护创作者的权利，通过版权登记是证明权利的法定有效形式。处在数字化网络时代，在信息飞速传播的背景下，作品还没有取得有效的权利证明文件就已被侵权，对创作者来说缺少了有利证据。在文化产业中，丰富的数字化资源因为传播速度的变化也导致了版权侵权的广泛化。在数字网络下，一部分文化产品始于数字网络，数字化的文化产品权利确定的困难引起了抄袭和被抄袭之间的争论。如微博、抖音、哔哩哔哩、快手等自媒体平台，存在大量的侵权与侵权行为，侵权乱象层出不穷。如果文化产业中产品"上链"，通过运用区块链技术对所有文化产品盖上一份难以更改的"时间戳"，那么就能够从技术层面规制抄袭、盗版等侵权行为。此外，运用区块链溯源的特性对实现数字化产品的版权溯源及证据提供具有重要意义。随着区块链技术的发展，产品溯源服务也更快地出现在人们的生活中。赛迪区块链研究院统计信息显示，截至 2019 年 8 月，在全国投入产出的七百多家区块链企业中，提供产品溯源服务的区块链企业达 30%。[①] 因为区块链防篡改、安全、透明、公开的特性，使得其所承载的信息能够得到认可。在文化产业竞争中，通过区块链技术明确文化产品的权利义务认定，所存在的法律纠纷也会得到解决，而明确的权利义务关系也能够更好地保护文化产品及促

[①] 赛迪区块链研究院：《区块链溯源竞争格局趋于清晰——多种技术融合发展将成趋势》，《中国电子报》，2019 年 12 月 17 日。

进文化产业发展。

在知识产权的发展中，盗版作为世界性的难题一直无法得到规制，解决盗版问题除了需要对盗版行为进行惩戒，还需提升人们保护和尊重知识产权的意识。区块链技术的运用能够进一步为惩戒盗版行为提供技术上的帮助。将区块链作为传播的底层技术，实现文化产品的确权，对文化产品后续的传播以时间线进行记录，为可能出现的权利纠纷、权利侵权提供有效的保障。通过技术措施形成完整、有效的证据链条，能够降低权利人的维权成本，精确的溯源手段能够更有针对性地打击盗版行为。基于区块链技术被广泛认同的背景，运用区块链技术在文化产业中来保护版权，构建各国及相关地区均认可的保护模式和保护标准，对维护文化产业的建设发展、构建良好的文化产业贸易生态体系、有效遏制国际盗版行为具有重要意义。

二 区块链在文化产业领域中管理模式及消费模式的应用

（一）规范化的管理模式

文化产业的参与者具有多样性，众多的参与者涉及的交易数据较为复杂，文化产品的价值创造周期产生的过程性信息散落于各个交易环节的内部运作系统之中，从而导致信息流不畅通也无法实现透明化。这样的后果直接导致了文化产业中交易双方互相了解交易信息的难度上升，间接地降低了文化产业中交易的效率。文化产业中发生交易纠纷时，因为涉及不同的国家和地区，权利人举证和追责的成本非常高并且耗费大量的时间，在一定情况下甚至无法实现权利。此外，在文化产业的贸易中，时间跨度与空间跨度都非常长，涉及的区域较多，容易引发流通过程中的文化产品侵权盗版问题。市场中的盗版现象难以得到有效打击，直接侵害了正版文化产品的合法、合理及正当性利益。

那么如何有效保证和提升文化产业中的交易质量与效率，更科学地遏制文化产业中的盗版行为以及完善相关纠纷解决机制来管理文化产业呢？通过引入区块链技术实现文化产业交易信息的透明化，形成一套全面的、可信任的、畅通的信息流，从而帮助交易双方在交易过程中能够发觉存在的问题，促使问题得到有效解决，也有效帮助交易双方规避风险，从而促进交易效率的提高。

在文化贸易的纠纷解决方面，区块链技术防篡改、安全可信的特性对应对文化贸易产生的纠纷具有积极的作用，能够帮助相关权利人更容易地进行举证和追责。此外，通过区块链获得的结论性证据，在诉讼中能够降低参与诉讼所产生的成本，有效地维护权利。在打击文化产业中文化产品的假冒伪劣行为中，通过区块链的不可篡改及溯源，能够有效从源头防止盗版行为的出现。此外，当文化产品"上链"后，各个国家对其本国文化产业的管理将会得到优化，区块链技术保证信息透明度及畅通的信息流，能够更准确地反映文化产业的现状，通过对数据的分析实现问题的细化管理及针对性的解决。

在文化产业贸易中，将区块链作为底层技术实现信息的透明化，以信息为中心实现文化产业管理的规范化。只有通过对文化产品的输出与引入的规范化管理，才能有效地促进文化产业的发展，维护各个国家及地区的合法性利益。

（二）去中心化的消费模式

一般来说，主流文化产品占据大部分市场份额，非主流文化产品无法与主流文化产品的销售相抗衡，更不可能说超越主流文化产品的销售份额。这种结论来源于"二八定律"，举例来说就是20%的主流文化产品占据80%的市场份额，而80%的非主流文化产品所占据的20%的市场份额不是文化产业中重点关注对象。在这一背景下，对文化产业建设中处于80%的非主流文化产品的参与方在进行文化传播与交流方面较为不利，间接影响各种优秀文化的繁荣发展。与"二八定律"相反的"长尾理论"指出，只要产品的销售渠道足够广泛，非主流产品或需求量小的产品的总销售也能够实现与主流产品的销售进行抗衡甚至可能超越主流产品的销售。传统的消费模式下销售渠道较为固定，"长尾理论"几乎无法实现。随着网络电商的销售模式不断发展，似乎对实现"长尾理论"提供了可能。但网络电商平台均存在共同的特点，都是中心化模式发展，并且存在商品推荐机制。虽然网络电商平台扩宽了产品的销售渠道，但是平台的这种商品推荐机制通常是偏向主流产品的推荐，并且存在通过算法所进行的不合理推荐机制，这种通过算法针对不同人群所进行的推荐机制存在实施差别化定价的可能，对同一件商品，每个消费接收到的相同产品的质量或价格都有可能不同，并且产品的质量与消费者的预期也可能存在较大的差别。此外，在网络电商平台通过"刷单"方式来提高商品的热度已屡见不鲜，在一定程度上消耗了消费者对平台的信任度，不利于公平竞争机制的发展。由此可以看出，在中心化的网络电商平台中，无法直接实现"长尾理论"。

通过上述可发现，有利于非主流文化产品发展的"长尾理论"，在实现上需要一个具有去中心化、解决信任机制、销售渠道广泛等特点的交易平台。在文化产业的国际贸易中，因为涉及上百个参与方，直接的优势就在于拥有广泛的销售渠道，而去中心化及信任问题可以通过应用区块链技术来实现。基于区块链为底层技术构建一个去中心化的交易平台，分布式存储技术实现以内容为中心，平台不再是中心，从而实现去中心化。从本质上讲，区块链利用分布式存储技术重构了信任的网络协议，其最大的价值就在于信任价值，基于"信息去中心化"来实现基于点对点传播的"价值去中心化"。[①] 去中心化就能够实现信息的协同共享，实现信息对等，而信息对等能够进一步稳定信任机制。以信息对等为基础，有效规避任何交易中的不诚信行为，这种新的信任机制将颠覆传统的基于第三方的信任机制。在这样一个"去中心化"的交易平台，畅通的信息流规避了"刷单"、盗版、不合理算法、信任等交易问题。通过一个对等的信息平台，实现非主流的文化产品的销售总量与主流文化产品相抗衡，甚至超越主流文化产品。此外，去中心化的交易平台为小众参与方的文化产业发展提供了可实现的渠道，解决了文化交流与传播的不平衡。基于去中心化的平台，实现每一个参与方都是一个中心，实现文化大繁荣，实现我国文化产业的走出去与引进来。

三 区块链技术在商标领域的应用

TRIPs 协定第 15 条对商标定义如下："任何标记或标记的组合，只要能够将一企业的商品和服务与其他企业的商品或服务相区别，即能够构成商标。"因此，所谓商标，是指表明商品或服务来源，区分此商品或服务与彼商品或服务的识别性标志。我国《商标法》第八条规定了商标的

[①] 陈维超：《基于区块链的 IP 版权授权与运营机制研究》，《出版科学》2018 年第 5 期。

构成要素①，一旦商标投入使用，它便与凝结在其中的与之相对应的商品或服务在生产经营过程中所积累的商业信誉和品牌价值具有密不可分的关系，这也直接体现在商标所蕴含的巨大的经济价值中。福布斯公布的2019年全球品牌价值100强榜单显示，科技巨头苹果的品牌价值高达2055亿美元，这是苹果公司连续9年夺冠，也是第一次有品牌的价值突破2000亿美元大关。②

正是因为商标具有无限的潜在商业价值，商标保护自然也成为理论和实践中的重要命题。对此，世界各国均因地制宜，采取了一系列制度措施对商标加以保护，我国也不例外。我国《商标法》规定对商标采用注册取得制度，并对注册商标的申请、审查、核准等相关程序，以及注册商标专用权的保护和驰名商标的特殊保护进行了规定。可以说，立法对商标的保护几乎覆盖了商标从诞生、使用到退化的整个生命周期，但实践中对商标"第二含义"的证明、注册时间证明、使用情况证明均存在耗费高、效率低的难题，如何让制度保护真正落到实处，从而实现法律规范的立法意旨，是亟待解决的现实问题。

区块链技术的出现，可以有效实现对商标全生命周期信息的数据记录与动态管理。作为一个去中心化、不易篡改、公开透明、集体维护的可靠数据库，区块链技术摆脱了过去的中心集权管理体系，取而代之的是一个人人参与、人人维护的分布式账本，它在引领金融、医疗、物联网产业发生巨大变革的同时，也为知识产权保护带来了新契机。区块链技术在商标领域的应用，集中体现在对商标的存在性或者使用性的证明上。

（一）商标权利确权

在商标的属性中，显著性是其最为本质的属性，因为商标的作用是用以区分相关商品与服务的来源，也是商标申请注册的积极要件，它直接决定着某一标志能否成为商标或是否可能失去商标资格。这一特征在

---

① 《商标法》第八条规定：任何能够将自然人、法人或者其他组织的商品与他人的商品区别开的标志，包括文字、图形、字母、数字、三维标志、颜色组合和声音等，以及上述要素的组合，均可以作为商标申请注册。

② 腾讯网：《2019年全球最具价值品牌100强》，https：//new.qq.com/omn/20190523/20190523A0D96H.html? pc，2020年1月5日。

《商标法》上表述为"有显著特征，便于识别"。依照商标的显著性的来源，又可将商标显著性分为固有的与获得的。《商标法》第11条①规定了商标显著性的获得，这也被称作商标的"第二含义"。具体到商标种类，臆造商标、暗示性商标和任意性商标往往具有固有显著性，而对于描述性商标，申请人必须提供关于第二含义的证据，才可以注册和得到商标保护。据2017年《商标审理审查标准》的规定，在判断经过使用的商标是否获得显著性特征上，商标指定使用商品的相关公众的认知习惯和商标的实际使用情况是重点考察对象。对此，区块链技术基于其时间戳功能，可以向申请人提供商标自诞生起，具体到某个时间点在某个商品或服务上进行使用的全部信息，这相当于在浩如烟海的信息流中对与待证商标相关的信息进行了检索和过滤，从而让申请人和核准机关对商标的完整信息有个全面了解，并以此为基础确定是否赋予商标"第二含义"，进行核准注册。

（二）便利驰名商标认定

商标是用来标识商品的，不是通过恶意抢注拿来获利的。投入市场使用、发挥商标功能，一直是商标的根本使命。也正因此，那些虽未获得注册，但已经进行使用并产生一定影响力的商标也在《商标法》保护之列。具体而言，未注册商标可以通过驰名商标认证获得特殊保护，排除他人在相同或者类似商品上申请注册和使用的权利，即便尚未达到驰名商标的保护程度，如果他人在相关商品或服务上较商标注册人先使用与注册商标相同或类似的商标，也有权在原使用范围内继续使用。无论是驰名商标的认定，还是在先使用的抗辩，根据法律规定，都要综合考虑相关公众对该商标的知晓程度、商标持续使用时间、商标宣传的持续时间、宣传程度以及宣传范围。传统方法多采取人工检索、复印、拍照等方式，需要花费大量时间和精力进行信息收集和数据统计，而且在汇总和认定时还可能存在遗漏和错误，导致认定结果缺乏客观性、公正性，

---

① 《商标法》第11条：下列标志不得作为商标注册：（一）仅有本商品的通用名称、图形、型号的；（二）仅直接表示商品的质量、主要原料、功能、用途、重量、数量及其他特点的；（三）其他缺乏显著特征的。前款所列标志经过使用取得显著特征，并便于识别的，可以作为商标注册。

损害权利人的合法利益。区块链技术的优势在于，借助其全流程记录、多节点验证的技术优势，对过程性行为完整真实保存，形成证据链条，能够实现整个过程的客观性与真实性，[1] 而这一证据链条对于商标使用在时间长度和范围广度上的证明具有十分重要的意义。此外，在区块链中，由于每个网络节点都会存在备份，即使某个节点受到破坏也不会导致信息的丢失，[2] 并且允许多方根据共识授权共同参与数据的建立和维护，它所具有的数据公开透明和信息不易篡改的核心技术特征，既保证了链上数据的安全性和稳定性，也让基于该技术得到的数据具有极高的可信度和证明价值。

（三）降低商标维权成本

相比物权等有形财产权，知识产权客体的无形性，决定了对其侵权成本低而维权成本高的现状。维权成本主要包括发现侵权的成本、认定和制止侵权行为的成本等。因为知识产权侵权行为具有隐蔽性、不确定性和因果关系复杂性等特点，与侵害物权等有形财产权相比，权利人维护其知识产权尤其在发现和认定侵权行为时，需要付出相对更多的调查取证成本和法律服务成本。换句话说，知识产权维权成本高主要高在侵权案件的证明成本上。

引入区块链技术，会给原告发现和认定被告的侵权行为提供极大的技术便利，有助于降低权利人的维权成本。原告可以通过调取和下载与系争商标有关的链上数据，证明被告可能存在的假冒、仿冒、反向假冒等一系列侵犯注册商标专用权的行为，实现自己的权利主张。同时，被告也可以借助区块链技术进行在先使用的合理抗辩。区块链上存储的信息公开透明、不易篡改，过去需要花费大量人力、物力才能完成的证据搜集与认定，在区块链技术的支撑作用下将会变得简单易行，既能减轻当事人的诉累，也能节约司法资源、提高司法效率。

当然，哪些主体有权调取和下载链上数据以及如何获取相关权限，区块链提供的数据是否足以达到作为诉讼证据的证明标准，这既是技术

---

[1] 高航、俞学励、王毛路：《区块链与新经济——数字货币2.0时代》，电子工业出版社2016年版，第193页。

[2] 张怀印、凌宗亮：《区块链技术在商标领域的证明作用》，《知识产权》2018年第5期。

本身在不断完善和追求卓越的过程中所要回答的问题,也是法律和政策需要关注和规范的方面。因此,对于网络取证、电子存证等新兴事物,我们应当在坚持和遵守法律基本原则和相关规定的基础上,抱以开放、研究的态度,既要避免盲目地技术崇拜,也要防止一味地技术恐惧。应当探索构建"区块链技术+知识产权保护"模式,充分发挥新型技术在司法领域的创新作用,在技术与法之间形成有效的双向互动。

加大企业国际合作、促进产业创新发展,既是我国积极倡导构建人类命运共同体的重要举措,也是各个国家实现多方共赢的合作平台。不可忽视的是,"走出去"既意味着前所未有的发展机遇,也伴随着由于政治、经济、文化水平不一而带来的碰撞,甚至还会不可避免地增大纠纷发生的可能性。根据相关报道,我国企业在实现"走出去"的过程中,商标被抢注的现象时常发生。如"飞鸽牌"自行车商标、海信公司商标、联想公司商标等知名度较广的商标,在不同国家遭遇抢注。企业缺乏对知识产权保护的策略,以及在海外维权难、费用高的现实情况,无法实现知识产权保护是我国不少企业放弃维权的主要原因。①

在解决商标抢注的问题上,企业要长远考虑自身的发展,制定相关战略。基于相互认同的信任机制,充分发挥新型技术优势,依托区块链技术打造司法区块链,实现对网络行为的全流程记录、全节点见证,避免证据争议,从源头上减少纠纷数量,有效实现对知识产权的保护。

---

① 光明网—理论频道:《"一带一路"中的区块链技术运用》,http://theory.gmw.cn/2015-12/22/content_ 18191105.htm,2020 年 8 月 5 日。

第十三章

高科技在文化产业的影响

第一节 5G对文化产业的影响

随着我国科学技术的迅速发展，我国的移动通信技术也在飞速发展着。从2014年4G获准大规模商用到2019年5G开始试商用，再到现如今华为、小米等企业纷纷推出5G手机，短短几年间移动通信技术就有了如此长足的进步。5G，即第五代移动通信技术，它具有高数据流量吞吐能力、数百亿级联网设备数量承载力、高网速、延迟短等技术特点，这些技术特点使其的发展对各行各业产生重大的影响。各行各业与5G技术的结合将会深刻影响整个人类社会的生产、生活，智能化、网络化的趋势将渗透到人类生活的方方面面，作为人类精神食粮"主要产地"的文化产业自然也不例外。5G时代对文化产业的多方位影响主要体现在以下方面：

一 促进文化产业发展多元化

近年来，文化生产不再局限于生产大资本、大投入的文化内容的大型文化企事业单位，提供文化内容发布平台的企业也在文化生产领域越来越活跃，如抖音、快手、bilibili等，而在这些平台上发布内容的文化生产者遍布全国各地，甚至是世界各地，不同身份背景的人们在这些平台上创作着属于自己的文化，文化生产呈现多元化的局面。随着联网设备数量在5G时代的高速增长，使得更多的人能够参与到数字文化的创造中来，文化生产主体的多元化将得到进一步提升，甚至可能实现人人皆为文化生产者的愿景。而随着相关高科技的更新升级，在5G时代机器也将成为文化产品生产的主体，例如目前已经出现的人工智能生成物问题的探讨。技术发展促进文化生产参与群体的多元化，文化生产主体的多元化将会促进文化内容的多元化。

随着 5G 时代文化生产者的多元化程度的加深和文化产品数量的提升，其生产的文化内容也必然趋于多样化，上自阳春白雪，下至下里巴人，多样化的文化产品能够满足不同的文化消费需求，每个人都可以根据自身的喜好选择文化产品，这种个性化的文化需求又促进喜好同一种文化的群体聚集在一起，形成了具有共同爱好和共同消费习惯的"圈子"，并且推动文化生产的圈层分化，加大文化生产的群体定位能力。

二 推动文化产业数字化发展

自从互联网诞生以来，文化产业就追随着网络技术发展而不断走向"线上"和"数字化"。网络科技对于文化产业的影响是显而易见的，网络相较于传统文化载体储存量更大，传播能力也更强。从 1G 时代到 4G 时代，网络技术的提升使传统载体上记载的文化内容越来越多地以数字化的方式保存和传播，如电子书、电子报刊等，也诞生了无数属于网络时代的特有文化，如直播文化、电子游戏等。根据国务院发展研究中心和中国社科院发布的《中国数字文化产业发展趋势研究报告》，在 2017 年我国的数字文化产业增加值约为 1 万亿元，总产值约 3 万亿元，文化产业的数字化发展已成为我国文化产业蓬勃发展的一大重要推动力。[①] 5G 时代拥有更快的网速、更大的网络数据吞吐量，这将进一步延续当前文化产业数字化的趋势，并诞生 5G 时代特有的线上文化形式。

在互联网上观看视频和直播已经成为人们互联网生活中重要的组成部分。[②] 5G 技术下的高网速将赋予视频、直播行业提升的空间，进一步向着高清化、高速化的方向迈进。在视频方面，4G 时代虽然已经拥有 1080P 或是 4K、8K 的高清视频，但是由于 4G 网络的传播速度较慢并且

[①] 东方文化与城市发展研究所、中国社科院中国文化研究中心、腾讯社会研究中心：《中国数字文化产业发展趋势研究报告》，https://www.sohu.com/a/332195591_99934757，2020 年 5 月 15 日。

[②] 黄艳：《5G 融入我国视频网站发展的新探索》，《新闻爱好者》2019 年第 1 期。

较高的延迟，高清视频在线观看卡顿、下载速度缓慢等问题一直饱受用户诟病，高清直播则经常出现连线不稳定、声画不同步等问题，严重影响用户的使用体验。5G 的到来将使这些问题得到根本性的改观，5G 的传输速度能够达到 10Gpbs，是 4G 峰值的 100 倍，[①] 视频在线观看和下载的速度将得到极大提升，将实现从 4G 短视频到 5G "大视频"的转变。[②] 在直播方面，5G 技术将助力直播的画质提升，做到不间断的 4K 高清直播，4K 直播的高像素分辨率可以清晰、真实地展示直播画面中的细节，大大提升观众的临场感。随着 5G 基础设施建设的推进，5G 的信号稳定性增强使得即使在人群密集的场景中也不需要再担心人多信号差的问题，覆盖范围增大和传输速度提升使得信号良好的范围扩大，这对于手机端的视频直播视听体验有极大的助益，实现各类视频及直播的高清化与高速化。在国际发展中，相关国家及地区地域跨度大，5G 网络技术的发展，能够极大提升传输的速度，对加快文化贸易、加强文化交流具有重要作用。

由于网络传输速度的限制，4G 网络无法实现数据实时传输，达不到 VR、AR 设备与云端的数据传输之间的要求，5G 时代也意味着 VR 电影网络数据传输问题将会得到解决。[③] 在 5G 时代，利用 AR、VR 技术可以实现虚拟现实式视频新体验，虚拟现实视频的优势在于提升用户的沉浸式体验，多维度的感受视频内容，仿佛身临其境的体验给用户带来不同以往的感官刺激。AR、VR 技术与直播的结合则可以完成 360 度全景式直播，观众可以自主选择自己喜欢的角度观看直播，增强了观众的参与感。科技化及沉浸化对提升文化产品的体验感具有重要作用，结合新兴技术，实现文化产品的多样化发展。

在 5G 的支持下，视频储存和传输将不再受到本地储存量的限制，视频将借助云平台，通过云端进行传输，实现云视频化及云传播化。[④] 基于云存储、计算、服务，并在网络数据传输的基础上，通过不同终端之间

[①] 林凌、何入海：《5G 时代传输网络建设的相关研究》，《中国新通信》2018 年第 8 期。
[②] 卢迪米、文霞、孙明慧：《从 4G 短视频到 5G "大视频"》，《视听界》2020 年第 3 期。
[③] 原浩之：《5G 时代的 VR 电影》，《电影文学》2020 年第 6 期。
[④] 李卫东：《云传播的发展趋势和时代机遇》，《新闻与写作》2020 年第 6 期。

的数据传输,实现用户点对点的数据交换及共享,从而实现"云端化"的传播机制。① 5G 与 AI 技术的结合则能够革新视频生产的方式,在 5G 的高网速的帮助下,AI 技术可以进一步减少视频生产中的重复、机械劳动,优化视频创作程序,降低视频制作的门槛,这也将使得更多的普通用户能进行高水准的创作,为视频行业注入新的活力。

5G 时代,数据交流的速度和广度将得到显著提升。以数据为载体的数字文化可以借助互联网的触角以极快的速度向世界各地快速传播,文化交流的地域距离障碍逐渐减弱。这会是一个加强我国文化产业"走出去"的良好机会,我国优秀传统文化产业正依托数字化的形式遏制传统流失,以 VR 虚拟旅游、VR 虚拟文物等形式促进传统文化的"浴火重生",使人们可以打破空间的隔绝欣赏属于中国的优秀文化。中国优秀文化的传播不应该局限于中国这片土地,而通信技术大发展将为我国优秀文化走向世界带来新的机遇。

三 迎来文化产业的新机遇与新挑战

5G 技术发展所带来的技术革新在推动我国的文化产业变革、发展的同时,也会对我国与各国的文化交流及其相关的知识产权领域产生独特的影响。

(一) 5G 技术推动我国文化产业"走出去"

在国际文化市场的激烈竞争中,我国的文化产业虽背靠中国丰富的文化资源,但所表现出的竞争力却不尽如人意。不过这一现象近年来逐渐得到了改观,我国的网络文学、影视剧和游戏的出海已经取得一定的成效:在网络文学方面,Wuxiaworld、Gravitytales、Volarotranslation 等海外网站上有外国友人翻译上传的大量中国网文,并受到了国外网友的"好评";在影视剧方面,《白夜追凶》《甄嬛传》《媳妇的美好时代》等电视剧的远销,为中国电视剧海外市场化翻开了崭新的一页。② 其中《甄嬛传》还被泰国翻拍;在游戏方面,据《2019 全球移动游戏市场中国企

---

① 郭红庆:《自媒体化网络广播电台"云传播"机制研究》,《西南大学》,2014 年。
② 《中国电视剧"出海"之路:道阻且长,挑战与机遇并存》,https://baijiahao.baidu.com/s? id = 1643084533646170980&wfr = spider&for = pc,2019 年 12 月 15 日。

业竞争力报告》，我国大陆地区的移动游戏市场在全球移动游戏市场中占比达到 31.6%，而在 2019 年国产的网络游戏在海外游戏市场中的实际销售额预计高达 110 亿美元。[①] 而在 5G 技术的加持下，影视业、游戏业、数字文化业将会形成基于互联网生态的文化产业新形态，这种蓬勃的创新力量能够使我国的文化走出国门，打造中国文化品牌，加强了我国和沿线各国之间的文化交流和合作，而这种交流的"主场"之一即是网络文化场，因此当 5G 的"万物互联"与其他国家间的"互联互通"碰撞在一起时，中国文化产业应当抓住机遇扩大海外影响力，使中华元素遍地开花。

（二）5G 时代文化产业知识产权保护所面临的挑战

5G 技术在文化产业应用的范围扩展后，在加速文化传播的同时知识产权侵权损害扩大的速度也在上升，数字知识产权保护面临新挑战，处理好侵权问题是保障文化产业发展的一大关键。而在目前世界部分国家，知识产权侵权、盗版等问题一直较为严重，根据 WIPO 的统计，孟加拉国、斯里兰卡、阿塞拜疆等国盗版率在 90% 左右，巴基斯坦、越南、伊拉克等国在 80% 以上。[②] 严重的知识产权侵权问题将会损害创作者的经济利益和创作激情，对文化产业的整体发展产生负面效应。此外，世界各国的法治状况也存在较大差异，我国目前尚未形成健全的跨国知识产权保护的法律服务机制，相关的涉外法律人才拥有量不足且地域分布差异大，多数集中于经济发达的大城市中的顶级律所中，难以满足文化企业的法律服务需求，如何尽快完善跨国知识产权法律服务保障成为文化产业走出去必须解决的难题。

5G 技术在完善知识产权法律服务的机制建设中能够提供一定的技术支持，如涉外法律人才分布不均的问题可以通过网络视频对话法律咨询的方式解决；5G+大数据的技术则可以帮助构建相关知识产权信息平台，实现知识产权信息的共享以及相关维权动态的追踪，[③] 甚至可以将人工智

[①] 成锦鸿：《一带一路机遇下中国游戏出海势头强劲》，http：//finance.sina.com.cn/chanjing/cyxw/2019-12-19/doc-iihnzhfz6911446.shtml，2020 年 5 月 15 日。

[②] 蔡尚伟、车南林：《"一带一路"上的文化产业挑战及对中国文化产业发展的建议》，《西南民族大学学报》（人文社会科学版）2016 年第 4 期。

[③] 王宏：《"一带一路"战略下的知识产权保护问题》，《人民论坛》2016 年第 17 期。

能法律咨询集成于平台上，构建查询、咨询一体化便捷式平台，为企业及时、便利地提供知识产权法律服务支持。

第二节 人工智能对文化产业的影响

从南到北、从东到西，中国广大的地域间的文化存在很大差异，体现出中国丰富多彩的文化内涵。深厚的文化底蕴是文化产业的重要的源头。城市发展必须将丰富的文化资源利用起来，找准城市定位，打造城市品牌。2019 年，西安"大唐不倒翁"在网络上成为热门话题，引起社会的广泛关注。"大唐不倒翁"将西安古都中蕴含的大唐文化和新的舞蹈表现形式结合起来，打造出创意文化形式。现在各地商场和景区都引入"大唐不倒翁"作为"卖点"，吸引注意力。

文化产业对中西部城市而言是十分有利的产业。一方面，文化产业发展弱化了中西部城市交通不便、环境干燥、资源贫瘠的劣势，互联网的发展更缩小了中西部地区与全球的距离。而且，中西部地区的文化产业具有巨大的发展潜力。中西部地区是历史上中华儿女广泛居住的地区，既有悠久的历史文化，也有丰富的民族文化。甘肃省有黄河文化、敦煌壁画、红色纪念馆、边塞文化、丝绸之路文化、皮影戏等多种形式的文化资源。陕西省有西安古城、兵马俑、大唐文化、秦腔等内容丰富的文化资源。另一方面，中西部城市属于古代丝绸之路的重要城市，根据国家统计局的数据，2019 年中西部地区文化产业在全国文化产业占比显著增加。

一 文化旅游

（一）西部地区文化旅游的发展

近些年，主题乐园、休闲度假村、影视文化基地发展的如火如荼，但是难免出现旅游项目同质化的趋势，文化底蕴就是旅游景区避免同质化的重要资源，形成复合型范式，建立文化旅游产业链。文化旅游是文化产业升级和旅游业创新发展的重要方案。一提到戛纳就会想到戛纳电影节，一提到洛杉矶就会想到好莱坞，地区和文化的对应是文化旅游的特点。文化传播广泛、影响大、持续时间长、宣传成本低，协助城市的宣传和旅游业发展，打造城市特色文化符号。近些年，文化旅游业蓬勃发展，但是一个景区和另一个景区旅游项目相同，甚至特色工艺品和小吃街都相同，难免出现旅游项目同质化的趋势。文化是避免旅游项目同质化的重要因素。

以甘肃省为例，文化旅游产业是甘肃省的优势文化产业之一。甘肃省注重文化旅游产业开发。甘肃省敦煌景区凭借悠久的历史文化内涵不断吸引国内外游客。敦煌作为古代丝绸之路要塞之一，对世界各个国家展现出更强的吸引力。2013年以来敦煌景区接待的人数逐年增长，尤其是2014年和2015年，游客接待人数同比增长超过30%。2018年敦煌市的接待人数突破1000万人。为吸引游客，敦煌景区举办"丝绸之路（敦煌）国际文博会"，加强文化创新和产能合作。推出特色活动《敦煌盛典》等大型舞台剧和敦煌研学旅游路线，形成特色文化旅游产业链。

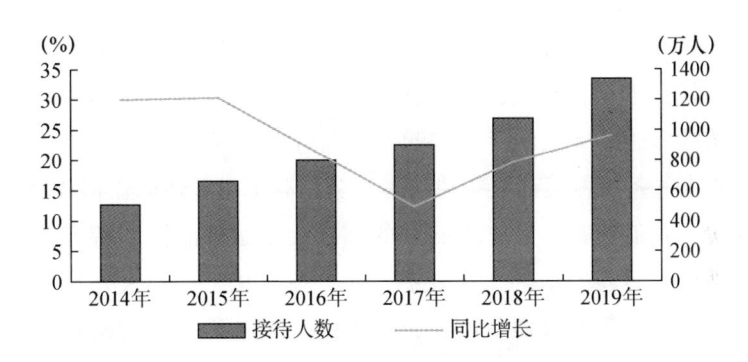

图13-1　2014—2019年甘肃省敦煌市旅游接待人数变化

根据国家统计局的数据，2019年我国文化产业收入提高，特别是西部地区文化产业发展迅速。以甘肃省为例，甘肃省充分挖掘、开发、利用特色文化资源，重点发展优势文化产业，取得了显著的提升（如图13-2所示）。

（二）人工智能对中西部地区文化旅游的影响

首先，人工智能提升文化旅游的公共服务，为游客提供良好的旅游体验，提升景区的口碑。例如，构建智能化交通网络。通过利用人工智能技术实现城市交通的智能化发展，减少交通拥堵和没有停车位的问题。

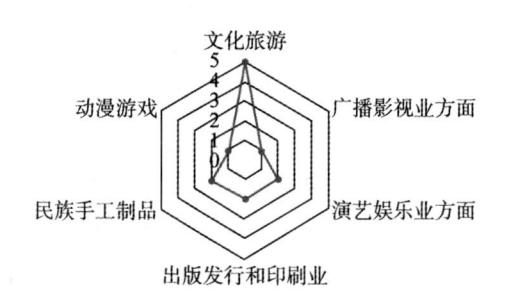

图 13-2　甘肃省优势文化产业分析

智能购票、刷脸入园，减少旅游旺季时的排队时间。2016 年敦煌景区打造的人工智能敦煌小冰，可以和游客实时对话，为游客讲解。2020 年敦煌研究院和华为合作，华为为敦煌景区提供厘米级 3D 地图，每平方千米 40 亿三维信息点，高精度空间计算方式，完全 1∶1 的还原真实世界。连接游客手机创新导览方式，手机上实景引导，并附有人工智能讲解。人工智能创新服务业的形式，提供便利化的住宿、饮食、购物条件。阿里巴巴公司推出的"无人酒店"，减少登记、排队时间，刷脸入住，先住后付，酒店内配备智能机器人提供服务，为游客提供舒适的住宿环境。

其次，人工智能作为文化旅游的噱头吸引游客。人工智能本身是先进的科学技术形成的新的文化业态——科技文化。科技文化和文化旅游相结合带来新的商业效益。例如，位于杭州未来科技城的杭州人工智能小镇作为人工智能产业园区，更像一个好莱坞电影里描绘的未来科技城。人工智能成为城市的重要建设力量。人工智能为整个城市建立便利化、智能化的公共服务平台和基础设施，重塑文化、旅游、交通、医疗、教育领域，形成"智能+"的环境。2019 年智能网联汽车就在杭州人工智能小镇内进行道路测试，加快无人驾驶技术的实际应用。以核心技术为依托、文化为聚合力，技术和产业融合发挥出巨大的复合效应。智能小镇离杭州西湖不到一个小时的路程，处于优美的生态环境下，并且紧邻浙江大学吸引高校旅游的游客。2017 年智能小镇初建就已经吸引了超过 80 万的游客，未来将会发挥更大的旅游潜能。《中国人工智能城市白皮书 2018》计划中国将会建设越来越多的"智慧城市"，这些"智慧城市"会成为文化旅游的新的驱动力。

二 历史文化

人工智能可以活化文化资源，无论是珍贵的文物，还是绝美的壁画，甚至是一个历史典故，都可以通过人工智能再现，走出国门，走向世界，向世界传达中国文化和中国价值观。2017年，中国用人工智能虚拟复原圆明园，再现中国古代建筑和古代艺术品的辉煌时代，填补了圆明园的历史空白，让全世界欣赏到中国的灿烂文化。中华民族文化"走出去"，是中国文化产业走向世界的第一步。

首先，利用人工智能全息影像、虚拟现实技术、虚拟数字技术、VR设备、AR设备对历史文化再现、活化、转换。2016年敦煌景区打造数字敦煌项目第一期上线，以虚拟数字技术全方位地向全球呈现出经典敦煌洞窟。这种数字化形式增加科技体验感。数字化的方式更有利于保护古迹，解决旺季时的旅游需求。2017年互联网之光博览会，中国文物局利用3D技术展示西安兵马俑，大屏幕上精准再现敦煌壁画，不需要到景区就可以欣赏中国的珍贵文物。2019年，上海举办敦煌秘境VR，在上海用VR设备就能观赏敦煌壁画。莫高窟257窟《鹿王本生图》本因为文物保护不对公众开放。2020年，华为AR地图虚拟高清257窟，让《鹿王本生图》再次展现在公众的面前。

其次，人工智能实现与互联网、媒体终端的对接，生产符合大众审美的文化产品。央视出品的《国家宝藏》是大型文博探索的新节目，节目中用3D全息投影技术全方位地展示文物，用幽默、生动的表演介绍文物背后的历史文化，舞台上沉浸式3D全息投影，增加故事的戏剧性效果，节目过程中扫二维码，在观众的手机上就能欣赏到虚拟的国宝。2018年甘肃省博物馆在《国家宝藏》播出后，2019年甘肃省博物馆接待人数达到138.29万人，比2018年增长25.3%。《国家宝藏》面对中国观众，也面向世界观众，国外的许多观众观看《国家宝藏》后，被博大精深的中国历史文化震撼，对中国文化产生兴趣。

三 创意产品

创意产品能够避免文化产品的同质化，市场上存在多元的创意产品才能保证市场竞争。人工智能与文化产业完美结合，开发出种类丰富的沉浸式、交互式、虚拟式、体验式创意产品。沉浸式创意产品包括沉浸式热门 IP 旅游、营造场景的沉浸式灯光秀、沉浸式购物、沉浸式餐饮、沉浸式住宿、沉浸式娱乐设备、沉浸式旅游演艺项目等。例如，法国的狂人国主题公园，打造出"维京海盗""幽灵鸟舞会""黎塞留的火枪手"等沉浸式的表演秀，吸引了大批慕名而来的游客。2015 年狂人国主题公园排在迪士尼乐园之后，成为法国排名第三的主题乐园。2018 年甘肃省敦煌市打造的大型沉浸式旅游演艺项目《极乐敦煌》，利用 4D、5D、7D 多维影院技术、机械互动技术、数字成像技术等人工智能技术和真人演艺、敦煌实景相结合，将美轮美奂的敦煌壁画实景和沉浸式的虚拟氛围结合在一起，为游客带来综合性的观感。沉浸式表演主要是通过大型造景和智能化调配的高科技进行表演的新型演艺形式，无须考虑人力成本，不会受到旅游淡季、旺季的影响，可以随时启动表演，即使在旅游淡季也会吸引一大批游客前来观赏，敦煌的旅游资源得到充分利用，开创了甘肃省文化旅游沉浸式文艺表演的先河。

创意产品也包括虚拟形象、虚拟演唱会、虚拟演播室等虚拟化产品。2018 年世界互联网大会上，通过人脸关键点检测、唇语识别、语音合成等多项技术形成的邱浩的虚拟形象，成为全球首个人工智能主播，[①] 备受瞩目。2019 年日本高端化妆品牌 SK－Ⅱ邀请虚拟偶像 IMMA 作为品牌代言人，虚拟偶像具有良好的形象，不会产生负面的新闻，有特定的受众群体，更有利于产品宣传。中国城市营销的过程可以用虚拟形象进行宣传。现阶段虽然有许多明星作为城市的代言人，例如，男明星黄轩作为甘肃省的旅游大使，女明星赵丽颖是河北省的旅游大使，但是旅游不能对明星产生直接的利益反馈，无法带动粉丝消费。现实情况是明星效应在促进旅游发展中并没有发挥明显的作用。最成功的城市营销案例是熊本熊，不仅带动了熊本县的旅游和产品销售，甚至衍生的许多熊本熊的周边产品，远销海外，产生了巨大的商业价值。日本几乎每个市都有吉祥物作为城市的 IP，例如高知县须崎市的"新庄君"，千叶县船桥市"船梨精"。人工智能发展中国城市可以创造虚拟形象，形成城市的 IP，产生

---

① 李景平：《人工智能深度介入文化产业的问题及风险防范》，《深圳大学学报》（人文社会科学版）2019 年第 5 期。

类似熊本熊的巨大的 IP 效应。

四 游戏

现在的游戏追求越来越宏大的世界观,越来越精美、逼真的画面。人工智能帮助设计者设计精美的画面和不同层级的场景,提高制作游戏的效率。一方面,人工智能为游戏生成更多的素材,在游戏中加入 3D 人像、3D 场景、虚拟现实场景,再运用 VR 技术展示,为游戏用户提供逼真的游戏体验。2016 年热门的 PokemonGo 游戏,是对现实中出现的游戏人物进行收集、交换和战斗的游戏,虚拟的游戏人物出现在日常生活的街道,为玩家带来全新的观感,这种交互体验使 PokemonGo 成为 2016 年最流行的游戏。2018 年游戏公司推出的《敦煌 VR》是一款融合了敦煌石窟景观的 VR 游戏,栩栩如生地展示了敦煌的 8 个石窟,游戏玩家可以自行选择石窟观赏,并且配备语音讲解,增加了游戏的体验感和娱乐性。《侠盗飞车》是赛车竞赛游戏,交通规则、游戏场景和现实生活一模一样,但是赛车的速度可以达到普通赛车的 1000 倍。现实生活中无法达到的速度在游戏中可以实现,成为游戏的亮点。另一方面,人工智能作为"导演",控制游戏中 NPC(Non-PlayerCharacter),也就是非玩家角色的行为。人工智能进行角色的自我对抗,形成与玩家游戏水平同一位阶的对抗能力,实现"与对手打平"的纳什均衡,既不会让玩家感到无聊,也不会因为难度太大让玩家放弃游戏。人工智能通过行为决策树的算法让 NPC 的行为更加复杂、逼真,更好地带动玩家的情绪。并且在大型网络游戏中,用蒙特卡洛树搜索算法营造不同的场景顺序,人工智能预测玩家的行动,通过玩家的行为反馈构建不同的蒙特卡洛树,为玩家提供多种不同的游戏玩法和路线,防止单一的玩法和路线削减玩家的游戏体验感和积极性。

五 影视

美国通过好莱坞和迪士尼的电影向世界输送美国的价值观,树立美国"超级英雄"形象。韩国电视剧在亚洲范围内引起轰动,韩国政府在全世界力推"韩流"。日本被称为"动漫王国",是全世界动漫出口的第一大国，日本动漫占国际动漫市场的六成。① 电影、电视剧和动漫更容易形成热门 IP，更广泛地在全国甚至世界范围内传播。热门 IP 扩散式对其他产业产生积极影响，包括电影、电视剧和动漫的衍生品。这些衍生品并不随着电影、电视剧和动漫播放结束而消失，而是"接力式"地焕发出更大的生命力。衍生品是指放映之外一切增加影视产业下游产值的产品，包括音像制品、图书、各类玩具、电子游戏、纪念品、服饰，甚至主题公园。② 20 世纪末热门的日本动漫《灌篮高手》，带动了日本湘南的旅游业发展，这种行为在粉丝之间甚至还有专门用语，被称为"圣地巡礼"。

　　电影和电视剧在人工智能的推动下呈现出积极的新态势。从影视的选角、制作到后期宣传，人工智能发挥积极的推动作用。首先，影视选角。例如，《知否知否应是绿肥红瘦》电视剧的男女主角是通过导演和编剧选定的，但是其余的 100 多位有台词的演员，无法一一由导演选角，此时就借助人工智能选择，甚至一些网络剧的主演也是由人工智能选择出来的，通过算法分析出适合的演员，确保网络剧的点击率。其次，影视制作。人工智能加持影视摄制包括画面、音效、字幕、特效、灯光等基本单元的效果。人工智能进一步完善电影的内容。以电影《花腰新娘》为例，《花腰新娘》取材于彝族，电影中表现出的当地习俗、民族服饰和民族建筑正是借助人工智能技术实现传统文化的再现。③ 最后，人工智能可以作为"导演"，完全自主创作。人工智能"本杰明"仅仅用两天时间就完成《走神》，《走神》是一部黑白科幻电影。

　　影视业与文化产业密不可分，通过对影视剧 IP 效应的分析发现，影视剧中出现的经典场景是对文化旅游营销推广的新方式。例如，2019 年甘肃省出品的动画片《敦煌传奇》，填补了甘肃省原创动画的空白，并且在许多国家播出，获得了良好的口碑。山西乔家大院就是通过电影《大红灯笼高高挂》和电视剧《乔家大院》火起来的，为山西带来数量可观

---

① 刘娅琼：《日本动漫产业有多厉害？》，https：//www.jjl.cn/article/526842.html，2020 年 3 月 25 日。
② 王成军、潘燕、刘芳：《美国电影产业发展对中国文化产业兴起的启示》，《中国软科学》2014 年第 5 期。
③ 徐雄庆：《人工智能时代的影视创作研究》，《传媒论坛》2020 年第 4 期。

的游客。人工智能优化电影的制作过程，电影从宣传、制作到上映可以像流水线一样自动化生产。中西部地区缺少相应的影视业人才，利用人工智能可以弥补这一人才缺口，由人工智能创作出高质量的电影，宣传本地优势文化产业。

第三节　区块链技术对文化产业的影响

根据当前的发展趋势，经济趋向于全球化发展和知识趋向于经济化发展。在国际社会的竞争中，知识产权的重要性逐渐显现。国际贸易中基于知识产权的贸易越发频繁，知识产权的重要性促使各国都加强了对本国知识产权的保护，也进一步促进了涉及知识产权的行业的发展。文化产业中涵盖了众多的知识产权，在创新驱动发展的国家战略中具有重要作用。近年来，随着国家层面大力推进社会主义现代化文化强国建设，同时加强了对知识产权的保护，文化产业出现了新一轮的繁荣发展，国家文化软实力得到提升。另一方面，随着数字网络的不断发展，文化产业的表现形式更为多样化，极大地丰富了人们的生活，同时促进了文化产业的发展和进步。但是，在数字网络时代下，各种知识产权侵权乱象频发，产业链式的侵权及跨境、跨地区的侵权行为经常出现在互联网中，使得文化产业在多样化的发展模式下面临重大难题。而区块链对文化产业的影响，正是通过技术解决或者规避一定的文化产业乱象，促进良好的文化产业生态体系构建。

一　推进文化产业相关法律完善发展

法律的滞后性在新兴科学技术的背景下尤为凸显，与新兴科学技术相关的法律可能尚未规定，或者旧的规定在新技术的影响下出现了争议，在司法实践中无法适应实践的需求。[1] 新兴技术如果没有明确的法律保护，其发展势必受到影响。文化产业之所以乱象层出，知识产权侵权时常发生，最为重要的原因在于法律无法解决因技术原因引发的问题。例

---

[1] 吴志攀:《"互联网+"的兴起与法律的滞后性》，《国家行政学院学报》2015年第3期。

如法律无法保证在网络中形成的各种证据的可信度及真实性，以及权利义务的明确性。应对文化产业中的法律问题，我国的相关法律法规较为完备。但在区块链技术的影响下，为整合技术与法律之间的关系，将会促进相关法律法规的进一步完善。

从权利存证及证据方面来讲，通过区块链系统的文化产品的权利存证保证了被记录信息的真实性，通过区块链形成完整的信息流为司法实践提供具备结论性的证据链。此前，在我国《民事诉讼法》证据的种类中虽然新增了"电子证据"，但在司法实践中对"电子证据"的认定及可采性一直以来都是难点。[①] 在司法实践中就出现实际操作人的不确定性、对司法鉴定的依赖性、原件的不确定性等难以解决的问题。此外，面对数以亿计的庞大数据以及经过技术处理导致证据灭失等难题，可以通过区块链技术搭建起来的信任机制得到有效解决。区块链技术的信任机制为解决"电子证据"可采性及认定提供了证明，全面、真实的记录文化产品的信息，从而保证"电子证据"的真实性。当相关数据成为司法裁判的证据时，区块链对文化产品的过程性数据信息记录，其实就是在强化"电子证据"。更重要是的，在权利归属立证上，区块链防篡改的特性，能够提供的证据脉络、流程及关联性等，相比于纸质证据更清晰、完整，并且更易获取。通过区块链技术解决法律层面对电子证据的信任问题，能够明确对相关法律问题的立法、修法方向，而区块链提供的新的信任机制，也将会促进法治社会的发展，在符合法理的基础上更符合情理。

二　强化文化产业发展的规范性

在文化产业的建设中，将区块链技术引入文化产业，清晰了参与方的文化产品权利与义务，而清晰化的权利义务能够最大限度地避免纠纷的发生。区块链技术将文化产品的价值创造周期中每一个环节的详细信息"上链"，将区块链技术运用到文化产品本身，形成可查询的信息链条，盗版侵权产品将被淘汰。通过区块链技术的更新，对文化产品的信息进行追踪，任何过程性信息均将被留存。随着数字网络的发展，数字

[①] 杨东、潘曌东：《区块链带来金融与法律优化》，《中国金融》2016 年第 8 期。

化的信息传播方式必将占据主流，文化产品的数字化资源将会越来越丰富，文化产品的数字化传播的贸易需要实现被保护的信任，通过贸易行为进入不同的国家和地区后，文化产品能够得到被保护的信任。而这样的信任是建立在对其存在的产业发展的规范性的信任。反过来说，信任关系将会促进其文化产业的规范性发展。在国家贸易与交往过程中，各个国家及地区进行深化合作的基础是互信、共赢，通过区块链构建起来的信任机制更为直观，对强化参与方的互相信任起到帮助，进一步能够推动参与方的文化产业的深化合作，而深化合作就能够上升到整个文化产业的规范化发展层面。首先，通过区块链技术的应用，可以解决文化产业的保护问题，消除在文化产业贸易过程中存在的安全顾虑。其次，通过区块链技术的应用，真实信息的显示只有在经过授权后才能出现，否则仅以乱码形式存在，能够保护国际贸易与合作中文化产业参与者的产业信息不受侵犯，从而在这个层面实现文化产业的规范性。最后，区块链技术的应用之下，不必担心文化产业中文化产品的信息被盗窃与篡改，为文化产业的贸易建立信任基础。区块链安全、隐私、防篡改等特性将会进一步促进文化产业发展的规范性。此外，区块链的溯源体系能够帮助权利人准确追溯侵权发生的过程，更有针对性地打击盗版侵权行为，有效防止文化产业中不规范行为。

三　协调文化产业管理

在产业管理中，良好的产业管理是一个多方因素共同作用的结果。国家的管理、行业的管理、市场的管理等因素共同作用，而技术的出现为我们提供了更为高效的管理模式，强化了这一共同作用的结果。随着我国现代化治国理政水平的提升，国家层面开始推行构建法治政府，提高行政效率，实行简政放权，加大产业自律、行业自律。政府更多的是指导整个行业管理，而整个行业主导其自身的产业管理。通过区块链建立起来的信任机制，形成统一权利认定标准，实现文化产品走出去及引进来都能够得到有效的权利保护，从而形成统一的产业管理模式。

从监管层面来看，传统单一化、集中化的知识产权监管模式将会被区块链去中心化的特性冲击，从而促进新的、高效的、现代化的监管机制的建立。① 行政监管、行业监管、社会监管及自我监管是我国知识产权监管的主要形式,其中行政监管起主要监管作用,② 而以知识产权行政监管部门的行政监管为指导,以行业参与者的自我监管为主导的监管模式才是有效的监管模式。对于市场主体的自我监管的实现,区块链透明化的特性为这种市场监管的实现提供技术支撑。区块链通过提供技术平台,采用分布式账本存储技术来提升监管能力。在具体的实践中,区块链对留存信息的防篡改性,将文化产业中的产品信息、权利信息、管理信息传入区块链中,保证了文化产品的可信赖性。通过区块链对产业信息进行管理,免去了传统管理所需要的纸质备案之类的成本消耗。区块链在文化产业领域的发展,使得文化产业的信息管理更为低成本,信息的防篡改确保了文化产品的真实性得到保障,有效规制文化产业盗版侵权行为,将会提升行政监管的公信力。能够预测的是,区块链在文化产业中的应用,将会直接冲击及淘汰掉盗版行业。此外,因为文化产品经过市场流通,受过市场监管,任何的消费者都可以查询购买的产品在各个环节的信息,提高了对文化产品的信赖度。在文化产业的区块链系统中,文化产业市场主体能够进行互相监督,文化产业行政监管部门作为秩序维护者,指导文化产业市场主体自我监督,进而维护整个文化产业的良好市场秩序。

四 提升文化产业贸易质量

文化产业中的创意及创新是推动高质量文化贸易发展的决定因素,尤其是文化中思想内容的有效供给。③ 对文化产业中创意创新的保护是激发文化产业积极创造的前提。前文所述区块链技术在文化产业的应用,重点就在于解决因为技术原因导致的法律漏洞。例如,因为技术原因无法获得侵权证据、无法确定侵权主体以及有效规制侵权行为,在区块链技术的应用下能够得到调整,实现对创意创新的保护,从而推动贸易质

---

① 李雅文:《区块链:如何填补法律监管"空白"?》,《人民邮电》2019年12月6日。
② 曹新明、曹晓慧:《监管即服务:知识产权市场监管新理念》,《苏州大学学报》(法学版)2016年第2期。
③ 范玉刚:《提升文化贸易质量助力新时代文化"走进去"》,《湖南社会科学》2020年第2期。

量的发展。在国际交流合作过程中，优质的贸易质量是推动发展的重要因素。2019年11月19日，为推动贸易高质量发展，中共中央、国务院发布《关于推进贸易高质量发展的指导意见》，指出："强化科技创新、制度创新、模式和业态创新，以共建为重点，大力优化贸易结构。"从政策上为国际合作交流提升贸易质量提供方向，再基于适宜的政策推动科学技术、管理制度、产业模式和业态的优化升级。通过应用区块链技术，将文化产品的品质、规格、等级、标准等一系列信息"上链"，提升跨国文化贸易的信任度，以真实能够被认可的信息降低贸易预期与实际之间的差距。总之，区块链的信任机制能降低交易中的虚假交易，有效提升文化产业贸易质量。

第十四章

高科技应用背景下西部文化产业的知识产权战略

在改革开放新时代的发展中,日新月异的高科技产业与其他产业的发展呈现出融合发展趋势。而在我国文化产业中文化与技术融合引发的科技创新及文化发展已经成为未来重要发展方向之一。[①] 新兴技术促进了产业融合,产业融合带动创新发展,同时新兴技术的发展又与知识产权之间有着不可分割的密切关系,对实现西部文化产业的知识产权创新、运用、保护、管理、服务具有积极意义。通过技术创新丰富西部文化产业的发展形式,实现西部文化产业的创新发展,企业通过实施知识产权战略以保护知识产权成果,从而保护创新,助力于高科技应用和创新驱动的发展。

正如习近平总书记强调的,"创新是引领发展的第一动力,保护知识产权就是保护创新"。对知识产权的保护是推动创新发展的重要基础,完善知识产权保护制度也是对提高企业竞争力的最大奖励。

如前文所述,高科技在文化产业中的应用具有重要影响,对实现知识产权创新、运用、保护、管理、服务具有积极意义。在高科技应用背景下,西部文化产业需要积极探索高科技对文化企业知识产权创新、管理及保护方面的重要作用,优化企业知识产权战略,完善知识产权保护体系,以助于取得成功发展。

---

① 央广网:《中国文化和科技融合发展的四个方向》,https://baijiahao.baidu.com/s?id=1648689776812587872&wfr=spider&for=pc,2021年4月22日。

第一节　文化产业知识产权创新发展战略

在高科技应用背景下西部文化产业的知识产权创新发展战略应当着重于实现文化资源的创新转化、实现文化资源的高质量发展和丰富文化资源的多种表现形式。在"保护知识产权就是保护创新"的国家战略下，知识产权与创新联系更为紧密，保护西部文化产业的知识产权就是保护创新，从而带动发展。随着高科技与其他各行各业的融合发展，未来技术与文化的融合发展将会是重要发展方向之一。对于西部文化产业的未来发展，走高科技与文化艺术融合发展道路在目前看来是实现其文化产业繁荣发展的重要动力之一。因此，文化企业需要重视高科技所蕴含的增长动力，开展与高科技相关企业的交流合作，积极探索可行的发展道路，实现西部文化产业的创新发展。

一　探索资源到产权的创新转化

对于西部文化产业的发展而言，应用高科技将现有文化资源进行创新转化，以推动其文化产业的发展，提升知识产权权利数量具有促进作用。由此，政府层面需要制定积极的引导政策，西部文化企业需要积极同高科技企业开展合作交流，共同探索现有文化资源运用何种技术手段进行创新转化。

从政府层面视角出发，对西部文化产业政策进行完善，如将政策进行划分为需求型和供给型。[①]"需求型政策"以政府为前提，政府需要建设以高科技为依托的文化产业来推动经济发展时，政府通过采购或者购买方式或者通过贸易管制进行政策调节，通过"需求型政策"来吸引文化产业所需求的高科技引入。"需求型政策"在推动高科技在文化产业创新发展方面具有一定的积极意义，但相较于我国各地区的发展水平来看，想要促进高科技在西部文化产业的应用还需要"供给型政策"的落实。"供给型政策"的优势体现在其积极性上，其主要目的在于对各项资源的

[①] 宋娇娇、孟澂:《上海科技创新政策演变与启示——基于 1978—2018 年 779 份政策文本的分析》,《中国科技论坛》2020 年第 7 期。

引入及整合，如对技术、人才、资本等资源的引入。在西部文化产业中落实供给型政策，在文化产业的技术实现方面，通过技术引进、技术合作、应用研究、技术转化实现技术在西部文化产业中的运用；在人才方面，通过政策激励方式引进人才、进行人才培训、人才交流等方式实现高科技促进西部文化产业创新发展的人才支撑；而在资本方面，加强科研经费投入、加大财政资助力度、鼓励进行创业投资等方面进行支持，以推动高科技在西部文化产业的应用。从技术、人才、资本角度共同发力从而促进文化资源的转化。

在文化资源的转化过程中存在不同的局限性及困境，[①] 在探索文化资源创新转化过程中可通过权利合作方式进行。文化企业与高科技企业进行合作，对实现文化资源创新转化从法律、经济等方面进行评估，评估未来文化资源创新转化后的社会效应、经济价值效益，并确定权利归属及利益分配。在利益分配中，可采取浮动利益分配方式，经济价值效益越高，利益回报越高。通过此种方式促进高科技企业在实现文化资源创新转化上的积极性，对实现文化资源的成功转化具有积极影响。

在高科技应用背景下探索文化资源的创新转化存在一定困难，但对于未来探索具有重要意义，是实现西部地区文化资源有效利用的手段。探索文化资源的创新转化中，需要文化企业对自身所享有的知识产权的合理运用，积极运用知识产权寻求合作交流，才能够实现以知识产权促进企业及文化的创新驱动发展，实现文化资源对国际交流与合作的积极影响。

二 推动高科技促进文化产品创新发展

在高科技应用背景下的文化产品表现形式更为丰富多彩，西部文化企业需要考虑自身文化产品特性进行创新发展。如前文所述，高科技应用对文化产业的影响是多元化的，同时也呈现数字化发展。西部的文化产品转向数字化发展也是发展的重要方向，但并非所有文化产品都适合数字化的发展方向。因此，文化企业需要丰富其所享有知识产权的文化

---

① 章顺磊、叶林：《文化资源向文化产业转化的困境与突围》，《学术探索》2017年第9期。

产品，通过不同的表达进行创造，在丰富文化产品表现形式的同时形成知识产权、形成创新。

当然，在高科技应用背景下形成高科技与文化产品的融合发展是最为重要的，西部文化企业在未来的发展中应当积极探索高科技与文化之间的融合发展道路，将适合于数字化发展方向的文化产品与高科技进行融合发展，从而丰富文化产品的多样表现方式，实现高科技应用丰富文化产品的表达方式，同时推进相应知识产权成果转化，形成知识产权的输出。这也更为符合我国由知识产权引进大国向知识产权创造大国转变的时代背景，运用高科技进行创新发展，丰富西部文化产品的表现形式，从而推动知识产权创新发展，不断提升西部文化产业的竞争力，推动西部文化产业"走出去"，同时实现西部文化产业自身的创新发展，实现文化产业"数字文化"创新发展。

第二节　文化产业知识产权管理战略

知识产权管理是一项复杂的综合管理工作，且管理与技术之间的融合存在不充分情况。[①] 在高科技应用背景下的西部文化产业知识产权管理也需要探索运用技术如何实现知识产权管理工作。

随着高科技在实践中的应用，运用高科技而产生的相关产品也会随之增多。例如前文所论述的区块链技术在文化产业管理中的积极应用，形成一个统一协调系统在未来发展中可行性较大。因此，对于西部文化产业之知识产权管理工作，需要考虑未来高科技应用下的管理模式。

一　完善高科技应用背景下交流合作机制

文化交流与合作是促进发展的基础和桥梁，交流合作理念是巩固发展的基本思想。[②] 在高科技应用背景下西部文化产业的合作交流机制应当

[①] 顾淑婷、韩连任、史晓东：《创新型企业知识产权管理策略研究》，《中国发明与专利》2020年第9期。

[②] 张晓月：《"一带一路"共建中的国际文化传播与交流合作长效机制构建》，《重庆理工大学学报》（社会科学）2020年第10期。

更具有特殊意义，西部地区相较于我国东部沿海地区发展较缓慢，因此深化合作交流是促进发展的必要路径，通过交流才能促进合作，也能够协调区域发展不平衡的现状。[①] 在高科技应用背景下完善现有的合作交流机制，对促进产业间的创新发展也具有重要影响。如促成文化产业与技术产业之间的融合速度及效率、提高知识产权成果转化及知识产权成果流通等方面。

从政府层面来说，在高科技应用背景下，发挥政府的监管作用，积极引入新技术在管理工作上的运用，对文化产业知识产权运行进行管理。从上层重视对高科技在管理上的应用，引入科技人才进行维护技术成果，引进复合型法律服务人才维护知识产权成果。积极开展知识产权的交流合作引导工作，组织大型会议及活动，吸引高科技的企业参与，为开展技术合作、技术引入提供渠道。鼓励文化企业"走出去"，积极寻求合作交流，为及企业发展注入活力及动力。

从企业层面来说，对于企业所拥有的知识产权应当进行积极运用，积极运用知识产权也是提升保护效果的重要方式，通过运用提升企业的知识产权能力，形成企业自身的独特性，在积极寻求交流合作中提升企业知识产权运用能力。此外，运用高科技对企业知识产权管理，进行知识产权风险预防、知识产权价值评价等，高科技促使数字化发展，数字化发展过程中更需注意知识产权的管理及保护，网络传输速度提升、信息飞速流转的时代现状，相关企业必须重视数字化产品的知识产权风险预防，及时进行知识产权价值评价，才能够采取有效方式进行知识产权管理。西部文化产业面对数字化发展的时代背景也需要提前做好战略选择，积极同时代接轨，谋求发展道路，通过促进知识产权成果转化，通过使用、许可、合作等方式促进知识产权权利流转，提升知识产权成果转化率。在运用知识产权的过程中提升西部文化产业的创新发展水平及知识产权管理能力。

---

① 赵传羽、董雪兵、李沛：《习近平区域协调发展重要论述的萌发与升华：从浙江经验到中国实践》，《兰州大学学报》（社会科学版）2021 年第 2 期。

二 完善高科技应用背景下人才培养机制

在高科技应用背景下西部文化产业的知识产权战略中,人才培养是实现长远发展的重要条件。发展高科技需要优秀人才,发展文化产业需要优秀人才,实现高科技与文化艺术的融合更需要优秀的复合型人才,而提升知识产权管理工作需要复合型法律人才。面对西部地区人才不足的现状,[①] 完善人才培养机制才能够为高科技应用背景下西部文化产业的知识产权战略发展提供人才支撑。

积极培养人才与引进优秀人才是人才培养机制的合理选择。构建政府主导的西部地区科技人才开发投入更具现实意义,[②] 政府积极开展对现有人才资源的培训、交流,提升知识产权保护意识,提升科学技术水平。高校作为人才输出的重要来源,政府积极促进企业与高校的合作,才能有效培养复合型优秀人才。此外,政府需要重视技术人才及知识产权法律服务型人才的引进,因为在高科技应用背景下西部文化产业知识产权战略中,实现文化产业的数字化发展需要技术人才支撑,实现对成果的保护需要知识产权法律服务型人才。面对数字化发展方向,完善西部文化产业人才培养及人才引进也是为实现技术引进及技术实现提供支撑。

企业为提升自身发展,也需要积极寻求与其他高科技企业开展合作,共同投资项目研发,促进企业相关人员的参与,在项目研发及实践过程中进行交流学习,无论是从技术学习层面出发及知识产权运用层面出发都将有益于人才的培养。

三 完善高科技应用背景下管理协调机制

在高科技应用背景下西部文化产业的知识产权战略中,需要运用实现高科技对西部文化产业知识产权的管理作用。通过运用高科技构建信任机制,形成合理统一的管理标准,再以知识产权行政监管部门的行政管理为指导,以文化产业参与者的自我管理为主导的管理模式。运用高

---

① 王嘉毅、麦艳航:《西部地区高等教育发展:机遇、挑战与对策》,《中国高教研究》2019 年第 12 期。

② 杨柳:《政府主导的西部地区科技人才开发投入机制研究》,《软科学》2013 年第 8 期。

科技构建大数据库类型的管理系统，是未来高科技发展的可行方向。① 高科技实现了信息的透明化及经济的平台化，在管理协调中就能够把握更多信息进行决定，通过运用高科技对信息进行分析预测，形成智慧的产业管理模式。面对技术发展带来的红利，政府层面需要促进文化产业相关行政部门之间的沟通畅通，构建服务型政府，协调产业间的发展工作。企业完善管理层面沟通机制，运用高科技实现数据可视化，提升管理人员对行业的进一步了解，以便于进行有效沟通。企业加强知识产权管理，能够利用知识产权为企业创造更多的利益，提升管理能力就能够提升更多的效益，② 因此，需要完善管理协调机制。

此外，运用高科技进行资源整合，通过技术合作、信息合作、平台合作进行有效的协调管理工作，打造多元化的知识产权管理协调运行模式，对知识产权管理工作及时进行调整，实现风险管控工作，避免管理能力不足引发不必要的知识产权侵权行为的发生，同时也能够积极应对知识产权侵权行为，提升企业的应诉能力。在高科技应用背景下构建西部文化产业知识产权的管理模式是西部文化产业在应对时代发展的重要思考，面对未来发展的可能性，在高科技应用背景下的协调管理模式有助于促进更高效的知识产权运营及管理。

第三节　文化产业知识产权保护战略

在知识产权的保护中，积极对知识产权的应用是提升保护效果的重要手段，通过运用知识产权提升知识产权使用、分配、创新的能力是重要的。③ 此外，通过司法程序防止知识产权侵权是保护知识产权最终手段。从知识产权战略出发考虑，首先就是构建知识产权风险预防机制，以防止侵权行为的发生及应对被侵权行为的能力。其次就是构建知识产权保护机制，从预防到应对进行考虑。在高科技应用背景下西部文化产

---

① 曹新明、曹晓慧：《监管即服务：知识产权市场监管新理念》，《苏州大学学报》（法学版）2016 年第 2 期。
② 王敏：《高新技术企业的知识产权管理探析》，《华东科技》2016 年第 3 期。
③ 黄国群：《战略知识产权管理内涵及实施体系研究》，《中国科技论坛》2012 年第 8 期。

业的知识产权保护也需要从预防和应对方面进行考虑,在高科技应用背景下构建数字化保护手段,并且数字化保护方式在实践中已经在运行。[①]面对高科技发展带来的技术保护手段,西部文化产业知识产权保护中积极引入相关有益技术是必要的。政府积极对相关知识产权行政工作进行改革,引入高科技进行管理,为文化产业在进行知识产权管理提供便利服务。

一 完善高科技应用背景下知识产权风险预警机制

在高科技应用背景下建立有效的知识产权风险预警机制,是实现知识产权保护的重要手段。在高科技应用背景下,利用高科技通过合法手段获取收集竞争的相关情报,同时掌握知识产权相关风险,了解同领域内的知识产权保护情况及技术发展水平,确定可行的研究方向、避免重复研究及避免侵权行为发生。对于西部文化产业知识产权发展来说,如能够运用高科技来把握文化产业发展方向及社会需求,就能够更早做出发展决策部署,同时构建知识产权风险预警机制来促进竞争优势。信息要素的快速流通,促进企业对相关知识产权法律问题进行快速应对,形成有效的预警机制,在被动应诉方面利用在高科技运行过程中形成的真实、合法、有效的证据来进行抗辩从而转向主动防御。

高科技应用背景下西部文化产业的知识产权风险预警机制中,文化产业需要深入了解风险的分析方式、对风险的应对流程等方面。[②] 促进在西部文化产业在"走出去"的过程中的知识产权风险反应速度,同时也要提升企业对知识产权风险的承受能力,从而完善高科技应用背景下西部文化产业的知识产权风险预警机制。

二 完善高科技应用背景下知识产权保护机制

如前文所论述的高科技在文化产业中的应用及所产生的影响能够得出高科技在文化产业发展中的积极作用,对于高科技应用背景下的西部

[①] 张颖:《区块链技术驱动下的著作权登记制度变革》,《图书馆论坛》2019 年第 12 期。
[②] 刘介明、陈旭:《企业海外经营中的知识产权风险防控能力研究》,《知识产权》2017 年第 7 期。

文化产业知识产权保护的考虑基本上是一致的。随着高科技的发展，对西部文化产业的知识产权保护也是实现技术落地的重要层面。落实高科技在西部文化产业中的创新、消费、管理作用，提升对文化生产及营销的影响。此外，实现西部文化产业领域中的数字产权登记及保护上的积极作用。通过保护知识产权，从而保护创新，促进西部文化产业的多元化、数字化发展。

从政府层面考虑，积极引入对知识产权能够产生有效保护的高科技，开展技术合作、交流，落实高科技在文化产业中的具体应用，同时建立对高科技具体的保障措施，以保障高科技在西部文化产业知识产权保护中的长远发展。同时对新兴高科技的保护方式开展宣传，提升公众对高科技的认知程度及认可程度。从企业层面考虑，积极运用高科技对知识产权进行保护，提前对相关知识产权进行布局，及时调整高科技应用下的知识产权运用策略，形成完整的保护机制。[①]

对于完善高科技应用背景下西部文化产业的知识产权保护，就需要将视角放在如何将新兴技术落在西部文化产业知识产权保护上。在国家重视知识产权保护的时代背景下，探索知识产权保护方式、手段是未来的重要方向，高科技应用背景下的知识产权保护必定是重要实践方向之一。因此，在探索西部文化产业知识产权保护机制中，积极引入高科技的应用具有前瞻性的意义。

---

① 邱润根、邱琳：《论"一带一路"倡议下的知识产权保护机制问题》，《陕西师范大学学报》（哲学社会科学版）2019 年第 2 期。

第十五章

未来与展望：文化产业的发展与高科技

第一节　高科技与文化产业融合的发展方向

随着5G、人工智能、区块链等高科技的发展，"技术＋产业"将会实现技术与产业的共同发展。根据技术的一般发展过程，可分为技术出现、技术本身发展、技术应用及技术的不断更新，而技术应用与更新则是动态发展的过程，应用更新与更新应用。在这个过程中，技术优化发展将会降低技术成本从而不断普及。如同汽车、互联网技术与电脑、移动通信技术与手机等发明等，随着技术的发展与经济水平的提升更为大众化。手机越变越智能，电脑越变越轻薄，性能越变越强大，预示着在技术更新换代快速的这个时代，抢占技术发展的先导席位的重要性。高科技与文化产业的融合将会丰富文化产业的体验模式，推动文化主体的多样化、文化产品的多样化与个性化、文化产业的数字化等方面的变化。技术与产业融合，直接的优势就在于丰富了产业的发展模式及道路，而基于产业背后的消费群体所产生的巨大经济驱动，从侧面反映出高科技与产业融合服务于人类生活才是长远发展的根本之道。通过高科技的发展推进文化产业的发展，再实现文化产业中高科技的应用发展，高科技与文化产业的融合在未来将会有更大的发展空间。

一　提升文化产品的体验感

高科技应用引发文化产业与高科技融合下的数字技术创新，进一步推动数字化的文化产业发展,对影视娱乐媒体行业、游戏行业、传统文化等方面产生重大影响。高科技具有较为广泛的应用空间及强有力的支撑力量,将推动文化产业的创新发展。[1] 高科技的发展化解了文化产业数字化发展数据传输速度受限的困难,提升数据传输的速度与稳定性,实现高质量与高速度并存。数据信息的高质量与高速度传输为提升文化产品体验提供了支撑,实现数据信息的实时传输,避免数据传输的卡顿与延迟,从而获得稳定的体验效果。

就目前高科技在文化产业的初步发展来看,未来文化产业的体验模式将会直接增强消费群体的消费体验。例如,视频的观看从二维转向三维的多维度体验,网络游戏趋向更真实化的体验。与以往的体验模式相比较,在高科技的影响下,文化产业的体验模式除了产生较强的视觉冲击,感官上的体验也直接得到提升,这种沉浸式的体验感更真实、更完美,例如通过5G、VR、AR、人工智能等技术的结合使用户获得更真实的参与感,把用户置身于场景之中,无论是在游戏场景、旅游景点场景、电影电视场景、直播场景中,实现用户与场景互动的沉浸式体验。此外,利用高科技实现文化产品的智能化发展,实现物与物之间的"对话"。智能化发展使得用户能够获得极致体验,人性化设计与功能的实现提升消费群体的满足感与幸福感。

二 提升文化的传播速度及扩大文化产业的发展方向

高科技的创新发展推动全球文化共生传播,[2] 数据信息交流的时间跨度与空间跨度的传输速度显著提升。以数据信息为载体的数字化文化产业的发展方向凭借高科技,将加速文化的传播速度,文化交流空间上的阻碍将会被化解,有利于扩大我国文化产业的全球市场。基于5G、人工智能、区块链等高科技,文化产业在交流传播过程中保证了传播速度及传播安全,这对实现我国文化"走出去"与全球文化繁荣将会更为有益。

---

[1] 朱静雯、郑琪、方爱华:《5G背景下文化产业的创新发展探析》,《出版广角》2020年第6期。

[2] 童清艳、刘璐:《网络与数字传播:增强中华文化全球影响力的有效途径》,《现代传播》(中国传媒大学学报)2019年第6期。

在未来，通过应用高科技与文化产业完美结合，实现文化产业发展方向的扩大化，体现在通过高科技的应用，使文化产品的表现形式丰富多彩。通过不同的方式，实现不相同的呈现方式。例如利用技术推出 VR 旅游、人工智能旅游讲解员、智慧地图、智慧城市等不同的发展渠道及方向，丰富文化产品的体验方式。此外，通过高科技对文化产业的市场发展方向进行分析，制定精准的发展策略，将会提高文化产品发展方向的正确性，更准确的营销策略将更为符合消费者需求，从而提升其消费体验感。

目前，高科技已经实现"高科技+文化产业"的创新发展，更多的创意产品被推出。例如，故宫博物院与华为公司联手打造的"5G 智慧故宫"项目，开启 VR、AR、AI 等最新技术在博物馆的应用研究，通过数字化形式为参观者提供更优质的体验；甘肃敦煌景区打造的人工智能敦煌小冰，数字敦煌、大型沉浸式旅游演艺项目《极乐敦煌》、敦煌秘境 VR 等，让敦煌莫高窟的艺术"活"起来，再现飞天场景，实现现实和虚拟的结合；利用人工智能虚拟复原圆明园，再现中国古代建筑和古代艺术品的辉煌时代，填补了圆明园的历史空白，让全世界欣赏到中国的灿烂文化；中国文物局利用 3D 技术展示西安兵马俑，大屏幕上精准再现宏伟画面；华为 AR 地图虚拟高清 257 窟，让《鹿王本生图》再次展现在公众的面前；《国家宝藏》利用 3D 全息投影技术全方位的展示文物等一系列高科技与文化产业的结合扩宽了文化产业的发展方向。在未来的发展中，"高科技+文化"必定是重点的发展方向，推动文化产业发展的繁荣。

三 传统文化的传承与保护

2019 年，中国成为世界上拥有非物质文化遗产最多的国家。国家积极倡导保护非物质文化遗产，并且投入大量的财力。日后非物质文化遗产申请数量还会不断增加，对非物质文化遗产的保护提出了更高的要求。以高科技为依托，传统文化的传承与保护将会是未来主要的方向。利用建模和虚拟仿真技术，通过输入的数据，建立数字模型，3D 成像形成虚拟实物，为非物质文化遗产提供有效的数字化保存方式。随着文化旅游景点的不断开发，各方面的因素导致文化旅游景点的文化遗产不易于保护。高科技的引入，帮助打造数字化的文化遗产资源，在文化传承与保护上起到作用，实现灿烂文化的"永留存"。例如，利用高科技虚拟复原圆明园，再现中国古建筑和古代艺术品的辉煌时代，实现对已经被破坏的文化遗迹进行数字化虚拟复原，解决文化传承"断链"、灭失等问题。再如，对敦煌景区壁画以虚拟数字技术全方位呈现，实现数字化参观，降低因为环境因素导致的壁画毁坏风险。从上述两个举例中可看出，高科技为文化遗产提供了创新、可持续性的发展与保护手段。第一，利用建模和虚拟仿真技术，通过输入的数据建立数字模型，3D成像形成虚拟实物，为文化遗产提供有效的数字化保存方式。第二，语言、图像识别技术成为文化遗产的检索方式之一。通过关键点识别出文化遗产的种类，提高利用率，加快文化遗产的开发程度，形成相关产业。第三，人机交互技术增加了日常生活中与文化遗产接触、互动的可能性，作为文化资源进一步开发利用，加强文化遗产的"活态化"，通过高科技建立文化遗产数据库，承接文化传承。

四 推动文化产业数字版权发展

高科技的创新发展，推动文化产业数字化发展。数字版权的保护、高科技生产出的数字作品的保护成为著作权制度的探讨热点。在数字版权的发展过程中，公共领域内的资源经过技术处理，转变成需要支付费用的数字版权资源，其付费的标准与其他版权作品相差不大，形成了将公有领域内的资源转变成私有领域的数字版权资源。[①] 此外，人工智能创造物越来越多地充斥于各个领域，并且基本都落在著作权的保护范围，对现有著作权法提出挑战。在数字化发展时代，利用高科技实现并完善数字版权的保护路径，兼平衡版权的私人利益与公共利益。在未来的发展中，创新并实现数字版权登记模式、数字版权溯源能力、数字版权监管能力等方面的提升，平衡私权益与公权益、版权人与出版商之间的利益，防止因技术原因引发的各方权益受损。[②] 利用高科技实现数字版权的发展可从以下几个方面进行：第一，5G技术加速数字版权流通。当5G网络逐渐普及后，实现更高质量的数据传输，提升传输速度与质量，解

[①] 程丽：《如何让数字版权资源"活"起来》，《中国新闻出版广电报》2020年5月7日。
[②] 王伟琪：《基于区块链技术的数字版权交易研究》，《出版广角》2020年第3期。

决网络延迟与卡顿问题。完美的体验将会促进消费者产生更多使用版权作品的行为，在使用的过程中促进数字版权的传播。第二，人工智能提供高质量服务。技术的创新发展提升了机器的人性化服务水平，通过智能化平台、智能化终端、智能化服务等方面为用户提供更智能、更舒适、更便捷、更有效、更优质的数字版权服务。第三，区块链技术提供更安全的保障。在未来的发展中，运用区块链技术实现数字版权的透明化、去中心化、安全化，防止数字版权在传播过程中的侵权问题，实现权利义务的清晰化。利用高科技保障享有数字版权的作品在服务的提供中获得更中肯、满意的认可，从而推动文化产业数字版权的发展。

第二节　法治的思考：挑战与变革

推进中国特色社会主义法治建设，构建有效治理模式对推进法治社会的构建具有积极意义。面对共治格局构建政府、市场、社群共治的治理秩序，需要实现三者的均衡协调发展，从而增强市场的竞争、社会自治效果、政府监管能力，形成有效的社会治理模式。[1] 科学技术在不断变革与发展中取得重要进步，在科学技术进步的同时，国家层面也在不断探索高科技如何更好地融入国家治理，使高科技更好地服务于法治，利用高科技提高办事效率、节约社会资源、便于群众参与社会治理。[2] 科学技术的发展创新了国家治理手段，政府全面深化改革简政放权，以便于更好地激发市场活力、发展动力及社会创造力，建设人民满意的政府。技术发展推进治国理政的现代化。从互联网法院的发展来看，通过互联网进行远程庭审、在线调解，建设智慧法院，节约司法资源，使得诉讼活动更为便利，体现出科学技术的发展对法治社会发展的积极意义。正是基于技术的发展，通过网络解决现实问题，节约了纠纷成本的同时提高了纠纷解决的效率。随着高科技的发展、国家治理水平的提升、改革的不断深化，技术将更好地服务于法治社会的构建。

---

[1] 杜辉：《面向共治格局的法治形态及其展开》，《法学研究》2019年第4期。
[2] 王伟：《信息化让互联网法院领跑法治时代》，《民法院报》2020年3月21日。

一　5G 技术对相关法律的影响

5G 对推进科技进步可谓是最为重要的一环,依托于 5G 的高速传输才能确保科技运行的正常化,像近年来兴起的构建"智慧城市"的 5G 宣传片,在整个"智慧城市"的运行过程中,是一个异常复杂的运算系统,同时也是一个庞大的数据信息系统,需要依靠高速的传输网络,实现实时传输才能保证"智慧城市"运行的正常化。5G 对法治社会的构建有着非常广泛的应用之地,在社会治安管理、反恐监控、智慧法院、智慧城市、社会监管等方面的应用,推动相关领域法律的产生及变革,对应 5G 技术的发展都具有重大影响。5G 支撑的新兴技术最大的优势在于能够实现远程对话的实时进行,无卡顿、无延迟提高执行的精密度,同时在利用其他高科技对复杂的数据进行运算简化复杂关系,从某种层面上将会推进国家治理体系的现代化发展。① 5G 在构建法治社会方面,将会是推进现代化国家治理体系的基础技术,实现与其他技术融合,共同推进法治社会的发展。

二　人工智能背景下法治的思考

与 5G 技术相比较,人工智能技术同样在推动国家治理体系的现代化构建中具有重要作用。法治社会的构建作为上层建筑必定会受到科学技术等经济基础变化的影响,人工智能技术为法治社会的构建提供新的技术支撑,对社会各方面舆论的治理都具有积极意义,在加强国家对意识形态的有效领导的同时,也有效地稳定社会环境,实现治国理政的智慧化、智能化、理性化、现代化、高效化。② 人工智能在未来的发展中能够促进智慧法治的构建,而智慧法治的建设体现了现代化的国家治理体系与治理能力,加强了法治的供给与效能,实现国家的信息化、智能化、现代化的发展,中国特色社会主义法治建设需要把握好智慧法治建设的

---

① 季卫东:《5G 对社会与法治的影响》,《探索与争鸣》2019 年第 9 期。
② 张爱军:《人工智能:国家治理的契机、挑战与应对》,《哈尔滨工业大学学报》(社会科学版)2020 年第 1 期。

发展方向。① 智慧法治更是国家治理能力现代化的重要体现,通过整合高科技,构建国家治理的新路径,使高科技有效助力于国家治理,推进现代化法治社会的构建。② 在法治社会的构建过程中,有效利用人工智能技术整合国家资源,实现更优质的治理,产生更积极的效应。通过对算法的优化,更准确地进行信息管理,不同算法之间加入不同的考虑因素,实现合理差别运算结果。利用人工智能更为理性化的计算思维,再加入人性化的考虑因素,平衡价值冲突,推进现代化法治构建。

三 区块链技术与法治结合的展望

在高科技中,区块链技术对法治的发展可谓是更具独特意义,利用区块链技术构建新的信任机制对法治形态的影响是重大的,能够改变国家治理结构中的法治形态,丰富国家治理的法治规制,区块链技术的发展是实现与法治社会的深度融合。③ 区块链技术的优势就在于其能够化解因技术手段导致的法律问题,而这些法律问题产生的根本性原因就在于基础信任关系,通过技术手段构建信任机制是其发展的重要方向。在深化技术与实践的融合过程中,形成系统化的辅助机制,解决构建法治社会过程中的问题。例如,充分利用区块链技术去中心化、可追溯、防篡改、安全的特性实现对法律法规不足之地的补充作用,通过区块链技术解决法律层面的信任问题,能够明确对相关法律问题的立法、修法方向,从而促进法治社会的发展。此外,构建区块链技术完善的标准体系是实现区块链技术落地、长远发展的基础要求。在完善的标准体系下,进行区块链技术与其他科技的结合应用,实现社会治理、社会服务的现代化发展。在推进区块链技术的发展过程中,促进区块链技术的进一步应用与转化,服务于国家治理,丰富国家治理体系与提升国家治理能力。

四 回顾与反思

利用5G技术实现实时传输,利用人工智能实现智能化发展,利用区

---

① 雷磊:《中国特色社会主义智慧法治建设论纲》,《中共中央党校(国家行政学院)学报》2020年第1期。
② 彭中礼:《智慧法治:国家治理能力现代化的时代宣言》,《法学论坛》2020年第3期。
③ 樊沛鑫:《区块链技术的应用与法治发展》,《人民法院报》2020年3月5日。

块链技术构建信任。高科技在不同层面的应用对促进法治的发展都具有重要的积极意义。高科技的应用对提升国家治理能力的积极作用是直观的，同时还需要考虑高科技将会产生不利于社会发展的一面，较为直接的不利影响就是将会产生隐私危机、道德风险。早在2007年日本就起草了《下一代机器人安全问题指引方针》，[①] 禁止机器对人类造成损害，成为超时代的伦理指导方案。2019年美国出台了《人工智能原则：国防部人工智能应用伦理的若干建议》。[②] 欧盟创建了欧盟范围内的人工智能伦理观察中心，建立可信人工智能的发展路径，在人工智能的程序中植入伦理标准，对人工智能进行伦理、道德风险评估。在未来的发展过程中还需不断重视此方面的问题。

此外，在大数据时代，全球用户的数据已经积累巨大的体量，根据用户登录上传的健康信息、财产状况、教育程度等信息可以定位到具体的个人。高科技对隐私、信息和数据的侵犯是与生俱来的。人像识别技术、语音识别技术、图像识别技术、超高速度的信息传输、信息存储等为生活提供巨大便利的技术，对隐私的侵犯是更直接的。识别技术不是通过文件提取信息，而是直接通过用户的表情、声音、文字和行为侵犯人类的隐私空间。但是为了获得便利生活，用户不得不出让更多的隐私空间。一旦这些信息和数据泄露，将会引起巨大的社会风险。面对高科技对数据和隐私侵犯的直接性和巨大的泄露风险，必须建立起安全防范机制，防止恶意的窃取隐私。加强对数据公司的监管，公司必须对数据收集、使用、管理过程公开透明化，保证良好的数据运行环境。同时拓展用户的自主权利，明确用户的选择权和知情权。在技术上，设置敏感信息处理机制，对于隐私匿名化处理。最重要的是建立健全法律机制，大数据、云计算、物联网等技术的应用都存在侵犯用户隐私的可能性。将来这些技术会广泛地应用于社会生活。需要对此类高科技建立一套完善的规制机制，明确权利边界和权力边界。平衡高科技应用所产生的积极影响与消极影响之间的关系，规避个人信息的隐私危机，实现真正的

---

① 杨宁、鄢云：《机器人：救世主还是终结者？》，《人民日报海外版》2010年8月25日。
② 新华社：《美国防创新委员会发布军用人工智能伦理原则》，http：//www.xinhuanet.com/2019 - 11/01/c_ 1125183390. htm，2020年4月22日。

利民、便民的良好现代化法治体系。

　　高科技的迅猛发展使技术广泛应用于社会生活，过度依赖高科技将会弱化社会文化的意识形态功能，弱化情感表达及创造力。[①] 因此，在高科技的发展及应用过程中，需要重视社会效益、重视人们的情感表达、重视社会意识形态。高科技为我们带来了便利，加速信息化传递节奏，也需要防止在信息高速传输背后引发的价值混乱，需要解决爆炸式信息增长带来的社会恐慌感及迷茫感，构建现代化的法治社会的同时，实现人们幸福感、满足感、认同感的同步增长，实现国泰民安的美好社会愿景。

第三节　高科技的应用与文化产业的知识产权

　　随着文化产业与高科技的发展，现代社会越发趋向资源整合的发展方向，通过将不同产业、技术、文化之间的资源进行整合，从不同层面进行更新换代。简言之，通过高科技文化产业之间的整合，在未来的发展上，文化产品所涵盖的知识产权将会更为丰富化，文化产品在创造过程中权利会愈发复杂。譬如说，单个文化产品可能会覆盖版权、商标权、专利权等不同类型的权利内容。文化产品所附带的权利随着科学技术的发展，在实现的过程中也愈发多样化。高科技应用所产生文化产业的创新福利已经逐渐显现，技术支撑同样推进了文化产业中文化产品的现代化发展，丰富多彩的文化产品相应而生，具备科技化、数字化的现代化特点。目前，高科技的应用还处于发展初期，随着资源整合的深化，技术进一步优化，文化产业趋向现代化发展也将更为明显。此外，在趋向现代化发展过程中，文化融合也是必然的发展趋势。高科技加速了文化的全球传播，在实现优秀文化"走出去"与"引进来"的过程中，无论是在本国领域的交流传播，还是在全球范围内的交流传播，这种文化融合将会展现的更突出。文化融合为文化创新注入持续的活动，新兴技术的融合则为文化创新提供动力，推动现代化社会的文化发展，以及文化

　　[①] 李景平：《人工智能深度介入文化产业的问题及风险防范》，《深圳大学学报》（人文社会科学版）2019 年第 5 期。

自身的多样化及丰富化。

　　高科技的应用，使传统文化的表现形式更为现代化，使新兴文化更为科技化，技术与产业的资源整合发展展现了文化产业现代化发展的优势。高科技丰富文化产业的发展路径，资源整合的过程中伴随着资源本身附带权利的整合。文化产业的发展就是为了更好地服务于社会，技术激发了文化产业新一轮创造积极性，所产生的社会红利促进了文化产业、文化及技术本身的发展，为了保护科技与产业资源整合发展所带来的动力，加强高科技与文化产业的知识产权保护，平衡资源整合不同权利内容之间的冲突及资源附带权利之间的关系，实现文化产业成果的普及化，是未来发展的重要方向。

一　文化产业知识产权的强化与保护

　　高科技发展实现技术与文化之间的资源整合，数字化的网络环境下，创新环境趋向开放式发展，文化产业知识产权保护趋向复杂化方向发展。[①] 强化对文化产业知识产权的保护，为发展提供保障是实现发展的基础保障。对于如何实现文化产业知识产权的强化与保护，高科技在技术层面同样提供了新的路径。譬如利用5G、人工智能实现对文化产业知识产权信息的分析及监管，实时有效的监管，对打击利用知识产权进行违法犯罪活动具有重要意义，从监管层面强化了文化产业的知识产权保护。在未来的发展中，可以利用区块链技术实现文化产业的权利保护，将不同技术之间的优势有效整合，实现强化与保护。[②] 技术与文化产业之间的资源整合及其融合发展之外，进行技术与文化产业之间的应用，具有实现良好保护的可能性。从技术层面强化文化产业的知识产权保护是应对技术更新所带来的问题与新保护路径。另一方面，对于保护文化产业中的知识产权还需要从法律层面进行调整强化保护。譬如针对高科技与文化产业融合之后产生的人工智能著作物，面对新兴产物需要调整法律如

---

　　① 乔瑜:《"互联网+"下文化产业集群发展中的知识产权问题探析》，《文化学刊》2019年第9期。
　　② 刘斌斌、罗宽序:《论"一带一路"建设中区块链技术在文化产业中的应用和影响》，《社科纵横》2020年第2期。

何对其进行保护与规制。此外，将文化资源进行数字化转化方面，原本公共资源的转化、私有领域资源的转化，通过技术手段转化本身如何进行调整，公共资源的公共属性，经过技术转化之后对受众原本享有的公共文化资源是否存在侵犯也需要由法律做进一步调整，实现有效的平衡模式。

文化产业知识产权的强化与保护在发展文化产业的过程中是必需的，同时也需要看到，在实现文化产业知识产权强化保护也不得过度保护，需要充分考虑文化产业所涉及的公共属性，避免过度保护产生对公共传播的不利影响，同时避免对文化产业发展产生反作用。合理的强化文化产业知识产权保护，对文化产业知识产权本身的发展具有重要意义。随着科学技术、社会经济的发展及不同形式的改变，在发展过程中必然会面临新问题及情况，解决新问题的方式也需要随着发展不断创新，从而才能更好地加强文化产业知识产权保护，激励创新发展。①

二 高科技对文化产业知识产权的创新促进

如前文所述，通过将文化产业与高科技进行资源整合，推动文化产业发展的现代化。高科技促使社会生产方式与生活方式产生变革，文化产业随着技术发展获得自身的新发展、迎接新挑战。在技术的影响下，智能化、个性化、人性化、情景化、国际化的文化产品与服务逐渐成为主流，② 文化产品与文化服务的发展实现了文化产业知识产权的创新发展。此外，数字经济的发展促进了文化产业的转型发展，高科技逐步实现从消费端向生产端发展，实现了文化产业创造的新业态及新模式。③ 可见，高科技的发展正在实现和进行新一轮的文化产业知识产权创新发展。知识产权的两端包含创新及市场，保护知识产权就是实现对创新的保护。④ 对于创新而言，高科技本身就代表着创新，创新技术应用于文化产

---

① 姚建军：《加强知识产权保护不断激励创新发展》，《人民法院报》2020年4月28日。
② 吴承忠：《5G智能时代的文化产业创新》，《深圳大学学报》（人文社会科学版）2019年第4期。
③ 范周：《数字经济变革中的文化产业创新与发展》，《深圳大学学报》（人文社会科学版）2020年第1期。
④ 赵强：《保护知识产权就是保护创新》，《深圳特区报》2020年4月22日。

业伴随着同样是文化产业中文化产品的创新，新颖的文化产品则能够引起市场的反应。积极的创新与良好的市场反应共同作用文化产业知识产权的创新发展。高科技自身的创新对推动文化产业知识产权创新产生积极影响。当然，技术创新对促进文化创新是重要方面。另一方面，文化本身的创新也是实现文化产业知识产权高质量创新的重要一环。在未来发展过程中，充分把握高科技对文化产业所产生的创新红利与文化自身创新发展之间的积极因素，实现文化产业知识产权创新的多元化、丰富化、现代化发展。

三 高科技应用对文化产业知识产权战略的影响

从国家知识产权战略看，高科技的应用将会对文化产业知识产权战略从推进制度完善、促进创造应用、加强知识产权保护、防止知识产权滥用、培育知识产权文化等方面产生影响。[1] 其一，从高科技发展本身来看，高科技作为新兴技术发展需要知识产权制度的回应，需要构建新技术保护机制，及时完善知识产权制度对高科技将会产生的问题进行回应，可以是对高科技本身的问题回应，也可以是高科技应用后对文化产业所产生的问题的回应，[2] 及时修订知识产权相关法律法规，同时要完善知识产权执法和管理制度。在高科技的应用之下，新兴的执法方式与管理制度将会随之出现，对深化文化产业的知识产权行政管理体制的改革具有重要影响，高科技对推动行政管理的进一步优化升级起到促进作用。其二，在促进文化产业创造应用中，高科技所带动的文化产业知识产权创新可以说是对传统文化产业知识产权的全面升级，推动文化产业知识产权向现代化发展。如前文提及，高科技本身所代表的就是创新，通过应用将会带动文化产业的创造性应用。比如说数字化呈现、数字化交互形式的文化交流传播等方面的应用，都具有良好的创造应用意义。其三，在加强文化产业知识产权保护方面。高科技作为工具对实现因为技术原

---

[1] 《国家知识产权战略纲要》，http://www.sipo.gov.cn/ztzl/gjzscqzlgybbssszn/szngyjs/1124905.htm，2019年5月12日。

[2] 李玲娟、许洪彬：《美、日、韩知识产权战略的调整与走向》，《湖南大学学报》（社会科学版）2020年第1期。

因产生的法律漏洞的规制具有良好作用,即通过技术进行数据监控与信息溯源,再通过相关法律法规的回应,加大文化产业知识产权侵权惩处力度,提高权利人维权意识和维权能力。通过技术手段降低维权成本,提高侵权的惩罚,有效防止侵权行为。其四,在防止文化产业知识产权滥用方面。应用高科技实现技术对数据信息量化处理,再通过对相关法律法规的调整,合理界定知识产权权利边界,维护文化产业市场公平竞争秩序及广大公众的合法权益。其五,高科技的发展为推动文化产业知识产权宣传提供动力。高速化的信息传播为广泛开展文化产业的知识产权教育提供支持,弘扬正确价值观,提升全社会的知识产权意识。

高科技在文化产业中的应用,对文化产业知识产权战略的影响是直接的。如何利用高科技服务文化产业建设,制定有效的知识产权保护战略才是推动文化产业发展的重要方向。而在实现文化产业发展的现代化过程中,无论是对文化产业相关知识产权制度的更新,还是对文化产业发展过程中的应用、保护、创新,高科技的影响将会逐渐扩大。充分利用高科技,实现文化产业的现代化繁荣发展,同时构建文化产业知识产权发展的良好生态体系,从而实现高科技的应用对文化产业知识产权战略的积极影响,也是未来重要的发展方向,最大化高科技所带来的发展红利,最小化高科技所产生的不利影响,最终推动文化产业的现代化发展与繁荣。

结　　语

一　近年来我国文化产业的提升、取得的成果

文化产业的发展，在服务于我国民众日益增长的文化需求的同时，为各个国家民众之间的相互了解提供了平台，文化认同是民心相同的基础。2013年以来，我国文化产业从广度和深度等多方面取得了长远发展，文化产业从经济价值、文化产业从业人员、文化产品数量等多方面取得了提升。

2013年，全国艺术表演机构8180个，从业人员260865人，总收入280亿元，其中演出收入82亿元；2018年，机构数17123个，增加一倍多，从业人员416374人，新增就业岗位15万多，总收入366亿元，其中演出收入152亿元，总收入增加86亿元，演出收入增加70亿元。[①] 近年来，我国艺术表演的主要收入增加来源于直接关乎文化的演出收入，占比超过80%。

图书是传统的文化传播媒介，是文化产业发展的重要基础力量。我国人均公共图书馆资源从2013年人均公共图书馆建筑面积85.1㎡增长至2018年的114.4㎡，增长34.4%；人均图书拥有量从2013年的0.55册增长至2018年的0.74册，增长34.5%。图书流通人数从2013年的4.9亿人次增长至2018年的8.2亿人次，增长67.3%。文化机构数从2013年的7737个增长至2018年的10160个，增长31.3%。文化机构服务人数从2013年的9.5亿增长至2018年的15.2亿人次，增长60%。[②]

[①] 数据来源：国家统计局网站《中华人民共和国文化和旅游部2018年文化和旅游发展统计公报》。

[②] 数据来源：国家统计局网站《中华人民共和国文化和旅游部2018年文化和旅游发展统计公报》。

我国文化产业国内发展呈现出数量与质量的同步发展，部分文化产业出口则整体上呈现数量的相对降低与质量的整体提升。数字化＋互联网已经逐渐成为文化产业创新发展的新方向，部分传统文化产业依靠"数字化"＋"互联网"在创新中完成转型发展，重新获得文化市场认可。如电视节目出口量（时）从2012年的37573小时降低至2013年的21270小时，后缓慢增长，但出口电视节目平均额度从2012年至2016年增长超过1倍，电视节目出口整体质量提升，单价提高。音像、电子出版物出口数量从2013年的34136张（盒）降至2018年的12354张（盒），出口金额从2013年的122.43万美元增长至2018年的212.20万美元。①

文化产业以文化传承创新为核心，我国文化产业进入加速发展时期，在文化产品的数量及消费的人群均在快速增加的同时，文化产品、文化服务的质量迅速提高，高质量文化产品逐年增多。文化产业产值提升，文化产品质量增高的基础是文化产业背后的"文化价值"的合理挖掘，文化价值的高低以及文化认同程度的高低，直接体现在文化产品的经济效益上。符合时代价值和中华民族优秀文化价值导向的文化产品更受文化消费市场欢迎。近年来，涌现出的一批传承了中华民族优秀传统文化的高质量文化产品，在服务社会文化需求的同时，提升、巩固了文化自信，增加了和其他国家文化的交流，提升了其他国家对我国优秀文化的认同，为我国的进一步对外开放提供了民心相通基础。

二 改革开放以来，我国知识产权取得的成就

改革开放之初，我国大部分法学研究人员对知识产权的认知极为有限，1985年专利授权国内国外合计仅138件，其中国内授权量111件。截至2019年，我国社会公众对于知识产权的认知已经具有一定的高度，社会整体知识产权意识明显提高，2019年我国专利国内国际授权总数量2591607件，其中国内授权量2474406件，② 已连续多年位于世界首位，图1和图2为我国专利申请量和授权量统计，其中，图1为1985—2000

---

① 数据来源：国家统计局网站、中国统计年鉴2019。
② 数据来源：国际知识产权局网站、专利统计年报。

年我国专利申请量与授权量统计图，图 2 为 2001—2019 年我国专利申请量与授权量统计图。图 1 中，纵坐标代表申请量和授权量，每格代表 20000 件。图 2 中，纵坐标代表的申请量和授权量，每格代表 500000 件，为图 2 的 25 倍。

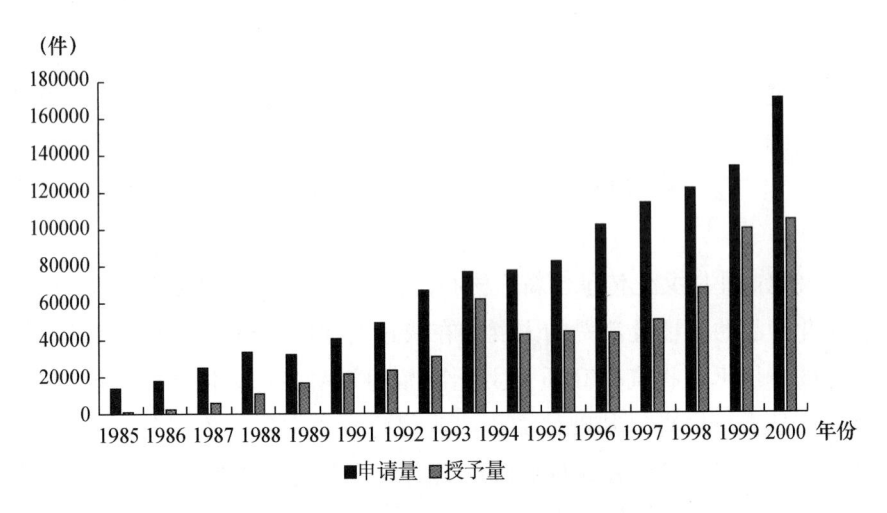

图 1 1985—2000 年专利申请量及授权情况

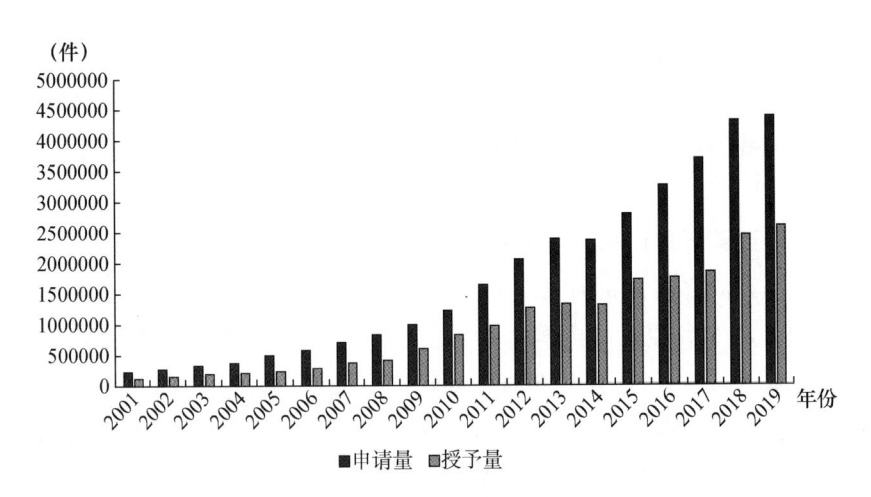

图 2 2001—2019 年专利申请量及授权量

自 2002 年以来，我国商标申请量一直位居世界首位，企业和社会公众对于商标的认知程度相对较高，尤其是文化产业相关企业拥有的知识产权以商标为主，甚至部分企业自主拥有的知识产权仅为商标。图3为2002—2019年我国注册商标申请量，其中纵坐标为申请量，每格代表1000000件，横坐标代表年份。2017年我国注册商标申请量574.8万件，但位于世界500强的世界品牌仅37件。① 2018年我国注册商标申请量712.70万件，有效注册商标总数达1804.88万件；2019年我国注册商标申请量758.24万件，有效注册商标总数达到2354.35万件。②

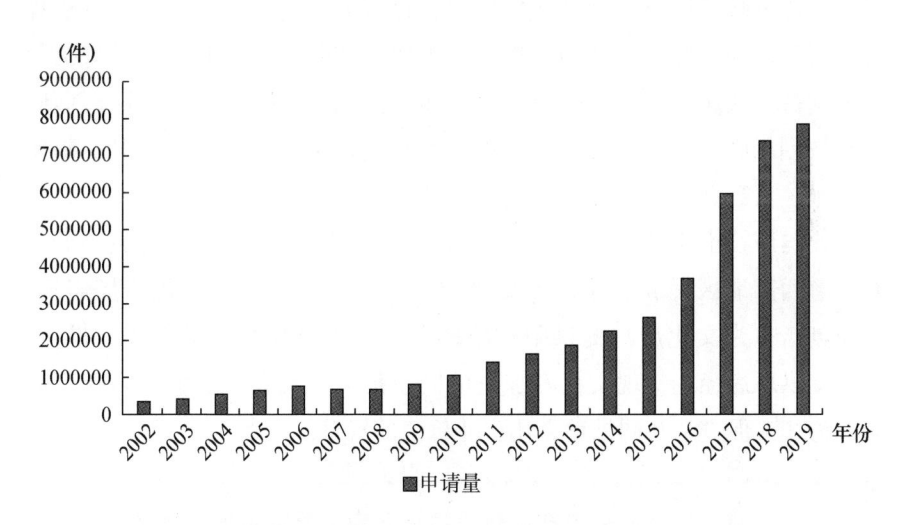

图3 2002—2019年我国商标申请量

国家实施创新驱动发展战略以来，加强对传统文化的继承与创新，实现对文化产业的优化发展。在文化产品、文化服务数量增加的同时，文化产品、文化服务的质量、文化附加值整体得到提升，传统文化的经济价值在开发中得到保护。西部地区传统民族文化资源丰富，但受传统的文化传播方式限制，大部分西部地区文化仅在小范围内传播，难以形成规模产业。小部分已为社会公众所熟知的文化资源，如敦煌莫高窟文化资源等，但这些社会公众所熟知的文化产品、文化服务也是通过现代

---

① 数据来源：国家工商行政管理总局商标局商标评审委员会《中国商标品牌战略年度发展报告（2017）》。

② 数据来源：国家知识产权局商标局网站、商标统计数据。统计周期：年度统计周期以上年12月16日起至本年度12月15日止。

通信技术、新媒体技术等实现推广传播。这样,为西部发展带来了新的平台,西部地区的文化得到了新的传播、推广平台。在新平台上,西部文化产业依靠新媒体技术、大数据技术、移动文化传播技术等,以文化为核心,通过展现文化形式创新,在更广泛的范围内推广文化产业。通过制度创新,实现文化资源的合理利用和资源配置,如通过多种平台与多个国家和地区签订多方、双方合作协议,为西部文化产业的现代化、国际化通过政策环境支持;逐步扩大文化服务市场,为文化产业发展提供重要的市场资源;通过相关投资,为西部文化产业的起步、发展提供资金支持,加速西部文化产业的现代化、产业化发展。通过科技创新,将科技创新成果应用到文化产业中,逐步实现文化产业链的提升。新媒体技术、大数据技术、移动文化传播技术等在文化产业中的应用,将传统文化与新技术相结合,为文化传播、推广提供了新途径,使更多的公众了解西部地区民族文化,为文化产业发展提供了新的文化市场需求。科技创新在为文化产品提供附加值的同时,为文化核心的传承、推广、创新提供新途径,实现文化附加值的同步提升,文化附加值与科技创新附加值相互促进,共同推动文化产业价值的提升。

三 西部文化产业知识产权战略的重要意义及发展方向展望

文化产业依托文化价值认同而发展,实现对西部文化产业创新发展,不仅是将西部地区的文化传承、创新、保护、推广,还需要将其他符合时代价值的文化逐步传播到西部地区以及世界其他国家和地区。西部地区知识产权意识整体相对落后,而一部分发展中国家和地区知识产权意识差距更为明显。西部地区知识产权意识薄弱不仅影响了我国知识产权强国战略的实施,同时不利于西部的创新意识,对西部的经济发展、现代化发展造成负面影响。西部文化产业的发展过程,是西部地区文化现代化、科技化的一个过程,是一个传统文化与时代文化交流、冲撞、融合的过程,是一个文化筛选的过程。在这一过程中,西部地区在从文化资源中得到经济利益的同时,会逐步认识到知识产权这一无形资产的价值,形成、提高知识产权意识。在文化创新、科技创新中发展文化产业,在创新主体与受益公众之间出现经济利益的区分,逐步通过创新主体与社会公众之间的利益差异,体现文化创新、科技创新、制度创新的价值,整体提高社会的文化创新意识及创新思维。

　　伴随着社会经济的不断发展，社会公众的精神文化需求不断提高，文化消费逐年提升，部分社会公众已经开始探索不同的文化背景。随着创新驱动的不断深入、高科技应用的不断推广，各个国家的不同文化之间会在交流、冲撞中逐渐融合，经济文化发展水平相对较高的国家会逐步开发经济文化发展水平较低国家的文化资源，以满足本国以及其他国家和地区文化消费市场的需求。不同国家和地区民众在享受传统文化、创新文化带来的经济红利，逐步进行创新的同时，也会受到来源于外部创新的压力。在世界交流合作的平台中，文化创新既是一个文化传承的过程，也是一个文化筛选、文化淘汰的过程。传统文化区域内不仅在本地民众之间会形成文化创新竞争，本地文化创新与外来文化创新也会形成一定的冲撞、竞争、融合。同时，外来创新主体、资本也会与本地民众、资本之间就本地文化创新展现形式、文化内涵创新等形成竞争。在国际合作和交流中，文化产业创新体现于文化多样性发展下的创新与融合，更为体现出在文化产业中不同主体间的创新竞争，不同的创新形式将获得不同的创新利益，在不同创新主体之间产生创新收益差距，在创新主体与社会公众之间形成、加深开放型创新理念——创新不会垄断在特定主体之间，创新主体是不断变化的。一个新的文化创新可能使得旧文化创新主体成为新的文化创新收益公众，同样，社会公众也可能因为一个创新成为创新主体，实现"身份"转换。在社会公众之间形成、加深创新机会平等的理念，促进创新主体之间的创新竞争，逐步形成、巩固良性创新循环，加速社会发展。

　　创新主体之间的竞争在提高创新效率与创新价值的同时，也会在一定程度上侵蚀社会公众的利益。文化创新主体之间的文化创新、科技创新竞争，根本目的是对文化消费市场的竞争，是对消费者的竞争。知识产权保护期间的长度和范围具有弹性和可替代性，[①] 知识产权体系下的不同知识产权的保护期限不同，不同国家和地区之间的知识产权保护方式、期限、范围等各不相同，不同的知识产权保护期限实质上是对知识产权

---

① 刘斌斌：《"一带一路"建设背景下最适宜专利体系的经济分析》，《甘肃社会科学》2020年第1期。

所有人与社会公众之间利益的一种划分，以实现相对的利益平衡。但创新主体之间的创新竞争在一定程度上会打破这一平衡，创新主体之间的创新竞争会逐渐加速市场产品的更换频率，使得社会公众在为使用某一创新而支付相应费用后，因产品更新换代速度短于知识产权保护期限而难以实现免费使用，造成社会公众永远在为创新而支付费用，使得知识产权制度仅仅成为一种鼓励创新的制度而失去其作为一国的经济制度、经济政策的作用，进而影响知识产权制度对经济发展的促进作用。相对于其他科技产业的创新，文化产业的创新对文化资源的依赖更为严重，通过知识产权制度促进文化产业创新的同时，推动创新成果的应用，实现社会公众的利益。通过不同经济、科技背景下的文化产业创新，对社会需求的知识产权制度、保护期限进行经济分析，找到最佳平衡点，实现社会利益的最大化，以实现文化产业的整体发展。通过文化交流、融合，逐步在不同国家和地区、社会公众、知识产权所有人之间形成最适宜文化产业知识产权体系，以实现文化产业的整体经济发展，并逐步将最适宜知识产权体系理念推广至其他行业，以最适宜知识产权体系推动经济发展，构建真正的人类命运共同体。

参考文献

一 中文论著

傅才武、宋丹娜：《文化市场演进与文化产业发展——当代中国文化产业发展的理论与实践研究》，湖北人民出版社2008年版。

何佳讯：《品牌的逻辑》，机械工业出版社2017年版。

来仪：《西部少数民族文化资源开发走向市场》，民族出版社2007年版。

雷兴长、李俊霞、刘新田：《西部文化资源产业可持续发展研究》，甘肃民族出版社2020年版。

刘卫东、田锦尘、欧晓理：《"一带一路"战略研究》，商务印书馆2017年版。

肖延高、范晓波：《知识产权》，科学出版社2009年版。

谢名家、刘景泉：《文化经济论——兼述文化产业国家战略》，广东人民出版社2009年版。

徐照林、朴忠恩、王竞楠：《"一带一路"建设与全球贸易及文化交流》，东南大学出版社2016年版。

闫文军：《专利的保护范围》，知识产权出版社2007年版。

严桂珍：《平行进口法律制度研究》，北京大学出版社2009年版。

易继明：《技术理性、社会发展与自由——科技法学导论》，北京科技大学出版社2005年版。

袁真富：《知识产权默示许可——制度比较与司法实践》，知识产权出版社2018年版。

张伯海、田胜立：《中国期刊年鉴2005—2006》，中国期刊年鉴杂志社2006年版。

张彩凤、苏红燕：《全球化与当代中国文化产业发展》，山东大学出版社2009年版。

章建刚：《文化经济学视野的搭建——通往经济学的文化政策研究》，社会科学文献出版社2004年版。

［澳］戴维·思罗斯比：《经济学与文化》，王志标译，中国人民大学出版社2015年版。

［澳］戴维·索罗斯比：《文化政策经济学》，易昕译，东北财经大学出版社2013年版。

［德］弗里茨·里特纳、迈因哈德·德雷埃尔：《欧洲与德国经济法》，张学哲译，法律出版社2016年版。

［德］哈贝马斯：《交往行动理论》，曹卫东译，重庆出版社1994年版。

［美］帕特里克·卡罗尔：《科学、文化与现代国家的形成》，刘萱、王以芳译，上海交通大学出版社2016年版。

［日］冈崎茂生：《品牌战略进化论》，赵新利、黄爽等译，中国传媒大学出版社2019年版。

［英］大卫·赫斯蒙德夫：《文化产业（第三版）》，张菲娜译，中国人民大学出版社2016年版。

［英］约翰·霍金斯著：《创意经济——如何点石成金》，洪庆福译，上海三联书店2006年版

［英］大卫·李嘉图：《政治经济学及赋税原理》，郭大力、王亚南等译，商务印书馆2013年版。

二　中文论文

边璐、陈培：《西部民族地区文化产业发展：现状与路径选择——以内蒙古为例》，《时代经贸》2018年第28期。

边伟军：《基于三螺旋模型的官产学合作创新机制与模式》，《科学管理研究》2009年第2期。

才源源、周漫、何佳讯：《"一带一路"背景下中国品牌文化价值观运用分析》，《社会科学》2020年第1期。

蔡琳：《"一带一路"各文化区知识产权问题及中国对策》，《宁夏社会科学》2018年第2期。

蔡玫：《论日本修改著作权法的新动向及其特点》，《中国版权》2016 年第 5 期。

蔡尚伟、车南林：《"一带一路"上的文化产业挑战及对中国文化产业发展的建议》，《西南民族大学学报》（人文社会科学版）2016 年第 4 期。

蔡武：《坚持文化先行建设"一带一路"》，《求是》2014 年第 9 期。

蔡武：《中国区域经济发展格局的历史变迁与新趋势》，《西部经济管理论坛》2013 年第 1 期。

蔡自兴：《中国人工智能 40 年》，《科技导报》2016 年第 15 期。

曹海峰：《全球化、文化认同与民族文化产业的创新发展》，《兰州学刊》2017 年第 8 期。

曹家宁：《"一带一路"与新型城镇化双重背景下西部地区新生代农民工就近城镇化探讨》，《西部学刊》2019 年第 7 期。

曹新明、曹晓慧：《监管即服务：知识产权市场监管新理念》，《苏州大学学报》（法学版）2016 年第 2 期。

曹宇：《基于钻石模型的文化产业融合研究》，《西南民族大学学报》（人文社会科学版）2012 年第 10 期。

曹致玮、董涛：《新形势下我国知识产权保护问题分析与应对思考》，《知识产权》2019 年第 7 期。

陈建：《知识产权动态化探析——基于知识产权使用规则》，《中国政法大学学报》2019 年第 5 期。

陈健、郭淑新：《坚定优秀传统文化自信需厘清三大关系——基于文化场域视角分析》，《重庆大学学报》（社会科学版）2020 年第 2 期。

陈健：《知识产权默示许可理论研究》，《暨南学报》（哲学社会科学版）2016 年第 10 期。

陈开来：《西部民族地区文化产业发展法律保障研究》，《南华大学学报》（社会科学版）2012 年第 4 期。

陈倩婷：《著作权默示许可制度研究》，《中国政法大学》，2012 年。

陈叶、盛欢：《5G 时代互动剧发展探析》，《数字传媒研究》2019 年第 10 期。

陈泽明：《基于因子分析法构建的宁夏区域旅游竞争力评价指标体系》，《产业创新研究》2019 年第 9 期。

代水平、李景豹:《"一带一路"建设中的知识产权保护策略》,《沈阳师范大学学报》(社会科学版) 2018 年第 2 期。

代中强:《知识产权调查引致的贸易壁垒形成机理、效应及预警机制研究》,知识产权出版社 2018 年版。

戴妍、陈佳薇:《"一带一路"背景下中华优秀传统文化传承的现实境遇与教育应对》,《贵州师范大学学报》(社会科学版) 2020 年第 3 期。

单世联、岑光波:《文化产业与文化创意产业理论研究》,《中原文化研究》2017 年第 2 期。

董登新:《知识产权融资走向证券化》,《中国金融》2019 年第 1 期。

董杰:《文化产业可持续发展举措研究——以青海为例》,《科技经济导刊》2020 年第 5 期。

董晓萍:《西部民族地区文化产业转型发展的思考》,《前沿》2019 年第 6 期。

杜辉:《面向共治格局的法治形态及其展开》,《法学研究》2019 年第 4 期。

杜淑芳:《"一带一路"背景下内蒙古向北开放的软实力研究》,《东北亚经济研究》2019 年第 3 期。

范霁雯、范建华:《特色文化产业——中国西部少数民族地区脱贫的不二选择》,《云南民族大学学报》(哲学社会科学版) 2018 年第 3 期。

范新民、高志怀:《"一带一路"倡议下跨界融合人才培养与创新创业教育路径》,《河北师范大学学报》(教育科学版) 2018 年第 2 期。

范玉刚:《牢牢把握新时代文化产业发展的"新常态"》,《济南大学学报》(社会科学版) 2018 年第 2 期。

范玉刚:《提升文化贸易质量助力新时代文化"走进去"》,《湖南社会科学》2020 年第 2 期。

范震、汪浩祥、马开平:《"十二五"期间我国地区企业科技创新工作效率评价——基于 DEA 模型》,《科技管理研究》2017 年第 22 期。

范周:《数字经济变革中的文化产业创新与发展》,《深圳大学学报》(人文社会科学版) 2020 年第 1 期。

方媛、熊文新:《知识产权证券化融资方式》,《西南农业大学学报》(社会科学版) 2013 年第 1 期。

封晔:《绿色发展理念引领下消费升级的实现路径》,《商业经济研究》2020年第11期。

冯丽君:《挖掘传统文化资源促进文化产业发展》,《经济研究导刊》2019年第23期。

冯晓青:《新时代中国特色知识产权法理思考》,《知识产权》2020年第4期。

傅才武、岳楠:《论中国传统文化创新性发展的实现路径——以当代文化资本理论为视角》,《同济大学学报》(社会科学版)2018年第1期。

傅慧芬、孟繁怡、赖元薇:《中国品牌实施外国消费者文化定位战略的成功机理研究》,《国际商务》(对外经济贸易大学学报)2015年第4期。

高航、俞学励、王毛路:《区块链与新经济——数字货币2.0时代》,电子工业出版社2016年版。

高军、吴欣桐:《创新驱动下的文化产业发展:一种新的发展框架》,《西南民族大学学报》(人文社会科学版)2018年第7期。

高明珍、陈娜:《人工智能促进江苏文化产业发展问题研究》,《戏剧之家》2019年第36期。

根秋登子、白玛英珍:《藏族手工艺及其开发前景》,《西南民族大学学报》(人文社会科学版)2010年第4期。

耿达:《比较优势、协同创新与区域文化产业取向》,《重庆社会科学》2016年第1期。

顾华详:《丝绸之路经济带视野下新疆文化交流的挑战与机遇》,《新疆社会科学》2016年第2期。

顾江、王文姬:《科技创新、文化产业集聚对城镇居民文化消费的影响机制及效应》,《深圳大学学报》(人文社会科学版)2021年第4期。

顾淑婷、韩连任、史晓东:《创新型企业知识产权管理策略研究》,《中国发明与专利》2020年第9期。

郭启光:《西部民族地区文化产业发展效率评价》,《东北财经大学学报》2019年第5期。

郭壬癸、乔永忠:《版权保护强度影响文化产业发展绩效实证研究》,《科学学研究》2019年第7期。

郭雅婧、张建民、郭芳:《浅析甘肃省科技企业孵化器运营模式》,《甘肃科技》2017 年第 20 期。

郭玉军、司文：《文化产业促进法视角下文化产业界定比较研究》，《武汉大学学报》（哲学社会科学版）2015 年第 6 期。

国家统计局社会科技和文化产业统计司、中宣部文化体制改革和发展办公室：《2019 中国文化及相关产业统计年鉴》，中国统计出版社 2019 年版。

韩智培：《云游戏：一个基于云计算平台的新型产业》，《信息与电脑》（理论版）2017 年第 17 期。

郝金磊、董原：《西部地区企业科技创新效率研究》，《西安财经学院学报》2017 年第 2 期。

郝时远：《中国文化多样性与"一带一路"建设》，《今日民族》2016 年第 10 期。

郝晓莉、卓乘风、邓峰：《国际技术溢出、人力资本与丝绸之路经济带能源效率改进——基于投影寻踪模型和随机前沿分析法》，《国际商务》（对外经济贸易大学学报）2019 年第 2 期。

何焕锋：《知识产权行政执法依据的体系化思考》，《山东行政学院学报》2020 年第 2 期。

何伦志、叶前林：《新疆特色文化产业发展的资源禀赋、困境及战略选择》，《新疆大学学报》（哲学·人文社会科学版）2017 年第 2 期。

何松威：《知识产权体系同一性理论的反思与构建》，《政治与法律》2020 年第 3 期。

何宇：《"一带一路"战略下我国文化产业国际化问题研究》，《郑州大学学报》（哲学社会科学版）2017 年第 2 期。

洪明星：《认同视域中的文化体制缘起与变迁》，《贵州社会科学》2014 年第 12 期。

洪莹：《探究互联网+跨界融合促进文化产业多元发展——评"互联网+文化产业跨界融合多样化研究"》，《山西财经大学学报》2020 年第 8 期。

侯为贵：《畅通信息丝绸之路》，《求是》2015 年第 1 期。

胡鹏林、刘德道：《文化创意产业的起源、内涵与外延》，《济南大学学报》（社会科学版）2018 年第 2 期。

黄敏：《从西部大开发和"一带一路"看西部地区承接产业转移——基于丝绸之路经济带国内段 9 省区的分析》，《毛泽东邓小平理论研究》2016 年第 8 期。

黄勇：《知识产权资产证券化法律风险防范机制之研究》，《政法论坛》2015 年第 6 期。

季卫东：《5G 对社会与法治的影响》，《探索与争鸣》2019 年第 9 期。

江河：《从大国政治到国际法治：以国际软法为视角》，《政法论坛》2020 年第 1 期。

江世银、覃志立：《西部民族地区发展文化产业的路径创新研究》，《理论与改革》2016 年第 2 期。

雷磊：《中国特色社会主义智慧法治建设论纲》，《中共中央党校（国家行政学院）学报》2020 年第 1 期。

雷晓萍：《西部民族地区文化旅游产业发展的法律规制》，《中共山西省委党校学报》2012 年第 4 期。

李凤亮、宇文曼倩：《"一带一路"对文化产业发展的影响及对策》，《同济大学学报》（社会科学版）2016 年第 5 期。

李凤亮、宗祖盼：《跨界融合：文化产业的创新发展之路》，《天津社会科学》2015 年第 3 期。

李阁霞：《加拿大商标法律制度简介》，《知识产权》2013 年第 3 期。

李海军：《5G 时代媒体融合发展对策研究》，《中国广播电视学刊》2019 年第 5 期。

李华明、李莉：《非物质文化遗产知识产权主体权利保护机制研究》，《中央民族大学学报》（哲学社会科学版）2015 年第 2 期。

李捷：《论网络环境下的著作权默示许可制度》，《知识产权》2015 年第 5 期。

李景平：《人工智能深度介入文化产业的问题及风险防范》，《深圳大学学报》（人文社会科学版）2019 年第 5 期。

李玲娟、许洪彬：《美、日、韩知识产权战略的调整与走向》，《湖南大学学报》（社会科学版）2020 年第 1 期。

李明德：《国家知识产权战略与知识产权法制建设》，《西北大学学报》（哲学社会科学版）2018 年第 5 期。

李培峰：《边疆民族地区文化产业高质量发展路径创新研究——以新疆为例云南民族大学学报》（哲学社会科学版）2020年第1期。

李锡炎：《探索西部民族地区文化产业发展规律的创新之作》，《四川行政学院学报》2017年第5期。

李忠斌：《民族文化经济价值度量及其实践意义》，《西南民族大学学报》（人文社会科学版）2020年第3期。

梁明洪：《论中国文化产业品牌战略》，《西南民族大学学报》（人文社会科学版）2007年第8期。

刘斌斌、罗宽序：《论"一带一路"建设中区块链技术在文化产业中的应用和影响》，《社科纵横》2020年第2期。

刘斌斌、谢沁虹：《论"一带一路"建设与西部文化产业的知识产权保护》，《兰州大学学报》（社会科学版）2017年第6期。

刘斌斌：《"一带一路"建设背景下最适宜专利体系的经济分析》，《甘肃社会科学》2020年第1期。

刘斌斌：《"一带一路"建设中法律服务的必要性及其路径研究》，《西北民族大学学报》（哲学社会科学版）2020年第1期。

刘春田：《私权观念和科学态度是知识产权战略的根本保障——纪念"国家知识产权战略纲要"颁布实施十年》，《知识产权》2018年第6期。

刘华、黄金池：《文化治理视域下我国知识产权文化政策结构性优化研究》，《华中师范大学学报》（人文社会科学版）2019年第2期。

刘介明、陈旭：《企业海外经营中的知识产权风险防控能力研究》，《知识产权》2017年第7期。

刘丽琴、刘晓辉：《面向国际服务外包的中国区域科技创新能力评价》，《首都经济贸易大学学报》2014年第1期。

刘新田：《西部少数民族文化资源分析与产业化开发对策研究》，《中央民族大学学报》（哲学社会科学版）2012年第4期。

刘有东：《论侵犯保护作品完整权之行为》，《西南民族大学学报》（人文社会科学版）2010年第4期。

楼艺婵：《从"云南映象"看中国文化产业政策的发展变化》，《云南行政学院学报》2014年第6期。

罗赟敏：《青海省旅游与文化产业发展现状及融合关系研究》，《青海师范大学学报》（哲学社会科学版）2018年第6期。

马红梅：《五大发展理念的实践基础——以西部民族地区经济、社会与文化发展实践为考量》，《宁夏社会科学》2017年第4期。

孟来果：《我国西部民族地区文化产业发展对策研究》，《学术交流》2013年第8期。

苗振林：《关于促进产学研合作和科技成果转化的建议》，《中国科技产业》2020年第6期。

倪志敏、荣良骥：《甘肃省科技企业孵化器发展状况分析》，《甘肃科技》2018年第18期。

潘道远、李凤亮：《区块链与文化产业——数字经济的新实践趋势》，《文化产业研究》2019年第1期。

彭中礼：《改革开放四十年我国民族自治地方立法权行使研究——以云南8个自治州为例（1984—2017）》，《云南师范大学学报》（哲学社会科学版）2018年第5期。

彭中礼：《智慧法治：国家治理能力现代化的时代宣言》，《法学论坛》2020年第3期。

戚建刚：《论我国知识产权行政保护模式之变革》，《武汉大学学报》（哲学社会科学版）2020年第2期。

齐骥：《国家文化产业示范基地十年发展历程研究》，《中国文化产业评论》2014年第1期。

齐骥：《文化产业促生经济增长新动力研究》，《山东大学学报》（哲学社会科学版）2017年第3期。

邱润根、邱琳：《论"一带一路"倡议下的知识产权保护机制问题》，《陕西师范大学学报》（哲学社会科学版）2019年第2期。

人民网区块链研究院：《区块链应用蓝皮书：中国区块链应用发展研究报告（2019）》，《企业观察家》2019年第11期。

任毅：《商标延伸问题研究》，《电子知识产权》2017年第3期。

宋才发、黄捷：《文化自信是实现中华民族伟大复兴的法治基础》，《广西社会科学》2019年第5期。

苏芳、宋妮妮：《"一带一路"倡议对西部民族地区文化产业发展的影响——基于双重差分的实证分析》，《西南民族大学学报》（人文社会科学版）2019 年第 8 期。

苏泽宇：《新时代文化体制改革的内涵与特点》，《华南师范大学学报》（社会科学版）2020 年第 3 期。

孙国锋、唐丹丹：《文化科技融合、空间关联与文化产业结构升级》，《南京审计大学学报》2019 年第 5 期。

谭曼：《民族特色文化产品在国际贸易中的专利保护研究》，《佳木斯职业学院学报》2018 年第 8 期。

唐珺：《我国专利侵权惩罚性赔偿的制度构建》，《政治与法律》2014 年第 9 期。

田惠敏：《我国海外投资问题与风险管理》，《红旗文稿》2011 年第 15 期。

庹继光：《西部文化产业发展中的要素禀赋应用》，《西南民族大学学报》（人文社会科学版）2014 年第 9 期。

完颜旻：《八千年辉煌历史三千里壮美河山——我热爱甘肃的十个理由》，《发展》2020 年第 6 期。

王伯英：《发展甘肃文化产业应处理好四大关系》，《发展》2012 年第 10 期。

王凤荣、夏红玉、李雪：《中国文化产业政策变迁及其有效性实证研究——基于转型经济中的政府竞争视角》，《山东大学学报》（哲学社会科学版）2016 年第 3 期。

王衡、肖震宇：《比较视域下的中美欧自贸协定知识产权规则——兼论"一带一路"背景下中国规则的发展》，《法学》2019 年第 2 期。

王宏：《"一带一路"战略下的知识产权保护问题》，《人民论坛》2016 年第 17 期。

王建华：《"一带一路"倡议下青海省文化产业与旅游扶贫互动发展研究——以互助土族自治县为例》，《青海民族研究》2020 年第 1 期。

王平：《民族地区新型城镇化建设进程中民族文化产业发展的原则及路径探析》，《青海民族大学学报》（社会科学版）2015 年第 2 期。

王薇：《西部民族地区文化产业转型发展研究》，《前沿》2018 年第 6 期。

卫玲、梁炜：《以创新驱动推进"一带一路"产业升级》，《江苏社会科学》2017 年第 5 期。

文妮：《文化强区战略背景下提升宁夏文化软实力的路径》，《中共银川市委党校学报》2017年第1期。

乌力更：《关于西部民族地区保护和发展民族文化中的几个关系》，《广播电视大学学报》（哲学社会科学版）2008年第2期。

吴承忠：《5G智能时代的文化产业创新》，《深圳大学学报》（人文社会科学版）2019年第4期。

吴汉东：《新时代中国知识产权制度建设的思想纲领和行动指南——试论习近平关于知识产权的重要论述》，《法律科学》（西北政法大学学报）2019年第4期。

吴秋林：《"一带一路"中民族文化保护的前瞻性思考》，《西南民族大学学报》（人文社会科学版）2018年第6期。

吴志攀：《"互联网+"的兴起与法律的滞后性》，《国家行政学院学报》2015年第3期。

肖海、朱静：《借鉴欧洲经验开展中国知识产权证券化的对策》，《知识产权》2009年第5期。

谢晴川、何天翔：《论著作权合理使用制度的开放化路径——以"中间层次"一般条款的引入为中心》，《知识产权》2019年第5期。

熊姝婷：《西南地区少数民族文化流失现象刍议》，《西南农业大学学报》（社会科学版）2011年第10期。

徐焕然、刘建新：《中国知识产权惩罚性赔偿制度研究评析》，《河南财经政法大学学报》2019年第5期。

徐礼红：《中华优秀传统文化的价值意蕴》，《江西社会科学》2020年第5期。

徐鹏飞：《中国资产证券化SPV模式选择的法律思考》，《中共山西省委党校学报》2005年第2期。

徐望：《我国民族地区文化消费特点、现状与潜力发掘研究》，《云南民族大学学报》（哲学社会科学版）2020年第3期。

许纯洁：《"一带一路"背景下民族地区国际化复合型人才培养的实践与反思》，《广西民族研究》2020年第2期。

阳海洪、康晨慧：《"一带一路"背景下湖南文化产业走出去新型资本驱动战略》，《湖南工业大学学报》（社会科学版）2019年第5期。

杨德桥：《合同视角下的专利默示许可研究》，《北方法学》2017 年第 1 期。

杨建生：《文化消费中审美价值与经济价值的关系》，《文艺争鸣》2018 年第 8 期。

姚建宗：《当代中国语境中的法治革命》，《理论探索》2020 年第 2 期。

姚庆荣、海平：《西部欠发达地区文化和科技融合创新发展现状、问题及对策——以甘肃省为例》，《改革与战略》2015 年第 5 期。

姚文放：《法兰克福学派大众文化批判的"症候解读"》，《清华大学学报》（哲学社会科学版）2016 年第 4 期。

尹春杰、高金岭：《民族文化资源资本化问题分析与策略——以广西为例》，《广西社会科学》2020 年第 3 期。

于全、张平：《5G 时代的物联网变局、短视频红利与智能传播渗透》，《浙江传媒学院学报》2018 年第 6 期。

余吉安、徐琳、殷凯：《传统文化产品的智能化：文化与现代科技的融合》，《中国科技论坛》2020 年第 2 期。

詹映、邱亦寒：《我国知识产权替代性纠纷解决机制的发展与完善》，《西北大学学报》（哲学社会科学版）2018 年第 5 期。

占绍文、居玲燕：《新常态下中国文化产业转型发展路径分析——基于海峡两岸文化产业发展路径比较》，《云南社会科学》2016 年第 3 期。

张爱军：《人工智能：国家治理的契机、挑战与应对》，《哈尔滨工业大学学报》（社会科学版）2020 年第 1 期。

张道许：《知识产权保护中"两法衔接"机制研究》，《行政法学研究》2012 年第 2 期。

张耕、陈瑜：《美国专利默示许可与间接侵权：冲突中的平衡》，《政法论丛》2016 年第 5 期。

张怀印、凌宗亮：《区块链技术在商标领域的证明作用》，《知识产权》2018 年第 5 期。

张瑾燕：《新时代民族地区文化产业发展特征和创新路径》，《大连民族大学学报》2018 年第 2 期。

张俊英：《民族地区旅游产业与文化产业融合发展现状及对策——以青海互助县为例》，《大连民族大学学报》2017 年第 2 期。

张丽影：《西藏林芝藏族节日类非物质文化遗产研究综述》，《重庆文理学院学报》（社会科学版）2020年第3期。

张双梅：《中国文化产业的激励性立法》，《华南师范大学学报》（社会科学版）2020年第3期。

张晓月：《"一带一路"共建中的国际文化传播与交流合作长效机制构建》，《重庆理工大学学报》（社会科学）2020年第10期。

张新友、王喜莎：《基于SWOT模型分析新疆非物质文化遗产产业发展战略的思考》，《新疆社科论坛》2016年第1期。

张占斌：《中国经济新常态的趋势性特征及政策取向》，《国家行政学院学报》2015年第1期。

章顺磊、叶林：《文化资源向文化产业转化的困境与突围》，《学术探索》2017年第9期。

赵传羽、董雪兵、李沛：《习近平区域协调发展重要论述的萌发与升华：从浙江经验到中国实践》，《兰州大学学报》（社会科学版）2021年第2期。

赵鹏：《惩罚性赔偿的行政法反思》，《法学研究》2019年第1期。

周荣军：《知识产权保护对文化产业出口竞争力的影响》，《湖北社会科学》2020年第3期。

卓泽渊：《国家治理现代化的法治解读》，《现代法学》2020年第1期。

邹汉斌：《商标延伸注册的合法性审查探讨——以"同济堂"商标案例为视角的实证分析》，《贵州大学学报》（社会科学版）2017年第2期。

三 外文著作与论文

デイヴィッド・スロスビー：《文化政策の経済学》，ミネルヴァ書房2014年版。

大村敦志：《消費者法》，有斐閣2014年版。

日本知財学会知財学ゼミナール編集委員会：《知的財産イノベーション研究の展望》，白桃書房2014年版。

同志社大学知的財産研究会：《知的財産法の挑戦》，弘文堂2013年版。

丸島儀一：《知的財産戦略》，ダイヤモンド社2011年版。

西村雅子：《商標法講義》，発明協会2010年版。

Dan Sperber & Deirdre Wilson, "Releuance: Communication and Cognition", *Mind &Language*, Vol. 4 No. 1 and 2, 1898..

Servaes, & Jan, *Participatory Communication for Social Change*, Sage Publications, 1996.